海事行政法

丁　玮　王　迪　邓志宏　陈　斌　编　著

哈尔滨工程大学出版社
Harbin Engineering University Press

内容简介

本书系统论述了海事行政法的原则、规则和制度，包括海上海事行政的基本问题、内河海事行政和国际河流海事行政的特殊问题。本书结合我国海事行政执法和司法实践，呈现了我国海事行政立法的新发展，为完善我国海事行政法学科体系建设提供了研究资源。

本书可作为法学、船舶与海洋工程、航运与海事管理等专业的本科生、研究生的学习用书，也可作为海事行政执法、船海工程、航运管理等相关技术人员的实务参考用书。

图书在版编目（CIP）数据

海事行政法/丁玮等编著. —哈尔滨：哈尔滨工程大学出版社，2023.7

ISBN 978-7-5661-4057-9

Ⅰ.①海… Ⅱ.①丁… Ⅲ.①海事处理-行政法-研究 Ⅳ.①D993.5

中国版本图书馆 CIP 数据核字(2023)第 128549 号

海事行政法

HAISHI XINGZHENGFA

选题策划 刘凯元
责任编辑 张 彦 田雨虹
封面设计 李海波

出版发行 哈尔滨工程大学出版社
社　　址 哈尔滨市南岗区南通大街 145 号
邮政编码 150001
发行电话 0451-82519328
传　　真 0451-82519699
经　　销 新华书店
印　　刷 哈尔滨午阳印刷有限公司
开　　本 787 mm×1 092 mm 1/16
印　　张 17.25
字　　数 445 千字
版　　次 2023 年 7 月第 1 版
印　　次 2023 年 7 月第 1 次印刷
定　　价 60.00 元

http://www.hrbeupress.com

E-mail: heupress@hrbeu.edu.cn

前　　言

海事行政法是行政法的部门法，具有较强的专门性和特殊性。本书共十二章，第一章海事行政法概述，阐述了海事行政法基本概念、原则与相关部门法的关系等问题；第二章海事行政法主体，论述了海事行政法主体和海事行政相对人制度；第三章海事行政行为，重点研究了海事行政行为的类型及其限制；第四章抽象海事行政行为，重点论述了海事行政立法行为的原则和程序；第五章、第六章和第七章分别论述了海事行政许可、海事行政处罚和海事行政强制等内容；第八章海事行政监督，研究了海事行政监督的类型、海事行政执法监督和海事行政执法督查等内容；第九章内河及国际河流海事行政，分别对内河与国际河流海事行政的问题进行了论述；第十章、第十一章和第十二章分别研究海事行政复议、海事行政诉讼和海事行政赔偿等海事行政救济制度。

本书在编写上遵循法学和行政法学基本原理，以行政法学一般体例为基本框架，系统地论述了海事行政法的原则、规则和制度的特殊问题。除海上海事行政的基本问题外，还研究了内河海事行政和国际河流海事行政的特殊问题。本书不仅体现了我国海事行政立法的新发展，还结合我国海事行政执法和司法实践，为完善我国海事行政法学科体系建设提供了研究资源。

编著者

2023 年 4 月

目　　录

绪论 …… 1

第一章　海事行政法概述 …… 5

第一节　海事行政法的相关概念 …… 5

第二节　海事行政法的渊源 …… 8

第三节　海事行政法的效力 …… 13

第四节　海事行政法的基本原则 …… 14

第五节　海事行政法与相关法律的关系 …… 19

复习思考题 …… 23

第二章　海事行政法主体 …… 24

第一节　海事行政法律关系概述 …… 24

第二节　海事行政法主体 …… 32

第三节　海事行政相对人 …… 40

复习思考题 …… 43

第三章　海事行政行为 …… 45

第一节　海事行政行为概述 …… 45

第二节　海事行政行为的分类 …… 50

第三节　海事行政自由裁量权及其限制 …… 55

复习思考题 …… 62

第四章　抽象海事行政行为 …… 63

第一节　抽象海事行政行为概述 …… 63

第二节　海事行政立法概述 …… 65

第三节　海事行政立法的原则和程序 …… 67

第四节　其他海事抽象行政行为 …… 75

复习思考题 …… 79

第五章　海事行政许可 …… 82

第一节　海事行政许可概述 …… 82

第二节　海事行政许可的种类 …… 88

第三节　海事行政许可的条件 …… 91

第四节　海事行政许可的实施程序 …… 96

复习思考题 …… 102
第六章　海事行政处罚 …… 105
第一节　海事行政处罚概述 …… 105
第二节　海事行政处罚的种类 …… 107
第三节　海事行政处罚的适用 …… 109
第四节　海事行政处罚程序 …… 117
复习思考题 …… 126
第七章　海事行政强制 …… 128
第一节　海事行政强制的概念 …… 128
第二节　海事行政强制的基本原则 …… 133
第三节　海事“责令”行为的法律分析 …… 135
第四节　海事行政强制的种类 …… 141
第五节　海事行政强制的程序 …… 143
复习思考题 …… 147
第八章　海事行政监督 …… 149
第一节　海事行政监督概述 …… 149
第二节　海事行政监督的类型 …… 153
第三节　海事行政执法监督 …… 160
第四节　海事行政执法督察 …… 165
复习思考题 …… 168
第九章　内河及国际河流海事行政 …… 169
第一节　内河海事行政 …… 169
第二节　国际河流海事行政 …… 177
复习思考题 …… 183
第十章　海事行政复议 …… 185
第一节　海事行政复议概述 …… 185
第二节　海事行政复议的基本原则 …… 188
第三节　海事行政复议的范围及管辖 …… 192
第四节　海事行政复议的参加人 …… 195
第五节　海事行政复议的程序 …… 198
复习思考题 …… 205
第十一章　海事行政诉讼 …… 208
第一节　海事行政诉讼概述 …… 208

第二节 海事行政诉讼受案范围与管辖 …… 210
第三节 海事行政诉讼的参加人 …… 213
第四节 海事行政诉讼的程序 …… 217
第五节 海事行政诉讼的裁判 …… 221
复习思考题 …… 224
第十二章 海事行政赔偿 …… 227
第一节 海事行政赔偿概述 …… 227
第二节 海事行政赔偿主体 …… 231
第三节 海事行政赔偿的范围 …… 233
第四节 海事行政赔偿的程序 …… 235
第五节 海事行政赔偿的方式与计算标准 …… 239
复习思考题 …… 241
附录 A 常用法律法规 …… 244
附录 B 中华人民共和国海事局现行有效规范性文件目录 …… 245
后记 …… 266

绪　论

建设海洋强国是中国特色社会主义事业的重要组成部分。党的十八大作出了建设海洋强国的重大部署。实施这一重大部署，对推动经济持续健康发展，对维护国家主权、安全、发展利益，对实现全面建成小康社会目标、进而实现中华民族伟大复兴都具有重大而深远的意义。未来，涉及国家海洋安全、海事法治等议题将是服务国家战略和培养国家亟需新时代高素质法治人才的重要方向。

一、海事行政法学的学科定位

海事行政法在中国处于初始发展阶段，关于海事行政法的研究起步较晚，学界对海事行政法学的学科属性存在争议，尚未形成本学科明确的研究对象、研究范围以及独特的学科体系。① 目前，存在两种严重影响本学科发展的倾向：一是过分强调“海事法”属性，使海事行政法成为国际海公约的解释法；二是过分强调“行政法”属性，忽视其海事专业属性使之成为行政法内容的转换。② 这与我国行政法治建设和海事行政法治化发展要求不相符，也无法适应我国海洋强国发展战略。因此，明确海事行政法学的学科地位和归属，对确定其学科体系具有重要的理论意义和实践价值。

(1)作为国内法的海事行政法

海事行政法是调整海上交通秩序，保障生命财产安全，维护国家权益，在中华人民共和国管辖海域内从事航行、停泊、作业以及其他与海上交通安全相关活动的原则、规则和制度。虽然，我国相关海事法律法规和规范性文件的制定与实施应遵守我国参加的国际海事公约、条约、协定以及国际惯例等，但是在我国主权范围和法律体系内的海事行政立法、执法和司法等本质上属于国内法的范畴。

(2)作为部门行政法的海事行政法

行政法是法律体系中的部门法，属于公法范畴。部门行政法是行政法规则和原理在各具体行政管理领域内的运用，是我国行政法律体系的重要组成部分，如教育行政法、经济行政法、公安行政法、工商行政法、税务行政法、海关行政法等部门行政法。海事行政管理职能是国家行政职能的一个重要组成部分，海事行政法是行政法规则和原理在海事行政管理领域内的运用，是部门行政法。

行政法学是法学的分支学科，主要研究在行政立法、行政执法、行政司法以及行政法制监督中，调整行政主体和行政相对人之间的权利义务关系的法律规范。因此，海事行政法学是行政法学的一门分支学科，是研究海事行政法的科学，海事行政法学是以法学、行政法学的基本原理、原则和框架为基础而建立的学科，法学和行政法学的基本原理、原则适用于海事行政法学。其主要研究海事行政立法、海事行政执法、海事行政司法，以及在海事行政法制监督中，调整海事行政主体和行政相对人的权利义务关系的法律规范，属于部门行政法学。

---

① 王世涛：《海事行政法学研究》，中国政法大学出版社，2013，第2-16页。

② 高波：《海事行政法研究》，国防工业出版社，2010，第4页。

二、海事行政法学的研究对象

行政法学是以行政法及行政相关的社会关系为研究对象的一门法律学科。作为一门独立的法律学科,行政法学主要研究行政法产生和发展的规律,行政法的本质、内容和形式,行政法的地位和作用,国家行政管理关系以及在这种关系中当事人的地位,由此确立行政法的原则、原理和理论体系。

海事行政法学是以海事行政法及海事行政相关的社会关系为研究对象的法律学科,通过对海事行政法现象、问题的研究来揭示海事行政法的一般规律。具体而言,海事行政法学研究海事行政法产生和发展规律,海事行政法的形式、内容和本质,海事行政的方式、效果和价值,海事行政法与其他法律部门、社会现象的关系,海事行政法对社会的影响和作用等基本问题。主要包括以下具体内容。①

(1)海事行政法的产生、发展及其规律

通过认识海事行政法产生和发展的经济、政治、社会条件与制度基础,研究海事行政法产生和发展的规律。

(2)海事行政法的内容和形式

海事行政法主要包括以下规范:海事行政组织法规范和制度、海事行政行为法规范和制度、海事行政监督法规范和制度、海事行政责任法规范和制度、海事行政救济法规范和制度。

(3)海事行政法律关系

海事行政法调整海事行政主体与海事行政相对人在海事行政管理过程中发生的权利义务关系,包括海事行政法律关系的主体、客体,海事行政法律关系的内容,即双方当事人的权利、义务以及法律地位,海事行政法律关系发生、变更和消灭等。

三、海事行政法的研究范围

海事行政法的研究对象与研究范围之间的关系是内容与形式的关系,研究范围要解决的是海事行政法在调整海事行政主体与行政相对人法律关系时采取的原则、规则和制度涉及的内容,以及具体的存在形式。可以将其归纳为以下几方面。

(1)海事行政法的基础理论

海事行政法是行政法的部门法、特别法或子法。海事行政法学属于应用法学,作为独立的学科,海事行政法的基础理论非常重要。海事行政法的基础理论是关于海事行政法正当性的思想、学说等,是海事行政法价值、功能和社会作用等的理论,是海事行政法的基本原则、概念等理论。

(2)海事行政法的形式

海事行政法的形式包括海事行政法的法律体系、体例和结构等形式问题。海事行政法属于公法,在国内法领域,根据制定机关不同,海事行政法分为法律、行政法规、部门规章以及规范性文件。海事行政法具有海事法的特征并需要符合国际海事公约的要求,海事行政

---

① 姜明安主编:《行政法与行政诉讼法》(第3版),北京大学出版社、高等教育出版社,2007,第28-33页。

法的法律规范在形式上具有技术规范的特征。

(3)海事行政法的内容

海事行政法的研究范围主要包括海事行政主体法,即海事行政主体的职能及权限,海事行政相对人的权利和义务;海事行政行为法,即抽象海事行政法、海事行政许可法、海事行政处罚法、海事行政强制法、海事行政监督法、海事行政救济法等。其中海事行政救济法包括海事行政复议、海事行政诉讼和海事行政赔偿。此外,海事行政法还包括海上海事行政和水上海事行政,即咸水(海水)和淡水两部分。在淡水部分,海事行政法包括内河海事行政法和国际河流海事行政法两部分内容。

四、海事行政法学的研究方法

海事行政法学是一门成长中的部门行政法学,其研究方法对于科学研究至关重要。作为尚在发展的、不成熟的学科,海事行政法学的研究方法还处于摸索和发展之中。海事行政法学研究对象和研究范围既具有行政法学的普遍性,也具有自身的特殊性。因此,海事行政法学采取以下方法进行研究。

(1)辩证唯物主义和历史唯物主义的方法

辩证唯物主义和历史唯物主义的方法是哲学、自然科学和社会科学等各门学科共同的研究方法,也是海事行政法学的基本研究方法。该研究方法运用马克思主义的辩证唯物主义和历史唯物主义的分析框架和方法论,分析法律作为上层建筑与经济基础和社会历史条件之间的相互关系,以辩证的和历史的态度探讨、分析和研究海事行政法在不同社会背景下的区别,相互借鉴的可能性以及发展前景,从而得出科学的结论。

(2)系统论方法

系统论方法要求把海事行政法作为一个整体进行全面研究,而不是零散地、孤立地研究某一个具体制度或规则。系统论方法能够把握海事行政法与行政法之间的相互关系;把握海事行政法各个制度、规范之间的相互关系;把握海事行政主体与行政相对人之间的法律关系;把握海事行政立法、执法、司法以及法制监督等各环节的相互联系;把握海事行政与国家依法行政和社会生活之间的相互作用和影响,形成和积累海事行政法学理论,从整体上对海事行政实践起积极的指导和促进作用。

(3)比较分析的方法

比较分析可以了解各种不同的具有代表性的海事行政法律制度,展示各个法律制度发展过程中的特点或特色,了解和说明各种不同制度的利弊得失,从而认识我国海事行政法律制度的优越性和局限性,为完善和发展我国海事行政法律制度奠定基础。比较分析的方法可以采取全面性比较、选择性比较和专题性比较等方法。比较分析的方法是社会科学学科采用的一种方法,比较分析所涉及的问题至少在形式上具有相似性和一定程度上的相同性才能开展。

(4)历史分析的方法

行政法学经历了几百年的发展历史,尽管海事行政法学是一门新兴学科,但是对其研究应置于海事行政法学、行政法学乃至法学的整个历史发展的宏大脉络中,去窥见和发现其产生和发展的规律性。以海事行政法的发展历史为线索,就不同历史时期的海事行政法内容的时代特征进行分析比较,可以对其演变的历史轨迹以及不同历史时期具有的特点进行比较了解,在此基础上探究海事行政法的发展与社会发展的互动关系,有助于我们对海事行政法发展和演变的内在动力的把握和认识。

(5)案例分析的方法

与一般行政法及其他法律部门相比较而言,海事行政法具有涉外性、技术性和实践性等特点。通过案例分析的方法,有助于对行政法的抽象原理、原则和概念等的理解和运用,以及海事行政法在具体案件中适用的解释。案例分析的方法对于海事行政执法、海事行政复议、海事行政诉讼的研究是必不可少的方法。只有通过案例分析,我们才能真正理解、把握、调整和规范海事行政执法、复议、诉讼行为的法律规范和法律制度,才能学会如何在实际的社会关系中运用法律规范和法律制度,真正将理论与实践相结合。

第一章　海事行政法概述

海事行政法是指调整海事行政主体及其海事行政行为的法律规范的总称。由于它既是一门专门的法学学科，又包含相关特殊的职业，因而，在海事行政法研究中，往往会涉及一些与其他部门法交叉的问题。海上交通安全是一项系统工程，涉及社会经济、科学技术、文化、教育乃至法律等诸多领域。目前我国海事行政执法部门主要负责管理国内船舶、港口和沿海运输的水上交通安全，同时还承担着部分国际海运的海上交通安全监管。海事行政执法部门所作出的任何一个海事决定或行政行为都可能影响到国内船舶，甚至整个海上交通运输。

第一节　海事行政法的相关概念

一、海事的概念

"海事"一词已经被广泛应用，国际上有"国际海事组织""国际海事委员会"，就国内而言，有诸如海事局、海事法院、中国海事仲裁委员会甚至海事大学等相关"海事"称谓。但对于"海事"，目前尚无统一、权威的概念。在我国，一般认为"海事"的含义有广义和狭义之分，《海商法大辞典》给出了解释。广义的"海事"(Maritime Affair)泛指一切有关涉海事务，如航海、造船、验船、海上法规、海损事故调查处理、港口建设及运营、航道疏浚测量与航标设置、海洋开发利用与防污染、海洋教育与培训、海洋气象观测及预报等均可包含在广义的海事概念之内；狭义的"海事"特指海损事故(Maritime Accidents)，表现为在特定主体之间发生的与海相关、与船舶相联系、与海上运输相结合的海损事故①。从词义上，"海事"一词还可理解为"海上事务"，简称海事。海上事务包含但不限于航运、造船、验船、港口、航道、航标、船舶、船员、海事教育与培训、海洋污染、环境保护、航行安全、海域开发与利用、海上保安、海事调查、损害赔偿、海洋资源、海洋生态、海洋科考、海洋捕捞、海洋综合利用等涉海事务。然而，将"海事"理解为"海上事故或海难事故"过于狭隘，不利于海事这一概念的内涵与外延拓展；将"海事"理解为"海上事务"过于宽泛，致使概念模糊。在本书中，"海事"指发生于国家管辖权范围内的海洋范围内，涉及水上交通安全、船舶污染等事务，具体包括船舶船员管理、水上安全监督管理、船舶污染监督管理、水上交通事故调查与处理等事务。②

二、海事行政

以国家公权力因素为标准，行政可以分为狭义和广义。广义的行政是指组织管理，它广泛存在于现代社会的国家机关、社会组织、社会团体甚至公司法人中。狭义行政也叫公行政，是指国家机关或者具有公共职能的社会组织运用法律授予的国家公权力进行的组织

---

① 黄学贤、马超：《行政法基本原则重要性与确立标准之再认识》，《法治研究》2013年第3期。

② 高波：《海事行政法》，国防工业出版社，2010，第5页。

管理活动,如公安机关对社会秩序的管理,中国足球协会对职业足球联赛的管理等。本书中的行政是指公行政,是指拥有国家行政权的组织,依照法律规定运用行政权力,以指挥、引导、命令、奖惩、强制或者辅助等手段与方式对行政相对方施加影响,以实现社会安全、秩序稳定、经济发展、促进福利等国家目的的活动。海事行政是海事行政管理的简称,是国家行政管理的一部分。海事行政是指海上安全监督管理机关及其工作人员为了维护国家主权、维护水上交通安全,保障水上人命和财产安全、防止船舶污染水域,依法采取行政命令、行政处罚、行政强制等手段所进行的管理活动。这种管理活动主要包括:船舶登记与安全管理、船员管理、通航水域管理、航标配布及管理、船舶载运危险货物管理、海上搜寻与救助等。海事行政具有如下特征。

(一)海事行政主体是特定的

我国现行制度中,海事行政权主要由交通运输部海事局、直属海事局以及省级地方海事局行使。以海事行政机关为例,它包括交通运输部的中国海事局以及上海、江苏、长江、黑龙江等 14 个由海事总局直属的海事局,以及 28 个由地方政府与交通运输部双重领导的省级地方海事局。只有依法拥有海事行政权的海事局才能进行海事行政管理活动,除非法律、法规授权,其他行政机关不得从事海事行政管理活动,否则属于越权的违法行为。

(二)海事行政具有特定的空间区域

海事行政的空间区域限于水上交通运输发生的区域,即通航的海域和内水水系。私人承包的水塘、湖泊等非通航水域不属于海事行政的空间范围。海事行政机关对这些空间区域以外的事务所进行的行政管理活动不属于海事行政的范畴,而属于越权的违法行为。

(三)海事行政具有特定的内容

海事行政的内容主要是对水上交通运输的管理,具体包括制定规范性文件,如拟定相关的方针、政策、法规和技术规范、标准等;水上交通运输常规管理,如管理水上安全和防止船舶污染;管理通航秩序、通航环境;管理沿海航标无线电导航和水上安全通信;管理海区港口航道测绘并组织编印相关航海图书资料等。水上交通事故管理,如调查、处理水上交通事故、船舶污染事故及水上交通违法案件,组织、协调和指导水上搜寻救助等。水上航行相关事务的管理,如船舶、海上设施检验行业管理以及船舶适航和船舶技术管理,船员、引航员适任资格培训、考试、发证管理等。代表国家处理某些国际海事事务,如组织实施国际海事条约,履行“船旗国”及“港口国”监督管理义务,维护国家主权,开展有关国际合作、交流,外国籍船舶入出境及在我国港口、水域的监督管理等。

(四)海事行政具有特定的目的

各个行政部门都有其特定的目的,海事行政的目的是保障水上交通运输活动的安全性与高效性。安全性包括人身安全、财产安全以及环境安全,即通过海事行政组织的行政管理,减少和避免船舶在航行过程中发生碰撞、沉没、火灾、爆炸、搁浅等事故造成的人员伤亡、财产损失或者燃油及其船上装载的危险品泄漏而导致的环境污染。高效性主要是指在保证安全的前提下,降低水上交通运输行业运转的行政成本,避免烦琐冗余的行政手续,为水上交通运输行业发展提供便利、快捷的条件。①

三、海事行政法

海事行政法作为部门行政法,其规范基础和体系结构来自行政法,但也具有一定的特殊性。海事行政法与海商法的关系密切,但海事行政法并非源自海商法,尽管海商法的历史更为悠久(海商法的历史甚至比民法的历史更为悠久)②。海事行政法是行政法的原则、规范在海上实施的结果,是行政法在海域具体适用的产物。由于行政法一般适用于陆上,因此,海事行政法的产生和发展遵循自己独特的逻辑轨迹和演进路径——从陆域到海域。因为国家的行政管理发端于陆上,因此,普通行政法主要适用于陆域。国家陆域行政之发达,主要缘于人类活动。自史前时代迄今,均以陆域为主,行政法因国家行政需要逐渐发展而成。海域行政活动欠缺主要有两个方面的原因:其一,海洋浩瀚,瞬息万变,不适合人类居住,亦不能由国家以实力占有或管理;其二,人类对海洋之利,当时仅限于海面航行或捕鱼,活动单纯且简单,相关的行政监管(如船舶适航性、船舶检查)活动可利用船舶在港或锚泊时办理。因此,行政管理的法律活动也以陆上为主。随着航海技术的发展,特别是随着21世纪"海洋世纪"的到来,人类活动从陆地向海域延伸从来没有像今天这样频繁,海域行政管理活动也日益增多③,海事行政法的现实意义日益凸显,其作为部门行政法的条件也基本成熟。

(一)海事行政法调整对象

海事行政法调整对象的概念,最早是于1986年由著名海商法专家陈旭光教授提出的。他认为,海事行政法律关系的本质特征在于行政主体与相对人之间具有相对独立的法律地位,且有权对相对人不履行义务进行救济。陈旭光教授指出,由于水上交通安全管理涉及广大人民群众生命财产安全,海事执法机构在处理水上交通安全方面具有很大的权力,相对人在法律上对海事执法机构享有一定程度的监督、评价和救济权利。海事行政法调整对象是指海事行政机关依照本法规定行使职权、履行职责的行为及其产生的结果所形成的法律关系。海事行政法调整的对象是海事行政关系。海事行政关系是行政关系中的一种,是指管理水上交通运输及相关事务的海事行政权在其取得、行使以及监督的过程中而发生的各种社会关系。如果不是由海事行政活动产生的社会关系,即使有海事行政组织的参与,也不是海事行政关系。

(二)海事行政法特征

海事行政法是一种相对于其他法律部门而言具有显著特征的独立法律体系,与普通行政法相比,海事行政法具有鲜明的特征,具体表现如下。

1. 涉外性

随着中国成为国际海事组织A类理事国,中国在海洋领域和世界各国之间的交流和合作越来越紧密。中国已经参与了包括《船舶技术规范》《船员劳动保护》《航行安全和防止

① 王世涛:《海事行政法研究》,中国政法大学出版社,2013,第29页。

② 王世涛、汤喆峰:《论海商法之于民法的独立性》,《中国海商法研究》2012年第3期。

③ 王世涛:《海事行政法论纲》,在《大连海事大学学报(社会科学版)》内2010年第1期。

海洋环境污染》等国际公约。中国海洋行政的立法与执行均受上述国际法的制约。

2. 技术性

海事行政法是一种技术性很强的法律制度,它是由其所组成的法律法规所决定的。中国已制定或加入的海事法律、法规、国际海事公约、国际贸易规则等,都会涉及许多技术标准。以船舶登记为例,海事机构是重要的行政执法机关,也是物权登记机关。船舶作为一种特殊的动产,其所有权的转移、使用权的变更、抵押权的公示都需要到海事部门进行登记。

3. 实践性

随着科技的进步,海上面临的风险和特点也发生变化,海事行政法也要据此进行不断的修订和完善。如随着无人船研究的深入和应用的推广,海事立法也要及时调整,做好引导和规范。同时,海上交通事故调查处理、新业态的发展往往也是催生法律法规修订的重要渊源,随着国家"放管服"改革的深入推进,简政放权、营造良好营商环境也对海事行政法的修订提出了新要求。

综上所述,海事行政法是行政法的分支,属于部门行政法。海事行政法可以定义为是规范海事行政权,调整海事行政关系的法律规范的总和。

第二节　海事行政法的渊源

法的渊源指法的存在形式,指法的表现形式,亦即各法律部门法律规范的来源、出处。海事行政法的渊源是指海事行政法的表现形式,亦即海事行政法律规范的来源、出处。

一、海事行政法的渊源

(一)《宪法》

《中华人民共和国宪法》(简称《宪法》)规定,宪法是"国家的根本法,具有最高的法律效力""一切法律、行政法规和地方性法规都不得同宪法相抵触"。由此可见,宪法是我国最高位阶的法源,是我国所有法律部门共同的最根本的法律渊源。行政法与宪法之间的联系最为紧密。行政法是宪法的具体化,宪法的许多内容具有原则性,需要行政法加以细化实施。宪法还具有最高的法律效力,任何法律、法规都不得违反宪法。任何形式的海事行政法都必须以宪法为基础。因此,宪法是海事行政法的渊源之一。

但是值得注意的是,在海事行政执法的实践中,并不直接适用宪法作为执法依据,在行政诉讼中,也不直接援引宪法作为审判依据。我国宪法作为行政法法源,包含的行政法规范主要有:关于行政管理活动基本原则的规范,关于国家行政机关组织、基本工作制度和职权的规范,关于公民基本的权利和义务的规范等。

(二)法律

广义的法律包括具有法律效力的法律、法规、规章等各种形式的规范性文件。这里所说的法律是狭义的法律,是指由全国人民代表大会及其常务委员会(简称全国人大常委会)所制定的规范性法律文件。在我国现行的法律体系中,法律占据着非常重要的地位,法律是除宪法之外,效力最高的规范性文件,行政法规、规章、地方性法规等其他形式的规范性文件不得违反法律规定。法律所规定的内容相较宪法而言更加具体，具有更强的可操作性，有利于法律适用，由全国人大常委会制定的法律在部门法律中扮演着基本和首要的角色。

具体而言，法律层面包括行政基本法律、海事法律以及涉海相关法律三方面。行政基本法律是基础，主要包括以下几种：《中华人民共和国行政处罚法》（简称《行政处罚法》）、《中华人民共和国行政复议法》（简称《行政复议法》）、《中华人民共和国行政监察法》（简称《行政监察法》）、《中华人民共和国治安管理处罚法》（简称《治安管理处罚法》）、《中华人民共和国国家赔偿法》（简称《国家赔偿法》）、《中华人民共和国行政诉讼法》（简称《行政诉讼法》）、《中华人民共和国审计法》（简称《审计法》）、《中华人民共和国行政强制法》（简称《行政强制法》）等。行政法及其所确定的行政法律制度，是保障、规范、监督行政管理活动的法律规范的总和，为法治政府建设、依法行政提供了基本依据和制度保障。

海事行政法律是海事行政的核心，包括《中华人民共和国海上交通安全法》（简称《海上交通安全法》）和《中华人民共和国海洋环境保护法》（简称《海洋环境保护法》）等。其中《海上交通安全法》是我国到目前为止制定的关于海上交通安全管理的第一部也是唯一一部法律。

《海上交通安全法》是为加强海上交通管理，保障船舶、设施和人命财产的安全，维护国家权益，特别制定的。该法于 1983 年 9 月 2 日第六届全国人大常委会第二次会议通过，自 1984 年 1 月 1 日起施行。2021 年 4 月 29 日，第十三届全国人大常委会第二十八次会议修订通过《海上交通安全法》，自 2021 年 9 月 1 日起施行。修订后的《海上交通安全法》的诸多条款对各海事治理主体的治理责任进行了明确，对治理主体之间的关系进行了梳理，海事治理多元协同格局逐步形成。修订后的《海上交通安全法》在立法理念上实现了重大突破，主要呈现三个重要特征：

第一，其相关规定更具有操作性与实施性；

第二，其规定回应了热点议题，与国际通行规则逐步接轨；

第三，其规定与《海商法》等国内法律协调与衔接日益紧密。

涉海相关法律是海事行政法的补充和支撑，包括《中华人民共和国海事诉讼特别程序法》（简称《海事诉讼特别程序法》）、《中华人民共和国安全生产法》（简称《安全生产法》）、《中华人民共和国港口法》（简称《港口法》）等。

（三）行政法规

行政法规是指国家最高行政机关国务院根据宪法和法律制定的规范性法律文件。从效力上看，行政法规仅次于宪法和法律，在法律体系中处于较高位阶。从数量上看，行政法规远远多于法律。从内容上看，行政法规比宪法和法律更加细致，操作性更强。从制定与修改的速度上看，行政法规比宪法和法律更加迅速，更能够适应新形势的发展。因此，行政法规在我国的法律体系中起着非常重要的作用。特别是对于行政机关而言，由于行政法规是由其最高领导，即国务院制定的，因此往往能够得到较好的执行。

我国现行的海事行政法包括《中华人民共和国内河交通安全管理条例》（简称《内河交通安全管理条例》）、《中华人民共和国河道管理条例》（简称《河道管理条例》）、《中华人民共和国航标条例》（简称《航标条例》）、《中华人民共和国船舶登记条例》（简称《船舶登记条例》）、《中华人民共和国船舶和海上设施检验条例》（简称《船舶和海上设施检验条例》）、

《中华人民共和国船员条例》(简称《船员条例》)、《中华人民共和国防治船舶污染海洋环境管理条例》(简称《防治船舶污染海洋环境管理员条例》)等海事行政法规。这些行政法规中有一部分规定的是海事行政法体系的基本问题,如内河交通安全管理、船舶管理、船员管理等,这些规定构成了海事行政法体系的基础部分。

(四)地方性法规

地方性法规是指享有地方性法规制定权的地方人大常委会依照法定的权限在不与宪法、法律和行政法规相抵触的前提下制定的,在本行政区域内实施的规范性法律文件。在我国的法律体系中,地方性法规的作用主要表现在两个方面,一是对法律、行政法规进行补充与细化;二是能够适应本地方的特殊性。

地方性法规中关于海事行政的内容,属于海事行政法的渊源,海事行政组织应当遵守本地方制定的地方性法规。在宪法、法律和行政法规之下,地方性法规的法律效力较低。但是地方性法规仍然属于海事行政法的重要渊源,二者之间呈现出交叉日渐增多的趋势。由于海事行政机构自身存在直属海事系统与地方海事系统,分驻于不同行政区域,专门性海事地方性法规的立法活动越发频繁,发挥的作用日益显著。目前我国海事行政法中的地方性法规有很多,如上海市人大常委会制定的《上海市内河航道管理条例》《上海市水路运输管理条例》,黑龙江省人大常委会制定的《黑龙江省水上搜寻救助条例》等地方性法规,以规范地方海事行政机关的执法活动。

(五)行政规章

行政规章可以分为两类,一类是国务院各部委制定的规章,另一类是地方政府制定的规章。根据《法规规章备案条例》,部门规章是指国务院所属的各部门、委员会、中国人民银行、审计署和具有行政管理职能的直属机构,根据法律和行政法规、决定、命令,在本部门的权限范围内,制定的规范性文件。部门规章是国务院各部委为行使其职权依法制定的规范性文件,主要作用是对法律、行政法规进行补充和细化,特别是对海事行政法这样专业技术性较强的领域,部门规章的作用更加显著。地方政府规章是指省、自治区、直辖市以及省、自治区人民政府所在地的市和较大的市以及经济特区的市的人民政府,根据法律、行政法规以及本省、自治区、直辖市的地方性法规,制定的规范性文件。部门规章与地方政府规章具有相同的法律效力,其法律效力低于宪法、法律和行政法规,其内容不得与宪法、法律和行政法规相抵触。行政机关在执法过程中必须遵守行政规章的规定,但是在行政诉讼中,法院并不将行政规章作为审理的法律依据,而只是参照适用。虽然行政规章的法律效力较低,但是由于其数量大、操作性强、专业性强,所以仍是法律体系中重要的组成部分,对海事行政法治化的推进也起到了很大作用,如《老旧运输船舶管理规定》《国内船舶管理业规定》《中华人民共和国船员培训管理规则》(简称《船员培训管理规则》)、《中华人民共和国航运公司安全与防污染管理规定》(简称《航运公司安全与防污染管理规定》)等。值得注意的是,海事行政规章的制定主体是交通运输部而非其直属机构中华人民共和国海事局。

(六)法律解释

法律解释是指人们对法律规范的含义以及所使用的概念、术语、定义所作的说明和解释。① 法律解释按照解释主体分为有权解释和无权解释。专家、学者对法律所作的学理解释是无权解释,没有法律效力,不属于法律渊源。有权机关所作的解释则具有法律效力,属于法律渊源。有权解释包括立法解释、司法解释、行政解释和地方解释。行政法法源的法律解释,主要指行政执法机关和司法机关在执法、司法活动中对法律、法规、规章所作的解释。这些法律解释中涉及海事行政的内容也是海事行政法的渊源。

(七)国际条约

国际条约是指我国同外国缔结的双边和多边条约、协定和其他具有条约协定性质的文件。国家缔结国际条约后即受其约束。由于海事行政法具有国际性,因此国际条约是重要的法律渊源之一。由于我国《宪法》及《中华人民共和国立法法》(简称《立法法》)等法律未对国际条约的适用作出具体规定,国际条约在我国国内的适用有以下两种方式。

(1)条约优先适用,即国际条约不仅可以在我国直接适用,而且其效力高于国内法律、法规。国际条约与我国法律不一致之处,优先适用国际条约。

(2)条约转化适用,即国际条约并不直接在我国国内适用,而是通过立法转化为国内法后再进行适用。

《联合国海洋法公约》(简称《公约》)具有国际海洋"母法"地位,其宗旨是"为方便国际交通和促进海洋和平使用、维护海洋生物资源以及研究、保护和保存海洋环境的公平有效利用",为海洋建立一种法律秩序。《公约》涉及了许多制度,规定了领海、毗连区、专属经济区等区域内主权国家的权利和义务,如第二十一条:沿海国关于无害通过的法律和规章——沿海国可依本公约规定和其他国际法规则,对下列各项或任何一项制定关于无害通过领海的法律和规章:

(a)航行安全及海上交通管理;

(b)保护助航设备和设施以及其他设施或设备;

(c)保护电缆和管道;

(d)养护海洋生物资源;

(e)防止违反沿海国的渔业法律和规章;

(f)保全沿海国的环境,并防止、减少和控制该环境受污染;

(g)海洋科学研究和水文测量;

(h)防止违犯沿海国的海关、财政、移民或卫生的法律和规章。

这些规定是主权国家行使海事行政立法权的国际法依据。

中华人民共和国海事局是海事行政职能部门,与之对应的国际机构是国际海事组织(International Maritime Organization,IMO),我国参与的50多个国际海事公约多由IMO制定或参与制定,这些公约也成为我国海事行政法律体系的重要渊源。基于包含"条约必须信守"的原则,我国必须遵守加入的国际海事公约。

目前国际海事公约体系主要由四大支柱性公约以及其他各相关领域的公约构成,分别

① 胡建淼:《行政法学》(第2版),法律出版社,2010,第15页。

是《国际海上人命安全公约》《国际防止船舶造成污染公约》《海员培训、发证和值班标准规则公约》(1998 年修正案)和由国际劳工组织制定的《2006 年海事劳工公约》。按照调整内容的不同,大致可以按以下分类:一是涉及海上安全,包括《国际海上人命安全公约》《1966 年国际船舶载重线公约》《1969 年国际船舶吨位丈量公约》等;二是涉及海洋污染,包括《国际防止船舶造成污染公约》《1990 年国际油污防备、反应和合作公约》《国际控制船舶有害防污底系统公约》等;三是涉及海上人员,包括《海员培训、发证和值班规则》(1998 年修正案)、《2006 年海事劳工公约》《1974 年海上旅客及其行李运输雅典公约》等;四是涉及民事责任和赔偿,包括《国际油污损害民事责任公约》及其 1992 年议定书,《1996 年国际海上运输有毒有害物质损害责任和赔偿公约》《2001 年国际燃油污染损害民事责任公约》等;五是其他方面,如《1989 年国际救助公约》《国际便利海上运输公约》等。①

二、我国海事立法的特点

海事行政法立法体系的构建,就立法体系而言,有学者认为立法体系是指立法机关制定的各种法律文件(包括宪法、法律、行政法规以及规范性文件等)所构成的系统;还有学者认为,立法体系实质是指立法规划,更准确地说是指立法的系统工程。海事行政法具有鲜明的部门行政法特色,在充分考虑海事所涉及的社会关系对法律规范的客观需求基础上体现海事部门行政职能。近几年,我国海事行政立法工作不断强化,海事行政立法体系已经初步形成。

我国海事立法兼具公法与私法的特征,在立法结构上实行内河立法与海上立法分立并行的做法,海事立法中的中央立法与地方立法互为补充,在立法内容上较多地吸收借鉴了国际海事公约的内容。

1. 立法兼具公法与私法的特征

海事立法虽然属于公法,但具有公法与私法的混合性。海事立法中可能同时包括强制性规范与任意性规范,立法中的强制性规范体现公法特征,任意性规范体现私法特征。

2. 内河立法与海上立法分立并行

我国海事立法实行海上海事立法与内河海事立法分立并行的立法模式。《海上交通安全法》与《内河交通安全管理条例》分别是海上海事立法与内河海事立法的“基本法”,《海上交通安全法》仅适用于我国主权管辖的海域,内河交通安全管理则由《内河交通安全管理条例》调整。

3. 中央立法与地方立法互为补充

中央立法与地方立法两部分共同组成了我国的海事立法。中央立法包括法律、行政法规和部门规章,地方立法包括地方政府规章和地方性法规,海事立法形成了中央立法和地方立法为主要内容的多层次法律框架。

---

① 邵帅、郭萍:《海事行政立法体系构建与完善》,《人民论坛》2015 年第 21 期。

第三节 海事行政法的效力

一、海事行政法效力范围

法律效力即法律约束力,海事行政法的效力是指海事行政法的约束力,即海事行政法在什么时间、什么空间对什么样的人、什么样的事发生法律约束力。

(一)海事行政法的空间效力

海事行政法在空间上的效力是指海事行政法在空间上的适用范围,即海事行政法在哪些地域范围内具有法律约束力,包括海事行政法的整体空间效力和一些具体的海事行政法律、法规、规章的空间效力。

(二)海事行政法的时间效力

海事行政法的时间效力是指海事行政法的有效时间,即海事行政法从何时生效至何时失效及对海事行政法律规范生效前的行为是否溯及力的问题。一般情况下,法律的时间效力,从该法律正式实施之日起,被修改或废止之日为止。法律的溯及力指的是"法不溯及既往",法律对发生在该法实施之前的事件或行为没有效力。

(三)海事行政法对人的效力

海事行政法对人的效力是指海事行政法对哪些人具有法律约束力。海事行政法对人的效力主要表现在:一是海事行政机关及其工作人员;二是海事行政相对人;三是其他具有海事行政管理职能的有关人员;四是对在法律关系中处于相对一方的相对人具有法律约束力,如在行政处罚、行政强制等方面具有法律效力。

(四)海事行政法对事的效力

海事行政法对事的效力是指海事行政法对哪些事项具有法律约束力。我国海事行政法律规范数量相当多,规定的事项涉及海事行政的方方面面,包括船舶管理、海上交通安全管理、防止船舶污染管理、船员管理等。

二、海事行政法的效力位阶及冲突解决

(一)效力位阶

海事行政法各渊源之间的效力位阶遵循上位法高于下位法的原则,即不同等级的主体制定的法有不同的法律效力,等级高的主体制定的法律规范,其效力高于等级低的主体制定的法律。

(1)宪法具有最高的法律效力,一切法律、行政法规、地方性法规、自治条例和单行条例、规章都不得同宪法相抵触。

(2)法律的效力高于行政法规、地方性法规、规章。行政法规的效力高于地方性法规、

规章。

(3)地方性法规的效力高于本级和下级地方政府规章。省、自治区人民政府制定的规章的效力高于本行政区域内较大的市的人民政府制定的规章。

(4)自治条例和单行条例依法对法律、行政法规、地方性法规作变通规定的,在本自治地方适用自治条例和单行条例的规定。

(5)经济特区法规根据授权对法律、行政法规、地方性法规作变通规定的,在本经济特区适用经济特区法规的规定。

(6)部门规章之间、部门规章与地方政府规章之间具有同等效力,在各自的权限范围内施行,其调整范围与相应规章制定主体的权限范围一致。

(二)法律规范冲突原则

在一般情况下,法律规范之间的冲突依据法律规范的效力位阶解决。但是如果出现相同效力位阶的法律规范对同一事项规定不一致时,则可以按照以下方式解决。

(1)特别法优于一般法原则,即同一机关制定的法律、行政法规、地方性法规、自治条例和单行条例、规章,特别规定与一般规定不一致的,适用特别规定。

(2)新法优于旧法原则,即同一机关制定的法律、行政法规、地方性法规、自治条例和单行条例、规章,新的规定与旧的规定不一致的,适用新的规定。

(3)法律之间的冲突,法律之间对同一事项的新法与旧的特别规定不一致,不能确定如何适用时,由人大常委会裁决。

(4)行政法规之间的冲突,行政法规之间对同一事项的新的一般规定和旧的特别规定不一致,不能确定如何适用时,由国务院裁决。

(5)地方性法规、规章之间不一致时,同一机关制定的新的一般规定和旧的特别规定不一致时,由制定机关裁决;地方性法规与部门规章之间对同一事项规定不一致,不能确定如何适用时,由国务院提出意见,国务院认为使用地方性法规的,应当适用地方性法规;认为适用部门规章的,应当提请全国人大常委会裁决;根据授权制定的法规与法律规定不一致,不能确定如何适用时,由全国人大常委会裁决。①

第四节　海事行政法的基本原则

一、海事行政法基本原则概述

(一)海事行政法基本原则的概念

海事行政法基本原则是指能够体现海事行政法基本价值和基本精神,指导和统领全部的海事行政法律规范,并贯穿于海事行政的立法、执法、司法、监督等海事行政活动各个环节的基本原理和基本准则。它是海事行政法的灵魂,是具体海事行政法律规范的抽象概括总结。②

---

① 姜明安主编:《行政法与行政诉讼法》(第3版),北京大学出版社、高等教育出版社,2007,第53页。

② 高波:《海事行政法研究》,国防工业出版社,2010,第18-19页。

（二）海事行政法基本原则的功能

1. 指导功能

海事行政法律的相关规则是基本原则的具体化，基本原则对海事行政法的制定与实施发挥着指导作用。所以，在制定海事行政法时，要依据其基本原则对相应规则进行选择，避免出现与原则相违背的规则。可以说，海事行政法的规则是贯彻海事行政法基本原则理念的结果。另外，在海事行政执法过程中，行政权的行使也要受到海事行政法的基本原则指导。

2. 整合功能

海事行政法律规范形式多样，数量繁杂。制定机关的不同使得海事行政法律体系难以形成严密的法律体系。因此，为了保证海事行政法律体系的协调性与统一性，需要由基本原则对这些法律规范进行整合，避免法律规范的相互冲突，维护法律的权威。

3. 补缺功能

我国海事行政法律制度发展较晚，法律体系并不完善，存在一些法律漏洞。在海事行政执法与司法中，可以通过适用基本原则来弥补法律漏洞，使其与海事行政法整体保持一致，实现海事行政法治的目的。①

二、海事行政法的基本原则

（一）海事行政合法性原则

行政合法性原则是我国行政法的基本原则，也是海事行政法的第一基本原则。海事行政合法性原则是指海事行政机关必须依法行使海事行政职权，不得违背法律，否则应承担相应的责任。首先要明确海事行政合法性原则的基本内容，其次要掌握海事行政合法性原则的适用范围。如何界定海事行政合法性原则的适用范围，这是海事行政合法性原则研究的重要问题。海事行政合法性原则中的“法的适用范围”应如何界定，海事行政合法性原则是适用于具体行政行为还是同时适用于抽象行政行为，这些都是理解和运用海事行政法基本原则必须解决的基本问题。海事行政合法性原则具体包括法律优先原则、法律保留原则和正当程序原则。

1. 法律优先原则

法律优先原则是指在已有法律规定的情况下，其他规范性文件不得与法律相抵触，对于相抵触的内容，法律具有优先效力。目前海事行政法的规范大多数位阶较低，法律优先原则对海事行政法的统一性具有很强的作用。另外要注意的是，当其他规范性文件与法律内容不相抵触时，应当先适用低位阶的法律规范。

例如，《中华人民共和国海事行政许可条件规定》（简称《海事行政许可条件规定》）是部门规章，其内容不与《中华人民共和国行政许可法》（简称《行政许可法》）相抵触，海事行政机关在实施海事行政许可时，应当先适用《海事行政许可条件规定》而不是径直适用《行政许可法》。也就是说，法律优先是指效力上的优先，而不是适用上的优先，这是为了避免

---

① 王世涛：《海事行政法学研究》，中国政法大学出版社，2013，第48页。

行政机关故意适用高位阶法律，利用其原则性较强的特点，达到滥用裁量权的不正当目的。①

2. 法律保留原则

法律保留原则是指宪法或法律将调整某些事项的规则制定权保留给立法机关时，行政机关非经特别授权不得对此制定任何规范性文件。我国的法律保留原则可以从立法和执法两个层面来认识，就法律意义上的法律保留而言，全国人大常委会制定的众多单行法律都规定了法律保留事项，其中《立法法》集中规定了我国的法律保留制度。

《立法法》第 8,9 条确定了法律保留原则，其中海事行政法可能涉及的内容包括：国家主权的事项；对公民政治权利的剥夺、限制人身自由的强制措施和处罚；对非国有财产的征收；基本经济制度以及财政、税收、海关、金融和外贸的基本制度；必须由全国人大常委会制定法律的其他事项等。②

从执法层面来看，法律保留原则的“法律”包括法律、法规和规章。这一原则的实质是无法律（即无行政法），无明文禁止（即自由）。它的要求比法律优先原则更为严格。③

3. 正当程序原则

“正义不仅应当实现，而且应当以人们看得见的方式实现。”在英国，正当程序原则最早可追溯到 1215 年制定的《自由大宪章》第 39 条。它规定：“凡自由民，如未经其同级贵族之依法裁判，或经国法（Law of the Land）判决，皆不得被逮捕、监禁、没收财产、剥夺法律保护权、放逐或被加以任何其他方式侵害，我们不得违反这些规定而为之。”而首次以法令形式明确提到并解释了“正当程序”这一词语的法律文件，实际上是 1354 年爱德华三世的《自由令》第三章。“未经法律的正当程序进行答辩，对任何财产和身份拥有者一律不得剥夺其土地或住所，不得逮捕或监禁，不得剥夺其继承权和生命。”④

正当程序原则的要求主要有下述三项。

（1）自己不做自己的法官

所谓“自己不做自己的法官”就是行政机关及其工作人员处理涉及与自己有利害关系的事务或裁决与自己有利害关系的争议时，应主动回避或应当事人的申请回避。在西方国家，“自己不做自己的法官”是正当法律程序原则的首要要求，根据这一要求，不仅行政官员在处理有关事务或裁决有关纠纷时，如涉及其本身或亲属利益要予以回避，而且行政机关还应设置相对独立的机构（如行政裁判所、行政法官等）裁决涉及行政管理的有关争议；行政机关处理行政相对人的违法行为，进行调查和提出指控的机构不能直接作出处理裁决，而要提请与之有相对独立性的机构裁决。否则，亦构成行政违法，违反“自己不做自己的法官”的公正原则。⑤

《中华人民共和国公务员法》（简称《公务员法》）明确规定了回避原则，⑥虽然没有“自己不做自己法官”的表述，但其精神和要求是相同的。另外，《行政处罚法》规定，行政处罚

---

① 王世涛：《海事行政法学研究》，中国政法大学出版社，2013，第 49-50 页。

② 参见《中华人民共和国立法法》第 8-9 条。

③ 高波：《海事行政法研究》，国防工业出版社，2010，第 20 页。

④ 周佑勇：《行政法的正当程序原则》，《中国社会科学》2004 年第 4 期。

⑤ 姜明安主编：《行政法与行政诉讼法》（第 7 版），北京大学出版社，2019，第 78 页。

⑥ 参见《公务员法》第 74-78 条。

的听证由行政机关指定的非本案调查人员主持,行政复议和行政诉讼更是由实施相应行政行为以外的机关处理行政争议,避免行为机关“自己做自己的法官”,所体现的即是正当法律程序原则。

(2)说明理由

行政机关作出任何行政行为,特别是作出对行政相对人不利的行政行为,除非有法定保密的要求,都必须说明理由。对于抽象行政行为,如行政法规和规章,应通过政府公报或其他公开出版的刊物说明理由;对于具体行政行为,应通过法律文书(或口头)直接向行政行为的相对人说明理由。我国《行政处罚法》《行政许可法》等法律、法规均明确规定了行政行为说明理由的要求。①

(3)听取陈述和申辩

行政机关作出任何行政行为,特别是作出对行政相对人不利的行政行为,必须听取相对人的陈述和申辩。行政机关作出严重影响行政相对人合法权益的行政行为,还应依相对人的申请或依法主动举行听证,通过相对人与执法人员当庭质证、辩论,审查行政机关据以作出行政行为的事实、证据的真实性、相关性与合法性。我国《行政处罚法》《行政许可法》等法律、法规均明确规定了行政机关作出行政行为听取相对人陈述和申辩以及听证的要求。②

中华人民共和国海事局于 2001 年颁发了《关于在全国海事系统推行统一政务公开的通知》和《关于在全国海事系统开展执法监督的通知》,要求各直属海事局建立健全执法监督机制和体系,各级海事管理机构全面开展政务公开。行政参与的核心是公平听证,即“被听取意见的权利”,如行政相对人有提起听证的权利,就是行政参与的一种表现。③

(二)海事行政合理性原则

行政合理性原则作为与行政合法性原则相提并论的一大行政法基本原则,其产生与行政自由裁量权的存在及扩大密不可分。因此,要从我国海事行政自由裁量权存在的现状出发,研究海事行政合理性原则的必要性。

我国海事行政合理性原则的内容在我国目前的海事行政法律规范中没有明确规定,可以结合海事执法实践,从海事行政合理性原则对海事行政自由裁量权的具体要求来探讨对海事行政合理性原则基本内容的理解。海事行政合理性原则主要包括比例原则与信赖保护原则。

1. 比例原则

比例原则的基本含义是行政机关实施行政行为应兼顾行政目标的实现和保护相对人的权益,如为实现行政目标可能对相对人权益造成某种不利影响时,应将这种不利影响限制在尽可能小的范围和限度内,保持二者处于适度的比例。

比例原则有广义和狭义之分。广义比例原则主要有以下三项要求。

(1)必要性:行政机关拟实施行政行为,特别是实施对行政相对人权益不利的行政行为时,只有认定该行为对于达到相应行政目的或目标是必要和必需的,才能实施;

---

① 参见《行政处罚法》第 31 条、《行政许可法》第 38 条。

② 参见《行政处罚法》第 32、41-43 条和《行政许可法》第 36、46-48 条。

③ 高波:《海事行政法研究》,国防工业出版社,2010,第 21 页。

(2)适当性:行政机关拟实施行政行为,必须先进行利益衡量,只有通过利益衡量,确认实施该行为对于实现相应行政目标是适当的,且可能取得的利益大于可能损害的利益,收益大于成本,才能实施;

(3)最小损害性:行政机关实施行政行为,必须在多种方案中进行选择,择其对行政相对人权益损害最小的方案实施。①

狭义的比例原则即最小损害原则,指行政机关实施行政行为,其目的和手段必须对称和相适应。行政机关不得采取超过目的需要的过度的措施,应尽可能使行政相对人的损失减少到最低限度。②

根据比例原则,在海事管理机构实施海事行政强制措施时,首先要以必要为限,在不采取海事行政强制措施而通过其他行政行为也能达到海事管理目的的情况下,不应采取海事行政强制措施;海事行政管理机构必须公正地行使自由裁量权,采取的措施应当由轻到重。其次,在必须采取海事行政强制措施才能达到海事管理目的的情况下,要采取与危险情况或紧迫形势相适宜的较轻的海事行政强制措施,避免给管理相对人造成不必要的损失或损害,应当保留被执行人及其所扶养家属的生活必须费用和生活必需品。

2. 信赖保护原则

信赖保护原则,是指行政相对人对行政中的某些因素形成了合理的依赖时,行政主体不得任意变动上述因素,否则需要对行政相对人给予合理的补偿。我国《行政许可法》第一次以法律的形式确立了行政机关的诚信原则,也就是我们常说的信赖保护原则。该原则主要体现在《行政许可法》第 8 条中,该条规定:行政许可所依据的法律、法规、规章修改或者废止,或者准予行政许可所依据的客观情况发生重大变化的,为了公共利益的需要,行政机关可以依法变更或者撤回已经生效的行政许可。由此给公民、法人或者其他组织造成财产损失的,行政机关应当依法给予补偿。③ 这标志着信赖利益保护原则在我国法律中得到了确认,有利于构建诚信政府,树立法律的权威。

(三)海事行政应急原则

海事行政应急,是关于海事行政管理机构行使应急职权以控制和消除突发公共事件的制度。海事行政管理机构管理的行政事务,大体上可以分为正常社会状态下的行政事务和非常社会状态下的行政事务。海事行政应急是法律上为管理和控制非常状态下行政事务的制度。

海事行政应急性赋予了海事行政管理机构较大的自主性甚至非常权力。行政应急性是合法性原则的例外,但是,行政应急性原则并非排斥行政合法性原则,排斥任何法律控制。不受限制的海事行政应急权力同样是不容许的。一般而言,海事行政应急权力的行使应符合以下几个条件。

1. 应符合法定条件

即只有在法定情形出现时才能适用行政应急性。这就要求在立法上对可适用行政应

① 姜明安主编:《行政法与行政诉讼法》(第 7 版),北京大学出版社、高等教育出版社,2019,第 76-77 页。

② 姜明安主编:《行政法与行政诉讼法》(第 7 版),北京大学出版社、高等教育出版社,2019,第 77 页。

③ 参见《行政许可法》第 8 条第 2 项。

急性的特殊情形作出相应的规定:存在明确无误的紧急危险;非法定机构行使了紧急权力,事后应由有权机关予以确认;海事行政管理机构作出的应急行为应受到有权机关的监督。

2. 应符合公共利益

即行政决定必须以公共利益为依归,以及符合原有行政法规范的立法目的和立法本意。海事行政应急权力的行使应当适当,应将负面损害控制在最小的程序范围内。

3. 应符合法定程序

即海事行政管理机构在适用行政应急性前,应得到有权机关的审批。事前来不及报批的,事后应受有权机关的审查、追认。①

(四)主权性与国际性相一致原则

海事行政法中具有大量涉外性因素,因此往往可能涉及主权性与国际性的内容。主权性与国际性相一致原则就是解决二者之间的矛盾,具体指海事行政法规范的制定与实施必须兼顾国家主权和与国际接轨的关系。二者之间以主权性为主,国际性不得突破国家主权。

1. 主权性

主权性因素在海事行政法中相当普遍。例如,外国船舶进入我国港口、内河的规则,海事行政主体与外国相关机构之间的管辖权争议等都涉及国家主权问题。目前我国海上形势并不乐观,在东海、南海、钓鱼岛等问题上,受到周边多国共同形成的巨大压力。海事行政法作为海事法的一部分,必须承担起维护国家主权的任务。因此,在海事行政法规范的制定与实施过程中,必须将维护国家主权纳入考虑范围之内,而且不得就主权性问题进行妥协和让步。

2. 国际性

国际性是海事行政法的特征之一,在全球经济联系日趋紧密的环境下,各国海事行政法之间的一致性也在逐渐加强。从海事行政主体的机构设置到海事行政程序的设定,各国都进行了相互借鉴,取长补短,以期在竞争中取得优势。我国海事行政法还处于不成熟的发展阶段,更有必要借鉴外国的先进经验。②

第五节 海事行政法与相关法律的关系

一、海事行政法与行政法

法律部门的划分是以法律调整的社会关系为依据的,行政法是调整行政主体与行政相对人之间关系的法律部门,通过法律调整,行政法形成了不同于其他部门法的原则和规范体系。不论人类活动在什么领域,只要涉及行政主体与行政相对人的关系,就都可以纳入行政法范围之内进行调整。因此,行政法的一般原则和普遍意义的规范可以适用于海事行政领域。

从我国已经存在的海事立法来看,海事行政法具有明显的行政法的特点:首先,海事行

① 高波:《海事行政法研究》,国防工业出版社,2010,第 22-23 页。

② 王世涛:《海事行政法学研究》,中国政法大学出版社,2013,第 52 页。

政法以宪法为基础,体现了宪法作为最高法的原则和精神;其次,海事行政法以《海上交通安全法》《内河交通安全管理条例》《船舶登记条例》《船员条例》等主要行政法为核心,符合行政法的体例特征。不仅如此,我国海事行政法还具有其他浓重的传统行政法的特点,如立法以设权性条文为主;在海事行政权力和权利的分配上,体现了海事行政主体与海事行政相对人的不平衡性。因此,海事行政法与行政法之间的关系是:海事行政法属于行政法,是部门行政法。既然海事行政法属于行政法,是部门行政法,海事行政法就体现一般行政法的属性。①

1. 海事行政法具有一般行政法的特征

一般行政法的特征包括:

(1)没有统一完整的法典;

(2)由不同效力层次的法律规范组成,且行政法律规范数量众多;

(3)内容广泛;

(4)具有易变性;

(5)实体性规范和程序性规范通常交织在一起等。

②行政法的这些特征,海事行政法无一不具备并且十分典型。

2. 海事行政法适用一般行政法的基本原则

这一点在海事行政法的基本原则中已经说明,海事行政法适用一般行政法的基本原则,而且海事行政法自身特有的区别于其他部门行政法的原则,也是一般行政法原则的延伸和具体体现。

3. 海事行政法的特殊性不构成对一般行政法的突破

海事行政法有其自身的特殊性,但是海事行政法的特殊性是针对其他部门行政法以及行政法以外的其他法律而言的,并不构成对一般行政法的突破。

二、海事行政法与海商法

(一)海事行政法与海商法的联系

海商法(Maritime law)是横向的海法,调整的是平等主体间的财产法律关系;海商法是民商法的特别法,属于私法范畴。海事行政法是纵向的海法,海事行政法是行政法的特别法,调整的是国家海事管理机构与海事管理相对人间的法律关系,属于公法范畴。那么,海商法学的研究应遵循民法学的基本原理,同样,海事行政法学的发展必须以行政法学的基本原则为指导。可以说,海事法是海商法与海事行政法的有机统一。③ 从法学理论体系上看,海事行政法学是行政法学与海事法学的交叉学科,没有行政法与海事理论和实务学者之间的合作或者海事理论与实务学者没有行政法素养,行政法学者没有海事法专业知识,都不可能深入研究海事行政法学。

1. 从法律层次上看,两者是处于同一层次的法律体系

海商法是调整特定海上运输关系和船舶关系的法律关系的总称。海商法是民法的特

---

① 王世涛:《海事行政法学研究》,中国政法大学出版社,2013,第53-54页。

② 方世荣、石佑启:《行政法与行政诉讼法》(第2版),北京大学出版社,2005,第7-8页。

③ 王世涛:《海事行政法的困境与出路》,《大连海事大学学报(社会科学版)》2007年第6期。

别法，是民法的分支；海事行政法则是行政法的特别法，是行政法的分支。虽然两者所隶属的基本法律部门不同，但是，民法和行政法属于同等层次部门法。

2. 从调整对象上看，海事行政法与海商法有交叉之处

海商法调整的对象是特定的海上运输关系和船舶关系，海事行政法调整的对象是海事行政机构在行使海事行政职权过程中产生的一系列社会关系，海事行政机关行使海事行政职权的活动主要涉及的客体是船舶。这样就不可避免地使海事行政法的调整对象与海商法有重合之处。

例如，我国海商法中关于船舶国籍、船舶登记、船长职权、船舶碰撞、海难救助等的法律规定，就有相当一部分是行政法律规范，属于海事行政法的范畴。

（二）海事行政法与海商法的区别

作为相互独立的法律体系，海事行政法与海商法有以下显著区别。

1. 两者调整的内容与方法不同

基本上，海商法所调整的是海上运输和船舶相关的民事关系；海事行政法调整的是国家海事行政机构在实现海事行政职能过程中所发生的行政关系。民事法律关系是基于当事双方的意思表示而成立，强调的是平等、等价、有偿原则；海事行政法律关系往往是基于海事行政机构单方的意思表示而成立，强调的是权威、命令。

2. 两者涉及的法律关系属性不同

海商法所调整的民事关系是私人间的关系，通常不具有公共性质；海事行政法调整的是具有公共性质的行政关系。①

三、海事行政法与海事法

对于"海事"的概念，学者们认为有狭义与广义之分。狭义的"海事"，是海上事故、海损事故、海难事故、海上交通事故或船舶交通事故的简称。英文通常用 maritime accident、maritime casualty、average accident 描述海上事故，泛指船舶在海上航行、作业或者停泊中所发生的诸如碰撞、搁浅、触礁火灾、沉没等事故。海损事故突出事故造成的船舶、其他财产的损失和（或）人员的伤亡；海难事故强调事故导致重大的船舶、其他财产的损失和（或）人员的伤亡；海上交通事故和船舶交通事故则是较新的称谓。这些称谓在含义上存在微小的区别，但没有本质上的不同，其共性表现为船舶在海上或其他可航水域发生事故，导致船舶、其他财产的损失和（或）人员的伤亡。广义的海事是海运事业（maritime adventure）、海上事务（maritime affairs）和海上活动（maritime activities）等的简称，其内涵包括狭义的"海事"，但不限于狭义的"海事"。

需要说明的是，"海事"一词与"海商"一词既有联系，也有区别。"海事"一词在理解上经常与"海商"一词相对应。"海商"（maritime commerce）是海上商业活动的简称，在内涵的理解上也有狭义和广义之分。狭义的"海商"与狭义的"海事"相对应，是指海上货物或者旅客运输、海上拖航、船舶租用、海上保险等行为；广义的"海商"是指所有海上运输或其他与船舶有关的商业活动。因此，狭义的"海事"与狭义的"海商"相对应，广义的"海事"与广义

① 高波：《海事行政法研究》，国防工业出版社，2010，第 33 页。

的“海商”在很多情况下同义。①

我国海事法院中设置海事庭和海商庭,其中海事法院中的“海事”是广义上的“海事”,而海事庭中的“海事”和海商庭中的“海商”均在狭义上使用。《海事诉讼特别程序法》第21条所列的“海事请求”,②既包括狭义的“海事”意义上的请求,如有关海难救助、船舶对环境造成的损害、沉船打捞清除、共同海损等的请求,也包括狭义的“海商”意义上的海事请求,如有关船舶租用合同、海上货物运输合同或者海上旅客运输合同、船舶买卖合同等的请求。1992年《中华人民共和国海商法》(简称《海商法》)的调整范围,既包括船舶碰撞、海难救助、共同海损、海事赔偿责任限制等狭义的“海事”内容,也包括海上货物运输合同、海上旅客运输合同、海上拖航合同、船舶租用合同、海上保险合同等狭义的“海商”内容。

实际上,海事法有广义和狭义之分,广义上的海事法泛指涉海的法律,其中既包括公法也包括私法,既包括实体法也包括程序法,既包括国际法也包括国内法,既包括成文法也包括国际惯例。狭义上的海事法(指海商法)则仅指调整平等主体之间在海事活动中发生的民事权利义务关系的法律,其调整对象包括船舶物权关系、海上运输合同关系、海难救助合同关系、船舶租赁合同关系。

在我国,关于海事法的称谓有一个有趣的现象,即在立法层面使用的是“海商法”的名称,但在理论研究和实务中,又经常使用“海事法”这一表述方式。此种现象易使人们误认为“海商法”与“海事法”的含义一致,只是表述方式不同,进而将《海商法》中的制度建构理解为海事法体系的全部,其实不然。无论是从法的架构还是从具体内容上来看,我国《海商法》中确立的制度只是海事法这个庞大体系中的一个组成部分,若将《海商法》中的制度建构解释成海事法体系的全部,其结果是把诸如海上交通安全、海洋环境保护、海上财产打捞、海洋开发与利用等项制度排除在海事法的体系之外,其结果是以偏概全。③

本书认为,海事法是广义的海事法,其调整范围既包括“海商法”调整范围中的船舶碰撞海难救助、船舶残骸清除、船舶污染海洋环境、共同海损、海上人身伤亡损害赔偿、海事索赔责任限制等私法内容,④也包括海事行政法调整范围中的行政公权行使过程中发生的管理关系(如船舶登记、引航、船员配备、海运管理、沉船沉物的清除与打捞、港口管理、海上安全管理、防止船舶污染)等公法范畴。⑤

(一)海事行政法与海事法的联系

1. 两者的调整对象有交叉之处

海事行政法与海事法有着密切的联系。海事行政法是海事法的一个分支,是海事法的重要组成部分。海事行政学是海事法学的下位学科,是专门对海事法中涉及行政公权行使过程中发生的管理关系进行研究而形成的法律科学。

---

① 胡正良、韩立新:《海事法》(第3版),北京大学出版社,2016,第1-3页。

② 这里所说的程序法是指依据《民事诉讼法》的基本原则并兼顾海事诉讼的特点而制定的《海事诉讼特别程序法》。

③ 傅廷中:《国际视野内海事公法与私法的分隔与聚合》,《清华法学》2021年第6期。

④ 胡正良、韩立新:《海事法》(第3版),北京大学出版社,2016,第4页。

⑤ 王世涛:《海事行政法的困境与出路》,《大连海事大学学报(社会科学版)》2007年第6期。

2. 两者的管辖法院相同

根据《最高人民法院关于海事法院受理案件范围的规定》,海事法院受理案件范围为:海事侵权纠纷案件、海商合同纠纷案件、海洋及通海可航水域开发利用与环境保护相关纠纷案件、其他海事海商纠纷案件、海事行政案件、海事特别程序案件等。① 由此可见,不管是属于海事行政法调整范围内的案件还是属于海事法调整范畴内的案件,都由海事法院管辖。

(二)海事行政法与海事法的区别

虽然海事行政法是海事法的重要组成部分,但两者的调整对象并不完全相同。海事法的调整范畴除了海事行政法所调整的国家海事管理机构与海事管理相对人间的法律关系等公法内容外,还调整平等主体之间在海事活动中发生的民事权利义务关系的法律,其调整对象包括船舶物权关系、海上运输合同关系、海难救助合同关系、船舶租赁合同关系等私法范畴。

海事行政法作为海事法的重要组成部分,应该与海商法处于同等地位,但由于我国关于海事行政的法律规定较分散,且多是行政规章,再加上海事行政法的部门法属性不明确,导致我国海事行政法的发展空间受到极大的限制。因此,为了海事行政法能够进一步发展,需要构建“大海事法”的格局,转变传统海商法理念与研究范式,海事行政法才能焕发活力。

复习思考题

一、名词解释

1. 海事
2. 海事行政
3. 法律保留原则
4. 比例原则
5. 信赖保护原则

二、简答题

1. 简述海事行政的特征。
2. 简述海事行政立法的特点。
3. 简述海事行政的正当程序原则。
4. 简述海事行政法与行政法的关系。
5. 简述海事行政法与海商法的关系。

---

① 《最高人民法院关于海事法院受理案件范围的规定》,法释〔2016〕4 号,2016 年 2 月 24 日发布。

第二章　海事行政法主体

第一节　海事行政法律关系概述

一、海事行政关系

（一）海事行政关系的概念

不同的部门法调整不同的社会关系，行政法调整行政关系。行政关系，是指行政主体因从事行政管理活动（包括行使行政权的活动和基于实现国家或社会职能的目的所从事的公共管理活动）而与行政相对人以及其他相关主体之间形成的各种社会关系。行政关系主要包括组织关系、行为关系、行政救济或监督关系。①

海事行政关系属于行政关系的组成部分。海事行政关系，是指海事行政管理活动中产生的各种各样的社会关系，至少存在两个或者两个以上的当事人，其中一方为海事行政主体或者其所属的工作人员。海事行政关系产生于海事行政主体行使职权或者管理过程中。典型的海事行政关系，如各海事行政组织之间的关系，海事行政系统与其他国家机构系统之间的关系，海事行政组织与海事行政相对人之间因海事行政活动引发的关系，海事行政主体因行政活动违法或不当而产生的行政救济或监督关系等。简言之，海事行政关系既包括内部海事行政关系，也包括外部海事行政关系；既包括海事行政管理关系，也包括海事监督行政关系。

（二）海事行政关系的分类

1. 内部海事行政关系

内部海事行政关系是指海事行政主体内部发生的各种关系，主要包括上下级海事行政机关之间的关系、平行海事行政机关之间的关系、海事行政机关与国家公务员之间的关系，还包括海事行政机关与其委托行使某种海事行政职权的组织之间的关系等。

2. 外部海事行政关系

外部海事行政关系是指海事行政机关与自然人、法人和非法人组织之间作为管理人和被管理人之间的关系。典型的特点是，前者与后者之间不存在隶属关系。②

3. 海事行政管理关系

海事行政管理关系是指海事行政主体在行使海事行政职权过程中与行政管理相对人之间发生的各种关系。海事行政主体的大量行政行为，如行政许可、行政征收、行政给付、行政裁决、行政处罚、行政强制等，都是由海事行政主体与海事行政管理相对人之间形成的

---

① 应松年主编：《行政法与行政诉讼法学》（第 2 版），高等教育出版社，2018，第 21 页。

② 王世涛：《海事行政法学研究》，中国政法大学出版社，2013，第 41 页。

海事行政管理关系,这种行政管理关系是海事行政关系中的主要组成部分。

4. 海事行政监督关系

海事行政监督关系是指海事行政监督主体在对海事行政主体及其公务人员、工作人员进行监督时发生的各种关系。所谓海事行政监督主体,是指根据《宪法》和法律授权,依法定方式和程序对行政职权行使者及其所实施的行政行为进行法制监督的机关,主要包括国家权力机关、国家司法机关和行政监察机关。

5. 海事行政救济关系

海事行政救济关系是指海事行政管理相对人认为海事行政主体作出的行政行为侵犯其合法权益,从而向行政救济主体申请救济,行政救济主体对该行政行为予以审查,作出向管理相对人提供或不提供救济的决定而发生的各种关系。所谓海事行政救济主体,是指法律授权其受理行政管理相对人的申诉、控告、检举和行政复议、行政诉讼的国家机关,主要包括受理申诉、控告、检举的信访机关,受理行政复议的行政机关以及受理行政诉讼的人民法院。

二、海事行政法律关系

(一)海事行政法律关系的概念

1. 法律关系和行政法律关系

法律关系,是指社会关系经过法律法规的调整后形成的法律上的权利义务关系。法律关系由法律事实的推动而产生。行政法律关系,是指由行政法律事实的发生而推动产生的,受行政法调整或约束的一种社会关系。其中,行政法律事实是指由行政法律规范所规定的能够引起行政法律关系发生、变更或消灭的客观现象或事实。

2. 海事行政法律关系

海事行政法律关系是由海事行政法律事实的发生而推动产生,是海事行政关系经过海事行政法的调整后,形成的海事行政法上的权利义务关系。具体含义包括:

(1)海事行政法律关系是社会关系的一种表现,既然是一种社会关系,那就不是孤立存在的,至少需要两方当事人;

(2)海事行政法律关系是由海事行政活动引起的,而不是自发产生的,需要一定的事由引起;

(3)海事行政法律关系是海事行政法上的社会关系,只有由海事行政法调整的关系才构成海事行政法律关系。

3. 海事行政法律事实

值得注意的是,海事行政法律关系是由海事行政法律事实的发生而产生,海事行政法律事实是指根据法律的规定,能够引起海事法律关系的产生、变更或消灭的客观事实,主要包括行为和事件。

(1)行为

行为是指行为人有意识的活动,可以分为法律行为、合法的非表意行为、侵权行为、行政行为和司法行为。

法律行为是指行为人基于意思表示事实的,以产生、变更或消灭海事法律关系为目的的行为。合法的非表意行为是指行为人在没有追求海事法律关系产生、变更和消灭之目的的意思表示的情况下实施的合法行为,比如共同海损行为。侵权行为是指行为人没有合法依据而实施的侵害了他人财产权或人身权的行为,如船舶碰撞人身权,包括人格权和身份权。行政行为是指国家行政机关依法行使职权的行为,如行政管理行为中的船舶登记、海员培训和发证。司法行为是指司法机关依法行使司法权的行为,如判决和仲裁裁决。

(2)事件

事件是指与当事人的主观意志无关的客观事实,如时效制度、海啸、雪崩、地震等。

(二)海事行政法律关系的特征

海事行政法律关系不仅具有行政法律关系的一般特征,如意思表示上的单方意志性、形态上的多样性、以权利义务为主要内容、由国家强制力保障等,还具有自身的特征。

1. 海事行政法律关系的主体具有恒定性

具体是指,在行政法律关系中,必须有一方为行政主体,而海事行政法律关系对主体要求更严格,不仅要求一方为行政主体,还要求该行政主体必须为海事行政主体。如果仅有行政主体,没有海事行政主体,则该法律关系可能是其他行政法律关系,也可能构成民商事法律关系,而不可能是海事行政法律关系。不过需要注意的是,在一方为海事行政主体的前提下,产生的法律关系也可能是其他法律关系,如海事行政主体与民事主体基于双方合意而签订的民事合同,则构成民事法律关系。海事行政主体与海事行政相对人二者之间的地位不能转换。双方当事人均不能任意选择另一方当事人。

2. 海事行政法律关系的内容具有特定性

具体是指,海事行政法律关系的内容只涉及海事行政职权的权利与义务。海事行政主体所享受的权利和承担的义务都与海事行政权直接相关,行政相对人的程序权利、监督权利等都是为了防止海事行政权的滥用。不过,即使法律关系双方都是海事主体和海事行政相对人,海事行政相对人由于私人恩怨而对海事行政主体进行侵害,这时的法律关系不能构成海事行政法律关系。①

3. 海事行政法律关系的内容在形态上具有多样性

海事行政主体在不同的海事行政法律关系中的法律身份是多样性的,可以是权力与权利之间的关系,也可以是权力与义务之间的关系。

4. 海事行政法律关系在意思表示上具有单方意志性

具体是指,海事行政法律关系的产生、变更和消灭只需要一方主体单方的意思表示即可,一般不需要双方当事人达成合意。

5. 海事行政法律关系主体权利义务具有不对等性、法定性和不可自由处分性

依据海事行政法,海事行政法律关系的双方主体均享有权利和义务,但是双方的权利和义务呈现不对等性;在该关系之中,海事行政主体行使的是国家的海事行政管理职权、职责,该职权必须依据法律规范取得,在法律授权范围内行使,海事行政主体不能自主将该权利扩大、缩小,且不能放弃(放弃则构成失职行为)。而海事行政相对人行使的是普通公民的权利和义务。

6. 海事行政法律关系争议的解决方式具有多样性

由于海事行政法律关系的内容具有多样性,所以产生争议时也有多种解决方式。例

① 王世涛:《海事行政法学研究》,中国政法大学出版社,2013,第42页。

如，仲裁、民事诉讼、行政诉讼、行政复议。

(三)海事法律关系的构成要素

海事法律关系是一种社会关系，是由国家强制力保障实现的，存在于人与人之间的社会关系。海事法律关系是以海事权利和海事义务为内容的社会关系(与劳动合同关系、婚姻关系相比较)。海事行政法律关系包括三要素，具体指海事行政法律关系主体、海事行政法律关系内容和海事行政法律关系客体，它们是构成海事行政法律关系双方之间权利和义务的必要条件。

1. 海事行政法律关系主体

海事行政法律关系主体，又称海事行政法律关系的当事人，是指海事行政法律关系的实际参加者，在各种具体的海事行政法律关系中享有行使权利(力)①和承担义务的双方或者多方当事人。海事行政法律关系主体通常包括海事行政主体和海事行政相对人。

海事行政主体，是指依法拥有海事行政职权，以自己名义行使海事行政职权以及独立参加行政诉讼，并能独立承担行政行为效果与行政诉讼效果的组织。

社会关系是由人所构成，但是法律关系里的"人"，不仅指自然人，还包括法人等具有法律人格的组织。因此海事行政相对人，是指与海事行政主体相对应的，处于被管理地位，与海事行政主体发生权利、义务关系的自然人、法人和非法人组织。

2. 海事行政法律关系内容

海事行政法律关系的内容是指海事行政法律关系主体之间的权利、义务关系，是由海事行政各方主体所享有的海事权利和所承担的海事义务共同组成的关系，即各方都享有一定的权利并承担一定的义务。具体表现为，海事权利是权利人为或不为一定行为和要求义务人为或不为一定行为的资格，海事义务表现为依据法律或权利人的要求为或不为一定行为的资格。海事权利和海事义务可归纳为物权关系和债权关系两大类。单务性海事法律关系和双务性海事法律关系，分别对应物权关系和债权关系。

海事行政主体的主要职权有：规范创制权、行政命令权、行政处理决定权、行政检查权、行政奖励权、行政制裁权；主要义务有：依法行政义务、履行法定职责、遵守法定程序、纠正违法或不当、对侵权损害予以赔偿或补偿等。

海事行政相对人的主要权利有：知情权、参与权、表达权、监督权以及救济权等；主要义务有：守法义务、服从行政管理和协助公务义务等。

按照不同主体的地位，海事行政法律关系的内容可分为以下三种情形。

(1)海事行政主体之间横向和纵向的权利、义务关系。横向是指各平级海事行政主体之间的合作关系；纵向是指海事行政系统上下级之间的领导与被领导关系。

(2)海事行政主体与其国家公职人员之间的权利、义务关系。海事行政主体的职权主要通过其系统内的国家公职人员的行为而实现，此时其个人具有双重身份，既是国家公民又是该系统内的国家公职人员，国家公职人员作出的行政行为是海事行政管理主体管理社会事务的具体体现，其行政行为代表的是海事行政主体，其行政行为的后果应当由海事行政主体承担，同时海事行政主体对其系统内的国家公职人员的行政行为进行监督和指导。

---

① 此处的权利(力)具体是指，海事行政主体享有国家行政管理职权，行使国家权力；海事行政相对人享有法律法规规定的权利和义务。

(3)海事行政主体与海事行政相对人之间的权利、义务关系。二者之间因不同的情形而呈现不同的身份,当海事行政主体在行使国家行政管理职责时,其作出的决定和命令,海事行政相对人应当遵守,此时是管理者与被管理者;除此之外,海事行政主体还可能以其他身份出现,如服务主体的身份、指导主体的身份、赔偿主体的身份等。

值得注意的是,海事权利的行使和海事义务的承担,不但要依据海事行政相关法律法规,还要遵守民事法律的相关要求,此外还要符合海商法的特殊规定,比如海事赔偿责任限制。

3. 海事行政法律关系客体

海事行政法律关系的客体是指海事行政法律关系主体双方的权利和义务所指向的对象或标的,没有海事行政法律关系的客体,权利义务指向的对象就无从体现和落实,海事行政法律关系就难以实现。一般来说,海事行政法律关系的客体主要包括人身、行为和物。具体分类如下。

(1)人身包括人格权和身份权。海事行政法律关系主要涉及人格权。例如,海事行政主体(海事局)对海事行政相对人(渔民)的人格权作出的处罚或限制。

(2)行为包括作为和不作为,是海事行政法律主体为实现一定行政管理职能的有意识的活动。海上运输合同的客体是特定的运输行为。

例如,海上托航合同的客体是海上托航行为;海上救助合同的客体是海上救助行为。根据《海上交通安全法》(2016 修正)第 38 条规定:“主管机关接到求救报告后,应当立即组织救助。”因此,行政主体必须履行组织救助义务,此时海事行政法律关系的客体就是作为的救助义务。如果不履行救助义务就会构成海事行政不作为违法。海事行政不作为违法是指海事行政主体有积极实施法定行政作为的义务,并且能够履行而未履行的状态。

例如,海事局负有不干涉船舶公司自由经营的义务,此时的义务客体就是不作为行为。

(3)物,具体是指存在于人身之外,具有价值的且为人力支配的物质资料,它是大多数海事权利的客体。例如,船舶本身、船舶上所装载的货物、助航设施、导航标志、罚没的金钱等。

(4)财产船舶所有权。船舶抵押权、船舶留置权、船舶优先权以及船舶租赁合同的客体都是船舶。

(5)相关利益,包括现实利益和期待利益。例如,海上保险法律关系之中的可保利益,海上保险法律关系的客体是保险利益。

(6)劳务海员雇佣合同的客体是包含相应技术含量的劳务。

(四)海事行政法律关系的分类

海事行政法律关系依据划分标准不同,主要分为以下几类。

1. 对内(内部)海事行政法律关系与对外(外部)海事行政法律关系

海事行政法律关系主体的隶属关系或海事行政权力的作用范围不同,可以将海事政法律关系分为内部海事行政法律关系和外部海事行政法律关系。

内部海事行政法律关系,是指海事行政权力在行政系统内部行使过程中,海事行政主体与内部行政相对人及其他海事行政主体之间所形成的海事行政法律关系。它具体包括,海事行政机关与其工作人员之间的法律关系,上下级海事行政机关之间的关系,海事行政机关与其所属的内部机构派出机构之间的关系,海事行政机关所属内部机构之间的关系,法律法规授权的组织，与其工作人员之间的法律关系，委托海事行政机关与受委托组织或个人之间的关系。

外部海事行政法律关系，是指海事行政权力，在海事行政系统之外的行使过程中，在海事行政主体与外部海事行政相对人之间所形成的海事行政法律关系。它一般包括海事行政机关与法律法规授权的组织，在海事行政管理活动中与自然人、法人或非法人组织之间形成的海事行政法律关系。在外部海事行政法律关系中，海事行政主体与外部海事行政相对人之间一般不存在隶属关系。

2. 原生海事行政法律关系与派生海事行政法律关系

海事行政法律关系由于形成原因不同，划分成为不同的海事行政法律关系，分为原生海事行政法律关系和派生海事行政法律关系。原生海事行政法律关系，是因海事行政权力的行使而直接形成的权利义务关系，这类关系是经常的、大量的，属于典型的海事行政法律关系，如因行政处罚权的行使而在海事行政主体与海事行政相对人之间直接产生的行政处罚法律关系，因行政许可权的行使而在海事行政主体与海事行政相对人之间直接产生的行政许可法律关系。

派生海事行政法律关系，是指因行政权力的行使而引发的海事行政法律关系。这类关系是由原生海事行政法律关系派生出来的，以原生关系为基础或依附于原生关系，它是一种事后的救济或保障关系，主要有行政复议法律关系、行政诉讼法律关系，如因对行政处罚权行使之后的监督及补救而引发的行政复议法律关系与行政诉讼法律关系。

行政复议法律关系是享有复议权的行使主体对行政主体与行政相对人之间发生的行政争议予以审查、裁判而形成的行政法律关系。因行政复议机关行使的是一种行政权力，所以行政复议关系属于一种行政法律关系。但就行政诉讼关系而言，它本身并不是行政权力行使过程中形成的，而是一种因行政权力行使而产生的司法关系。但由于这种关系的产生与行政权力的行使密不可分，从实质上说，行政诉讼关系是一种对行政权力行使的事后救济关系，是行政法律关系在行政诉讼领域的延伸。所以，行政诉讼关系本质上仍然是一种行政法律关系。

原生关系与派生关系区分的理论意义在于可以监督行政法律关系的定位问题，它是与行政法律关系相并列的一类关系，还是行政法律关系的 ·种。

3. 单一海事行政法律关系与复合海事行政法律关系

根据海事行政法律关系结构的状况不同，海事行政法律关系可以划分为单一海事行政法律关系与复合海事行政法律关系。单一海事行政法律关系结构简单，通常是双方主体各为一个权利义务，仅为一对的法律关系。而复合海事行政法律关系，结构复杂，具有不同形态，表现多样。主要有以下表现。

（1）主体的复合。主体的复合是指在海事行政法律关系中，至少有一方主体是两人以上，如一个海事行政主体对两个以上公民的财产予以没收，或两个以上海事行政主体共同对两个以上公民的财产予以没收，所引起的没收海事行政法律关系。

（2）内容的复合。内容的复合是指同一主体双方之间的海事法律关系，是多重海事行政法上的权利义务的组合，即双方之间同时具有多重的权利和义务状况。

（3）主体和内容的交叉复合。主体和内容的交叉复合是指海事行政法律关系的主体和内容同时出现复合的状况。

4. 海事行政立法关系、海事行政执法关系、海事行政司法关系

海事行政立法关系、海事行政执法关系、海事行政司法关系，是以实施海事行政行为时形成海事行政法律关系的特点不同进行的划分。

海事行政立法关系，是有关海事行政立法主体在行使法定的行政立法权时形成的法律关系，是有行政立法权的行政机关与国家间形成的一种法律关系。虽然海事行政立法机关可以通过立法为自然人、法人或者非法人组织设定权利义务，但它只是一种立法上的设定，并不与自然人、法人或非法人组织构成一种具体和特定的法律关系，即使有这种法律关系的存在，它也只是一种预设状态，还需要通过一定的法律事实产生。在我国的海事行政管理实践中，海事行政立法关系，不仅包括有关行政机关制定行政法规和规章而构成的海事行政法律关系，还包括行政机关制定其他行政规范性文件而构成的行政法律关系。

海事行政执法关系中往往表现为双方当事人之间的权利和义务关系。当然，在这种关系中又可具体划分为各种行政执法关系，如行政处罚关系、行政许可关系、行政检查关系等。

海事行政司法关系是指行政主体依据行政权处理各种行政纠纷而形成的法律关系。行政司法关系的主体往往有三方，以行政机关为一方，以发生争议的双方当事人各为一方。行政机关以裁决者的身份出现，主要有行政调解关系、行政裁决关系、行政复议关系等。其中，行政复议关系是指享有复议权的行政机关依法对行政机关与行政相对人之间发生的行政争议进行裁决而形成的行政法律关系，它表现为三方性的关系，它与行政执法关系中的当事人的双方相区别，人们往往将行政复议关系只视为一种程序关系。事实上，行政复议关系不仅表现为程序关系，同时也是实体关系，涉及实体上的当事人的权利和义务。

（五）海事行政法律关系的产生、变更、消灭

海事行政主体与相对人之间的社会关系由于一定的法律事实而转化为法律关系，产生了海事行政法律关系，又由于一定的法律事实，包括行为或事件，导致该关系变更或消灭。

海事行政法律关系的产生，是指从无到有的变化形态，要基于一定的法律事实，海事行政主体与海事行政相对人之间建立起全新的特定的权利义务关系。海事行政法律关系的变更，是指海事行政法律关系存续期间，发生主体变更、内容变更或客体变更。海事行政法律关系的消灭，是指从有到无的变化形态，基于一定的法律事实使该关系不复存在，包括主体消灭、内容消灭和客体消灭。

海事行政法律关系形成之后，并非一成不变，而是会随着构成要素的变化而产生变化。如果海事行政法律关系的主体、内容、客体都有所改变，则原海事行政法律关系已不存在，而形成另一种新的海事行政法律关系，即该海事行政法律关系消灭，产生一种新的行政法律关系，并不是在原有的海事行政法律关系上的变更。如果海事行政法律关系，主体、客体均没有变化，只是内容涉及的权利义务发生改变，那么则表明主体间的原权利义务已被废弃，所具有的是新的权利义务。那么，海事行政法律关系已消灭并产生了新的行政法律关系，而不是原有的海事行政法律关系的变更。二者之间的界限很难把握。

对海事行政法律关系的变更，不能简单认为只是海事行政法律关系要素的变化。它们关键的差别还是在于两种法律关系运行状态的作用，海事行政法律关系消灭是完全终止原有的权利义务关系，而海事行政法律关系的变更，则是在原有的权利义务关系不消灭的前提下发生的一些变动。关于海事行政法律关系的变更与消灭，二者之间容易混淆，所以要

准确把握二者之间的界限。

海事行政法律关系变更，是在原有的权利义务关系不消灭的前提下作出的一些变动。海事行政法律关系变更的形式主要有以下两个方面。

1. 主体在数量上发生变化

主体的数量发生增减，但是增减过程不改变原权利、原义务的质和量，而是由原来一个主体所享有和行使的权利改变为由多个主体共同享有和行使，或者由原来一个主体履行义务，改成由多个主体共同履行原来的义务，只是主体数量发生变动。例如，原行政法律关系中的行政主体与另一行政主体发生合并或者已经发生分离，合并后的一个行政主体或分离后的多个行政主体继续行使原行政法律关系中的权利和义务。

2. 主体在接替上发生变化

主体在接替上发生变化，是指原来的海事行政法律关系中的主体被替换，替换后的主体继续承担原来海事行政主体的权利和义务，权利和义务都未发生主体上的变化。例如，海事行政关系中行政主体被撤销，而由另一主体来接替其原来的权利和义务；例如，港务监督机构与海事管理机构的接替。原海事行政法律关系，内容及权利和义务不变的情况下，主体和客体发生的变化才是海事行政法律关系的变更。①

（六）海事行政关系与海事行政法律关系之间的关系

海事行政关系与海事行政法律关系，二者之间既有紧密的联系，又有不同之处。经过海事行政法的确认，产生海事行政关系，具有海事行政法的权利与义务内容的就是海事行政法律关系。二者的不同之处，主要有以下表现。

1. 性质不同

海事行政关系是一种事实关系，而海事行政法律关系是一种海事行政法上的权利与义务关系。

2. 内容范围不同

海事行政关系的范围要大于海事行政法律关系，海事行政关系并不等于海事行政法律关系。

3. 时间不同

海事行政关系作为事实关系，先于海事行政法律关系而存在。海事行政关系是在海事行政主体行使行政管理权职权的过程中发生的，而海事行政权不是一种事实上的权力，是一种法定权力。在没有海事行政关系的前提下，法律可以促进某种新的行政法律关系的形成。海事行政关系大多也同样是海事行政法律关系。

4. 二者与海事行政法的关系不同

海事行政关系是海事行政法的调整对象，而海事行政法律关系是海事行政法的调整结果。

① 郑中义：《海事行政法》，人民交通出版社，2013，第19页。

第二节　海事行政法主体

一、海事行政主体的界定

行政主体是享有国家行政权,能以自己的名义独立对外实施行政活动并承担相应法律后果的组织,包括职权行政主体和授权行政主体。针对这一概念,行政主体具体的含义包括以下内容。

1. 行政主体不是自然人,而是组织

虽然具体的行政行为由作为国家公职人员的自然人实施,但他们是以所属行政主体也就是该组织的名义实施的,而不是以个人的名义实施的。

2. 行政主体是依法享有行政职能的组织

行政主体的职权是由法律法规授予的,只能在授权的范围之内行使职权。

3. 行政主体在授权范围以自己的名义实施行政行为

4. 行政主体能够独立参加行政诉讼

行政主体独立行使行政权力,能够成为行政诉讼的被告,行政主体能够以自己的名义承担行政行为的责任。

海事行政法作为行政法的重要组成部分,海事行政主体概念既与行政主体的概念有相通之处,又具有独特的自身特点。海事行政主体,是指国家依法设立,代表国家行使海事行政管理职能,负责海事管理事务(包括海上运输、生产活动等)的国家权力机关。① 具体指有“权”的海事行政主管机关,在我国,海事行政主体的范围主要包括国务院直属和沿海地方各级人民政府所属海事行政机构及其工作人员,此外还包括接受海事行政主体委托而进行相应海事行政管理活动的组织。

二、海事行政主体的特征

1. 必须是依照国家法律、法定程序设立的,是国家的行政机关

2. 代表国家行使海事行政管理职能

3. 实施行政行为必须依据法律、法规或部门规章

例如,根据《海上交通安全法》第 88 条规定:“海事管理机构对在中华人民共和国管辖海域内从事航行、停泊、作业以及其他与海上交通安全相关的活动,依法实施监督检查。”

三、海事行政主体的分类

由于海事行政法律关系中的海事行政主体众多,根据不同的标准,又可以分为不同的类别。

(一)职权海事行政主体和授权海事行政主体

根据海事行政职权的来源不同,可分为职权海事行政主体和授权海事行政主体。

---

① 郑中义:《海事行政法》,人民交通出版社,2013,第 22 页。

1. 职权海事行政主体

职权海事行政主体是依据《宪法》和组织法的规定，无须经过其他组织授权，在成立时即具有海事行政职权并取得海事行政主体资格的组织，典型的是海事行政机关。例如，中华人民共和国海事局、中央和地方各级人民政府及其工作部门。

2. 授权海事行政主体

授权海事行政主体是经过法律（不包括《宪法》和组织法）法规授权而取得海事行政管理职权的组织，该组织作为被授权者，能够以自己的名义进行海事行政管理活动并行使海事行政职权，且对外独立承担因行政管理活动产生的法律责任。例如，海事行政机关的内部机构、经授权的事业单位和企业单位。值得注意的是，被授权的组织在被授予行政职权时，应当考虑其多个方面的因素。首先，该被授权的组织应当具有公共事务职能；其次，该被授权的组织应当具有相应的责任承担的能力，否则，其无法承担由以其名义实施的海事行政行为所引发的法律后果。

由此看来，授权海事行政主体的主要特点有：

（1）依据法律、法规授予海事行政管理职权；

（2）授权的客体为海事行政职权；

（3）授权的目的是产生新的海事行政主体或者扩大原来的海事行政主体的职权范围；

（4）被授权的组织，既可以是海事行政机构，也可以是社会组织。

（二）中央海事行政主体和地方海事行政主体

根据管辖范围的不同，海事行政主体可分为中央海事行政主体和地方海事行政主体。

该区分标准有利于明确中央与地方的职权范围，有利于行政行为的有效性，有利于促进行政职权的协调行使。①

四、海事行政主体的类型

海事行政主体主要分为四种类型，第一种是海事行政机关，第二种是法律、法规授权的海事行政法律关系主体，第三种是海事行政主体依法委托的组织，第四种是非典型的海事行政机关。

（一）海事行政机关

在我国，行政机关来源于《宪法》和组织法的规定。我国的行政机关主要有：

（1）国务院，即中央人民政府，是国家最高权力机关的执行机关，是最高国家行政机关，行使法律规定的行政职权；

（2）国务院的直属机关，是直属于国务院的国家行政机关；

（3）国务院各部委管理的国家局；

（4）地方各级人民政府；

（5）县级以上地方各级人民政府的职能机关；

（6）县级以上地方各级人民政府因工作需要经有关机关批准而设立的派出机关。

---

① 应松年主编：《行政法与行政诉讼法学》（第2版），高等教育出版社，2018，第59页。

例如,根据《宪法》第85条“中华人民共和国国务院,即中央人民政府,是最高国家权力机关的执行机关,是最高国家行政机关。”《宪法》第105条“地方各级人民政府是地方各级国家权力机关的执行机关,是地方各级国家行政机关。”《中华人民共和国国务院组织法》(简称《国务院组织法》)第11条“国务院可以根据工作需要和精简的原则,设立若干直属机构主管各项专门业务,设立若干办事机构协助总理办理专门事项。每个机构设负责人二至五人”。《中华人民共和国地方各级人民代表大会和地方各级人民政府组织法》第79条“地方各级人民政府根据工作需要和优化协同高效以及精干的原则,设立必要的工作部门。县级以上的地方各级人民政府设立审计机关……”、第85条“省、自治区的人民政府在必要的时候,经国务院批准,可以设立若干派出机关。县、自治县的人民政府在必要的时候,经省、自治区、直辖市的人民政府批准,可以设立若干区公所,作为它的派出机关。市辖区、不设区的市的人民政府,经上一级人民政府批准,可以设立若干街道办事处,作为它的派出机关”。

海事行政机关是国家依法设立的,代表国家行使海事行政管理职能,是国家权力机关,必须有法律依据,按照一定的程序设立。我国的海事行政管理机关经过多年的发展,目前的海事行政系统主要是交通运输部直属机构的中华人民共和国海事局(China Maritime Safety Administration)为主导,实行垂直管理体制。

1. 海事局的改革历程

航运业是各国历来重视的海洋产业,我国通过航政管理部门对船舶和船员进行日常的管理活动。在清朝及北洋政府时期,航政相关业务主要由当时的海关代为管理。1932年,国民党政府设置航政局,结束了航政业务由海关代管的30多年历史。中华人民共和国成立后,仿照苏联的管理体制,将航政管理机构改名为港务监督,对外称中华人民共和国港务监督,它作为国家政权机关,监督进港船舶。1985年,按照政企分开的原则,建立由中央和地方分工负责的水上安全监督管理体制。1998年10月13日,国务院决定合并中央和地方港务监督,成立海事局,实行一水一监、一港一监的垂直管理体系,由原交通部统一领导。①

按照1998年6月18日国务院批准的《交通部职能配置、内设机构和人员编制方案》,1998年10月27日,中华人民共和国海事局在北京成立,使用事业编制,属于事业单位序列,按事业单位财务核算管理。中华人民共和国海事局是由中华人民共和国港务监督与中华人民共和国船舶检验局合并组建的交通部直属机构,履行水上交通安全监督管理、船舶及相关水上设施检验和登记、防止船舶污染和航海保障等行政管理和执法职责。

1999年10月,国务院办公厅印发《交通部直属海事局机构设置方案》,决定在《水上安全监督管理体制改革实施方案》所确定的中央管理水域内,设置20个原交通运输部直属海事机构,名称统一为“中华人民共和国××(地名或河流名)海事局”,确立了在水上安全监督管理体制改革中形成的交通部直属海事系统机构框架。

根据《海上交通安全法》第4条规定“国务院交通运输主管部门主管全国海上交通安全工作。国家海事管理机构统一负责海上交通安全监督管理工作,其他各级海事管理机构按照职责具体负责辖区内的海上交通安全监督管理工作”。根据交通运输部《中华人民共和国船舶安全监督规则》(简称《船舶安全监督规则》)第4条“交通运输部主管全国船舶安全监督工作。国家海事管理机构统一负责全国船舶安全监督工作。各级海事管理机构按照

---

① 王秀芬:《中国海洋行政执法主体研究》,《大连海事大学学报(社会科学版)》2005年第1期。

职责和授权开展船舶安全监督工作”。通过以上两部法律法规的授权,中华人民共和国海事局成为实施海事行政管理职能的海事行政法律关系的主体。

海事局虽然早已取得法律法规的授权,成为海事行政主体,但是作为国务院交通运输部的直属机构,其性质属于事业单位,其法律地位应被认定是海事行政机关还是法规授权的海事主体,由这一问题产生了不同的争议。

2003年2月初,中央编办复函原交通部,明确直属海事机构履行国家水上安全监管职责属于行政执法职能。根据2005年4月颁布的《中华人民共和国公务员法》(简称《公务员法》),海事履行水上交通安全监督管理、船舶及相关水上设施检验和登记、防止船舶污染和航海保障等行政管理和执法职责,属于行政执法类公务员。2008年下半年,海事系统开始公务员转制工作,2009年2月底形成总体方案。2010年5月25日,中央编委正式下发文件,到2012年完成转制,明确了机构属性和队伍人员身份,规范了机构设置。海事局完成机构改革,其工作人员由事业编制转为公务员编制,海事局成为行政法意义上的海事行政管理机关。

随着我国海上统一执法调研工作对海事的职能、定位、特性和海事系统的发展规模壮大,2013年3月,第十二届全国人大第一次会议通过《国务院机构改革和职能转变方案》,提出重新组建国家海洋局,为推进海上统一执法,提高执法效能,将国家海洋局所属中国海监总队,公安部边防法警,农业农村部中国渔业渔政管理局,海关总署海上缉私警察的队伍和职责整合,成立中国人民武装警察部队海警总队,完整保留海事局。①

海事行政系统分为中央直属的海事局和地方海事局两类,国务院批准的交通运输部直属海事局共14个,分别是黑龙江海事局、辽宁海事局、天津海事局、河北海事局、山东海事局、江苏海事局、上海海事局、浙江海事局、福建海事局、深圳海事局、广东海事局、广西海事局、海南海事局、长江海事局。交通运输部还有三个直属事业单位也纳入了海事局的管理范围,分别为北海航海保障中心、东海航海保障中心、南海航海保障中心。此外,在全国范围内设置31个地方海事局。交通运输部直属海事局的名称通常不会有××市×县的字样出现,而地方海事局一般由省海事局和省交通厅领导。具体区分例如,“重庆海事局”属于直属局;“重庆市海事局”属于地方海事局。

2. 海事局的主要职责

中华人民共和国海事局(交通运输部海事局)履行水上交通安全监督管理、船舶及相关水上设施检验和登记、防治船舶污染和航海保障等行政管理和执法职责。主要职责如下。

(1)拟订和组织实施国家水上交通安全监督管理、船舶及相关水上设施检验和登记、防治船舶污染和航海保障的方针、政策、法规和技术规范、标准。

(2)统一管理水上交通安全和防治船舶污染。监督管理船舶所有人安全生产条件和水运企业安全管理体系;调查、处理水上交通事故、船舶污染事故及水上交通违法案件;指导船舶污染损害赔偿工作。

(3)负责船舶、海上设施检验行业管理以及船舶适航和船舶技术管理;管理船舶及海上设施法定检验、发证工作;审定船舶检验机构和验船师资质、负责对外国验船组织在华设立代表机构进行监督管理;负责中国籍船舶登记、发证、检查和进出港(境)签证;负责外国籍

① 刘功臣:《中国海事的改革历程》,中国航海学会,https://www.cinnet.cn/zh-hans/aghkp 2022/7684-zhong-guo-hai-shi-de-ge-li-cheng.htm。

船舶入出境及在我国港口、水域的监督管理;负责船舶保安和防抗海盗管理工作;负责船舶载运危险货物及其他货物的安全监督。

(4)负责船员、引航员、磁罗经校正员适任资格培训、考试和发证管理。审核和监督管理船员、引航员、磁罗经校正员培训机构资质及其质量体系;负责海员证件的管理工作。

(5)管理通航秩序、通航环境。负责禁航区、航道(路)、交通管制区、锚地和安全作业区等水域的划定;负责禁航区、航道(路)、交通管制区、锚地和安全作业区等水域的监督管理,维护水上交通秩序;核定船舶靠泊安全条件;核准与通航安全有关的岸线使用和水上水下施工、作业;管理沉船沉物打捞和碍航物清除;管理和发布全国航行警(通)告,办理国际航行警告系统中国国家协调人的工作;审批外国籍船舶临时进入我国非开放水域;办理港口对外开放的有关审批工作和中国便利海上运输委员会的日常工作。

(6)负责航海保障工作。管理沿海航标、无线电导航和水上安全通信;管理海区港口航道测绘并组织编印相关航海图书资料;归口管理交通行业测绘工作;承担水上搜寻救助组织、协调和指导的有关工作。

(7)组织实施国际海事条约;履行"船旗国""港口国"及"沿岸国"监督管理义务,依法维护国家主权;负责有关海事业务国际组织事务和有关国际合作、交流事宜。

(8)组织编制全国海事系统中长期发展规划和有关计划;管理所属单位基本建设、财务、教育、科技、人事、劳动工资、精神文明建设工作;负责船舶吨税、船舶油污损害赔偿基金等有关管理工作;负责全国海事系统统计和行风建设工作。

(9)承办交通运输部交办的其他事项。①

3. 交通运输部的主要职责

依据国务院《交通运输部主要职责内设机构和人员编制规定》,交通运输部主要包括以下职责。

(1)承担涉及综合运输体系的规划协调工作,会同有关部门组织编制综合运输体系规划,指导交通运输枢纽规划和管理。

(2)组织拟订并监督实施公路、水路、民航等行业规划、政策和标准。组织起草法律法规草案,制定部门规章。参与拟订物流业发展战略和规划,拟订有关政策和标准并监督实施。指导公路、水路行业有关体制改革工作。

(3)承担道路、水路运输市场监管责任。组织制定道路、水路运输有关政策、准入制度、技术标准和运营规范并监督实施。指导城乡客运及有关设施规划和管理工作,指导出租汽车行业管理工作。负责汽车出入境运输、国际和国境河流运输及航道有关管理工作。

(4)承担水上交通安全监管责任。负责水上交通管制、船舶及相关水上设施检验、登记和防止污染、航海保障、救助打捞、通信导航、船舶与港口设施保安及危险品运输监督管理等工作。负责船员管理有关工作。负责中央管理水域水上交通安全事故、船舶及相关水上设施污染事故的应急处置,依法组织或参与事故调查处理工作,指导地方水上交通安全监管工作。

(5)负责提出公路、水路固定资产投资规模和方向、国家财政性资金安排意见,按国务院规定权限审批、核准国家规划内和年度计划规模内固定资产投资项目。拟订公路、水路有关规费政策并监督实施,提出有关财政、土地、价格等政策建议。

---

① 参见中国海事局官网,https://www.msa.gov.cn。

(6)承担公路、水路建设市场监管责任。拟订公路、水路工程建设相关政策、制度和技术标准并监督实施。组织协调公路、水路有关重点工程建设和工程质量、安全生产监督管理工作,指导交通运输基础设施管理和维护,承担有关重要设施的管理和维护。按规定负责港口规划和岸线使用管理工作。

(7)指导公路、水路行业安全生产和应急管理工作。按规定组织协调国家重点物资和紧急客货运输,负责国家高速公路及重点干线路网运行监测和协调,承担国防动员有关工作。

(8)指导交通运输信息化建设,监测分析运行情况,开展相关统计工作,发布有关信息。指导公路、水路行业环境保护和节能减排工作。

(9)负责公路、水路国际合作与外事工作,开展与港澳台地区的交流与合作。

(10)承办国务院交办的其他事项。①

(二)法律、法规授权的海事行政法律关系主体

授权行政主体,指行政职权并不因组织的成立而从《宪法》和组织法获得,而来自有关法律、法规、规章形式授权的行政主体,②被授权者以自己的名义实施行政管理活动和行使行政职权,并由自己对外承担行政活动的法律责任。被授权者本身不属于海事行政机关,其主要是事业单位和特定的行政性组织,如直属于生态环境部享有特定职权的国家海洋环境检测中心。

2021 年修订的《海上交通安全法》第 5 条规定:“各级人民政府及有关部门应当支持海上交通安全工作,加强海上交通安全的宣传教育,提高全社会的海上交通安全意识。”

根据 2017 年修订的《海洋环境保护法》第 5 条分别对国务院环境保护行政主管部门、国家海洋行政主管部门、国家海事行政主管部门、国家渔业行政主管部门、军队环境保护部门、沿海县级以上地方人民政府赋予了不同的海事行政管理职权。

(三)海事行政主体依法委托的组织

行政委托与行政授权不同,行政授权是行政机关以外的组织经法律法规授权,以自己的名义对外管理,并独立承担法律后果的制度。行政委托源于民法的代理制度,具体是指行政机关根据管理的需要,依法委托其他组织或个人实施行政行为,该组织或个人并不独立承担责任,而是委托的行政机关承担责任。实践中,行政委托分为依法委托和自行委托。

随着海事行政管理工作范围的扩大,海事行政管理职权相应增加,为了更好地满足海事行政管理工作的需要,完善海事法治环境,出现了多种海事行政主体依法委托的组织,根据《行政处罚法》第 19,20,21 条的相关规定,海事行政主体可在其法定权限内依照法律、法规、规章的规定,委托依法成立并具有管理公共事务职能的组织从事海事行政执法工作。

(四)非典型的海事行政机关

边防部门、海警部门并非典型的海事行政机关,当其作出海事行政行为时,应认定属于

---

① 参见中华人民共和国交通运输部网站,https://www.mot.gov.cn/。

② 郑中义:《海事行政法》,人民交通出版社,2013,第 23 页。

最高法院受案范围中规定的海事行政机关，从而构成海事行政诉讼，属海事法院管辖。①

五、海事行政主体资格认定

认定海事行政主体资格，在海事行政法中具有重大的意义。首先，只有被认定为海事行政主体才能行使海事行政行为，该行为具有国家强制力，海事行政相对人对该行为有协助和服从义务，该行政行为能够直接影响海事行政相对人的权利和义务，如果实施该行为的组织不具有海事行政主体资格，则实施的行为不具有海事行政行为的效力，不能对海事行政相对人产生影响。其次，只有行政主体才能成为行政诉讼的被告，只有正确认定海事行政主体，才能确定行政诉讼的被告。

一般认为，作为海事行政主体必须具备的资格要件包括两方面：一是组织要件，二是法律要件。

(一)组织要件

(1)海事行政机关属于国家行政机构，要依据法律而设立。

(2)海事行政机关的成立要经过有权机关批准，并被正式对外公告其成立。

(3)海事行政机关有独立的行政经费预算，已有法定编制和人员等。

(4)依法授权的组织作为海事行政主体，应当具备法人资格。

(二)法律要件

(1)海事行政主体必须是依法享有海事行政职权的组织。

(2)海事行政主体必须是能以自己的名义实施行政活动的组织。

(3)海事行政主体必须是能够独立承担海事行政责任的组织。

六、海事行政主体的责任

海事行政主体广义的行政责任是指国家法律明确规定的应当由行政机关及其公职人员对国家所承担的职责和义务；狭义的行政责任是指行政主体及其公职人员在代表国家实施行政管理活动的过程中，因其违法或未履行相应职责和义务时所承担的否定性的政治的、行政的以及法律的后果。② 海事行政机关应当在法律法规授权的职权范围内行使权力，如果违反法律法规规定的义务时，则要承担相应的法律后果。

虽然海事行政法的调整对象是海事行政主体和海事行政相对人之间的海事行政关系，但是在具体运用海事行政权过程中，对于海事行政相对人来说，可能受到的侵害是直接来源于海事行政主体的工作人员。海事行政主体的工作人员是实施具体海事管理活动的人，当其以海事主体的名义并按照海事主体的指示行使行政职权时，法律后果虽然应由海事行政主体承担，但是海事行政主体在承担责任之后，可以根据工作人员的过错进行追偿，还可以根据法律规定，对相关工作人员进行行政处分等。因此，应从两方面对海事行政责任的承担进行分析：一方面是海事行政主体的责任，另一方面是海事行政主体工作人员的责任。

---

① 参见宁波海事法院(2016)浙72行初5号。

② 高波：《海事行政法研究》，国防工业出版社，2010，第57页。

(一)海事行政主体的责任

1. 权益补救

海事行政主体在进行海事管理活动中,给海事行政相对人造成损失、相对人权益受到侵害的,相对人可以请求相应的赔偿,请求赔偿方式有三种。

(1)相对人可以直接请求海事行政主体承担赔偿责任。

(2)相对人可以申请行政复议,行政复议机关按照行政复议程序判定海事行政主体的具体行为是否合法,并以此判定海事行政主体是否承担赔偿责任。

(3)相对人也可提起行政诉讼,司法机关按诉讼程序判定行政主体的具体行为是否合法,并以此判定海事行政主体是否承担赔偿责任。

2. 作为或不作为义务

海事行政相对人通过行政复议或者行政诉讼的方式维护自身的合法权益,海事行政主体在作出违法或不当的具体行为后,应当及时纠正,积极承担责任。做法主要有恢复原状、停止违法行为、履行职务或者撤销违法行政行为、纠正不当行政行为等。

3. 精神补偿

由于海事行政机关违法,或者由于不当的海事行政行为,造成海事行政相对人合法权益受损或者是名誉受损等情形时,海事行政机关需要承担行政赔偿责任。对于海事行政相对人名誉受损的情形,可以进行精神补偿,如采用赔礼道歉、恢复名誉等方式。

(二)海事行政主体工作人员的责任

1. 行政处分

行政处分的种类有六种,从轻到重依次为:警告,记过、记大过,降级,撤职,开除。

(1)警告。针对一些轻微的海事行政违法行为,适用警告,这种行政处分是行政处分中最轻的一种。

(2)记过、记大过。海事行政机关工作人员如因违反行政法规定,给国家和人民造成了一定的损失,给予警告过轻,给予降级处分过重,可适用于记过或记大过。

(3)降级。降级处分是一种行政处分,具体指降低公务员的职务级别。在降级处分期间,不得晋升职务和级别,也不得晋升工资档次。

(4)撤职。撤职,是指国家公务员的行政违法行为给国家和人民利益造成重大损失,不适合继续担任行政职务的,可以给予撤职处分。

(5)开除。国家机关工作人员不适合继续在其职位工作,国家机关可取消其公务员资格,令其自动离开处分为开除。开除是最严厉的一种处分,适用于公务员犯有违法行为,给国家和人民造成了极其严重的损失,丧失了国家公务员的资格,开除的行政处分不能解除。

此外,海事行政主体在行使职权过程中违反法律规定还可能被上级机关或者行政监察机关书面通报批评。

2. 海事行政主体工作人员的刑事责任

对于海事行政机关工作人员的刑事责任(滥用职权罪、玩忽职守罪)、行政责任,根据《海上交通安全法》第 114 条规定“交通运输主管部门、海事管理机构及其他有关部门的工作人员违反本法规定,滥用职权、玩忽职守、徇私舞弊的,依法给予处分。”根据交通运输部发布的《中华人民共和国船舶安全监督规则》(2020 年修正)第 57 条规定“海事管理机构工作人员不依法履行职责进行监督检查，有滥用职权、徇私舞弊、玩忽职守等行为的，由其所在机构或者上级机构依法给予行政处分；构成犯罪的，由司法机关依法追究刑事责任。”

第三节　海事行政相对人

一、海事行政相对人的概念

海事行政主体在实施行政管理活动，如行政立法、行政许可、行政监督、行政裁决、行政处罚时，往往会涉及被管理方，也就是与海事行政主体对应的一方，一般称为海事行政相对人。法律中并没有明确地采用“海事行政相对人”的表述，在不同的法律法规之中，或将其称为“当事人”“被处罚人”。海事行政相对人并非法律中的概念，而是行政法学上的概念。

海事行政相对人具体是指海事行政主体依据海事行政法律法规行使水上安全监管、船舶防污染事故处理、船员证书管理、海事调查处理等国家行政职权时与之相对应的一方船员、船舶所有人或经营人等公民、法人与相关组织。① 海事行政相对人是在特定的海事行政法律关系之中，基于一定的法律事件或行为与海事行政主体形成利害关系。

在进入行政诉讼活动之后，行政相对人的身份自然丧失，成为行政诉讼的原告，行政主体成为被告。

海事行政相对人具体区分有以下标准。

1. 海事行政相对人必须是受海事行政法律法规调整，基于一定的法律事件或行为与海事行政主体之间产生了海事行政法律关系。

2. 海事行政相对人必须是依法享有权利和承担义务，具有法定行为能力的自然人、法人或非法人组织。海事行政相对人的资格是法定的，如《海上交通安全法》第 7 条规定“从事船舶、海上设施航行、停泊、作业以及其他与海上交通相关活动的单位、个人，应当遵守有关海上交通安全的法律、行政法规、规章以及强制性标准和技术规范；依法享有获得航海保障和海上救助的权利，承担维护海上交通安全和保护海洋生态环境的义务。”此时，航运公司、船舶、海上设施的所有人、经营人或管理人在海事行政法律关系中属于海事行政相对人。

3. 海事行政主体与海事行政相对人之间不是一般意义上的管理与被管理的关系，二者之间的权利和义务具有多样性。

二、海事行政相对人的权利

海事行政主体的行政管理行为对海事行政相对人有直接或间接的影响，因此明确海事行政相对人的权利义务具有非常重要的意义，有利于保障海事行政相对人的权益，防止其受损害。

海事行政相对人的权利和义务是指由海事行政法所规定或确认的，在海事行政法律关系中由海事行政相对人享有和履行，并与海事行政主体的权利和义务相对应的各种权利义务。

---

① 郑中义：《海事行政法》，人民交通出版社，2013，第 26 页。

海事行政相对人的权利和义务是海事行政法上的权利和义务,即个人和组织以行政相对人身份出现时所具有的权利和义务,这种权利和义务不同于个人和组织为民事主体的权利和义务。

海事行政相对人的权利和义务是海事行政相对人在海事行政法律关系中的法律地位的综合体现。①

海事行政相对人的权利是海事行政相对人依海事行政法规定而享有的、针对海事行政主体所主张的权利。这种权利在海事行政法律关系中主要体现为实体性的权利和程序性的权利。

(一)实体性的权利

1. 平等对待权

海事行政相对人应当受到海事行政主体平等对待的权利。海事行政相对人与海事行政主体发生海事行政法律关系,基于《宪法》规定的“法律面前人人平等”原则,对待不同的海事行政相对人,即不同的个人与组织之间在法律面前是平等的,海事行政主体作为海事行政管理职权的法律执行者,应当对每一个海事行政相对人都履行平等对待的义务,与之相对的,海事行政相对人对海事行政主体则具有受到平等对待的权利。

平等对待权的具体内容包括:在立法、行政执法、行政司法上,海事行政主体应当在同等条件下平等地对待不同的海事行政相对人。平等对情权是申请权、知情权和参与权的基础。

2. 参与权

海事行政相对人有依法享有参与海事行政管理的权利。与广义的公民参政权不同,海事行政相对人的参与权具有广泛性,包括参与海事行政法规、规章及相关政策的制定的权利;参与海事发展规划的计划编制制定和执行的权利;参与与自身有利害关系的海事行政行为的相应程序等权利。例如,《海上交通安全法》第19条规定“海事管理机构划定或者调整船舶定线区、港外锚地以及对其他海洋功能区域或者用海活动造成影响的安全作业区,应当征求渔业渔政、生态环境、自然资源等有关部门的意见”。

3. 监督权

海事行政相对人依法享有对海事行政主体及其工作人员实施的违法、不当的海事行政管理活动提出批评、控告、检举的权利,并有权就如何改善海事行政主体的工作和提高行政管理和服务质量提出建议、意见。监督权包括批评权、申诉权、控告权、检举权、建议权等。例如,《中华人民共和国船员条例》(简称《船员条例》)第46条规定“海事管理机构应当公开管理事项、办事程序、举报电话号码、通信地址、电子邮件信箱等信息,自觉接受社会的监督”。船员依法对海事行政管理机构享有监督权,并且有提出批评和建议的权利。我国公民享有言论自由的权利,所以海事行政相对人参与权的实现途径具有多样性,一般可通过邮件、座谈会、听证会、网络讨论等方式。

4. 受益权

受益权是指海事行政相对人通过海事行政主体的行政管理活动获得现实利益或可得利益的权利。具体有得到海事机关行政许可、行政指导和行政奖励的权利,在遭受自然灾

① 应松年主编:《行政法与行政诉讼法》(第2版),高等教育出版社,2018,第95-97页。

害或海难等紧急情况下得到海事部门救助的权利，海事行政主体不得非法侵犯海事行政相对人的权利，等等。例如，《海上交通安全法》第 66 条规定“海上遇险人员依法享有获得生命救助的权利。生命救助优先于环境和财产救助。”

5. 救济权

海事行政相对人认为海事行政主体实施的违法与不当的行政行为，或是海事行政主体实施的合法行政行为侵犯了自己的合法权益，有获得相应行政救济的权利，包括提起行政诉讼权、申请行政复议权、请求行政赔偿权、行政补偿权等。

（二）程序性的权利

1. 陈述、申辩权

根据《行政处罚法》第 45 条规定“当事人有权进行陈述和申辩。行政机关必须充分听取当事人的意见，对当事人提出的事实、理由和证据，应当进行复核；当事人提出的事实、理由或者证据成立的，行政机关应当采纳。行政机关不得因当事人陈述、申辩而给予更重的处罚”。《船舶安全监督规则》（2020 年修正）第 31 条第 1 款规定“船舶有权对海事行政执法人员提出的缺陷和处理意见进行陈述和申辩”。当海事行政主体作出侵害或不利于海事行政相对人利益的行为时，海事行政相对人有权陈述自己的意见，提供证据材料加以证明，进行辩解。

2. 了解权

根据《行政处罚法》第 44 条规定“行政机关在作出行政处罚决定之前，应当告知当事人拟作出的行政处罚内容及事实、理由、依据，并告知当事人依法享有的陈述、申辩、要求听证等权利”。海事行政相对人对海事行政主体拟作出的具体行政行为决定的事实、理由及依据，有了解、知情的权利；海事行政相对人有权查阅行政机关作出的准予行政许可决定，有权查阅海事行政主体对被许可人从事行政许可事项的活动的监督检查记录。①

3. 听证权

根据《行政处罚法》第 63 条规定“行政机关拟作出下列行政处罚决定，应当告知当事人有要求听证的权利，当事人要求听证的，行政机关应当组织听证：

（1）较大数额罚款；

（2）没收较大数额违法所得、没收较大价值非法财物；

（3）降低资质等级、吊销许可证件；

（4）责令停产停业、责令关闭、限制从业；

（5）其他较重的行政处罚；

（6）法律、法规、规章规定的其他情形。

当事人不承担行政机关组织听证的费用。”

4. 申请回避权

根据《行政处罚法》第 64 条第四项规定“听证由行政机关指定的非本案调查人员主持；当事人认为主持人与本案有直接利害关系的，有权申请回避。”海事行政相对人认为海事行

① 参见“海事（港航）行政相对人的权利和义务”，太和县政府网站信息公开（https://www.taihe.gov.cn/）。

政机关涉案调查人员、检查人员,或者听证主持人与案件有直接利害关系的,有权申请回避。①

5. 申请权

申请权是指行政相对人请求行政主体作为或不作为,以满足其某种利益需求的权利。这种申请权利是程序性的,但就其内容而言,可能是请求得到某种实体利益,如对颁发许可证提出申请;也可能是请求开始或进行某种程序,如申请听证或参加听证程序等。

三、海事行政相对人的义务

(1)海事行政相对人有自觉遵守有关水上交通安全,防止船舶污染水域,有关港口、航道、航运等法律、法规、规章和我国缔结或批准加入的有关国际公约的义务。

(2)海事行政相对人在发生或发现水上交通事故、船舶污染事故时,要及时、主动向就近海事管理机构报告,并有接受海事行政执法人员调查或检查的义务,如实回答询问和按要求提供有关资料的义务。

例如,《海上交通安全法》第 72 条规定“船舶、海上设施、航空器及人员在海上遇险的,应当立即报告海上搜救中心,不得瞒报、谎报海上险情”。第 80 条规定“船舶、海上设施发生海上交通事故,应当及时向海事管理机构报告,并接受调查”。

(3)海事行政相对人在向海事管理机构提出行政许可等申请时,应当向海事管理机构如实提交有关材料和反映真实情况,并对其提交材料实质内容的真实性负责。

(4)海事行政相对人对海事管理机构依法作出的决定,有在决定规定的期限内自觉履行和主动、及时纠正其违法行为的义务。

(5)有接受海事部门的现场检查,如实提供检查所需要的船舶证书、文书、船员证书的义务。

(6)法律、法规规定的其他义务。②

复习思考题

一、名词解释

1. 海事行政关系
2. 海事行政主体
3. 海事行政相对人
4. 外部海事行政法律关系
5. 受益权

① 高波:《海事行政法研究》,国防工业出版社,2010,第 62 页。

② 参见“海事(港航)行政相对人的权利和义务”,太和县政府网站信息公开(https://www.taihe.gov.cn)。

二、简答题

1. 海事行政法律关系的构成要素。
2. 海事行政主体的类型。
3. 海事行政主体的资格认定及其责任。
4. 海事行政主体和海事行政相对人之间的关系。
5. 海事行政相对人的权利和义务。

第三章　海事行政行为

第一节　海事行政行为概述

一、海事行政行为的概念

中央到地方各级国家机关从事国家和社会管理活动被称作国家活动。国家活动包括立法活动、行政活动、司法活动以及军事指挥活动等。其中，行政活动以国家行政权为前提，是国家行政机关从事对国家事务和社会管理的方式，包括行政立法、行政行为以及行政相关行为。其中，行政行为只受行政法所调整，行政行为、民事行为与刑事行为是不同的部门法层面的概念。行政行为是指行政主体及其工作人员或者行政主体委托的组织或个人实施的产生行政法律效果的行为。①

依据行政法关于行政行为的理论，海事行政行为是指依据法律法规授予的海事行政职权的海事行政管理机构及其工作人员或者海事行政管理机构委托的组织或个人在实施海事行政管理职权过程中，为了实现国家行政目标而作出的作为或不作为、直接或间接引起法律效果，并受到海事行政法所调整的法律行为。具体含义有以下几方面。

（一）实施海事行政行为的主体是海事行政主体

海事行政管理机构及其工作人员或者受托的组织或个人都是以海事行政主体的名义对外从事海事行政行为，其后果由海事行政主体承担。值得注意的是，这里所称的海事行政管理机构的工作人员并不是海事行政机关，他们不是以个人的名义所实施的行政行为，而是以海事行政主体的名义实施的，其仅作为海事行政机关的实施者。

（二）海事行政行为能产生行政法律效果

海事行政主体的海事行政行为能够对海事行政相对人的权利义务产生有利或不利的影响，如海事行政机关向海事行政相对人颁发许可证，该行为可能是有利的影响；海事行政机关对海事行政相对人作出行政处罚的决定，该行为可能是不利的影响。

海事行政行为是依职权实施的，引起的法律关系是海事行政法律关系，如果由海事行政主体实施，但不是依行政职权而实施的行为，也不构成海事行政行为。例如，海事行政机关与自然人、法人或非法人组织之间签订购买办公用品的合同，该行为虽然也能产生法律效果，但是双方的权利义务关系属于民法调整的对象，因而不是海事行政行为。

---

① 应松年主编：《行政法与行政诉讼法学》（第2版），高等教育出版社，2018，第82页。

(三)海事行政行为是海事行政主体对外作出的行使职权、履行行政管理职能的行为

海事行政主体对外部的海事行政相对人实施的行为与对内部行为不同,海事行政主体内部的命令、工作调动、人事任免等属于内部行为,该类行为不属于海事行政行为。

二、海事行政行为的特征

海事行政行为与民事行为、刑事行为不同,具体的特征如下。

(一)行政性

在主体上,海事行政行为的主体是海事行政机关;在职权上,海事行政机关基于授予的行政职权进行海事行政管理活动;在目标上,海事行政行为的目标是为了实现国家对海事行政事务的管理。

(二)从属于法律性

行政行为不同于立法行为,行政行为是将立法行为所创制的法律规范加以具体执行。海事行政行为是执行法律的行为,必须坚持依法行政,任何海事行政行为的作出都必须有法律法规的授权。海事行政机关与自然人、法人、非法人组织不同,后者“法无禁止即可为”,而海事行政机关必须按照依法行政的原则,在法律法规授权的范围内行使职权,即“法无授权不可为”。

(三)依职权的单方性

海事行政行为与民事行为不同,无须双方达成一致意见,无须海事行政相对人同意,不同于民法的自治原则。在海事行政行为中,海事行政主体依据法律法规的授权,可自行作出海事行政行为。值得注意的是,海事行政行为依职权作出的属于单方性行政行为,是依申请作出的,如海事行政相对人提出行政许可的申请,则属于普通行为的一种例外。海事行政机关针对海事行政相对人的行政许可申请作出何种决定,仍具单方性,需依法自主作出。

(四)强制性

海事行政行为是由国家强制力保障实施的,具有强制性,海事行政相对人应当服从配合,否则,海事行政主体可采用强制性手段保障行政行为的执行。强制性与依职权的单方性是紧密联系的,海事行政行为单方性的实现离不开强制性的保障。

(五)裁量性

海事行政行为的作出必须依据法律法规的授权,但法律法规用语的简洁性与内容的局限性,使得海事行政机关不能完全机械地执行法律规定,其行为的具体方式与途径需要有一定裁量空间。需要注意的是,自由裁量并不是无限制的,而是在法律法规授权的范围内进行裁量,发挥其主观能动性,按照立法的目的,积极灵活地适用法律。

（六）无偿性

海事行政行为基于公共利益，是为了实现国家对海事行政管理的职能，行政机关的运作所需的费用都是来自国家的财政，而纳税人所纳税款是国家财政的主要来源，因此海事行政行为对海事行政相对人来说，一般都是无偿的。不过，针对一些海事行政相对人获得了特殊利益的时候，如海事行政主体颁发相关许可证，则要收取一定的费用。

三、海事行政行为的法律效力

（一）内容

1. 海事行政行为具有约束力

一经依法作出后，对海事行政相对人具有约束的法律效果，海事行政相对人必须履行海事行政主体所设定的义务，否则海事行政相对人将承担相应的法律后果。此外，该约束力还体现在该行政行为未改变或撤销权，无论是哪一级别海事行政主体，都必须受到该海事行政行为的约束。

2. 海事行政行为具有确定力

海事行政行为由代表国家管理职权的海事行政主体作出，一经依法作出后，该海事行政行为不得任意改变或撤销，该行政行为同样不因海事行政机关发生变动而受到影响，除非经过法定程序（经过上一级海事行政主体行政复议或者经过人民法院的行政诉讼）或法定事由，否则该行为具有不可变性。

3. 海事行政行为具有执行力

海事行政行为一经依法作出，海事行政相对人须依法履行相应的义务，否则海事行政主体可通过依法采用强制执行或申请法院强制执行的手段实现其海事行政管理职权。

4. 海事行政行为具有公定力

海事行政行为一经依法作出，具有被推定为合法、有效且予以尊重的法律效力。[①]

（二）适用范围

海事行政行为的时间效力始于该行为的成立，终止于该行为的消灭。其中，生效时间可以分为以下几个情形。

1. 即时生效

无特别规定的情形下，海事行政行为一经依法作出立即生效。

2. 告知生效

无特别规定的情形下，海事行政行为必须通过法定形式告知，原则上采用书面的形式告知海事行政相对人。

3. 受领生效

采用文书告知海事行政相对人时，生效时间为文书交付海事行政相对人之时或者到达海事行政相对人住所之时；采用公报、公告方式告知海事行政相对人时，生效时间为公报、

① 郑中义：《海事行政法》，人民交通出版社，2013，第60页。

公告发表之时；采用口头方式告知海事行政相对人时，生效时间为口头告知之时。

4. 附条件生效

对于附生效条件的海事行政行为，生效时间为条件达到之时。

四、海事行政行为的合法性要件

海事行政行为的合法性要件是认定海事行政行为是否具有合法性的标准。不具备合法性要件的海事行政行为，在海事行政相对人提起行政诉讼或者行政复议时，可能会确认无效或者被撤销。

（一）主体

在主体方面，海事行政行为由海事行政管理机关作出，具体实施者是海事行政管理机关的工作人员或者海事行政管理机关授权、委托的组织或者其工作人员。值得注意的是，海事行政管理机关的工作人员在作出海事行政行为时，应当是以海事行政主体的名义，代表的是海事行政机关，而非以个人名义作出，工作人员仅是海事行政行为的具体实施者。

因此，海事行政行为主体的合法性的审查，要结合具体的实施者去认定，主要有以下三个方面。

（1）海事行政行为由海事行政管理机关作出的，则审查该海事行政管理机关是否依法设立。

（2）海事行政行为由海事行政主体授权的组织作出的，则审查该组织是否经过法律、法规的授权，以及其作出的海事行政行为是否在权限范围。

（3）海事行政行为由海事行政主体委托的组织作出的，则审查该组织是否有海事行政主体的委托书或相关能证明其接受委托的证据，其作出的海事行政行为是否超过委托的事项范围。

（二）内容

在内容方面，海事行政行为的作出，首先要有事实依据并且符合证据标准的要求。例如，在海事行政处罚中，海事行政相对人必须存在违法的事实，而且海事行政机关掌握相对人确凿的违法证据，海事行政主体可依据法律规定对相对人作出行政处罚的决定。依据《中华人民共和国海上海事行政处罚规定》（简称《海上海事行政处罚规定》）第 25 条“违反《中华人民共和国海上航行警告和航行通告管理规定》（简称《海上航行警告和航行通告管理规定》），造成海上交通事故的，依照《海上航行警告和航行通告管理规定》第 20 条，由海事管理机构对船舶、设施所有人、经营人或者管理人处 3 000 元以上 1 万元以下罚款；对船长或者设施主要负责人处 2 000 元以上 1 万元以下罚款并对其他直接责任人员处 1 000 元以上 1 万元以下罚款；情节严重的，并给予暂扣船员适任证书 6 个月至 24 个月直至吊销船员适任证书的处罚”。

其次，海事行政行为的内容应当有合法的依据，主要包括法律、法规、规章和其他规范性文件。在适用法律过程中，应当按照上位法优于下位法、新法优于旧法的原则，适用不同效力位阶的法律规范时，应当优先适用高位阶的法律规范，当不同的法律规范针对某一问题发生冲突时，应当适用高位阶的法律规范。

再次，海事行政行为的内容应当明确，具有一定的效果，使海事行政相对人清晰地看出其所享有的权利和义务。

最后,海事行政主体作出的海事行政行为无论其目的还是形式均应是合法的,应当基于合法的目的,排除滥用职权的行为,不应出现因个人动机而产生的以权谋私行为。

(三)权限

海事行政主体应当在法律法规的权限范围内进行行政管理活动,因此海事行政行为的合法性认定除了主体、内容要合法之外,海事行政主体的权限也应当要合法,不能出现越权行为。海事行政行为应当是海事行政机关基于行政权而实施的,一般情况下,既不能超出本部门的职权范围,又不能超越上级部门的职权,也不得侵越其他部门的职权,法律法规有特别规定的除外。

(四)程序

海事行政行为的合法性不仅包括实体合法,还包括程序合法。程序合法为海事行政行为的实体合法提供了保障。海事行政行为作出的形式具有多样性,一般由法律法规规定其程序要求。

首先,海事行政主体应当依据法律法规作出海事行政行为,严格遵守程序要求,如果不符合法定的方式则构成程序违法,属于可撤销的行为。例如,《交通运输行政执法程序规定》第 23 条规定“实施行政检查,执法人员不得少于两人,应当出示交通运输行政执法证件,表明执法身份,并说明检查事由”。

其次,海事行政行为的作出应当依法遵循严格的步骤。海事行政主体若违反相关步骤,则构成程序违法,可撤销相应的海事行政行为。以海事行政处罚为例,海事行政主体需要严格遵循的步骤,一般包括初步调查、批准案件调查报告、制作《违法行为通知书》、告知当事人拟处罚的决定以及相关权利义务、听取当事人陈述、申辩意见、举行听证、作出处罚决定、制作《行政处罚决定书》、送达当事人。在海事行政处罚中,行政处罚的步骤应严格依照法律规定,缺一不可,否则程序违法,无法保障实体的公正合法。

例如,《交通运输行政执法程序规定》第 69 条规定“执法部门负责人批准案件调查报告后,拟对当事人予以行政处罚的,执法人员应当制作《违法行为通知书》,告知当事人拟作出行政处罚的事实、理由、依据、处罚内容,并告知当事人依法享有陈述权、申辩权或者要求举行听证的权利”。

最后,海事行政行为的作出应当遵循严格的法定时限。海事行政主体应当按照法律规定的时间和方式作出行政行为,此举有利于保障行政效率,防止职权滥用给国家利益、社会利益和他人利益造成损害。

例如,《交通运输行政执法程序规定》第 78 条规定“执法部门应当自行政处罚案件立案之日起九十日内作出行政处罚决定。案情复杂、期限届满不能终结的案件,可以经执法部门负责人批准延长三十日”。

第二节　海事行政行为的分类

一、海事行政立法和海事行政执法

海事行政行为按照不同的划分标准可以作不同的分类。以制定法律法规为内容的海事行政行为属于海事行政立法，以执行法律法规进行海事行政管理活动的海事行政行为属于海事行政执法。

（一）海事行政立法

行政立法行为，是指行政主体依照立法程序制定行政法规、规章的行为。行政执法是指行政主体为执行法律、法规依法定程序实施的何种行政管理行为，如行政许可、行政征收、行政调查、行政监管、行政处罚、行政强制等。①

海事行政立法是行政立法的组成部分，其具体调整的对象是与海事行政管理相关的事项，有权制定海事行政立法的主体只有法律明确规定的特定行政机关。

例如，依据《宪法》第 89 条“国务院行使下列职权：根据《宪法》和法律，规定行政措施，制定行政法规，发布决定和命令……”《中华人民共和国国务院组织法》第 10 条“各部、各委员会工作中的方针、政策、计划和重大行政措施，应向国务院请示报告，由国务院决定。根据法律和国务院的决定，主管部、委员会可以在本部门的权限内发布命令、指示和规章。”此外《中华人民共和国地方各级人民代表大会和地方各级人民政府组织法》第 74 条、《立法法》第 72 条、73 条也有关于行政立法主体的规定。综上，有权进行海事行政立法的行政机关是国务院及其主管部门，省、自治区、直辖市和较大市人民政府。

海事行政立法是制定法律法规的活动。首先，制定海事行政法律规范应当依据《宪法》，不得与根本法相抵触；其次，将已有的海事行政法律法规为制定基础，例如，《海上交通安全法》《海洋环境保护法》和《内河交通安全管理条例》；再次，制定海事行政立法离不开其他部门法的配合，二者在部分内容上是融合的。例如，民法领域关于所有权的取得制度，在海事业务中，船舶作为特殊的动产，其所有权取得、转移等相关立法规定需要结合民事立法。中央与地方行政立法相互交叉，由于海事行政机构包括直属海事系统与地方海事系统，不同的海事行政机关与不同的海事行政立法机关之间，由于经济差异、行政区域不同，在相关法律法规的制定上存在交叉点。

最后，海事行政立法活动随着世界经济一体化的形成和发展，逐渐出现国际化趋势。为了更好地应对日渐多样化、复杂化的海事行政法律关系，便于我国海事行政领域立法、执法、司法与国际接轨，我国在进行海事行政立法活动时，不可避免地要将涉外因素纳入其中，并吸收借鉴国外相关立法经验，为我国海事行政立法的蓬勃发展提供探索思路。②

（二）海事行政执法

海事行政执法是为了维护行政权的运作，国家海事行政主体及海事行政主体工作人员

① 应松年主编：《行政法与行政诉讼法学》（第 2 版），高等教育出版社，2018，第 83 页。

② 高波：《海事行政法研究》，国防工业出版社，2010，第 68 页。

执行海事法律、法规和规章的具体行政行为,是海事行政主体在海事行政管理活动中依照法律规定的职权和法定程序对海事行政管理相对人所采取的直接影响其权利和义务,并对其权利义务的行使与履行进行监督的具体行政行为。①

(1)海事行政执法行为具有确定力,一经成立即具有法律效力,非依法不得变更、非依法不得撤销。海事行政主体应当承担维护依法生效的海事行政执法行为的义务;海事行政相对人应当履行依法生效的海事执法行为创设的权利义务。

(2)海事行政执法行为是海事行政主体单方实施的国家意志行为,既体现了国家意志性,又具有强制性。海事行政机关对于拒绝履行相关义务的海事行政相对人,有权依法强制执行或申请人民法院强制执行。

二、抽象海事行政行为和具体海事行政行为

海事行政行为按照其相对人特定与否为标准划分为抽象海事行政行为与具体海事行政行为。

(一)抽象海事行政行为

抽象海事行政行为是指海事行政主体针对不特定的行政管理对象实施的海事行政行为,主要形式包括海事行政立法行为(行政法规或规章)和海事行政规范性文件(具有普遍约束力的决定、命令)。抽象海事行政行为具有普遍的约束力和不可诉性,其针对的是不特定的人或事。

(二)具体海事行政行为

1. 概念

具体海事行政行为是指海事行政机关及其工作人员、法律法规授权的组织、海事行政机关委托的组织或者个人在海事行政管理活动中行使行政职权,针对特定的自然人、法人或者非法人组织,就特定的具体事项,作出的有关该自然人、法人或者非法人组织权利义务的单方行为。其主要形式包括海事行政处分、海事行政命令、海事行政征收、海事行政确认、海事行政合同、海事行政处罚、海事行政强制、海事行政许可等。基于以上概念的理解,海事行政行为的具体构成要素主要包括以下几方面。

(1)在主体方面,具体海事行政行为是由海事行政机关实施,或者由海事行政机关依据法律法规授权委托的组织或个人实施。

(2)在对象方面,具体海事行政行为的对象是除了海事行政主体以外特定的自然人、法人和非法人组织。

(3)在内容方面,海事行政机关作出有关特定自然人、法人或者非法人组织的权利、义务的行为。

(4)在性质方面,具体海事行政行为是海事行政机关单方面作出无须经过特定相对人同意的单方行为,该行为在海事行政机关单方决定后即发生法律效力。

① 郑中义:《海事行政法》,人民交通出版社,2013,第61页。

2. 主要形式

(1)海事行政处分,是指国家海事行政机关对其系统内部存在违法失职的海事公职人员所实施的一种惩戒措施,也是海事公职人员承担海事行政法律责任的主要方式。

(2)海事行政命令,是指海事行政主体依法要求海事行政相对人为一定行为,或者不得为一定行为的意思表示行为。①

(3)海事行政监督检查,是海事行政主体在实施水上交通安全监督管理活动中常采用的一种执行方式,是实现海事行政管理职能对海事行政相对人遵守海事行政法律规范的情况进行监督检查的行为,是一种依职权的外部海事行政行为。

(4)海事行政征收,是指海事行政主体凭借海事行政权力,根据国家和社会公共利益的需要,依法向海事行政相对人强制、无偿征集一定数额金钱或实物的行为。海事行政征收具有职权性、强制性、无偿性等特征。

(5)海事行政许可,是指海事行政主体依据船舶所有人、经营人、船员等海事行政相对人的申请,经依法审查,准予其从事特定活动的行为。根据行政许可法,结合海事法律法规,海事行政许可分为普通许可、特许、认可、核准、登记五类。

(6)海事行政强制,是海事行政主体为了维护海事行政管理秩序,预防或制止海事危害行为,或海事违法行为的发生与存在,依法自行或申请人民法院对船舶所有人、船舶经营人、船员等海事行政相对人的财产行为采取强制措施或者执行强制措施的行为,包括海事行政强制措施和海事行政强制执行。其显著特征包括强制性、职权性和目的性。

(7)海事行政处罚,是指海事行政机关依法对违反海事行政管理秩序尚未构成犯罪的船舶所有人、船舶经营人、船员等海事行政相对人予以制裁的海事行政行为。其基本特点包括行政性、具体性、职权性、处分性、行政裁决性和行政制裁性。

(8)海事行政确认,是指海事行政机关依法证明或确认海事行政相对人既存的法律事实和法律关系的具体海事行政行为。其特征包括间接性、非处分性、要式性和羁束性。

(9)海事行政调解,是由海事行政机关主持,以海事法律、法规、规章为依据,以自愿为原则,通过说服教育等方法,促进争议的双方当事人友好协商、互相谅解,达成协议从而解决海事争议的海事行政行为。其特征包括自愿性、属于诉讼外的调解、不具有法律强制力、不具有可塑性。

(10)海事行政不作为,是指海事行政主体负有积极实施某种行政行为的法定义务,但其能够履行该义务而逾期不履行的行为。

(11)监督海事行政行为,是指有权的国家权力机关、行政机关、司法机关依据法定的职权范围和程度,对海事行政机关及其工作人员是否依法开展海事行政活动进行监督的行为。其特征包括法定性、主体多样性、对象恒定性和内容特定性。对海事行政的外部监督,主要由国家权力机关、国家司法机关、行政监察机关、审计机关等对海事行政机关的工作人员的海事行政行为进行监督。

(12)海事行政赔偿,是指海事行政机关及其工作人员违法行使职权,侵犯公民、法人或其他组织的合法利益并造成损害,由海事行政机关承担赔偿责任。

(13)海事行政复议,是指海事行政相对人认为海事行政机关的具体海事行政行为侵犯其合法权益,依法请求海事行政复议机关重新审查原具体海事行政行为是否合法、适当并

① 姜明安主编:《行政法与行政诉讼法》,法律出版社,2003,第117页。

作出复议决定的活动。

(14)海事行政诉讼,是指自然人、法人或其非法人组织认为海事行政机关的具体海事行政行为侵犯其合法权益,依法向人民法院起诉,人民法院进行审理并作出裁判的活动。

三、依职权海事行政行为和依申请海事行政行为

根据海事行政行为主动性的程度,可将其划分为依职权海事行政行为和依申请海事行政行为。

(一)依职权海事行政行为

依职权海事行政行为不以海事行政相对人的申请为前提,而以海事行政主体主动实施的海事行政行为,依据的是其自身拥有的海事行政管理职权,海事行政主体实施该行为是以作为的方式。例如,海事行政机关对违法的海事行政相对人实施的行政处罚。在此种情况下,海事行政相对人不接受该海事行政处罚,可提起违法撤销诉讼,法院将针对该海事行政处罚行为是否违法进行审查,最终作出是否撤销该海事行政处罚行为的判决。

(二)依申请海事行政行为

依申请海事行政行为是以海事行政相对人的申请为前提,海事行政主体不得依据职权主动实施,只能依据海事行政相对人的申请才能实施该海事行政行为。例如,海事行政相对人申请海事行政主体颁发航运许可证。在此种情况下,海事行政相对人不服海事行政主体不予颁发许可证的不作为行为,可向法院提起请求作为的诉讼,法院将针对海事行政相对人是否提出了合法申请、海事行政主体是否有批准该合法申请的法定职责等问题,最终作出是否要求海事行政主体履行职责的判决。①

四、要式海事行政行为和不要式海事行政行为

根据海事行政行为是否具有法定形式,将海事行政行为划分为要式海事行政行为和不要式海事行政行为。

(一)要式海事行政行为

要式行为一般是需要通过某种特定的形式作出,如书面形式。要式海事行政行为是指具体的海事行政法律法规明确规定应当通过某种特定形式作出才能发生法律效力的海事行政行为。例如,《交通运输行政执法程序规定》第 77 条“执法部门作出行政处罚决定,应当制作《行政处罚决定书》”。海事行政处罚的生效必须作出书面《行政处罚决定书》到达海事行政相对人才发生效力。

(二)不要式海事行政行为

不要式行为没有特定的形式要求,口头形式、动作或默示,均可视为已作出行为。不要式海事行政行为是海事行政主体表达其单方意思的行为,并非海事行政行为的主要形式,

① 王世涛:《海事行政法学研究》,中国政法大学出版社,2013,第 97 页。

具体是指海事行政法律法规没有强制要求必须具备某种特定形式才能发生法律效力的海事行政行为。不要式海事行政行为一般出现在紧急情况下,如海事执法人员对违法且企图逃跑的海事行政相对人进行追捕或进行紧急水上交通管制。

五、羁束海事行政行为和自由裁量海事行政行为

根据海事行政法律、法规对行政行为适用的条件和方式等内容约束程度不同,海事行政行为划分为羁束海事行政行为和自由裁量海事行政行为。

(一)羁束海事行政行为

羁束海事行政行为是指海事行政法律、法规对海事行政行为的实施内容和方式等有明确的规定,海事行政主体在必须严格按照该规定实施海事行政行为,不能加入自身的意志,海事行政主体对于羁束海事行政行为没有自由选择、裁量的余地。例如,《船员条例》第5条“船员应当依照本条例的规定取得相应的船员适任证书。申请船员适任证书,应当具备下列条件:

(1)年满18周岁(在船实习、见习人员年满16周岁)且初次申请不超过60周岁;

(2)符合船员任职岗位健康要求;

(3)经过船员基本安全培训。

参加航行和轮机值班的船员还应当经过相应的船员适任培训、特殊培训,具备相应的船员任职资历,并且任职表现和安全记录良好”。该条款规定申请船员适任证书需要同时满足年龄要求、健康要求、培训要求,海事行政机关只能依据该条款才可决定是否批准申请人取得船员适任证书。

(二)自由裁量海事行政行为

自由裁量海事行政行为是指海事行政主体通过作为或不作为的方式,在法律法规的授予的职权范围之内对海事行政管理活动按照一定的合理性原则进行自由裁量,以便灵活适用法律法规去解决现实中复杂多变的执法问题。

自由裁量海事行政行为具有灵活性,因此存在海事行政主体职权滥用的风险,自由裁量海事行政行为是海事行政主体对于自身职权的一种相对自由的处置,自由裁量权的范围需要明确的界限。自由裁量的内容一般是关于行政处罚幅度、行政执行方式、执行时间等。

首先,海事行政主体在行政管理活动中对海事行政相对人作出海事行政处罚时,在法定处罚范围之内关于同一种处罚种类、幅度范围可自主裁量。海事行政主体对海事行政相对人作出海事行政处罚行为时,可在法律法规写明的处罚数额区间之内,按照合理性原则,根据具体的情形选择适当的罚款数额。例如,《海上海事行政处罚规定》第15条“违反《海上交通安全法》第33条的规定,船舶、海上设施配员不符合最低安全配员要求的,由海事管理机构责令改正,对违法船舶或者海上设施的所有人、经营人或者管理人处2万元以上20万元以下的罚款,对船长和有关责任人员处2 000元以上2万元以下的罚款;情节严重的,吊销违法船舶所有人、经营人或者管理人的有关证书、文书,暂扣船长、责任船员的船员适任证书12个月至24个月,直至吊销船员适任证书”。

其次,海事行政主体在海事行政执法的方式上,可以选择作为的或不作为的方式,具有自由裁量的权力。例如,在法律法规中某些条款表述为“可以暂扣证件”,其中“可以”二字,

即表明海事行政主体可以作出暂扣证件的行为、也可以作出不暂扣证件的行为。

最后,法律法规对于海事行政主体实施执法行为的时间并不是完全明确具体的,海事行政主体在很多情形下都需要在合理行政范围内自由裁量把握执法时间。

第三节 海事行政自由裁量权及其限制

一、海事行政自由裁量权与行政合理性原则

(一)海事行政自由裁量权的概念

裁量权的概念最早源于法官审理案件过程中的裁判行为,自由裁量权最初表现在司法审判领域,法官在审理案件过程中涉及运用法律原则、一般性规定以及实际案例的多样性矛盾,就使得法官在判决时被赋予了自由裁量权。自由裁量权的本质其实就是法律的自由选择权。随着社会经济的发展,行政权的扩张,国家行政机关接触到涉及社会多样化的各方面、各领域问题。因此,多样化的社会导致行政自由裁量权的范围不断扩大,自由裁量权的重心由原来的司法领域转移到了行政领域。

裁量权应当是行政机关在法律进行明确其授权范围之内,或者是消极默许范围之内,根据行政执法的目的,进行自由的裁量或选择自己认为适当的方式进行行政执法,而这种方式是合法的,不被认定为违法,即不受法院审查,不受监督机关的监督。

行政机关在法律没有详细规定处理具体事件时,可以依据自己的判断采取适当的方法和行政措施。不同学者对自由裁量权的定义也作出了解释。姜明安教授认为,行政自由裁量权是法律法规赋予行政机关在行政管理中依据法律和公正合理的原则,自行判断行为的条件,自行选择行为的方式和自由作出行政决定的权利。① 虽然不同学者对于自由裁量权的定义有所不同,但是综合来看,自由裁量权的重点不在于不受司法审查,而是自由裁量权是在法律授权框架内的自由选择权。

自由裁量权是有可能会出现不受法律控制的权利,它是行政行为所诞生的产物,只要存在行政自由裁量行为就必然产生自由裁量权。因此,就行政执法行为而言,如果不合理规制自由裁量权,则会产生由于自由裁量权的滥用而出现处罚不公平、不公正的现象。因此,规范和控制行政执法中的自由裁量权尤其重要。

海事行政法是行政法的重要组成部分。海事行政自由裁量权,是指在自由裁量海事行政行为中,海事行政主体可以在法律法规授予的职权范围之内自由地根据自己的意志选择合理的方式、行为、时间进行海事行政管理活动的权力。由于海事相关业务在现实中复杂多样,为了更好地使海事执法行为适用现实问题,海事自由裁量权在实践中的应用非常广泛。海事行政主体对海事行政相对人进行行政管理,直接对应的是海事行政相对人的权利义务,如果海事行政主体的自由裁量权被滥用,则可能出现行政争议。为防止出现海事自由裁量权被滥用的情形,海事行政主体应在合理范围内行使职权,并且对自由裁量权设置一定的限制。

---

① 姜明安:《论行政自由裁量权及其法律控制》,《法学研究》1993 年第 1 期。

（二）行政合理性原则

海事行政主体享有的海事自由裁量权应当在法律法规授权范围内行使，受到一定的限制和约束，该自由裁量权并不是任意的自由裁量，海事行政主体不可随意滥用、任意妄为。海事行政主体在行使海事自由裁量权时，不仅要遵循合法性原则，还要遵循合理性原则。

合理性原则首先要求公平公正，体现在海事行政机关作出海事行政行为时要平等对待每一个海事行政相对人。其次要求注意多方因素，作出行为时要考虑多方面因素，合理且适当，要符合立法授权目的，例如，《海上交通安全法》第1条规定"为了加强海上交通管理，维护海上交通秩序，保障生命财产安全，维护国家权益，制定本法"。因此，海事行政主体在行政管理活动中，要按照立法目的，保障海事法律秩序，保障海事行政相对人的权利和义务。最后要求符合比例原则，采取的措施和手段应当适当且必要，符合社会公德，不损害海事行政相对人的正当利益。

（三）海事行政自由裁量权存在的必要性

自由裁量权存在的必要性主要有以下几个方面。

（1）随着社会的不断进步，立法机关最初在制定法律时很难事先预料未来的社会实际情况。因此，只能授权行政机关根据现实社会的具体情况作出具体决定。

（2）由于社会现象复杂，具体情形不一，行政机关在作出具体决定时，与法律要求并不能完全严格保持一致。

（3）社会分工越来越细，技术含量高，立法机关与制定法律的专业性能力不匹配，立法机关在制定涉及海事行政相关的专业性法律时，只列出主要的立法任务或目的，而由行政机关具体采用适当的执行方式去落实立法。

（4）随着行政范围的扩大，人大制定的法律不可能完全预先拟制未来行政活动所需要的全部法律，因此不得不扩大行政机关的决定权。

（5）行政机关在作出行政活动时，随着经验的逐步积累，行政执法的效率越来越高，因此，法律不可能对所有问题的前沿性、创新性问题作出严格限制。

（6）不同的法律涉及不同的价值判断。立法机关在制定法律时，理应对价值作出判断，但是立法人员经历不同，价值判断会发生冲突，因此立法机关的立法者不能完全协调各方价值平衡点。为避免立法价值的冲突，只能授权行政机关根据公共利益的需要，采取适当的措施。

（7）海事管理活动涉及内容复杂，水运管理状况复杂，包含专业性技术领域，同时海事违法行为，也涉及不同社会领域，有限的法律制度会造成海事处罚行为受限，不利于执法，因此需要提供灵活的幅度、灵活的处理措施以及通用的适用原则，结合具体情形，在实践范围内，在法定处理范围内作出自由裁量性的判断。

二、海事行政自由裁量权的种类

海事行政自由裁量权的种类，主要包括以下几方面：

（1）选择海事行政执法幅度的自由裁量权；

（2）选择海事行政执法种类的自由裁量权；

（3）选择作出海事行政执法活动实现的自由裁量权；

(4)选择海事行政执法主体的自由裁量权;
(5)选择海事行政执法程序的自由裁量权。

(一)选择海事行政执法幅度的自由裁量权

选择执法幅度分为选择行政处罚幅度和选择行政执法检查项目。

首先,选择海事行政处罚幅度自由裁量权,是指海事行政机关对违法活动进行行政处罚时,在法定的处罚幅度内自由地选择相关处罚的金额,例如,《内河交通安全管理条例》第28条,在内河通航水域进行可能影响通航安全的作业或者活动,未按照规定设置标志、显示信号的,依照《内河交通安全管理条例》第70条的规定,处以5 000元以上5万元以下罚款。在5 000元以上5万元之间,海事行政主管机关可以根据具体情形确定处罚金额。

其次,选择海事行政执法检查项目的自由裁量权,是指在现场检查、港口国检查(Port State Control,PSC)或船旗国检查(Flag State Control Inspection,FSC)检查中,海事行政机关和执法人员可以根据具体情况自行决定需要检查的项目以及检查的详细程度,可自由选择针对其中一项或者几项进行检查,如船舶证书、船员证书、船舶配员、消防设备、救生设备等。

(二)选择海事行政执法种类的自由裁量权

关于执法种类的自由裁量权分为三种,即选择行政执法对象的自由裁量权、选择行政处罚种类的自由裁量权、选择行政强制种类的自由裁量权。

首先,选择行政执法对象的自由裁量权,是指海事行政执法人员在进行海事行政执法时,根据具体情形确定执法对象。例如,在现场检查时,可自行决定对哪艘船舶进行现场检查。

其次,在选择行政处罚种类时,海事行政执法人员发现违法行为应当给予两种或者两种以上行政处罚时,可以根据实际情况给予其中一种或两种处罚。例如,涉及"责令改正并处以罚款"的情形,可以选择其一或二者并用的方式。行政处罚机关应当根据当事人的违法行为,适当地给予相关处罚。

再次,海事行政机关发现违法行为,选择强制种类时,应当根据具体情形采用不同的强制措施或者强制执行方式。例如,根据《内河交通安全管理条例》第64条规定,"违反本条例的规定,船舶、浮动设施未持有合格的检验证书、登记证书或者船舶未持有必要的航行资料,擅自航行或者作业的,由海事管理机构责令停止航行或者作业……"因此,海事行政执法机关可以在"责令停止航行或者作业"之中择一。

(三)选择作出海事行政执法活动实现的自由裁量权

海事行政机关在进行海事行政执法活动时,因为相关法律没有对相关时间限制作出具体规定,可以自由地选择根据现行的法律有明确规定的时间之内来进行海事行政执法。行政机关需要在时间范围之内完成执法活动,也给执法时间留了一定的选择余地。

根据《内河交通安全管理条例》第26条规定,海事管理机构审批本条例第二十五条规定的作业或者活动,应当自收到申请之日起30日内作出批准或者不批准的决定,并书面通知申请人。该条规定涉及的"30日内"这个时间就给海事行政机关提供了灵活的选择余地。

(四)选择海事行政执法主体的自由裁量权

在具体的海事行政执法活动过程中,海事行政主体关于管辖发生争议的,根据《海上海事行政处罚规定》第46条规定:“海上海事行政处罚程序适用《交通运输行政执法程序规定》,海事行政处罚可以由违法行为发生地或者发现地的海事管理机构管辖。”

(五)选择海事行政执法程序的自由裁量权

选择海事行政执法程序的自由裁量权,主要指海事行政处罚程序。海事行政机关根据违法情节的轻重,可以依照法律规定选择不同的处罚程序。根据《海上海事行政处罚规定》,海事行政机关根据不同的情形,可以适用不同的处罚程序进行行政管理活动,处罚程序一般包括简易程序、一般程序和听证程序,每一个程序都有相对应的适用条件。例如,行政机关认为违法情节较轻的,可以适用简易程序,或者给予违法当事人警告或50元以下的罚款;海事行政机关认为违法情节较重,可以适用一般程序,给予违法当事人50元以上200元以下罚款。不同程序的应用,也给了海事行政机关一定的自由裁量的范围。①

三、海事行政职权滥用

(一)海事行政职权滥用的概念

海事行政行为应当具有合法性、合理性。海事行政自由裁量权的运用,有利于提高海事管理活动的效率。但是自由裁量权如果使用不当被滥用,会对海事行政相对人的权益造成损害,表现为滥用行政处罚自由裁量权,或者是错用裁量权。因此,海事行政职权滥用,是指海事行政主体未遵循法律法规授予的职权范围,在海事行政管理过程中,违反法律法规、不合理的在行政管理活动中进行自由裁量的行为。

(二)海事行政职权滥用的类型

1. 海事行政处罚存在过轻或过重的现象

海事行政执法人员在处罚过程中不考虑相关违法情节及产生的危害后果,作出过于严重的处罚或过于轻微的处罚。

2. 海事行政执法人员面对同等违法行为进行差别对待

在海事行政处罚过程中,海事行政执法人员针对同样违法犯罪行为作出了不同的行政处罚,或者不同的行政执法人员面对同样的违法行为作出了不同的处罚,甚至对不同的违法行为作出了相同的违法处罚。

3. 海事行政执法人员任意选择处罚对象

海事行政处罚的对象应当是海事行政法律关系中海事违法行为的一方,但是实践中,执法人员在对船舶所有人、船长和船员中选择处罚对象时,未考虑实际情形未结合法律法规,任意确定了处罚的对象。

---

① 翟宏利:《关于海事行政执法自由裁量权的几点思考》,《中国海事》2008年第10期。

4. 海事行政执法人员任意减少应予处罚的行为和处罚对象

例如，未依法办理签证的船舶同时船员数量也不足，应当给予两项行政处罚，但是海事行政执法人员却只进行一项行政处罚；或者海事行政执法人员对有共同违法行为的多个当事人只选择其一进行处罚。

5. 海事行政执法人员选择的海事处罚方式不合理

海事处罚种类众多，包括警告、罚款、吊销证书、没收违法所得等，但是实践中，部分执法人员在选择处罚方式时，却较为任意，对本应扣留或吊销证书的违法行为而进行了罚款，甚至仅对违法行为进行了警告，对行政处罚方式选择不当。

6. 海事行政执法人员忽视对违法行为的纠正

海事行政执法人员往往只注重处罚结果，而不重视要求当事人及时对违法行为进行纠正，如针对应当责令当事人改正或者限期改正的违法行为仅进行了罚款。

7. 法定目的不符

海事行政主体实施自由裁量海事行政行为，应当体现国家意志，应当是为了保障国家利益、社会公共利益等，如果是由于私人利益、打击报复、与保障公共利益背道而驰，则不符合法律、法规授予的目的，属于海事自由裁量权滥用。

8. 法律概念解释不当

由于法律法规的条文具有简洁性，而现实情况复杂多变，因此，法律法规在实际应用过程中，立法机关需要依据制定的精神、原则和目的，对产生争议的地方作出解释。如果海事行政主体在实施自由裁量行政行为过程中遇到法律法规适用争议，适用法律解释前后不一致、实施的行为与法律解释不一致，或者对不确定的事项任意适用扩大解释或者缩小解释，则可能构成自由裁量权的滥用，甚至会出现超越职权的行为。

9. 违反法律授予的职权

海事行政主体只有依据法律法规授予的自由裁量行政管理行为才可行使自由裁量权，否则不能使用自由裁量权。例如，在羁束海事行政行为中，海事行政主体不存在自由裁量权，因此不得适用，否则构成滥用职权，属于违法行为。自由裁量海事行政行为应当具有合法性和合理性，合法性不仅体现在实体方面，还体现在程序方面，如果实体合法而程序方面未遵守相关流程、时间或形式要求，则属于程序违法行为，也会构成自由裁量权滥用。

（三）海事行政自由裁量权滥用的原因

1. 海事行政主体方面

（1）海事行政处罚的主要目的是维护正常的海事管理秩序，通过执法行为对违法者进行警示和教育，以防止后续再出现类似情形。但是，有些海事机构及执法人员出于个人目的或其他不正当利益，只是为了罚款而罚款，这是不合法且不合理的。

（2）海事行政主体未按照法律法规的规定考虑影响执法的因素，应考虑的因素未考虑，不应考虑的因素却加以考虑，任意行使自由裁量权。部分海事执法人员在进行行政管理活动时，并不是考虑违法行为的目的、动机、方式、手段、违法情节及产生的危害后果，而是会作出选择性的行政处罚。甚至海事行政执法人员会从多种情况来综合判断是否应当对船舶进行处罚，主要从船舶的船籍港、船型、配员、航次及载货等状况，进行综合判决应选择的处罚种类以及处罚幅度，而未真正结合违法行为及产生的后果进行处罚。

（3）海事行政主体的主观方面。执法人员在实施行政处罚时，容易受到个人情绪的影响,掺杂主观因素给予海事行政相对人较轻或较重处罚;或者是由于人情世故,遇到熟人违法而对其减轻或免于处罚。①

(4)海事执法人员的素质参差不齐。执法人员的准入门槛较低,行政执法系统内缺乏连续的、专业的法律和业务培训。

2. 海事规章制度方面

海事行政处罚的主要依据是《海上海事行政处罚规定》和《中华人民共和国内河海事行政处罚规定》(简称《内河海事行政处罚规定》),二者都有待完善,均存在部分不合理之处,造成了海事行政处罚自由裁量权实际运用过程中出现滥用。具体表现在以下几个方面。

(1)《海上海事行政处罚规定》规定中对海事行政处罚设定幅度范围过大。例如,第9条规定:“船舶、海上设施未持有有效的证书、文书的,由海事管理机构责令改正,对违法船舶或者海上设施的所有人、经营人或者管理人处3万元以上30万元以下的罚款,对船长和有关责任人员处3 000元以上3万元以下的罚款;情节严重的,对违法船舶或者海上设施的所有人、经营人或者管理人处3万元以上30万元以下的罚款,暂扣船长、责任船员的船员适任证书18个月至30个月,直至吊销船员适任证书……”3万元至30万元之间的罚款浮动范围很难认定,这些规定给予了海事行政执法人员过大的自由裁量权。

(2)单以违法所得作为确定处罚的标准,不够合理。《行政处罚法》第4条规定:“设定和实施行政处罚必须以事实为依据,与违法行为的事实、性质、情节以及社会危害程度相当。”而《海上海事行政处罚规定》第29条规定,“……有违法所得的,没收违法所得……”该条款以是否有违法所得,即按违法所得确定处罚标准,但有无违法所得,以及违法所得的数额,对违法行为的性质、情节以及危害后果等,往往没有直接影响或影响不大。以违法所得确定处罚标准,有违行政处罚的过罚相当原则。在实践中,确定违法所得非常困难,海事执法人员要调查哪些行为合法、哪些行为非法,是否要扣除相关成本,所得的数额是多少,大大增加执法难度,就会导致执法人员简单认定全部为违法所得或者无违法所得,更加扩大执法人员的自由裁量权。

(3)海事行政执法人员依据不同的法律所作出的处罚规定不同,《内河海事行政处罚规定》第20条,依据《危险化学品安全管理条例》,除责令改正,还要没收违法所得并处以罚款,而第21条依据《内河海事行政处罚规定》,责令停止作业或者航行,处以罚款,并不没收违法所得。两者违法情节类似,共通之处都是涉及危险货物,但是依据不同的法律规定作出了不同的处罚,由此也造成了海事行政主体过大的自由裁量权。

(4)《内河海事行政处罚规定》中的一些内容过于原则性,如第17条,未采用安全航速航行、未按规定航线等描述过于宽泛,缺乏统一标准;还有类似于情节严重、造成严重后果等。缺乏相关明确界定标准,给行政执法人员造成了较大的自由裁量空间。

(5)监督制度不够规范。海事执法人员在行政处罚中往往忽视了行政处罚的幅度和标准,而随意使用自由裁量权未受到该制度的有效制约。此外,相关部门领导对海事执法人员自由裁量权监督不够,相关部门在审批过程中主要侧重于对文书的审查,而缺乏对作出处罚决定及违法行为的性质、情节等是否相适应的裁量。②

---

① 谭海涛:《海事行政处罚自由裁量权的控制》,《中国海事》2010年第10期。

② 同上。

四、海事行政自由裁量权的控制

海事自由裁量权并不是完全任意的自由，对其进行合理的控制约束有利于防止海事行政主体权利滥用，有利于保障海事行政相对人的权利和义务。海事行政自由裁量权的行使应当遵循基本原则，即应当符合法律、同样情形同样处理、不同情形不同处理、强制要求并罚的，不能随意选择其中某一种类进行处罚，资格罚一般不能降格为财产罚，处罚对象不能随意选择。因此，海事行政自由裁量权的控制主要体现在以下几方面。

（一）提高海事行政执法人员素质，严格执法

海事行政行为的执法人员应当严格按照法律法规的规定，严格遵守法定程序，秉公执法、严格执法，避免出现为了个人利益而肆意适用自由裁量权；海事行政执法人员应当严格依法依规综合判断海事行政违法行为的动机、目的和后果等进行执法，充分考虑到影响行政执法行为的因素。同时提高海事行政执法人员的准入门槛，加强对执法人员的岗前法律知识和技能培训，对于考试不合格的人员不予批准进入执法队伍；对于海事行政执法主体的组成人员，要定期积极进行相关业务培训，使其掌握的知识技能满足日益发展的新时代需求，提高执法人员素质。

（二）完善立法

海事行政管理活动相较于其他行政活动而言较为特殊，因此需要进一步修改完善相关海事法规。目前我国的海事行政法律体系中分散规定了海事行政主体享有的广泛自由裁量权，有利于保障海事行政行为的灵活性，但是自由裁量范围界限不够清晰，易导致权力滥用、任意裁量的行为。为了防止自由裁量权滥用，需要不断完善我国的海事行政相关立法规定，将合理性原则纳入其中，进一步明确自由裁量的范围和幅度。细化自由裁量标准，规范执法行为。协调法律法规，明确对同类行为相同的立法依据。

（三）加强法律的适用

海事行政法律的规定一般具有原则性和概括性的特点，实践中，不同的海事行政机关在适用法律过程中，可能会出现争议或分歧，甚至类案不同判的情形。因此，需要上级海事行政机关及时制定相关法律法规的细则，并积极进行解读，加强对法律法规的宣传适用工作，使海事法律、法规真正全方位统一落实适用。

（四）完善制度约束

首先，要完善海事行政系统内部监督机制，对海事行政执法人员的行为的过程作好监督，对于相关文书材料、证据材料，严格进行审查并保存归档。

其次，加强对自由裁量权行使的错案追究制，同时建立违法处罚制度。为了避免海事行政执法人员对自由裁量行政处罚的任意性，可将相关违法行为记录在案，建立海事行政处罚案例制度，为后续的执法人员提供参考依据，使海事行政执法人员产生危机感，坚持事前监督、事中监督和事后监督，避免自由裁量权的滥用。

再次，坚持和完善海事行政执法行为信息公开制度，保障人民群众的知情权，将海事行政职权置于人民群众的监督之下，确保海事行政相对人充分理解自身涉及的权利义务，从

而提高海事行政相对人的法治意识和法律素养，避免产生违法行为。

从次，完善听证制度，积极听取海事行政相对人的意见和陈述，保障海事行政处罚的公平性和公正性，避免出现处罚不准的现象，同时也积极地让海事行政相对人参与其中，对海事行政执法人员起到监督作用。

最后，完善回避制度，保障海事行政行为的作出体现公平与公正，防止出现海事行政执法人员因为利害关系而任意行使自由裁量权，防止出现将人情世故置于法律之上的情形，从而进一步规制海事自由裁量权。

（五）加强法律救济

海事行政主体对于违法的自由裁量行为，要及时按照《行政复议法》的相关规定履行复议，从而达到对海事自由裁量行为的控制。① 明确海事行政复议的审查对象是具体海事行政行为，针对海事行政行为的合法性和合理性进行审查，同时明确海事行政复议的受案范围及排除范围。在行政复议过程中应坚持公平原则、合法原则、便民原则等，使行政复议制度发挥最大价值，防止海事行政主体及其工作人员出现违法、不合理的海事行政行为，从而保障海事行政相对人的合法权益。

复习思考题

一、名词解释

1. 海事行政行为
2. 海事行政立法
3. 具体海事行政行为
4. 海事行政执法
5. 海事行政职权滥用

二、简答题

1. 什么是海事行政行为，其成立要件有哪些。
2. 海事行政行为的特征。
3. 抽象海事行政行为和具体海事行政行为的区分标准和意义。
4. 依职权海事行政行为和依申请海事行政行为的区分标准和意义。
5. 如何理解海事行政自由裁量权？

① 郑中义：《海事行政法》，人民交通出版社，2013，第 83–84 页。

第四章　抽象海事行政行为

第一节　抽象海事行政行为概述

一、抽象海事行政行为的概念

抽象海事行政行为在性质上属于行政行为,分析其概念可以从什么是抽象行政行为入手,一般认为,抽象行政行为是指由行政主体针对不特定的行政相对人单方作出的具有普遍约束力的行政行为,或者说,也是制定行政规则的行为。① 抽象海事行政行为是指海事行政机构针对不特定的行政相对人单方作出的具有普遍约束力的行政规则的行为。海事行政机构制定的具有普遍约束力的海事行为规则,包括海事行政法规、海事行政规章和其他具有普遍约束力的海事行政规范性文件等。

抽象海事行政行为具有以下特征。

1. 抽象海事行政行为的对象具有普遍性

抽象海事行政行为以普遍的、不特定的人或事为行政对象,它针对的是某一类人或事,而不是特定的人或事,这也是其与具体行政行为的显著区别。

2. 抽象海事行政行为具有普遍的约束力

因为抽象海事行政行为对象具有普遍性,相应地,抽象海事行政行为对某一类人或事,而不是特定的人或事具有约束力,这是其效力普遍性的体现。

3. 抽象海事行政行为具有往后的反复适用性

抽象海事行政行为不仅适用于当时的行为或事件,还适用于未来将要发生的同类行为或事件。

4. 抽象海事行政行为的立法属性

抽象海事行政行为具有法的普遍性、规范性和强制性的特征,在行为程序上也有与立法程序类似的特征,须经过起草、征求意见、审查、审议、通过、签署、发布等一系列程序。

5. 抽象海事行政行为具有不可诉性

依据我国目前的行政诉讼法规定,抽象海事行政行为不能成为行政诉讼的直接对象。如果行政相对方认为抽象海事行政行为它们侵犯了自己的合法权益,直接向人民法院起诉的,人民法院不予受理。但依据 2015 年我国新修订的《行政诉讼法》,对行政立法以外的其他抽象海事行政行为不服,行政相对人可以与具体行政行为一并向人民法院提出审查的申请。

二、抽象海事行政行为的种类

根据不同的标准,可以将抽象海事行政行为作出不同的分类,常见的分类是以抽象海

---

①　胡建淼:《行政法学》,法律出版社,1998,第 296 页。

事行政行为的制定主体与效力等级为标准所作的划分,以及根据抽象行政行为的不同表现形式进行的分类。

(一)抽象海事行政行为的一般分类

1. 海事行政立法行为

海事行政立法行为指国务院制定发布行政法规,以及国务院部委及其直属机构制定发布部门规章,省、自治区、直辖市人民政府以及设区的市人民政府制定发布地方政府规章的行为。

2. 其他海事抽象行政行为

其他海事抽象行政行为即制定海事行政规范性文件的行为,是指各类海事行政机构针对不特定的对象规定行政措施、发布决定和命令的行为。这类行政行为主体比较广泛,在一定范围和管理领域内对一切人具有普遍约束力,并能反复适用,它属于海事行政立法行为以外的一种抽象海事行政行为。由于各类海事行政管理机构的广泛性,海事行政规范性文件在抽象海事行政行为中占有很大比例。

(二)抽象海事行政行为的形式分类

抽象行政行为的形式分类必须是书面形式,就具体形式而言,抽象行政行为有三种形式:

(1)行政法规;

(2)行政规章;

(3)决定和命令。

这三种抽象行政行为形式,形成了三种海事抽象行政行为,即:

(1)制定海事行政法规的行为;

(2)制定海事行政规章的行为;

(3)发布海事决定和命令的行为。

并不是所有的行政主体均有权实施所有的抽象行政行为,特定的抽象行政行为同特定的行政主体有一定的对应性。具体地说,制定海事行政法规只限于国务院。对海事行政规章作进一步划分,依据制定机关可以分为中央行政规章和地方行政规章。前者由国务院各部、委员会和直属机构制定,一般称为部门规章;后者则由省、自治区、直辖市、设区的市的人民政府制定,一般称为地方政府规章,行政规章的效力低于行政法规。另外,行政机关制定和发布具有普遍约束力的决定和命令,是抽象行政行为的一种重要形式,这里的行政机关比较广泛,既包括有权制定行政法规和行政规章的主体,也包括没有行政法规和行政规章制定权的主体,以下进行详解。以下内容为这一抽象行政行为的法律依据。

1.《宪法》第 89 条

该条第(一)项规定:国务院"根据《宪法》和法律,规定行政措施,制定行政法规,发布决定和命令"。

2.《地方各级人民代表大会和地方各级人民政府组织法》第 59 条

该条第(一)项规定:县级以上地方各级人民政府"执行本级人民代表大会及其常务委员会的决议,以及上级国家行政机关的决定和命令,规定行政措施,发布决定和命令"。

3.《地方各级人民代表大会和地方各级人民政府组织法》第61条

该条第(一)项规定：乡、民族乡、镇的人民政府“执行本级人民代表大会的决议和上级国家行政机关的决定和命令，发布决定和命令”。①

4. 海事相关立法中的授权

例如，2021年修订的《海上交通安全法》第17条规定：“本章第九条至第十二条、第十四条规定适用的船舶范围由有关法律、行政法规具体规定，或者由国务院交通运输主管部门拟定并报国务院批准后公布。”第14条第3款规定：“海事劳工证书颁发及监督检查的具体办法由国务院交通运输主管部门会同国务院人力资源社会保障行政部门制定并公布。”

从以上的法律规定中可以看出，在所有的抽象行政行为中，有权发布具有普遍约束力的决定和命令的主体最为广泛，从中央人民政府到地方各级人民政府均有权发布具有普遍约束力的决定和命令。具有普遍约束力的决定和命令不属于法律和法规，但是，决定和命令作为抽象行政行为的一种形式，具有普遍的约束力，行政主体和行政相对人在国家行政管理中必须遵循行为规则。

第二节　海事行政立法概述

一、海事行政立法的概念

海事行政立法是一种国家行政权的行使方式，是指海事行政主体根据法定权限并依据法定程序制定和发布海事行政法规和行政规章的活动。海事行政立法包括海事行政法规和海事行政规章，不包括海事行政机关制定的规章中以下的海事行政规范性文件。

海事行政立法有以下特征。

(1)海事行政立法的表现形式是行政机关制定的行政法规和规章，全国人大和全国人大常委会制定的海事行政法律、地方人大和地方人大常委会制定的海事地方性法规都不是海事行政立法。

(2)海事行政立法的主体是特定的国家行政机关，具体包括制定海事行政法规的国务院，制定海事部门规章的国务院相关部委和国务院直属机构，以及制定海事地方政府规章的省、自治区、直辖市、设区的市的人民政府。

(3)海事行政立法要遵循一定的程序，也可称为准立法程序，包括海事行政法规以及规章的起草、征求意见、审议、通过、签署、发布等一系列程序。海事行政法规以及规章的制定过程中要采取座谈会、听证会等多种途径听取公众意见，其审议、通过等程序类似于普通的立法程序。

二、海事行政立法权限划分

行政立法权限的划分是指行政机关之间制定行政法规、规章的权限分工。依据我国《宪法》和《立法法》的规定，具体权限划分如下。

① 胡建淼：《行政法学》，法律出版社，1998，第309页。

1. 国务院的立法权限

国务院有权制定行政法规。行政法规是指国务院为管理和领导国家各项行政工作，依据《宪法》和法律，按照法定的程序制定的涉及政治、经济、教育、科技、文化、外事等各项法规的总称。行政法规的名称为条例、规定和办法。

行政法规调整事项的范围非常广泛，涉及社会管理活动的各个方面。根据《宪法》《立法法》以及《行政法规制定程序条例》的规定，行政法规针对的事项包括政治、经济、教育、文化、科技、外事、公安、民政、财政、城建、土地等方面，对整个国家的各项行政事务都有制定行政法规的权力，如国务院制定的《内河交通安全管理条例》，就我国内河交通安全作出规定；《船员条例》就船员的任职资格、海员证颁发条件及程序等作出规定。国务院是国家最高行政机关，其制定的行政法规效力遍及全国。

行政法规的效力低于《宪法》和法律，但是高于地方性法规和行政规章。地方性法规是省、自治区、直辖市人大及其常委会，设区的市的人大及其常委会制定的规范性文件，反映了本地方人民的意志，从全国法制统一的角度考虑，地方性法规不能与行政法规相抵触，而规章的制定主体都在国务院的领导之下，行政法规的效力高于规章。

2. 国务院各部、委员会，以及具有相应管理职能的直属机构的立法权限

国务院各部门及其直属机构根据法律和国务院的行政法规、决定、命令，在本部门的权限范围内，按照法定程序所制定的规范性文件，称为部门规章。部门规章具有很强的部门特征，是针对本部门管辖范围内的事项作出的规定。部门规章的效力低于《宪法》、法律和行政法规，不得与《宪法》、法律和行政法规相抵触。

例如，交通运输部制定的《海事行政许可条件规定》就海事行政许可的概念、许可条件等事项作出规定；交通运输部制定的《中华人民共和国海员外派管理规定》（简称《海员外派管理规定》）就机构申请从事海员外派的条件及程序等事项作出规定；交通运输部制定的《危险货物水路运输从业人员考核和从业资格管理规定》就危险货物水路运输从业人员的考核标准、程序及从业资格作出规定。

3. 地方各级人民政府的立法权限

根据《立法法》的规定，省、自治区、直辖市、设区的市的人民政府有权制定地方政府规章，这些规章属于行政立法的范畴，其他地方人民政府制定的规范性文件不属于规章。地方政府规章只能在本行政区域内发生效力，地方政府规章的效力低于《宪法》、法律、行政法规和本行政区域内的地方性法规，不得与《宪法》、法律、行政法规和本行政区域内的地方性法规相抵触。

《立法法》第 80 条第 2 款规定："部门规章规定的事项应当属于执行法律或者国务院的行政法规、决定、命令的事项。没有法律或者国务院的行政法规、决定、命令的依据，部门规章不得设定减损公民、法人和其他组织权利或者增加其义务的规范，不得增加本部门的权力或者减少本部门的法定职责。"第 82 条规定："没有法律、行政法规、地方性法规的依据，地方政府规章不得设定减损公民、法人和其他组织权利或者增加其义务的规范。"这是对规章制定主体权限的限制。

三、海事行政立法的分类

1. 中央行政立法和地方行政立法

根据行政立法的主体，行政立法可以分为中央行政立法和地方行政立法。

(1)中央行政立法是指中央一级的行政主体依法制定和发布行政法规和规章的活动。国务院和国务院各部委,以及国务院具有行政管理职能的直属机构所进行的立法,都是中央行政立法。中央行政立法的表现形式是行政法规和部门规章,在全国范围内具有法律效力。

(2)地方行政立法是指地方行政主体依法制定和发布行政规章的活动。省、自治区、直辖市、设区的市的人民政府是地方行政立法主体。地方行政立法所制定的行政规章,只能在本行政区域内发生法律效力。

2. 职权立法和授权立法

根据海事行政立法权的取得方式不同,可以把海事行政立法分为职权立法和授权立法。

(1)职权立法是指行政主体根据《宪法》和组织法所赋予的行政立法权进行的行政立法活动。根据《宪法》和《组织法》的规定,国务院及其主管部门,国务院具有行政职能的直属机构,省、自治区、直辖市人民政府,设区的市的人民政府可以进行职权立法。

(2)授权立法是指行政主体根据单行法律或授权决议所授予的立法权而进行的立法。授权立法的根据有两类,即《宪法》和组织法以外的单行法律、法规和最高国家权力机关专门的授权决议。被授权的行政主体既可以是职权立法的主体,也可以是本来不具有行政立法权的行政主体。行政机关通过授权立法所制定的行政法规和规章可以变通、补充法律或法规的规定。①

3. 执行性立法和创制性立法

根据海事行政立法的功能,海事行政立法可以分为执行性立法和创制性立法。

(1)执行性立法是指行政主体为了执行或实现特定法律、法规的规定进行的立法。执行性立法可以依职权也可以依授权进行,但不得任意增加或减少所要执行的法律、法规的内容。通过执行性立法所制定的行政法规和规章,一般称为“实施条例”“实施细则”或“实施办法”,在所执行的法律、法规不再存在时其也不能独立存在。

(2)创制性立法是指行政主体为了填补法律和法规的空白,或者变通法律和法规的规定以实现行政职能而进行的立法。其中,为了填补法律和法规的空白而进行的创制性立法,即在还没有相应法律和法规规定的前提下,行政主体运用《宪法》和组织法所赋予的立法权所进行的立法,称为自主性立法。为了变通、补充海事法律、法规的规定而进行的创制性立法,称为补充性立法。补充性立法应以法律、法规的特别授权为根据,所制定的行政法规和规章并不因授权法律、法规的失效而失效,只要不与新的法律、法规相抵触,就可继续保持其法律效力。

第三节 海事行政立法的原则和程序

一、海事行政立法的基本原则

行政立法原则是在行政立法的整个活动过程中贯彻始终的行为准则或准绳,它为统一

① 姜明安主编:《行政法与行政诉讼法》(第5版),北京大学出版社、高等教育出版社,2011,第164页。

行政立法思想、规范行政立法活动提供了科学的指引。海事行政立法原则是行政立法机关在制定海事行政法规与规章过程中所应遵循的基本准则或准绳。海事行政立法应当遵循以下几项基本原则。

(一)法制统一

原则法制的统一是全体国民行动得到协调和效益得到充分发挥,政局和社会得以稳定的前提,也是经济上建立统一的大市场的必然要求。① 在立法主体多元化的格局下,法制统一原则显得尤为重要。行政立法必须与权力机关和上级行政机关的立法保持一致,不相隶属的行政立法之间应当协调一致,一个行政主体所制定的多个行政法规之间,行政法规和规章内部条款之间也应保持一致。这就要求行政立法完善有关制度并增强技术性,同时加强法规规章的备案审查制度,在行政立法中应坚决反对破坏法制统一原则的部门垄断主义和地方保护主义。

我国《立法法》第 87 条至 89 条对法律规范的效力等级作了规定,《宪法》具有最高的法律效力,一切法律、行政法规、地方性法规、自治条例和单行条例、规章都不得同《宪法》相抵触。法律的效力高于行政法规、地方性法规、规章。行政法规的效力高于地方性法规、规章。地方性法规的效力高于本级和下级地方政府规章。省、自治区的人民政府制定的规章的效力高于本行政区域内的设区的市、自治州的人民政府制定的规章,这些规定明确了不同法律规范的位阶,是法制统一原则的体现。

(二)法律优先与法律保留原则

基于《宪法》的主权在民理念,海事行政立法必须首先遵循法律优先与保留原则。所谓法律优先原则是法制统一原则的延续,具体是指法律的效力优越于行政机关制定与颁布的法规命令,后者不得与法律相抵触,在法治国家,法律由人民的代表机关根据《宪法》制定,它是人民意志的体现,因而应当优越于体现行政机关意志的行政行为。同理,我国权力机关制定的海事法律效力要高于海事行政立法机关所制定的行政法规与规章,后者不得与前者相抵触,海事行政立法要受到《宪法》、基础法律与普通法律原则的严格约束。

法律保留原则在《宪法》以及《立法法》中都有体现,是指凡是涉及国家经济、政治和法律的基本制度以及人民基本人权的重要立法事项只能由法律加以规定,行政机关不得染指,我国《立法法》第 8 条、第 9 条对法律保留的事项作出了明确规定。享有海事行政立法权的特定行政机关非经法律的明确授权,不得就法律保留的立法事项作出任何规定,如海事行政主管部门无权在海事行政规章中设定限制人身自由的海事行政处罚以及行政强制措施。

(三)民主与公开原则

为保证行政立法能充分体现民意、真正维护社会公共利益,要求行政立法机关必须严格遵循民主、公开原则,要为公众创造和提供多种途径与机会来广泛地参与行政立法活动,将立法工作自觉置于公众的监督之下,并将立法程序公开展现在公众视野之中,为行政相对人提供充分表达意志的机会,行政立法过程中要充分考虑行政相对人的合理化建议。海事行政立法作为一项重要的行政立法活动,也要严格遵循这一原则。

---

① 姜明安主编:《行政法与行政诉讼法》(第 5 版),北京大学出版社、高等教育出版社,2011,第 166 页。

行政立法的民主性体现在立法的整个过程中。海事行政立法机关在启动行政立法程序阶段、制定行政立法草案阶段，直至行政立法的最后完成阶段，都应注重通过走访调研、问卷调查、召开听证会等多种形式与途径，广泛听取海事行政相对人的意见和建议，并将其中的合理化意见和建议作为重要的立法决策参考，并加以认真采纳和吸收。

行政立法的公开性体现在立法的全过程以及立法结果的公开。海事行政立法机关应当将其行政立法提案的内容、起草组织及其人员组成、起草过程、草案的内容、法制机构的审查报告、草案修改稿、海事行政立法机关的正式审议过程，以及最终通过的海事行政法规与规章等立法信息，通过报纸、政府网站等多种传媒手段加以宣传，使得海事行政相对人充分获知并有权通过各种正当途径提出自己的意见和建议，从而实现公众对于海事行政立法全过程的充分监督，确保海事行政立法的最终结果能够获得公众的广泛认同与支持，并能得到顺利、有效的实施。

（四）科学与适时原则

海事行政法主要调整我国沿海水域和内河通航水域的交通安全，以及水域环境保护等行政管理事项，海事行政立法对象具有较强的技术性与多变性，这就要求海事行政立法必须遵循科学性与适时性原则。

首先，与其他行政管理活动相比，海事行政管理活动具有较强的专业性和技术性，海事行政法规与规章中涉及大量技术性规范，如船舶建造、船舶检验、吨位丈量等方面的行政法规与规章都是以技术规范为主要内容的，因此要求海事行政立法者必须掌握必要的相关专业知识，并将其合理运用于行政立法中。在海事行政立法过程中，要不断加强对立法者相关专业知识的培训，以提高其立法决策能力，同时吸收海事领域的专业性人才参与到海事行政立法工作中来，以确保海事行政立法机关制定的行政法规与规章能够科学严谨，能为合理规范海事行政管理活动提供科学的法律指引，促进我国海事行政法治化的实现。

其次，海事行政立法的调整对象因水域的自身特质而具有变化较快的特点，这就要求海事行政立法必须与行政管理对象的这种变动性相适应，对已经或正在发生变化的海事行政管理形势作出及时反映，以促进海事行政主体合理履行其行政管理职能。因此要求海事行政立法机关要通过加大立法投入和不断充实立法资源来提高立法能力，加大立法工作的力度，并不断完善立法程序，删减不必要的立法环节，优化立法进程，确保对海事行政法规与规章作出及时的修改和完善，从而不断适应海事行政管理发展的变化与需要。适时性的立法原则并不意味着海事行政法规规章可以朝令夕改，而应注意适当控制修改的频率，海事行政立法也要具有法的相对稳定性，以维护法律的尊严。

（五）与国际规则相接轨原则

海事行政管理关系中的相对人以海域为主要活动区域，海洋在地理上的相通性和其法律地位的特殊性使得本国相对人的活动领域常会超出一国的管辖范围。外国的公民或法人也常会成为我国行政管理关系的相对人，由此使得海事行政立法的内容包含许多国际规则，从而呈现出国际性的特点。因此，要求我国在制定相关行政管理法规时，必须与国际海事规则相接轨，要参照相关国际海事惯例与我国已经加入的国际海事公约，并与我国国情相结合制定合理且完善的海事行政管理法规。这是我国义务承担国际法的客观需要，也是我国完善海事行政立法，促进海事行政管理现代化与法治化的要求。在与国际规则接轨的过程中,我国的海事行政立法者既要注重将国际海事规则与我国海事行政管理实际情况相结合,绝不能简单地照搬照抄,也要坚持维护国家利益,合理规避国际规则中不利于我国海事行政管理的消极性规则,以避免对我国海运业的发展产生不利影响。①

二、海事行政立法的程序

我国《立法法》《行政法规制定程序条例》《规章制定程序条例》对行政立法的程序作了明确的规定,海事行政立法作为行政立法的一部分,应当遵循行政立法的程序,制定海事行政法规。

(一)海事法规、规章的立项和起草

海事行政法规的提案可以由国务院法制机构提出,也可以由国务院有关部门提出。国务院于每年年初编制本年度的立法工作计划。国务院有关部门认为需要制定行政法规的,应于每年年初编制国务院年度立法工作计划前,向国务院报请立项。国务院法制机构拟定国务院年度立法工作计划,报国务院审批。

国务院部门内设机构或者其他机构认为需要制定部门规章的,应当向该部门报请立项。省、自治区、直辖市、设区的市的人民政府所属工作部门或者下级人民政府认为需要制定地方政府规章的,应当向该省、自治区、直辖市或者设区的市的人民政府报请立项。国务院部门法制机构,省、自治区、直辖市、设区的市的人民政府法制机构,拟定本部门、本级人民政府年度规章制订工作计划报本部门、本级人民政府批准后执行。

行政法规由国务院组织起草。国务院年度立法工作计划确定行政法规由国务院的一个部门或者几个部门具体负责起草工作,也可以确定由国务院法制机构起草或者组织起草。部门规章由国务院部门组织起草,地方政府规章由省、自治区直辖市和设区的市的人民政府组织起草。国务院部门可以确定规章由其一个或者几个内设机构或者其他机构具体负责起草工作,也可以确定由其法制机构起草或者组织起草。省、自治区、直辖市和设区的市的人民政府可以确定规章由其一个部门或者几个部门具体负责起草工作,也可以确定由其法制机构起草或者组织起草。起草规章可以邀请有关专家、组织参加,也可以委托有关专家、组织起草。

(二)海事法规、规章的审查

行政法规和规章的草案起草完毕后,一般要交立法主体的法制机构进行审查。其中,行政法规草案的审查由国务院法制机构进行,规章草案的审查由相应行政立法主体的法制机构进行。审查的主要内容包括:该项行政立法的必要性和可行性;该项草案在内容上的合法性和该项立法在权限上的合法性;该草案的必要条款是否完备以及在内容、结构和文字上是否具有科学性;所需的实施细则草案是否已经拟定以及是否与本草案相一致。法制部门对行政法规、规章草案进行审查后,应当提出审查报告,与行政法规、规章草案一并提交行政立法主体审议。

---

① 王世涛:《海事行政法研究》,中国政法大学出版社,2013,第113页。

(三)海事法规、规章的决定和发布

经审查的行政法规、规章草案应由行政立法主体的正式会议审议通过。行政法规草案应经国务院常务会议审议,或者由国务院审批。部门规章应当经部务会议或者委员会会议决定。地方政府规章应当经政府常务会议或者全体会议决定。

经审议决定通过的行政法规、规章,应由行政立法主体的行政首长签署命令发布,并刊载于相应的媒体。该发布令一般应包括:制定和发布机关序号名称、通过日期、生效日期和签署人姓名等内容。其中,行政法规一般由国务院总理签署命令发布,在国务院公报和全国范围内发行的报纸上刊登。规章由部门首长、地方行政首长签署,部门联合规章由联合制定的部门首长共同署名公布,使用主办机关的命令序号。部门规章在部门公报或者国务院公报和全国范围内发行的有关报纸上刊登,地方政府规章签署公布后,在本级人民政府公报和本行政区域范围内发行的报纸上刊登。

行政法规和规章应当自公布之日起30日后施行,但是涉及国家安全、外汇汇率、货币政策的制定以及公布后不立即施行将有碍于行政法规施行的,可以自公布之日起施行。

(四)海事法规、规章的解释和备案

行政法规条文本身需要进一步明确界限或者作出补充规定的,由国务院解释。行政法规的解释与行政法规具有同等效力。规章有下列情况之一的,由规章制定机关解释:

(1)规章的规定需要进一步明确具体含义的;

(2)规章制定后出现新的情况需要明确适用规章依据的。

规章的解释与规章具有同等效力。

行政法规在公布后的30日内由国务院办公厅报全国人民代表大会常务委员会备案。规章应当自公布之日起30日内,由法制机构依照《立法法》和《法规规章备案条例》的规定向有关机关备案。

(五)海事法规、规章的修改和废止

(1)修改

行政法规、规章的修改,是指行政立法主体依法对现行行政法规、规章的某些规定加以改变、删除或者补充的行政立法活动。行政法规、规章的修改与制定一样,必须由行政立法主体按行政立法权限进行。并且除非获得许可、授权,这种修改不得同被修改的行政法规、规章的基本原则相抵触。否则,就不是修改而是重新立法。

(2)废止

行政法规、规章的废止包括直接废止和间接废止。直接废止是指明文规定或宣告废止行政法规、规章的全部或部分内容。间接废止是指按新法优于旧法和效力等级较高的法优于效力等级较低的法等法律原则,废止行政法规、规章的全部或部分内容。

行政法规、规章的修改和废止,也是一种行政立法活动,原则上也应按照行政法规、规章的制定程序进行。

三、我国海事行政立法的完善

我国海事行政立法已经形成从行政法规到规章的层级体系,积累了一定的立法经验,

但也存在不足，下面从我国海事行政立法现状以及对海事行政立法的监督两个方面进行阐释，并对我国海事行政立法的完善提出建议。

（一）海事行政立法的现状

1. 海事行政立法相对滞后

我国海事行政立法的滞后性表现在法律修改不及时以及立法速度慢。我国现行的海事行政法规和规章出台于20世纪八九十年代的比较多，受立法力量与立法程序所限，有一部分尚未得到及时修改，已经无法反映当代社会主义市场经济条件下海事行政管理的新情况与新特点，不能适应当前海事行政管理的新需要。另外，行政立法速度慢，对于海事行政管理过程中出现的新问题与新情况，不能及时出台相应海事行政法规和规章加以调整，造成海事行政执法领域中出现许多无法可依的尴尬局面，制约了海事行政管理的法治化进程。行政管理领域缺乏相应的海事行政法规和规章，而相关的立法又迟迟无法出台，使得相关海事行政管理机关只能借助海事行政法规和规章以外的其他规范性文件加以调整，因其效力不高而难以有效开展相应的管理与执法工作。

我国应不断加大海事行政的立法投入，改革和完善相关立法程序，加快海事行政法规和规章的立、改、废进程，不断充实和完善我国的海事行政法律体系，以适应我国海事行政管理的法治需要。2023年3月我国新修订的《立法法》对法律法规清理制度作了规定，要求“对法律、行政法规、地方性法规、自治条例和单行条例、规章和其他规范性文件，应当根据维护法制统一的原则和改革发展的需要进行清理”。① 这一修正案会有力地促进海事行政立法的清理工作。我国还要加强对国外海事行政立法成果的合理吸收，通过科学借鉴其与我国海事行政立法需求、状况相适应的条文来降低我国海事行政立法的成本，加快我国的立法进程，缩小我国与海事管理先进国家间的差距，加速我国海事行政管理实现法治化的进程。

2. 立法主体多元，立法位阶低

从立法主体角度来看，我国的海事行政立法主体呈现出多元化特点，国务院及其所属与海事管理相关的工作部门、直属机构，以及各相关的地方政府均可成为海事行政立法的主体，这就导致了海事行政立法主体分散，难以协调统一，不同的立法之间如果出现冲突，会给行政执法带来诸多不便，还存在重复立法现象，造成立法资源的浪费与低效。立法冲突涉及很多种情况，如海事行政法规、规章与法律的冲突，海事行政规章与海事行政法规的冲突，同位阶的海事行政法规之间的冲突，海事行政规章之间的冲突等，这种冲突破坏了法制的统一性，不利于构建公平统一的海事行政执法环境。另外，我国目前的海事行政立法体系中，海事行政法规在立法体系中的比例比较低，对于海事行政管理的调整多以部门规章和地方政府规章调整为主，致使我国海事行政立法的整体效力不高、权威性不够，一定程度上影响了相关执法。

针对以上问题，要求对我国现行海事行政立法主体加以必要的优化整合，并进一步明确和严格控制各自的立法权限，规范和细化立法程序，增强立法透明度和公众参与度，加强和完善备案审查机制，完善权力机关的立法监督、司法监督和公众监督，建立、健全相关立法冲突的预防与解决机制，克服立法过于分散造成的诸多弊端。海事行政立法机关要加大

---

① 参见2023年3月《立法法》修正案第34条。

海事行政法规的制定力度，以提高立法的整体效力，提高海事行政立法的权威，促进海事行政法律体系的完善。

3. 行政主体与相对人的权利义务配置不平衡

我国海事行政立法在职权与职责、权利与义务的立法配置比例上存在失衡。在我国现行的海事行政法规和规章中，注重为行政机关设权，强调对于海事行政机关的审批权、处罚权、检查权、监督权的保障性规定，关于违法行政应负法律责任的规定则显不足。而对于海事行政相对人则注重规定其义务与违法责任，忽视对相对人应有权利的设定，显示出海事行政主体与相对人之间在权利义务比例上的失衡性，不利于对行政相对人合法权益的保护和对行政主体权力的制约。现代行政法治强调建设权力有限与权责相当的政府，主张用新型服务代替传统的管理，我国需要转变立法观念，赋予海事行政机关权力的同时，规定其应当承担的责任，从而改变海事行政立法中行政主体与相对人的权利义务配置失衡的现象。

4. 立法程序的公开性与公众参与度不足

2000 年的《立法法》对于我国的行政立法缺乏关于立法公开和民众参与的程序性和强制性规定，实践中我国海事行政立法的公开性与公众参与度较低。2015 年《立法法》修订后，第 67 条增加了行政法规草案应当向社会公布、征求意见的条款，一定程度上改变了之前的封闭立法程序，这在加强公众的知情权方面是一种进步，为公众和社会舆论的监督提供了渠道。但是，《立法法》第 67 条和《行政法规制定程序条例》第 13 条虽然规定了座谈会、论证会、听证会等民众参与程序，但只是原则性的规定，并没有设置具体的可操作程序，如立法听证会的组织者和参与者，具体时间限定等内容都未作细化，这使得海事行政立法机关在立法实践中很少适用听证等民众参与程序，公众的立法参与权大打折扣，民众的意愿与利益诉求无法得到及时有效的表达。这在一定程度上削弱了海事行政立法的民主性与公开性，容易滋生立法中的“权力寻租”现象，损害海事行政相对人的合法权益。为此，应当尽快完善相应立法规定，将行政立法的公开性要求与民主参与程序作为刚性规定加以确立，并设置具体可操作的参与程序，从而保证海事行政立法的民主、公正和公开。

5. 存在部门与地方保护

行政立法活动中容易出现追求自身利益的问题，海事行政立法也不例外。在缺乏有效监督与制约的情况下，海事行政立法中部门与地方保护的倾向更为明显，海事行政立法有时会成为部分行政机关与地方政府扩张权力、谋求自身利益的工具。例如，国务院不同的工作部门有职能交叉的情况，其会从本部门职能与利益角度制定规章，在职能交叉范围内不同的部门规章对相对人同时适用，不合理地加大了行政相对人的守法成本。另外，一些地方政府为了维护地区利益，在内河航运许可方面通过立法对外来竞争者设置重重障碍，破坏公平的市场竞争环境，这违背了《行政许可法》的立法宗旨与具体规定，也与建立统一的国内大市场、维护公平的市场竞争等社会主义市场经济法治理念格格不入，严重阻碍了航运经济的健康发展。为此，要完善和加大对于海事行政立法的外部监督和制约机制，通过立法与司法等制约手段努力遏制海事行政立法中部门与地方保护主义倾向。

（二）对海事行政立法的监督

对我国海事行政立法的监督包括内部监督、立法监督、司法监督与公众监督。

1. 内部监督

我国海事行政立法的内部监督主要包括上级行政机关对下级行政机关规章的备案审

查，以及行政复议机关对海事行政立法的监督。关于备案审查，《立法法》与国务院制定的《法规规章备案条例》作了相应规定，2023 年 3 月我国新修订的《立法法》对完善备案审查制度作出了规定，完善了主动审查制度，明确了专项审查的相关内容。第 111 条规定“国务院备案审查工作机构可以对报送备案的地方性法规、自治条例和单行条例、部门规章和省、自治区、直辖市的人民政府制定的规章进行主动审查，并可以根据需要进行专项审查”。相信立法的进步与完善会很好地推动备案审查制度的发展，让备案审查制度真正实现对海事行政立法的有效监督。我国的《行政复议法》第 27 条规定了“行政复议机关在对被申请人作出的具体行政行为进行审查时，认为其依据不合法，本机关有权处理的，应当在三十日内依法处理；无权处理的，应当在七日内按照法定程序转送有权处理的国家机关依法处理。处理期间，中止对具体行政行为的审查”。即行政复议机关可以审查其认为不合法的“依据”，这里的“依据”包括海事行政立法。但从复议申请人的角度看，《行政复议法》第 7 条将对行政法规和规章的审查排除在行政复议范围之外，这不利于对海事行政立法权实施有效制约，建议修改《行政复议法》第 7 条关于行政复议范围的规定，将行政法规与规章纳入行政复议受理范围中来，或者根据实际情况分步走，逐步实现从对行政规章到对行政法规的监督，使行政复议机关可以对海事行政立法实施附带审查，以此建立起有效的行政监督机制。

2. 立法监督

我国的权力机关对海事行政立法缺乏严格而有效的监督与控制，集中体现在以下两个方面。

（1）权力机关对于行政立法的备案审查制度需要完善，《立法法》规定了国务院制定的行政法规须报全国人大常委会备案，由此初步建立起了立法机关的备案审查制度，然而缺乏对备案程序、备案审查内容与期限、备案审查结果的处理等方面的具体规定，从而造成这项制度缺乏可操作性。2023 年 3 月我国新修订的《立法法》完善了备案审查制度，对备案机关主动审查作出规定，其修正案 29 条规定“全国人大专门委员会、常委会工作机构可以对报送备案的行政法规、地方性法规、自治条例等进行主动审查，并可以根据需要进行专项审查”，并对建立健全备案审查衔接联动机制进行了规定，①要求备案审查机关对应当由其他机关处理的审查要求或者审查建议，及时移送相关机关处理，以上规定能够促进权力机关对行政立法的监督。

（2）我国未规定权力机关对于海事行政立法的事先审查权。《立法法》第 75 条规定了国务院制定的行政法规草案交由其内设的法制机构进行审查，即对海事行政法规等立法草案的合宪性与合法性实施行政机关的自我审查，由此排除了立法机关对海事行政立法草案的事先审查权，这不利于权力机关对其实施有效的事前立法监督。

建议《立法法》进一步完善国务院对行政法规草案的自我审批规定，将此审批权收归人大及其常委会，以此建立我国立法机关对海事行政立法的主动审批机制，并制定相应的实施细则使其具备切实的可行性。此外，立法机关还需针对《立法法》第 108 条第 7 款规定的授权撤销机制，制定出具体的实施细则，以促进立法机关真正启动上述机制，切实实现其对海事行政立法的事后立法监督。

---

① 参见 2023 年 3 月《立法法》修正案第 33 条。

3. 司法监督

我国的司法机关对行政立法的司法审查权非常有限,我国的《行政诉讼法》第 13 条规定,法院无权受理当事人对行政法规、规章或者行政机关制定、发布的具有普遍约束力的决定、命令提起的诉讼,由此排除了司法机关对海事行政立法的司法审查权,使不当的海事行政立法行为及其立法结果不能在司法诉讼中得到及时而有效的纠正。根据《行政诉讼法》第 63 条第 3 款的规定"人民法院审理行政案件,参照规章",法院可以不适用其在审案过程中认为不适当的规章,此为对规章(包括海事政府规章)的间接监督。另外,在海事行政诉讼中,海事法院如果认为与案件相关的海事行政法规和规章与《宪法》、法律相抵触,可以向相应机关提出撤销或改变的建议,从而对海事行政立法起到间接性的监督作用,但这种作用十分有限,难以对海事行政立法起到有效的制约。

建议修改《行政诉讼法》第 13 条关于行政诉讼受案范围的规定,将抽象行政行为纳入行政诉讼的受案范围,使人民法院可以在行政诉讼中对海事行政法规与规章进行附带性审查;也可以分步走,逐步实现从对行政规章到对行政法规的监督,建立起司法机关对海事行政立法的司法审查制度,为防范海事行政立法权的滥用建立起必要的司法监督机制。

4. 公众监督

如前所述,由于我国相关立法缺乏对海事行政立法的民众参与程序和立法公开程序的强制性规定,使得有效的公众监督机制一直未能形成,建议完善《立法法》的立法听证制度,对听证程序作出详尽的具有可操作性的规定。可以规定必须经过听证程序的行政立法事项,如规定行政法规或者规章直接涉及公民、法人或者其他组织切身利益,有关机关、组织或者公民对其有重大分歧的需要召开听证会等内容。要求行政立法机关对通过听证会、论证会获取的民意进行归纳总结,并向社会公示。行政立法机关对公众建议不予采纳时,应以公告方式向社会公示并说明理由;公众有异议的,可以通过异议程序进一步陈述意见,以此保证行政立法的民主公正和公开。

第四节 其他海事抽象行政行为

一、其他海事抽象行政行为的概念和特征

其他海事抽象行政行为是指各级各类国家行政机关为贯彻实施海事行政法律法规,而在其法定权限内制定除海事行政法规、规章以外的具有普遍约束力的决定、命令及行政措施的行为,该行为主要有以下几个特征。

1. 行为主体具有广泛性

其他海事抽象行政行为的主体除了享有行政法规、行政规章制定权的国家行政机关外,其他行政机关也可在其各自的职权范围内制定海事行政法规、规章以外的规范性文件。从相关立法规定来看,我国县级以上行政机关都被授予了制定其他海事行政规范性文件的权力;而从行政实践来看,一些行政机关的内设机构也在发布着其他海事行政规范性文件。

2. 制定效力具有多层级性和从属性

其他海事抽象行政行为制定的海事行政规范性文件数量庞大,各自效力与其主体相对应,自中央到地方呈现出多层级的特点,并分别从属于相应行政机关制定的海事行政法规和规章。

3. 制定内容具有规范性

其他海事抽象行政行为制定的决定、命令及行政措施同海事行政法规和规章一样同属于海事行政规范性文件,都为人们提供了普遍的行为规则与行为模式的指引,具有规范性特点。

二、其他海事抽象行政行为的分类

(一)根据行为主体不同所做的分类

根据行为主体的不同,其他海事抽象行政行为可以分为下述三类。

1. 享有行政立法权的行政机关发布的海事行政规范性文件的行为

享有行政法规制定权的国务院,享有部门规章制定权的国务院工作部门、直属机构,享有地方政府规章制定权的省、自治区、直辖市、设区的市人民政府可以发布海事行政法规和规章以外的规范性文件。这类行为的主体虽是享有海事立法权的行政机关,但因其制定的海事行政规范性文件不是经行政立法程序产生的行政法规和规章,因而不具备海事行政立法的法定标准,不属于海事行政立法的范畴。

例如,《交通运输部关于授权签发检查<残骸清除责任保险或其他财务保证证书>的通知》授权海事局在总体上负责残骸清除责任保险或其他财务保证证书的签发和检查管理工作,各直属海事管理机构具体承担残骸清除责任保险或其他财务保证证书签发和监督检查工作。交通运输部发布通知的行为,就属于享有行政立法权的行政机关发布的海事行政规范性文件的行为。

2. 不享有地方政府规章制定权的地方人民政府制定发布海事行政规范性文件的行为

包括不设区的市级人民政府,以及市辖区、县级人民政府,这类海事行政规范性文件的数量远远超过了海事行政法规和规章,它们调整着广泛的海事行政管理关系。

3. 不享有规章制定权的各级地方政府的工作部门发布海事行政规范性文件的行为

这类海事行政抽象行为的主体包括国务院所属部委的下设机构(如中国海事局等)、国务院直属部委管理的国家局和各级地方人民政府的工作部门。

例如,《中华人民共和国海事局海事规范性文件制定程序规定》(简称《海事规范性文件制定程序规定》),就海事规范性文件的定义、制定主体、制定程序等事项作出了规定。

(二)根据制定文件的内容不同所做的分类

根据制定文件内容的不同,其他海事抽象行政行为可以分为制定海事行政执行性文件的行为、制定海事行政解释性文件的行为和制定海事行政指导性文件的行为。

1. 制定海事行政执行性文件的行为

制定海事行政执行性文件的行为是指行政机关为了具体实施海事行政法律、法规和规章而制定其他海事行政规范性文件的行为。如中国海事局制定印发《防治船舶污染海洋环境管理条例》实施意见的行为。这类行为的目的在于为贯彻实施相应的海事行政法律、法规和规章提供具体的实施细则和方案。

2. 制定海事行政解释性文件的行为

制定海事行政解释性文件的行为是指行政机关为了解释海事行政法律、法规和规章而制定其他海事行政规范性文件的行为,如交通运输部海事局制定发布《〈外国船舶检验机构在中国设立验船公司管理办法〉若干问题说明》的行为。这类行为的目的在于统一各相关行政机关及其公务员对某海事行政法律、法规和规章的理解,以便于科学合理地开展相关海事行政执法工作。

3. 制定海事行政指导性文件的行为

制定海事行政指导性文件的行为是指行政机关为了给海事行政相对人提供某种规范性的指引而制定其他海事行政规范性文件的行为,如江苏海事局常熟海事处编制的《常熟海事局防风工作指南 1.0》《常熟海事局防雾工作指南 1.0》等有关海事行政指导性文件的行为。这类行为旨在为海事行政相对人顺利完成某项海事活动而提供专业性的行政指导。①

三、其他海事抽象行政行为与海事行政立法的区别

虽然其他海事抽象行政行为与海事行政立法同属于海事抽象行政行为,具有诸如规范性、反复适用性、调整对象的不确定性等诸多共同之处,但二者间也存在着以下主要区别。

1. 行为主体不同

海事行政立法主体只限于依法享有行政法规和行政规章制定权的国家行政机关,而其他海事抽象行政行为的主体则极为广泛,几乎涵盖所有国家行政机关。

2. 行为效力不同

海事行政立法的效力大于其他海事抽象行政行为的效力,后者不能与前者相违背、相抵触。法院在审理海事行政案件时,以海事行政法规为依据,参照适用海事行政规章,而其他海事行政规范性文件则仅作参考。

3. 行为规范的内容不同

海事行政立法可以在其制定的海事行政法规和规章中依据其法定权限为相对人设定某些权利和义务,如为海事行政相对人设立有限的海事行政处罚或海事行政许可等,但其他抽象海事行政行为无权为相对人设定义务。

4. 行为遵循的程序不同

其他海事抽象行政行为所遵循的程序较为简易,而海事行政立法行为则要遵循《立法法》《行政法规制定程序条例》和《规章制定程序条例》等较为严格、正式的行政立法程序。

四、其他海事抽象行政行为的法律效力

根据我国《宪法》和组织法的规定,国家行政机关有权在其职权范围内发布具有普遍约束力的决定、命令,从而使得其他海事抽象行政行为具备了法律基础,其法律效力主要体现在行政管理和行政诉讼两大方面。

(一)海事行政管理领域内的法律效力

其他海事抽象行政行为对于海事行政相对人具有拘束力和强制执行力。其他海事抽象行政行为所制定的海事行政规范性文件通常都是海事行政法律、法规、规章以及上级机关决定、命令等的具体化,因此对受其调整的海事行政相对人具有约束力,当事人必须遵守

① 高波:《海事行政法研究》,国防工业出版社,2010,第 71 页。

相关海事行政规范性文件的规定,否则海事行政执法机关可依法对其运用行政强制手段,以促使其遵守和履行该文件确定的义务。

其他海事抽象行政行为制定的海事行政规范性文件可以成为海事行政机关实施行政行为的依据之一,也对海事行政机关本身具有确定力和约束力。由于其他海事抽象行政行为所制定的海事行政规范性文件通常是为了配合实施海事行政法律、法规、规章以及上级机关决定、命令等,海事行政机关可以把其作为海事行政管理的依据。而其他海事行政规范性文件一经发布,海事行政机关非因法定事由和法定程序不得随意撤销、改变或废止,发布该文件的海事行政机关及其所属的下级海事行政执行机关均需受到该文件的约束,否则将追究其相应海事行政责任。

行政复议机关对其他海事抽象行政行为的审查根据《行政复议法》的规定,公民、法人或者其他组织认为行政机关的具体行政行为所依据的其他海事抽象行政行为规定不合法,在对具体行政行为申请行政复议时,可以一并向行政复议机关提出对该海事行政规范性文件的审查申请。①

申请人在申请行政复议时,一并提出对海事行政规范性文件进行审查的,行政复议机关对该规定有权处理的,应当在三十日内依法处理;无权处理的,应当在七日内按照法定程序转送有权处理的行政机关依法处理,有权处理的行政机关应当在六十日内依法处理。处理期间,中止对具体行政行为的审查。② 如果行政复议申请人没有对其他海事抽象行政行为提出一并审查的申请,行政复议机关在对被申请人作出的具体行政行为进行审查时,如果认为其依据不合法,本机关有权处理的,应当在三十日内依法处理;无权处理的,应当在七日内按照法定程序转送有权处理的国家机关依法处理。处理期间,中止对具体行政行为的审查。这里的“依据”,包括了其他海事抽象行政行为,也就是说行政复议机关可以主动审查海事行政规范性文件的合法性。

(二)海事行政诉讼领域内的法律效力

海事行政诉讼当事人可以以其他海事抽象行政行为制定的海事行政规范性文件作为诉讼依据,证明相应的具体海事行政行为违法或者合法。由于海事行政主体与相对人都要受其他海事抽象行政行为制定的海事行政规范性文件的约束,所以双方都可以将其作为诉讼依据来指控对方行为违法或证明己方行为合法。

人民法院对其他海事抽象行政行为制定的海事行政规范性文件的审查根据我国 2015 年修订的《行政诉讼法》的规定,公民、法人或者其他组织认为行政行为所依据的国务院部门和地方人民政府及其部门制定的规范性文件不合法,在对行政行为提起诉讼时,可以一并请求对该规范性文件进行审查。③ 这里的规范性文件指其他海事抽象行政行为,即海事行政规范性文件。人民法院在审理行政案件中,经审查认为本法第 53 条规定的规范性文件不合法的,不作为认定行政行为合法的依据,并向制定机关提出处理建议。④

2018 年 2 月 8 日起施行的《最高人民法院关于适用〈中华人民共和国行政诉讼法〉的解

① 参见《行政复议法》第 7 条。
② 参见《行政复议法》第 26 条。
③ 参见《行政诉讼法》第 53 条。
④ 参见《行政诉讼法》第 64 条。

释(简称《〈行政诉讼法〉司法解释》),规定了人民法院对规范性文件进行一并审查时的标准,即可以从规范性文件制定机关是否超越权限或者违反法定程序、作出行政行为所依据的条款以及相关条款等方面进行。

有下列情形之一的,属于行政诉讼法第64条规定的“规范性文件不合法”:

(1)超越制定机关的法定职权或者超越法律、法规、规章的授权范围的;

(2)与法律、法规、规章等上位法的规定相抵触的;

(3)没有法律、法规、规章依据,违法增加公民、法人和其他组织义务或者减损公民、法人和其他组织合法权益的;

(4)未履行法定批准程序、公开发布程序,严重违反制定程序的;

(5)其他违反法律、法规以及规章规定的情形。①

《〈行政诉讼法〉司法解释》规定了人民法院审查规范性文件之后应当采取的措施,即经审查认为行政行为所依据的规范性文件合法的,应当作为认定行政行为合法的依据;经审查认为规范性文件不合法的,不作为人民法院认定行政行为合法的依据,并在裁判理由中予以阐明。作出生效裁判的人民法院应当向规范性文件的制定机关提出处理建议,并可以抄送制定机关的同级人民政府、上一级行政机关、监察机关以及规范性文件的备案机关。

规范性文件不合法的,人民法院可以在裁判生效之日起三个月内,向规范性文件制定机关提出修改或者废止该规范性文件的司法建议。规范性文件由多个部门联合制定的,人民法院可以向该规范性文件的主办机关或者共同上一级行政机关发送司法建议。接受司法建议的行政机关应当在收到司法建议之日起六十日内予以书面答复。情况紧急的,人民法院可以建议制定机关或者其上一级行政机关立即停止执行该规范性文件。②

复习思考题

一、名词解释

1. 抽象海事行政行为
2. 海事行政立法行为
3. 其他海事抽象行政行为
4. 法律优先原则
5. 法律保留原则

二、简答题

1. 抽象海事行政行为的特征。
2. 海事行政立法的种类。
3. 海事行政立法的权限划分。
4. 海事行政立法的基本原则。

---

① 参见最高人民法院关于适用《中华人民共和国行政诉讼法》的解释第148条。

② 参见最高人民法院关于适用《中华人民共和国行政诉讼法》的解释第149条。

5. 海事行政立法制度的不足之处及完善设想。

三、案例分析

天津至臻化工科技发展有限公司诉中华人民共和国北疆海事局、中华人民共和国天津海事局行政处罚案。

【基本案情】

2018 年 1 月 7 日，天津至臻化工科技发展有限公司（简称至臻公司）就两个集装箱货物自天津港运至海口港向泉州安通物流有限公司（简称安通公司）进行订舱，申报货物名称为“陶瓷熔块”，安通公司接受订舱。1 月 9 日，涉案货物装至两个集装箱完成集港。1 月 17 日，北疆海事局实施开箱查验，至臻公司法定代表人许某某及集装箱所在堆场和承运人代表均在场。北疆海事局分别在两个集装箱内随机选择三个取样点进行取样，上述在场人员见证样品封存并在样品标签上签字确认。北疆海事局将样品委托天津化工设计院检验中心（简称检验中心）对货物海运运输条件进行鉴定，该检验中心具有中国合格评定国家认可委员会实验室认可证书。检验中心出具了《检验报告》和编号《危险特性分类鉴别报告》。《检验报告》结论为两个集装箱内样品主要成分氢氧化钠，一个集装箱内样品氢氧化钠含量 67%，另一个集装箱内样品氢氧化钠含量 75%。《危险特性分类鉴别报告》结论为样品主要成分氢氧化钠，该物质被列入我国《危险化学品目录（2017 版）》，属于 8 类腐蚀性危险化学品，按危险化学品储运。

3 月 23 日，北疆海事局以至臻公司将危险化学品谎报为普通货物托运为由，依据《危险化学品安全管理条例》第八十七条第一款第四项规定，作出《海事行政处罚决定书》，给予至臻公司罚款 109 000 元的行政处罚。至臻公司不服，向天津海事局申请行政复议，天津海事局作出《行政复议决定书》，维持北疆海事局作出的《海事行政处罚决定书》，并送达至臻公司。至臻公司遂提起诉讼。

【裁判结果】

天津海事法院审理认为，行政处罚决定适用法律、法规是否正确，取决于行政处罚对象是否符合所适用法律规范规定的法律要件，不同法律规范所针对的违法行为情形以及所维护的公共利益均不同。案涉《危险化学品安全管理条例》的制定、实施是为了加强危险化学品的安全管理，预防和减少危险化学品事故，保障人民群众生命财产安全和保护环境，适用于危险化学品生产、存储、使用、经营和运输的安全管理。且该条例相关条款明确规定了本案所涉托运人将危险化学品匿报或者谎报为普通货物托运的违法情形。因此，驳回至臻公司的诉讼请求。

【案例分析】

本案针对至臻公司提出的全国海事行政主管机关存在“同案不同罚”的问题进行了重点阐释。至臻公司主张我国其他地区海事行政主管机关就类似行为依据《防治船舶污染海洋环境管理条例》第 22 条、第 26 条、第 64 条以及《船舶及其有关作业活动污染海洋环境防治管理规定》第 24 条作出的处罚较轻，而案涉行政处罚系依据《危险化学品安全管理条例》第 87 条第一款第四项的规定作出，处罚较重。行政法规基于不同的立法目的调整各个行政管理领域内不同的行政法律关系，行政机关作为被授权的行政主体，在其裁量权范围内加强天津港危险化学品的监督力度，适用《危险化学品安全管理条例》作出行政处罚决定并无不当。人民法院遵循合法性审查原则，就被诉行政行为的实施主体、管辖权限、执法程序、事实认定、法律适用等问题进行了全面评价。

【问题】

1. 北疆海事局对至臻公司的处罚依据为《危险化学品安全管理条例》,至臻公司在诉讼中主张我国其他地区海事行政主管机关就类似行为依据《防治船舶污染海洋环境管理条例》以及《船舶及其有关作业活动污染海洋环境防治管理规定》,请判定这三个规范性文件的性质。

(提示:两部“条例”的制定主体为国务院,“管理规定”的制定主体为交通运输部)

2. 如果海事局在实施行政处罚时适用了交通运输部发布的某“通知”,原告认为“通知”与相关法律法规有冲突,如何提起救济?

(提示:此“通知”属于其他海事抽象行政行为)

第五章　海事行政许可

第一节　海事行政许可概述

一、海事行政许可的概念和特征

我国2004年7月1日施行的《行政许可法》第2条规定:“本法所称行政许可,是指行政机关根据公民、法人或者其他组织的申请,经依法审查,准予其从事特定活动的行为。”这一规定明确了行政许可的几个要素,即行政许可是指在法律规范一般禁止的情况下,行政主体根据行政相对人的申请,经依法审查,通过颁发许可证或者执照等形式,依法作出准予或者不准予特定的行政相对人从事特定活动的行政行为。[①] 关于海事行政许可,交通运输部于2015年7月1日施行的《海事行政许可条件规定》指出,本规定所称海事行政许可,是指依据有关水上交通安全、防治船舶污染水域等海事管理的法律、行政法规、国务院决定设定的,由海事管理机构实施,或者由交通运输部实施、海事管理机构具体办理的行政许可。[②]

海事行政许可有以下四个方面的特征。

1. 海事行政许可是依申请的行政行为

海事行政许可以海事行政管理相对人的申请为起始,没有申请,海事行政许可所容许的对象就难以确定,无申请即无海事行政许可。

2. 海事行政许可是海事行政管理性行为

管理性的主要特点是单方面性,海事行政管理相对人有违反海事管理机构依法作出的管理性行为即构成违法。因此,不具有管理性行为特征的行为,即使冠以审批、登记等名称,也不是海事行政许可。例如,船舶所有权、抵押权登记,光船租赁登记等不是海事行政许可。

3. 海事行政许可是外部行为

《行政许可法》第3条第2款规定:“有关行政机关对其他机关或者对其直接管理的事业单位的人事、财务、外事等事项的审批,不适用本法。”海事行政许可是海事管理机构针对海事管理相对人的一种管理行为,是管理船舶、船员等事务的外部行为。至于海事管理机构对其直接管理的单位的人事、财务等事项的审批,则属于内部管理行为,不属于海事行政许可。

4. 海事行政许可是海事管理机构准予海事管理相对人从事特定活动的行为

海事行政许可是赋予外部行政相对人某种权利和资格的行政行为,实施海事行政许可的结果是对符合法定条件的海事行政管理相对人许可其从事某种活动,海事管理相对人获得了从事特定海事活动的权利和资格。例如,进行水上水下施工作业、沉船沉物打捞等。

---

① 姜明安主编:《行政法与行政诉讼法》(第5版),北京大学出版社、高等教育出版社,2011,第225页。

② 参见交通运输部《海事行政许可条件规定》第2条。

二、海事行政许可的性质和功能

(一)海事行政许可的性质

海事行政许可作为一种事前控制手段,其本质主要表现为海事管理机构对海事行政管理相对人是否符合法律、法规规定的权利资格和行使权利的条件的审查核实,海事行政许可对海事管理机构来说不是一种可以随意处置的权利,而是一种责任,是海事管理机构经过审查决定是否准予海事管理相对人从事特定活动的行为。海事管理机构有责任为许可申请人实现其权利提供相关服务,如果海事行政管理相对人提出许可申请,海事管理机构依法必须受理并在法定时间内作出批准或者不批准的答复,对已经批准发给许可证的,海事管理机构应保护被许可人的合法权益,并履行对被许可人应担的义务进行监督的责任,不履行或不积极履行这些职责的行为,就是失职。

(二)海事行政许可的功能

海事行政许可作为一项重要的海事行政权力和管理方式,对保护海上人命财产安全,加强水上交通安全管理,都具有重要作用,但是海事行政许可不是万能的,而且成本很高。要有效发挥海事行政许可的作用,必须正确认识、把握行政许可的功能。

海事行政许可主要有两种功能,一是控制危险,二是证明或提供某种信誉、信息。

1. 控制危险

控制危险是海事行政许可最主要、最基本的功能。海事监督管理方式通常分为事前监督管理和事后监督管理,海事行政许可属于事前监督管理方式。事前监督管理方式由于其对可能发生的问题及解决问题的条件的确定一般都是推定的,具有很强的主观性,事前监督管理方式对水上交通安全管理的有效性,往往受到人们的认识水平等诸多因素的制约,成本很高,还易滋生腐败。例如,船舶载运危险货物申报签证是为了控制危险,但签证本身并不能控制危险,而是通过对船舶适装、装载等条件的严格审查确认,对船舶装卸危险货物的现场监控等措施来实现。因为对船舶载运危险货物运输需要采取这些措施,加强监督,才有必要监督关口前移,才需要审批。因此,事前监督管理方式主要是对可能发生的系统性问题提前设防,从源头上控制某种危险的发生。

2. 证明或提供某种信誉、信息

与海事管理相关的社会活动中往往伴随着高风险,为了提供某种预期,需要海事管理机构以许可的方式,确立相对人的特定主体资格或者特定身份,使相对人获得从事这种活动涉及的某种能力,以此向社会证明或提供信誉、信息。例如,符合国际航行船舶进出口岸审批的条件,获得了相应许可,则可以证明国际航行船舶有进出口岸的资格。

三、海事行政许可的原则

(一)合法原则

合法原则是指设定和实施海事行政许可,应当依照法定的权限、范围、条件和程序。

1. 设定海事行政许可

（1）应当严格按照《行政许可法》规定的权限范围设定海事行政许可。法律可以设定行政许可；尚未制定法律的，行政法规可以设定行政许可；必要时，国务院的决定也可以设定行政许可；尚未制定法律、行政法规的，地方性法规可以设定行政许可；尚未制定法律、行政法规和地方性法规的，因行政管理需要，确需立即实施行政许可的，省级人民政府的规章可以设定临时性的行政许可；除此之外的其他规范性文件一律不得设定海事行政许可。违反这些规定，超越权限设定的海事行政许可一律无效。

（2）应当严格按照《行政许可法》规定的设定行政许可的范围设立海事行政许可。不是对任何事项都可以设定行政许可，设定行政许可有范围限制。《行政许可法》第 12 条和第 13 条分别从正反两方面规定了行政许可的范围。

另外，《行政许可法》对地方性法规和政府规章的许可设定范围进行了限制，地方性法规和省、自治区、直辖市人民政府规章，不得设定应当由国家统一确定的公民、法人或者其他组织的资格、资质的行政许可；不得设定企业或者其他组织的设立登记及其前置性行政许可。其设定的行政许可，不得限制其他地区的个人或者企业到本地区从事生产经营和提供服务，不得限制其他地区的商品进入本地区市场。①

（3）应当按照《行政许可法》和其他有关法律、行政法规的程序设定行政许可。起草法律草案、法规草案和省、自治区、直辖市人民政府规章草案，拟设定行政许可的，起草单位应当采取听证会、论证会等形式听取意见，并向制定机关说明设定该行政许可的必要性、对经济和社会可能产生的影响以及听取和采纳意见的情况。

行政许可的设定机关应当定期对其设定的行政许可进行评价；对已设定的行政许可，认为通过本法第十三条所列方式能够解决的，应当对设定该行政许可的规定及时予以修改或者废止。行政许可的实施机关可以对已设定的行政许可的实施情况及存在的必要性适时进行评价，并将意见报告给该行政许可的设定机关。公民、法人或者其他组织可以向行政许可的设定机关和实施机关就行政许可的设定和实施提出意见和建议。②

2023 年 3 月新修订的《立法法》明确了法律、法规清理制度，规定“对法律、行政法规、地方性法规、自治条例和单行条例、规章和其他规范性文件，应当根据维护法制统一的原则和改革发展的需要进行清理”，③这一规定有效促进对海事行政许可的评估、修改及废止，对没有必要继续适用的海事行政许可及时清理，是海事行政许可合法性原则的基本要求。

2. 实施海事行政许可

（1）实施海事行政许可的主体及权限应当合法。海事管理机构应严格按照有关海事法律、法规规定的权限范围实施许可，不得越权，不得滥用权力。

（2）实施海事行政许可应当遵循《行政许可法》和其他有关海事法律、法规和规章规定的条件。交通运输部《海事行政许可条件规定》第 3 条规定，海事管理机构在审查、决定海事行政许可时，不得擅自增加、减少或者变更海事行政许可条件。

（3）实施海事行政许可应当严格依照《行政许可法》和其他有关海事法律、法规、规章规定的程序。

① 参见《行政许可法》第 15 条第 2 款。

② 参见《行政许可法》第 19-20 条。

③ 参见 2023 年《立法法》修正案第 34 条。

另外,《行政许可法》规定了省级政府经国务院批准的经济类许可的终止制度,①2023年新修订的《立法法》又规定了"国务院可以根据改革发展的需要,决定就行政管理等领域的特定事项,在规定期限和范围内暂时调整或者暂时停止适用行政法规的部分规定",②海事行政法规也可以因改革发展的需要而在一定期限和范围内进行调整或者暂停适用。

(二)公开、公平、公正原则

行政法律制度上的公开通常是指国家机关某种活动或者行为过程和结果的公开,其本质是对公众知情权、参与权和监督权的保护。

1. 设定海事行政许可遵循公开原则的基本要求

(1)设定的过程应当是开放的,从设定的必要性、可行性,到许可可能产生效果的评估,都要广泛听取意见,真正做到广听民意。

(2)凡是海事行政许可的规定都必须公布,未经公布的,不得作为实施的依据。

2. 实施海事行政许可遵循公开原则的基本要求

(1)实施的主体要公开,谁有权实施哪些行政许可,应当让公众知道。

(2)实施的条件应该是规范的、明确的、公开的。

(3)实施的程序,包括申请、受理、审查、听证、决定、检查等程序都应当是具体、明确和公开的。

(4)实施期限是公开的。

(5)作出的准予许可的决定,应当是公开的,公众有权查阅。

交通运输部《海事行政许可条件规定》明确规定了有关海事行政许可公开的内容,要求海事行政许可条件应当按照《交通行政许可实施程序规定》予以公示。申请人要求对海事行政许可条件予以说明的,海事管理机构应当予以说明。

国家海事管理机构应当根据海事行政许可条件,统一明确申请人应当提交的材料。有关海事管理机构应当将材料目录予以公示。③

公平、公正的本意是公平正直、没有偏私。行政法律制度上的公正、公平原则是合法原则的必要补充,它要求行政机关在履行职责、行使权利时,不仅在实体和程序上都要合法,还要合理。

贯彻执行海事行政许可公开原则,需要进一步完善有关公开立法的制度、海事管理机构公报制度,探索许可决定公开和供公众查询的渠道。贯彻执行海事行政许可公平、公正原则也需要完善相关制度,如回避制度、职能分离制度等。同时,也需要进一步研究公正、公平的标准。

(三)便民原则

便民就是公民、法人和其他组织在海事行政许可过程中能够廉价、便捷、迅速地申请并获得海事许可。

根据便民原则,海事管理机构实施许可应当做到以下内容。

---

① 参见《行政许可法》第21条。

② 参见2023年《立法法》修正案第23条。

③ 参见《海事行政许可条件规定》第5条。

(1)许可依法需要海事管理机构内设的多个机构办理,海事机构应当确立一个机构统一受理许可申请,统一送达许可决定。

(2)公民、法人或者其他组织申请许可,海事管理机构应当尽量提供方便,如提供符合法定要求的申请书格式文本。

(3)对符合法定形式、材料齐全的申请,应当尽量当场受理,不得拖延。

(4)应当严格在法定期限内作出许可决定或者办完有关事项。

(5)提供优质服务,凡事都要从方便公民、法人和其他组织角度考虑,为民着想,提高效率,不能人为设置障碍。

(四)救济原则

救济是指公民、法人或者其他组织认为行政机关实施行政许可致使其合法权益受到损害时,请求国家予以补救的制度。根据这一原则,海事管理机构实施许可,应当做到以下内容。

(1)在实施许可的各个环节,都应当保护公民、法人或者其他组织的陈述权、申辩权。无论是在申请的提出、申请受理或者审查,还是在决定的作出或者在监督检查过程中,只要是公民、法人或者其他组织有话要说,海事管理机构都要允许,并认真听取意见。

(2)对依法需要听证的事项,必须依法告知申请人、利害关系人享有听证的权利并依法举行听证。听证必须允许申请人、利害关系人申辩和质证。

(3)公民、法人或者其他组织对海事许可不服,申请行政复议或者提起行政诉讼,海事管理机构应当积极参加行政复议或者行政诉讼。因违法实施许可造成公民、法人或者其他组织损害的,应当依法承担赔偿责任。

(五)信赖保护原则

信赖保护原则的基本含义是政府对自己作出的行为或承诺应当守信用,不得随意变更,不得反复无常。①

海事行政许可信赖保护原则的基本内涵有以下方面。

(1)公民、法人或者其他组织对依法取得的海事许可正当的合理信赖,应当受法律保护,除非法律、法规、规章有明确的规定,海事管理机构不得撤销或者变更已生效的许可。

(2)海事管理机构和申请人、被许可人都没有过错,而是因客观原因,海事管理机构为了公共利益的需要,可以依法变更或者撤回已经生效的许可。如《行政许可法》规定:“公民、法人或者其他组织依法取得的行政许可受法律保护,行政机关不得擅自改变已经生效的行政许可。行政许可所依据的法律、法规、规章修改或者废止,或者准予行政许可所依据的客观情况发生重大变化的,为了公共利益的需要,行政机关可以依法变更或者撤回已经生效的行政许可。”②

(3)海事管理机构依法变更或者撤回已经生效的许可造成公民、法人或者其他组织财产损失的,应当依法予以补偿。③

---

① 姜明安主编:《行政法与行政诉讼法》(第5版),北京大学出版社、高等教育出版社,2011,第73页。

② 参见《行政许可法》第8条第2款。

③ 同上。

（六）不得转让原则

海事行政许可不得转让，是指除法律、法规规定可以转让的许可外，其他许可不得转让。

海事许可能否转让，涉及对不同行政许可性质和功能的分离和判断。至于哪些海事许可可以转让，依照什么条件和程序转让由单行法律、法规规定。如果单行法律、法规没有规定允许转让，被许可人擅自转让海事许可的，应受行政处罚；被许可人构成犯罪的，还要依法追究刑事责任。

（七）监督原则

监督原则，是指海事管理机构应当依法加强对海事管理机构实施许可和从事许可事项活动的监督。

海事行政许可的监督包括两个方面：一是海事管理机构内部的监督，二是海事管理机构对管理相对人的监督。

海事行政许可作为一项重要的行政权，海事管理机构内设法制机构应当加强内部实施许可的监督检查，同时建立健全内部行政许可监督制度。这些制度包括对许可主体的管理制度，许可申请的受理、审查制度，许可的决定制度，以及违反许可的责任制度。

例如，《行政许可法》第 72 条规定了行政机关及其工作人员的具体责任：行政机关及其工作人员违反本法的规定，有下列情形之一的，由其上级行政机关或者监察机关责令改正；情节严重的，对直接负责的主管人员和其他直接责任人员依法给予行政处分：

（1）对符合法定条件的行政许可申请不予受理的；

（2）不在办公场所公示依法应当公示的材料的；

（3）在受理、审查、决定行政许可过程中，未向申请人、利害关系人履行法定告知义务的；

（4）申请人提交的申请材料不齐全、不符合法定形式，不一次告知申请人必须补正的全部内容的；

（5）违法披露申请人提交的商业秘密、未披露信息或者保密商务信息的；

（6）以转让技术作为取得行政许可的条件，或者在实施行政许可的过程中直接或者间接地要求转让技术的；

（7）未依法说明不受理行政许可申请或者不予行政许可的理由的；

（8）依法应当举行听证而不举行听证的。

实施海事行政许可的海事管理机构，对公民、法人或其他组织从事许可事项的活动进行有效监督，是行政许可权的重要组成部分。从海事行政许可的功能看，某一事项需要许可，主要是控制该事项的危险性，以保障海上人命财产安全，这就意味着被许可人比其他人要多履行一些义务。也就是说申请人申请许可，意味着他承诺承担由取得许可而产生的义务，如某轮申请船舶载运危险货物，就意味着该轮须符合装载危险品特殊条件、运载的危险品等级和数量严格受限，该轮要履行运输危险品的责任。正是由于这样一套规则或者该轮能够履行安全义务，船舶载运危险品运输许可才能控制危险。但该轮能否真正履行自己的承诺，从制度上来说，就需要实施许可的海事管理机构对该轮进行监督检查。因此，海事许可控制危险的功能必须建立在确保该轮履行义务的基础上。因监督不力导致危险发生的，实施许可的海事管理机构同样应当负法律责任。

《行政许可法》规定了行政机关应当建立健全监督制度,通过核查反映被许可人从事行政许可事项活动情况的有关材料,履行监督责任。行政机关依法对被许可人从事行政许可事项的活动进行监督检查时,应当将监督检查的情况和处理结果予以记录,由监督检查人员签字后归档。公众有权查阅行政机关监督检查记录。行政机关应当创造条件,实现与被许可人、其他有关行政机关的计算机档案系统互联,核查被许可人从事行政许可事项活动情况。①

第二节　海事行政许可的种类

一、海事行政许可的法律分类

根据我国《行政许可法》的规定,结合海事法律法规,按照海事行政许可的性质、功能和适用条件,将海事行政许可分为普通许可、特许、认可、核准、登记五类。为进一步理解这五类海事行政许可,应依据中国海事局政务公开指南中规定的许可项目对各项海事行政许可进行分类,明确各种海事行政许可的法律依据和办理程序。

1. 海事普通许可

海事普通许可是指海事行政主体准予符合法定条件的船舶所有人、经营人、船员等相对人从事特定活动的行为,是运用最广泛的一种海事行政许可。普通许可的性质是确认海事行政相对人具备行使既有权利的条件。典型的普通许可有船舶签证、国境航行船舶进口岸审批、船舶载运危险货物审批、水上水下施工作业审批等。

海事行政普通许可有以下特征:

(1)对海事管理相对人行使法定权利或者从事法律没有禁止,但附有条件的活动;

(2)一般没有数量限制;

(3)行政机关实施普通许可一般没有自由裁量权。

例如,船舶签证、特殊船舶进港、载运危险货物船舶进出港口和拖放竹、木物体等,根据我国 2002 年颁布、2019 年修正的《内河交通安全管理条例》的相关规定,船舶进出港口,应当向海事管理机构办理船舶进出签证手续,船舶在内河通航水域载运或者拖带超重、超长、超高、超宽、半潜的物体,必须在装船或者拖带前 24 小时报海事管理机构核定拟航行的航路、时间,并采取必要的安全措施,保障船舶载运或者拖带安全;船舶装卸、过驳危险货物或者载运危险货物进出港口,应当将危险货物的名称、特性、包装、装卸或者过驳的时间、地点以及进出港时间等事项,事先报告海事管理机构和港口管理机构,经同意后,方可进行装卸、过驳作业或者进出港口;在内河通航水域中拖放竹、木等物体,应当在拖放前 24 小时报经海事管理机构同意,按照核定的时间、路线拖放,并采取必要的安全措施,保障拖放安全。②

普通许可适用于直接关系国家安全、经济安全、公共利益、人身健康、生命财产安全的事项。普通许可的功能主要是防止危险和保障安全。

---

① 参见《行政许可法》第 61 条。

② 参见《内河交通安全管理条例》第 22 条、第 32 条和第 43 条。

2. 海事特许

行政特许是运用行政权配置资源的重要制度,特许是指海事行政机构代表国家依法向相对人转让某种特定权利的行为,主要适用于有限资源的开发利用、有限公共资源的配置等。这一类的许可主要涉及有限的水上资源的开发利用,海事特许的功能是分配稀缺资源,是由海事机构代表国家向被许可人转让某种特定权利的行为。

海事特许有以下特征:

(1)管理相对人取得特许权一般应当支付一定的费用,所取得的特许依法可以转让、继承;

(2)特许一般有数量限制;

(3)海事机构实施特许一般有自由裁量权。

例如,经营国际船舶运输业务,应当向国务院交通主管部门提出申请,并附送符合规定条件的相关材料。国务院交通主管部门应当自受理申请之日起30日内审核完毕,作出许可或者不予许可的决定。予以许可的,向申请人颁发《国际船舶运输经营许可证》;不予许可的,应当书面通知申请人并告知理由。这种许可结合其他的条件,带有海事机构的主观性,和一般登记不一样,登记是只要材料符合就给予办理。国务院交通主管部门审核国际船舶运输业务申请时,应当考虑国家关于国际海上运输业发展的政策和国际海上运输市场竞争的状况。

3. 海事认可

海事认可是指海事行政机构对申请人是否具备特定技能的认定,主要运用于为公众提供服务、直接关系公共利益,并且要求具备特殊条件或者特殊技能的资格。

海事认可有以下特征:

(1)一般要通过考试方式并根据考试结果决定是否认可;

(2)资格资质证的认可是对相对人的许可,与身份相联系,不能继承、转让;

(3)没有数量限制;

(4)海事机构实施许可一般没有自由裁量权。

典型的认可包括船舶法定检验、大型设施和移动式平台的海上拖带核准及船舶船员的资格认定。以船员资格问题为例,船员是包括船长在内的船上一切在职人员。在行政法意义上的船员概念是,经法定程序取得船员资格,并经船舶所有人聘任或雇佣用,在特定船舶上连续从事船舶航行业务的人。经过法定程序取得船员证书,是船员从事船上活动的资格。船员经水上交通安全专业培训,其中客船和载运危险货物船舶的船员还应当经相应的特殊培训,经海事管理机构考试合格,取得相应的适任证书或者其他适任证件,方可担任船员职务。

我国 2021 年修订的《海上交通安全法》规定,中国籍船员和海上设施上的工作人员应当接受海上交通安全以及相应岗位的专业教育、培训。中国籍船员应当依照有关船员管理的法律、行政法规的规定向海事管理机构申请取得船员适任证书,并取得健康证明。在中国籍船舶上工作的外国籍船员,按照有关船员管理的法律、行政法规的规定执行。在船舶上工作的船员,应当符合船员适任证书载明的船舶、航区、职务的范围。① 中国籍船舶的所有人、经营人或者管理人应当为其国际航行船舶向海事管理机构申请取得海事劳工证书并

---

① 参见《海上交通安全法》第 13 条。

详细规定了船舶取得海事劳工证书应当符合的条件。①

4. 海事核准

核准是指海事行政机构对某些直接关系到公共安全、人身健康、生命财产安全的重要设备、设施,按照技术标准、技术规范,通过检验、检测、检疫等方式进行审定的许可。海事核准的主要功能是对某些属于海事行政管理的事项是否达到特定技术标准、技术规范进行判断和确定,主要表现为船舶防污染作业许可、航运公司安全营运与防污染能力符合证明签发、船舶保安计划批准、船舶安全与防污染证书文书核发等。

海事核准有以下特征:

(1)海事核准具有技术性、专业性;

(2)海事核准一般要根据实地验收、检测决定;

(3)海事核准没有数量限制;

(4)海事机构实施核准没有自由裁量权。

例如,船舶检验证书的发放行为就是典型的海事行政许可中的核准。船舶检验是由国家授权的或国际上认可的船舶检验机构,根据国际公约和船舶规范的要求,对于海上航行的船舶或其他海上设施的设计、建造和技术性能进行审核、测试和鉴定。从行政许可的角度讲,船舶检验是法律、法规规定的海事机构,为了使船舶具备安全航行能力,按照法律、法规的规定,对船舶总的技术状况所进行的检查和鉴定。船舶和船上有关安全航行的重要设备未经检验合格,不具有船舶检验证书,则不得航行。

5. 海事登记

登记是指海事机构确立相对人的特定主体资格的行为。海事登记的功能主要是通过使相对人获得某种能力,向公众提供证明或者信誉、信息。

海事登记有以下特征:

(1)未经合法登记取得特定主体资格或者特定身份,从事涉及公众关系的经济社会活动是非法的;

(2)没有数量限制;

(3)对申请登记的材料一般只进行形式审查,通常可以当场作出是否准予登记的决定;

(4)海事机构实施登记没有自由裁量权。

典型的海事登记是船舶国籍登记,船舶登记是由海事机构确立船舶拥有中华人民共和国国籍,并具有可悬挂中国国旗航行的资格。船舶经依法登记,取得中华人民共和国国籍后方可悬挂中华人民共和国国旗航行。在行政法上的意义是,悬挂一国国旗可以在公海上航行。

二、海事行政许可的实务分类②

根据海事行政管理具体内容的不同,海事行政许可可以作出以下实务分类。

1. 通航管理类行政许可

通航管理类行政许可包括通航水域岸线安全使用许可,通航水域水上水下施工作业许

① 参见《海上交通安全法》第14条。

② 王世涛:《海事行政法研究》,中国政法大学出版社,2013,第198页。

可,在港口水域内进行采掘、爆破等活动许可,通航水域内沉船沉物打捞作业许可,通航水域禁航区、航道(路)、交通管制区、锚地和安全作业区划定许可,船舶进入或者穿越禁航区许可,水上拖带大型设施和移动式平台许可,外国籍船舶或飞机入境从事海上搜救许可,航标管理机关以外的单位设置、撤除沿海航标许可等。

2. 船舶管理类行政许可

船舶管理类行政许可包括外国籍船进入非对外开放水域许可、船舶进出港口许可、船舶国籍证书核发、国际船舶保安证书核发、船舶安全与防污染证书文书核发等。

3. 船员管理类行政许可

船员管理类行政许可包括船员适任证书核发、外国籍船员在中国籍船舶上任职许可、海员出入境证书核发等。

4. 危险品与防污染类行政许可

危险品与防污染类行政许可包括防止船舶污染港区水域作业许可、船舶载运危险货物的适装许可、船舶液体危险货物水上过驳作业许可等。

5. 其他海事行政管理类行政许可

其他海事行政管理类行政许可包括航运公司安全营运与防污染能力符合证明核发、设立验船机构审批等。

第三节 海事行政许可的条件

交通运输部 2015 年制定的《海事行政许可条件规定》,在货物运载、海员证核发等多个领域规定了行政许可审批的条件,具体包括内河通航水域载运、拖带物体或者拖放物体,沿海专用航标的设置、撤除、位置移动和其他状况改变,外国籍船舶临时进入非对外开放水域,国际航行船舶进出口岸,船舶国籍证书核发,海船油污损害民事责任保险或其他财务保证证书核发,载运危险货物或者海上载运污染危害性货物进出港口,船舶从事散装液体污染危害性货物过驳作业,在港口水域外从事内河危险货物过驳作业或者海上散装液体危险货物过驳作业,危险化学品水路运输人员资格认可,海员证核发,培训机构从事船员(引航员)培训业务,航运公司安全营运与防污染能力符合证明,设立验船机构等。

一、在内河通航水域载运、拖带超重、超长、超高、超宽、半潜物体或者拖放竹、木等物体许可的条件

(1)确有拖带的需求和必要的理由。

(2)拖轮适航、适拖,船员适任。

(3)已制定拖带计划和方案,有明确的拖带预计起止时间和地点及航经的水域。

(4)满足水上交通安全和防污染要求,并已制定保障水上交通安全、防污染的措施以及应急预案。①

二、沿海专用航标的设置、撤除、位置移动和其他状况改变审批的条件

(1)拟设置、撤除、位置移动和其他状况改变的航标属于依法由海洋工程、海岸工程的

① 参见《海事行政许可条件规定》第 6 条。

建设单位、所有人或者经营人设置的专用航标。

(2)航标的设置、撤除、位置移动和其他状况改变符合航行安全、经济、便利等要求及航标正常使用的要求。

(3)航标及其配布符合国家有关技术规范和标准。

(4)航标设计、施工方案,已经有专门的技术评估或者专家论证。

(5)申请设置航标的,已制定航标维护方案,方案中确定的维护单位已建立航标维护质量保证体系。①

三、外国籍船舶临时进入非对外开放水域许可的条件

(1)船舶具有齐备、有效的证书、文书与资料。

(2)船舶配员符合最低安全配员的要求,船员具备适任资格。

(3)船舶拟临时进入的非对外开放水域已经当地口岸检查机关、军事主管部门、地方人民政府同意并获国家有关主管部门批准允许国际航行船舶临时进入;停靠的码头、泊位、港外装卸点满足安全、防污染和保安要求。

(4)载运货物的船舶,所载货物没有国家禁止入境的货物或者物品;载运危险货物和污染危害性货物的船舶,按规定已办理船舶载运危险货物和污染危害性货物进港许可。

(5)核动力船舶或者其他特定的船舶,符合我国法律、行政法规、规章的相关规定。外国籍船舶驶离非对外开放水域应依据《海事行政许可条件规定》第九条有关规定,办理国际航行船舶出口岸许可。②

四、国际航行船舶进出口岸审批的条件

国际航行船舶进口岸审批的条件:

(1)船舶具有齐备、有效的证书、文书与资料。

(2)船舶配员符合最低安全配员的要求,船员具备适任资格。

(3)船舶拟进入水域为对国际航行船舶开放水域,停靠的码头、泊位、港外装卸点满足安全、防污染和保安要求。

(4)载运货物的船舶所载货物没有国家禁止入境的货物或者物品;载运危险货物和污染危害性货物的船舶,按规定已办理船舶载运危险货物和污染危害性货物进港审批。

(5)核动力船舶或者其他特定的船舶,符合我国法律、行政法规、规章的相关规定。

国际航行船舶出口岸审批的条件:

(1)船舶具有齐备、有效的证书、文书与资料。

(2)船舶配员符合最低安全配员的要求,船员具备适任资格。

(3)载运货物的船舶所载货物,符合安全积载和系固的要求。

(4)载运危险货物和污染危害性货物的船舶,按规定已办理船舶载运危险货物和污染危害性货物出港审批,载运情况符合船舶载运危险货物的安全、防污染和保安管理要求。

(5)船舶船旗国或者港口国对船舶的安全检查情况和缺陷纠正情况符合规定的要求,

---

① 参见《海事行政许可条件规定》第7条。

② 参见《海事行政许可条件规定》第8条。

对海事管理机构的警示,已经采取有效的措施。

(6)已依法缴纳税、费和其他应当在开航前交付的费用,或者已提供适当的担保。

(7)违反海事行政管理的行为已经依法予以处理。

(8)禁止船舶航行的司法或者行政强制措施已经依法解除。

(9)核动力船舶或者其他特定的船舶,符合我国法律、行政法规、规章的相关规定。

(10)已经其他口岸检查机关同意。①

五、船舶国籍证书核发的条件

(1)船舶已依法办理船舶所有权登记。

(2)船舶具备适航技术条件,并经船舶检验机构检验合格。

(3)船舶不具有造成双重国籍或者两个及以上船籍港的情形。

(4)船舶国籍登记申请人为船舶所有人。

船舶临时国籍证书签发的条件:

(1)申请签发临时国籍证书的船舶属于下列情形之一:

①向境外出售新造的船舶,属于境外到岸交船的;

②从境外购买或建造的新造船舶,属于境外离岸交船的;

③境内异地建造船舶,需要航行至拟登记港的;

④以光船条件从境外租进船舶的;

⑤从境外购买二手船舶,需要办理临时船舶国籍证书的;

⑥因船舶买卖发生船籍港变化,需要办理临时船舶国籍证书的;

⑦因船舶所有人住所或者船舶航线变更导致变更船舶登记机关,需要办理临时船舶国籍证书的。

(2)已取得船舶所有权或者签订了生效的光船租赁合同。

(3)船舶临时国籍登记申请人为船舶所有人或者以光船条件从境外租进船舶的光船承租人。

(4)船舶具备相应的适航技术条件,并经船舶检验机构检验合格。

(5)船舶不具有造成双重国籍或者两个及以上船籍港的情形。

(6)船舶已取得经海事管理机构核定的船名和船舶识别号。②

六、海船油污损害民事责任保险或其他财务保证证书核发的条件

(1)船舶为海事管理机构登记的本船籍港船舶。

(2)其所持的油污保险或其他财务保证证书,为具有相应赔偿能力的金融机构或者互助性保险机构办理。

(3)其保险金额不得低于《中华人民共和国船舶油污损害民事责任保险实施办法》(简称《船舶油污损害民事责任保险实施办法》)的规定。③

---

① 参见《海事行政许可条件规定》第9条。

② 参见《海事行政许可条件规定》第10条。

③ 参见《海事行政许可条件规定》第11条。

七、载运危险货物或者海上载运污染危害性货物进出港口审批的条件

(1)所载运的危险货物或者污染危害性货物符合水上安全运输和防治船舶污染水域环境要求,且不属于国家规定禁止通过水路运输的货物。

(2)船舶的装载符合所持有的证书、文书的要求。

(3)拟靠泊或者进行危险货物或者污染危害性货物装卸作业的港口、码头、泊位具备有关法律、行政法规规定的危险货物作业经营资质。

(4)需要办理货物进出口手续的已按有关规定办理。船舶载运的污染危害性货物同时属于危险货物的,其货物所有人、承运人或者代理人可将船舶载运污染危害性货物进出港口申报和船舶载运危险货物进出港口申报合并办理。对于过境停留的污染危害性货物,免于办理货物适运申报或者报告。

八、船舶从事散装液体污染危害性货物过驳作业,在港口水域外从事内河危险货物过驳作业或者海上散装液体危险货物过驳作业审批的条件

(1)拟进行过驳作业的船舶或者水上设施满足水上交通安全与防治船舶污染水域环境的要求。

(2)拟过驳的货物符合安全过驳要求。

(3)参加过驳作业的人员具备法律、行政法规规定的过驳作业能力。

(4)拟作业水域及其底质、周边环境适宜过驳作业。

(5)过驳作业对水域资源以及附近的军事目标、重要民用目标不构成威胁。

(6)有符合安全与防治船舶污染要求的过驳作业方案、安全保障措施和应急预案。

九、危险化学品水路运输人员(申报人员、集装箱现场检查员)资格认可的条件

(1)具有中华人民共和国国籍。

(2)年满 18 周岁,具有完全民事行为能力。

(3)近 2 年内经海事管理机构考核合格。

(4)首次申请的,应当具有在同 1 个从业单位连续 3 个月的相应业务实习经历。

(5)检查员具有正常辨色力。

(6)无因谎报、瞒报危险化学品违规行为曾被吊销从业资格的情形。

十、海员证核发的条件

(1)是中华人民共和国公民。

(2)持有国际航行船舶或者特殊航线船舶船员适任证书,或者有确定的船员出境任务。

(3)无法律、行政法规规定的禁止出境的情形。①

---

① 参见《海事行政许可条件规定》第 12-15 条。

十一、培训机构从事船员(引航员)培训业务审批的条件

(1)有符合交通运输部规定的与培训类别和项目相匹配的具体技术要求的场地、设施和设备。

(2)有符合交通运输部规定的与培训类别和项目相匹配的具体技术要求的教学人员,教学人员的80%应当通过中华人民共和国海事局组织的考试,并取得相应证明。

(3)有与船员培训项目相适应的管理人员:

①配备专职教学管理人员、教学设施设备管理人员、培训发证管理人员和档案管理人员;

②教学管理人员至少2人,具有航海类中专以上学历或者其他专业大专以上学历,熟悉相关法规,熟悉所管理的培训项目;

③教学设施设备管理人员至少1人,具有中专以上学历,能够熟练操作所管理的设施、设备。

(4)有健全的船员培训管理制度,具体包括学员管理制度、教学人员管理制度、培训课程设置制度、培训证明发放制度、教学设施设备管理制度和档案管理制度。

(5)有健全的安全防护制度,具体包括人身安全防护制度和突发事件应急制度等。

(6)有符合交通运输部规定的船员培训质量控制体系。①

十二、航运公司安全营运与防污染能力符合证明核发的条件

1. 航运公司《临时符合证明》签发的条件

(1)具有法人资格。

(2)新建立或者重新运行安全管理体系,或者在公司《临时符合证明》或者《符合证明》上增加新的船舶种类。

(3)已作出在取得《临时符合证明》后6个月内运行安全管理体系的计划安排。

(4)已通过海事管理机构对公司的安全管理体系审核。

(5)《符合证明》或者《临时符合证明》被吊销的,自吊销之日起应满6个月。

公司《符合证明》签发的条件:

(1)具有法人资格。

(2)安全管理体系已在岸基和每一船种至少1艘船上运行3个月。

(3)持有有效的《临时符合证明》。

(4)已通过海事管理机构对公司的安全管理体系审核。

船舶《临时安全管理证书》签发的条件:

(1)新纳入或者重新纳入公司安全管理体系进行管理。

(2)已配备公司制定的适用于本船的安全管理体系文件。

(3)公司已取得适用于该船舶种类的《临时符合证明》或《符合证明》。

(4)在船舶所有人未变更的情况下,前两次未连续持有《临时安全管理证书》。

(5)船舶委托管理的,负责管理船舶的公司与船舶所有人或者经营人签订了船舶管理

---

① 参见《海事行政许可条件规定》第16条。

书面协议。

(6)已通过海事管理机构对船舶的安全管理体系审核。

4. 船舶《安全管理证书》签发的条件:

(1)已配备公司制定的适用于本船的安全管理体系文件。

(2)安全管理体系已在本船运行至少 3 个月。

(3)公司已取得适用于该船种的《符合证明》。

(4)持有有效的《临时安全管理证书》。

(5)已通过海事管理机构对船舶的安全管理体系审核。

十三、设立验船机构审批的条件

(1)具有与拟从事的船舶检验业务相适应的检验场所、设备、仪器、资料。

(2)具有拟从事的船舶检验业务的验船能力和责任能力。

(3)具有与拟从事的船舶检验业务相适应的执业验船人员。

(4)具有相应的检验工作制度和保证船舶检验质量的管理体系。

(5)拟从事的船舶检验业务范围符合交通运输部的规定。

(6)需要设立分支机构的,设置方案和管理制度符合船舶检验管理的要求。

(7)外国船舶检验机构在我国设立验船公司的,除满足上述条件外,验船公司雇佣的外国公民应当符合相应国家机关规定的资格和符合我国关于外国人从业的规定,并持有船旗国政府允许在华从事法定船舶检验业务的授权文件。①

第四节　海事行政许可的实施程序

一、海事行政许可实施程序的概念

海事行政许可的实施程序是指海事管理机构从受理行政许可申请到作出准予、拒绝、中止、收回、撤销许可等决定的步骤、方式和时限的总称。海事行政许可的实施程序是规范海事许可行为,防止海事管理机构滥用权力、保证海事管理机构正确行使权力的重要环节。

海事行政许可的实施程序具有以下重要意义。

1. 许可的实施程序直接影响许可决定的正确性

合理的海事许可程序能够预防并减少海事管理机构实施许可行为的随意性,防止海事管理机构因误认事实或者基于不充分的信息而作出错误的许可决定,从而提高许可决定的正确性。

2. 许可的实施程序直接关系海事管理活动是否高效、便民

要实现海事行政许可高效、便民,就要认真设计实施许可的程序。将既能提高行政效率,又能保护公民权益的合理程序予以法律化、制度化,免去不必要的程序或者简化烦琐的程序。

---

① 参见《海事行政许可条件规定》第 17-18 条。

3. 许可的实施程序还具有限制行政权力滥用的功能

公民、法人或者其他组织通过海事管理机构事前公布的有关许可事项的规定、拒绝许可时的说明理由，可以了解海事管理机构行使裁量权时所考虑的因素与法律规定之间的距离，便于对海事管理机构的监督，控制许可的实施机关对裁量权的滥用。

4. 促进公众参与海事管理

海事管理机构实施许可时听取利害关系人意见、举行听证，能够促进公众参与海事管理活动，体现了海事管理机构将公民、法人和其他组织作为海事管理中的主体而不是客体加以对待，这是对公民、法人或者其他组织人格的尊重，有利于建立良好的政民关系。

二、海事行政许可实施程序的基本要求

海事行政许可实施程序应当遵循以下原则。

1. 合法原则

海事许可的实施必须依据法定程序进行。法律、法规、规章对海事许可的实施规定了步骤、环节和时限的，海事管理机构应当按照规定的要求进行。海事许可程序违法的，要承担相应的法律后果。海事许可程序违法，就会对许可决定以及海事管理机构及其工作人员产生相应的影响。对许可决定效力的影响，表现为许可决定可能产生重作、补正、撤销、无效等后果；对海事管理机构及其工作人员产生相应的影响是行政责任，根据许可程序违法的性质及情节轻重，可能对海事管理机构及其工作人员适用行政处分甚至追究刑事责任。

2. 公开原则

在海事许可的实施过程中，公开原则主要体现以下方面。

(1)海事许可的法律依据要公开，即海事管理机构实施许可依据的法律、法规、规章和其他规范性文件必须向管理相对人公开。海事管理机构应当公开有关许可的条件、范围、程序、期限等的规定。

(2)实施许可的海事管理机构法定权限及其内部机构设置，包括处理许可事项的经办机构、联系人员等在内的信息应当公开。①

(3)有关许可事项的决定内容，包括准予许可的决定、不予许可的决定、中止许可的决定、撤销许可的决定等各种决定的处理内容应当公开，但是涉及国家秘密、商业秘密和个人隐私的部分除外。

(4)作出许可决定的过程，包括受理程序、处理程序及后续程序等，都要公开。

3. 公正原则

公正原则是指排除海事管理机构可能造成偏见的因素，使之公平地对待相对人。公正原则要求海事管理机构必须合理行使裁量权，对申请人不得实行歧视待遇。海事管理机构在许可的实施过程中实行歧视待遇是指对符合法定条件和标准的人搞差别待遇，主要是对同等情况的人不同对待，对不同情况的人却平等对待。《行政许可法》第 5 条规定“符合法定条件、标准的，申请人有依法取得行政许可的平等权利，行政机关不得歧视任何人”。

为排除不合理的因素，保证海事许可决定的公正性，应当建立以下制度。

(1)调查制度。海事管理机构应当充分掌握与作出决定有关的信息，对申请人提出的材料中的实质内容需要核实的，应当实地核查或者向其他信息源核实。

---

① 参见《行政许可法》第 48 条。

(2)回避制度。《行政许可法》规定了在听证程序中,申请人、利害关系人认为主持人与该行政许可事项有直接利害关系的,有权申请回避。

(3)说明理由制度。《行政许可法》第38条规定,行政机关依法作出不予行政许可的书面决定的,应当说明理由,并告知申请人享有依法申请行政复议或者提起行政诉讼的权利。

(4)听取意见制度。《行政许可法》第36条规定,行政机关对行政许可申请进行审查时,发现行政许可事项直接关系他人重大利益的,应当告知该利害关系人。申请人、利害关系人有权进行陈述和申辩。行政机关应当听取申请人、利害关系人的意见。

《行政许可法》还规定了听证制度,以更好地听取相对人的意见。具体内容包括:法律、法规、规章规定实施行政许可应当听证的事项,或者行政机关认为需要听证的其他涉及公共利益的重大行政许可事项,行政机关应当向社会公告,并举行听证。行政许可直接涉及申请人与他人之间重大利益关系的,行政机关在作出行政许可决定前,应当告知申请人、利害关系人享有要求听证的权利。①

4. 便民原则

便民原则是指有关海事许可程序的规定应当方便自然人、法人或者其他组织提出申请,减少许可申请人的办事成本,提高服务效率、改进服务水平和结果。便民原则主要体现在:许可事项的联合办理、集中办理制度,许可书面申请、书面审查制度,申请书格式文本制度,许可申请一次告知、两次办结制度,简易程序制度与当场决定程序制度,许可决定的期限制度。

《行政许可法》第32条规定,申请事项依法不需要取得行政许可的,应当即时告知申请人不受理;申请事项依法不属于本行政机关职权范围的,应当即时作出不予受理的决定,并告知申请人向有关行政机关申请;申请材料存在可以当场更正的错误的,应当允许申请人当场更正;申请材料不齐全或者不符合法定形式的,应当当场或者在五日内一次告知申请人需要补正的全部内容,逾期不告知的,自收到申请材料之日起即为受理。

5. 监督原则

监督原则有以下要求。

(1)海事管理机构建立内部监督制度,海事管理机构要制定相应的内部约束和监督措施,防止许可的受理、审查与决定权过分集中到个人手中。除当场办理的外,许可的受理人员与审查人员必须分离;许可需要实地调查的,应当有两名以上工作人员前往;重大许可事项应当集体讨论决定。

(2)建立对许可的实施机关和工作人员的社会监督制度。

(3)加强对许可实施情况的司法监督。《行政许可法》第73条规定,“行政机关工作人员办理行政许可、实施监督检查,索取或者收受他人财物或者谋取其他利益,构成犯罪的,依法追究刑事责任;尚不构成犯罪的,依法给予行政处分”。

三、海事行政许可的一般程序

(一)申请程序

1. 海事许可申请的概念及意义

海事许可申请是指公民、法人或者其他组织向海事管理机构提出拟从事依法需要取得

① 参见《行政许可法》第46-47条。

许可活动的意思表示。海事许可是依申请的行政行为，其启动权在公民、法人或者其他组织。拟从事依法需要取得海事许可的活动的，必须提出许可申请，公民、法人或者其他组织不提出申请，海事管理机构便无义务审查，也不能擅自准许公民、法人或者其他组织从事依法应当取得许可的活动。

2. 海事许可的申请方式

可以以信函、电报、电传、传真、电子数据交换和电子邮件提出，也可以由委托代理人提出，不必都要由申请人到海事管理机构办公场所提出海事许可申请。

3. 申请人应当如实反映有关情况，提供有关材料

4. 海事管理机构应当公开有关规定，提供申请书格式文本。

(1)海事管理机构应当公示有关许可事项的规定。

(2)海事管理机构应当答复许可申请人的疑问。

(3)海事管理机构可以提供申请书格式文本，并示范如何填写。

(4)海事管理机构不得要求申请人提交与其申请的许可事项无关的材料。

(5)海事管理机构应当积极发展电子政务，提高办事效率。

(二)受理程序

受理是指海事管理机构经对公民、法人或者其他组织提出的申请进行形式审查后，认为许可事项依法属于本机构职责范围，申请材料齐全，符合法定形式的，因而对其申请予以接受的行为。自受理之日起，有关许可期限的规定开始适用，海事机构即承担在法定期限内作出是否准予许可决定的义务。海事机构在法定期限内不作出许可决定的，申请人可以依法通过行政复议、提起行政诉讼，追究行政机关不作为的法律责任。

1. 决定是否受理的审查

接到许可申请后，海事机构首先要确定是否予以受理。海事机构需要对申请人提交的申请材料目录及材料格式进行形式审查。在确定是否受理许可申请时，海事机构不审查许可材料的实质内容，也不审查申请人是否具备取得许可的条件，而是审查下列内容。

(1)申请事项是否属于本机构管辖范围。

(2)申请事项是否属于依法需要取得许可的事项。

(3)申请人是否按照法律、法规和规章的规定提交了符合规定数量、种类的申请材料。

(4)申请人提供的许可申请材料是否符合规定格式。

(5)其他事项如申请人是否属于不得提出许可申请的人，申请人提供的材料是否有明显错误。

2. 对许可申请的处理

海事管理机构经审查，对于公民、法人或者其他组织提出的申请，应当区别以下不同情况并作出相应处理。

(1)申请事项依法不需要取得行政许可的，海事管理机构应当即时告知申请人不受理。

(2)对于不属于本机构处理的事项，应当作出不予受理的决定，告知申请人向有关行政机关申请，并向申请人出具加盖受理专用章的《海事行政许可不予受理通知书》。

(3)对依法属于本机构职权范围内的事项且申请事项依法需要取得许可的，如申请人提交的材料存在可以当场更正的错误的，海事机构应当允许申请人当场更正。

(4)对依法属于本机构职权范围内的事项且申请事项依法需要取得许可的，如果申请

人提交的申请材料不齐全或者不符合法定形式的,海事机构应当当场或者在5日内一次告知申请人补正后提出申请,并向申请人出具加盖受理专用章的《海事行政许可补正通知书》。

(5)申请事项依法属于本机构职权范围,申请材料齐全,符合法定形式的海事机构应当予以受理,并向申请人出具加盖受理专用章的《海事行政许可受理通知书》。

3. 许可受理行为的规范

(1)海事机构应当尽快决定是否予以受理。

(2)无论是否受理,海事机构都应出具书面决定。受理人员应当在《海事行政许可不予受理决定书》《海事行政许可补正通知书》及《海事行政许可受理通知书》上签字,加盖海事行政许可受理专用印章并注明日期。

(三)审核与决定程序

1. 海事行政许可的审核

依据海事行政许可项目的不同,其审核人员及程序亦有不同。对于普通行政许可,由于审核内容较为简单,且必须考虑行政效率,由受理人员直接审核,如船舶进出港许可、危险货物适运审批等。但对于一些危险级别较高、专业技术性较强的许可项目,必须实行三级审批制度,如水上水下施工作业许可、船员证书核发等。

海事行政许可实施机关受理海事行政许可申请后,应当对申请人提交的申请材料进行审查。申请人提交的申请材料齐全、符合法定形式,实施机关受理人员应当依法当场作出海事行政许可决定。不能当场办理的,将申请材料递交审核人员。

依照法律、法规和规章的规定,需要对申请材料的实质内容进行核实的,应当审查申请材料反映的情况是否与法定的行政许可条件相一致。实施实质审查应当指派2名以上工作人员进行。

2. 海事行政许可的决定

申请人的申请符合法定条件、标准的,实施机关应当依法作出准予行政许可的决定。准予海事行政许可的形式包括:签注并加盖印章,如危险货物适运审批、船舶进出港许可;核发许可证书,如水上水下施工作业许可证;核发资格证书,如船员证书等。

作出准予许可决定依法需要颁发有关许可证件的,海事机构应当在法定期限内颁发,送达许可证件。海事机构作出的准予许可决定,应当予以公开,公众有权查阅。申请人的申请不符合法定条件、标准,审核人员审批不同意的,由审核人制作加盖相关专用印章的《不予海事行政许可决定书》并说明理由,并告知申请人享有依法申请行政复议或者提起行政诉讼的权利。在法定期限内,审核人将《不予海事行政许可决定书》转受理人,通知申请人领取或送达申请人,受理人进行登记。

(四)变更与延续

1. 海事许可的变更

(1)适用条件。海事许可的变更是指被许可人在取得许可后,因其拟从事的活动的部分内容超出准予许可决定或者许可证件规定的活动范围,而申请海事机构对原许可准予其从事的活动的相应内容予以改变。

(2)申请。变更海事许可的申请时间应当在申请人取得的许可失效前提出,并且应当向作出准予许可的决定的海事机构提出。

(3)审查与决定。经审查,认为被许可人提出的申请符合法定条件、标准的,海事管理机构应当依法办理变更手续。

2. 海事许可的延续

(1)适用条件。海事行政许可延续,亦称海事许可延展,是指在许可的有效期届满后,延长海事许可的有效期间。只有对已取得有效期的海事许可有效期满后,被许可人准备继续从事依法需要取得许可的该项活动的,需要申请延续海事许可。

(2)申请。被许可人提出延续许可有效期的,应当在许可有效期届满前一定期间提出,为作出行政许可决定的海事机构审查其申请预留足够时间,便于海事管理机构在有效期届满前作出是否准予延续的决定。申请变更海事行政许可、延续海事行政许可期限的,申请人可以仅就发生变更的事项或者情况提交相关的材料;已提交过的材料情况未发生变化的可以不再提交。①

(3)审查与决定。作出许可决定的海事机构收到公民、法人或者其他组织延续许可的申请后,应当依法及时审查,并在许可有效期届满前作出是否准予延续许可的决定。

四、海事许可的特别程序

(一)海事许可特别程序和一般程序的关系

海事许可特别程序是关于海事许可实施程序的特别规定,是对许可实施一般程序的补充。海事管理机构实施许可时,有特别程序的,适用特别程序,没有特别程序的,适用一般程序。事实上,特别程序主要是对作出许可决定环节的规范,至于实施许可的其他环节,还需适用海事许可规定的一般程序。

(二)认可程序

认可程序即实施赋予公民特定资格,赋予法人、其他组织特定资格、资质等海事许可应遵循的特别程序。认可程序的核心是海事管理机构根据考试或者考核的结果作出许可决定。

(三)核准程序

核准程序是指海事管理机构对某些事项是否达到特定技术标准、技术规范进行审定等许可应遵循的特别程序。核准程序的核心是海事管理机构依据对设备、设施、产品进行检验、检测的结果作出许可决定。而且海事管理机构只能以事前公布的技术标准、技术规范为依据,并根据检验结果决定是否准予许可。

(四)登记程序

通常情况下,海事管理机构只对申请人提供的材料进行形式审查,只要申请材料齐全,符合法定形式,海事机构就应当予以登记。

---

① 参见《海事行政许可条件规定》第5条。

复习思考题

一、名词解释

1. 海事行政许可
2. 信赖保护原则
3. 海事行政许可的实施程序
4. 海事认可
5. 海事核准

二、简答题

1. 海事行政许可的特征。
2. 海事行政许可的原则。
3. 海事行政许可的法律分类。
4. 海事行政许可实施程序的基本要求。
5. 海事行政许可制度的不足之处及完善设想。

二、案例分析

三原告与佛山海事局、广东省顺德食品进出口公司交通行政许可案。

【基本案情】

2001 年 7 月 6 日,第三人顺德食品进出口公司向被告佛山海事局的顺德海事处递交包括有原告亲属船员吴鉴垣在内的“中食 99”轮出港签证申请。同日 17 时,顺德区人民政府防汛防旱防风指挥部发出“各镇三防指挥所、市属各部门:‘尤特’现已减弱成热带风暴,今天 15 时中心已转移到广州市境内,中心附近最大风力 9 级。我市从 16 时 30 分起改挂绿色台风信号。经研究通知如下:

一、接到通知后,镇三防指挥所的领导可返回原工作单位,市属各部门恢复正常工作秩序。

二、气象部门预报今晚到明天我市有暴雨,各镇仍需继续做好排涝工作”的通知,被告的顺德海事处接到第三人的“中食 99”轮出港签证申请,经查验其《出港签证报告单》《内河船舶检验证书簿》《最低安全配员证书》《船舶安全检查通知书》及《出港签证报告单》中持证船员的档案记录,认为符合出港签证条件,遂在第三人申请书上批示了“经研究,同意先办理出港签证手续,除下 3 号风球后方能出港”的意见,并在“中食 99”轮签证簿签发:“驶往香港,开航时间 17 时,开航地点容奇”的出港签证。“中食 99”轮 19:25 时由容奇港驶往香港。2001 年 7 月 7 日,“中食 99”轮抵达香港后船员吴鉴垣死亡,经香港特区政府化验所法医化验结果证实,吴鉴垣死于心肌梗死。2003 年 6 月 16 日,由顺德区桂洲律师事务所委托中山大学法医鉴定中心,鉴定吴鉴垣猝死与台风“尤特”的关系,2003 年 6 月 29 日,由该中心法医学鉴定人吕后苞作出鉴定结论:“中食 99”轮遭受台风“尤特”袭击诱发吴鉴垣死亡。吴鉴垣的三名近亲属于 2004 年 2 月 9 日以被告作为国家航行安全生产管理监督部门,违反航行安全法律法规,违法作出“中食 99”轮出港签证为由提起诉讼,请求确认该签证行为违法并予以撤销。

一审法院认为:本案的行政争议焦点是被告签证行政行为是否合法。《中华人民共和国船舶签证管理规则》第 16 条规定:“申请办理出港签证船舶应处于适航状态”,即船舶需要出港的,一是要向被告申请签证,二是船舶处于适航状态,这是船舶出港签证的条件。第三人的“中食 99”轮需航运塘鱼、鱼头、鱼肉前往香港,2001 年 7 月 6 日向被告递交出港签证申请,同时提交了该轮适航的《船舶所有权登记证书》《船舶国籍证书》《内河船舶检验证书簿》《内河船舶适航证书簿》《内河船舶吨位证书》《内河船舶载重线证书》《内河船舶防止油污证书》《最低安全配员证书》《船舶安全检查通知书》《船舶签证簿》等证明适航的资料。《中华人民共和国船舶签证管理规则》第 17 条规定:“船舶办理进、出港签证,应按规定如实填写《船舶进、出港签证报告单》和《船舶签证簿》,由船舶驾驶员向港务监督或签证站点办理签证,并交验下列资料……”第三人的“中食 99”轮填写了《船舶出港签证报告单》《船舶签证簿》《最低安全配员证书》《船舶安全检查通知书》交被告审验。《中华人民共和国船舶签证管理规则》第 19 条规定:“港务监督及其签证站点对签证工作应认真负责,仔细查验与签证有关的船舶资料,对具备签证条件的船舶,应予以签证并加盖船舶签证专用章、填写签证人员的姓名和签证日期,并在《签证登记簿》内登记;不具备签证条件的船舶,在采取必要的安全措施前不予签证,并说明原因”,被告审验了第三人的“中食 99”轮提交的上述适航证书资料、《船舶出港签证报告单》《船舶签证簿》,均在合法有效期限内,认为“中食 99”轮具备出港签证的条件,办理了“中食 99”轮出港签证。由此可见,被告签证的行政行为是依照《中华人民共和国船舶签证管理规则》规定的条件、程序来办理的,并未违反《中华人民共和国船舶签证管理规则》。

另一个问题关于被告签证的行政行为与三原告亲属吴鉴垣之死有无关联性,被告依照《中华人民共和国船舶签证管理规则》规定的条件、程序来办理签证行政行为。被告收到“中食 99”轮出港签证申请的同时,也收到顺德区人民政府防汛防旱防风指挥部发出“尤特”台风已减弱为热带风暴,16 时 30 分起改挂绿色台风信号,市属各部门恢复正常工作秩序的通知,于是作出 17 时出港签证。从《中华人民共和国船舶签证管理规则》第 10 条“已经签证的船舶,出港前有下列情况之一者,应重新办理签证……(五)办理出港签证后 36 小时内未能出港”的规定来看,出港船舶取得出港签证后,在 36 小时内自行决定是否出港。由此可见,被告作出的签证行政行为不是“中食 99”轮开船离港的指令,三原告亲属吴鉴垣之死显然与被告签证行政行为无关联。原告虽有“‘中食 99’轮遭受台风‘尤特’袭击诱发吴鉴垣死亡”的司法鉴定结论,但不能证明被告签证行政行为违法。而且,吴鉴垣的死亡原因已有香港特区政府化验所法医化验结果证实是死于心肌梗死,广州海事法院(2002)广海法初字第 285 号、广东省高级人民法院(2002)粤高法民四终字第 182 号《民事判决书》也予以认定。综上所述,被告于 2001 年 7 月 6 日给“中食 99”轮签发的出港签证,符合法律规定,程序合法,应予维持。因此,依照《中华人民共和国行政诉讼法》第 54 条第 1 项的规定作出裁判。

【裁判结果】

一审法院判决:一审法院审理认为,被告于 2001 年 7 月 6 日给“中食 99”轮签发的出港签证,符合法律规定,程序合法,维持被告中华人民共和国佛山海事局 2001 年 7 月 6 日给“中食 99”轮签发的出港签证。案件诉讼费 100 元由三原告承担。

二审法院判决：二审法院审理认为，该签证行政行为主要证据确凿、适用法律法规正确，符合法定程序，依法应予维持。船舶出港签证不是船舶开航命令，是否开航应由船舶所在公司根据情况自行决定，被上诉人佛山海事局的签证行为与"中食 99"轮在航行中遭遇台风没有因果关系，更与吴鉴垣的死亡没有关联性。原审法院作出维持被上诉人佛山海事局 2001 年 7 月 6 日为"中食 99"轮签发出港签证的判决正确，依法应予维持。

二审法院依照《中华人民共和国行政诉讼法》第 61 条第 1 项的规定，判决驳回上诉，维持原判。二审诉讼费 100 元由上诉人承担。

【案例分析】

本案主要问题是佛山海事局颁发出港签证的海事行政许可行为是否合法，判断海事行政许可这一具体行政行为是否合法，要参照《行政诉讼法》的相关规定，从行政行为主要证据是否确凿、适用法律法规是否正确，是否符合法定程序，是否超越或者滥用职权，以及行政行为是否存在明显不当等几个方面进行审查，本案一、二审法院也是基于这一审查标准进行审理裁判的。

【问题】

1. 试分析佛山海事局受理许可申请与许可审核程序是否符合规范。

2. 佛山海事局制定的《关于加强航行港澳航线船舶防台安全管理的通知》的性质是什么？法院在审理案件过程中，如果认为该通知不合法，应当如何处理？

第六章　海事行政处罚

第一节　海事行政处罚概述

一、海事行政处罚的概念

作为海事行政处罚的上位概念，行政处罚是指行政机关依法对违反行政管理秩序的公民、法人或者其他组织，以减损权益或者增加义务的方式予以惩戒的行为，这是首次以立法的形式明确“行政处罚”的定义。①　从本质上来看，行政处罚仍然属于行政制裁。

海事行政处罚是海事行政机构对违反海事行政法律规范但尚未构成犯罪的相对人予以海事行政制裁的一种具体的海事行政行为。②　本书中海事行政机构同海事管理机构，海事行政机构是学理上的名词，海事管理机构是法条中的具体名词，二者并无本质区别。2021 年 9 月 1 日起施行的《海上海事行政处罚规定》第 1 条明确了海事行政处罚的指导思想：“为规范海上海事行政处罚行为，保护当事人的合法权益，保障和监督海上海事行政管理，维护海上交通秩序，防治船舶污染水域。”

二、海事行政处罚的特征

（一）违反海事行政法律规范是适用海事行政处罚的前提

海事行政处罚是一种具体的行政行为，是以海事行政相对人违反海事行政法律规范为前提的，并且以特定的违法事实为根据，以特定的海事行政法律规范为依据。没有违反海事行政规范，则没有海事行政处罚适用的可能。

（二）海事行政处罚的主体是海事行政机构

海事行政处罚权是一项重要的行政权力，其实施必须由海事行政机构依法实施。在我国，海事行政机构主要是指交通运输部海事局，只有各级海事行政机构才有权在自己的管辖范围内以自己的名义实施海事行政处罚。

（三）海事行政处罚是一种行政制裁

在社会生活中，违法行为形式各样，制裁各种违法行为的法律很多，总的来说，主要可分为民事制裁、行政制裁及刑事制裁三种。海事行政处罚是发生在海事行政机构与行政相对人之间的行为，主体双方存在管理与被管理的关系且主体双方地位不平等，显然不属于

---

①　参见《行政处罚法》第 2 条。

②　郑中义：《海事行政法》，人民交通出版社，2013，第 124 页。

民事制裁的范畴。另外,海事行政处罚也不属于刑事制裁方式,因为海事行政处罚只是对尚未构成犯罪的违法行为的制裁,因此,海事行政处罚是一种行政制裁,它完全符合行政制裁的特征。

(四)海事行政处罚的对象是海事行政相对人

依据行政法的基本原理,行政法的处罚对象是行政相对人,海事行政处罚作为行政处罚细分领域的一个分支,海事行政处罚的适用对象是违反海事行政法律规范的海事行政相对人;从法律责任角度看,则海事行政处罚责任的承担者是海事行政相对人。所以海事行政处罚的对象是海事行政相对人,而不是其他行政主体的相对人,也不是作为海事行政主体的海事行政机构或作为海事行政主体组织分子的海事行政工作人员。

(五)海事行政处罚是具有惩戒性的行政行为

没有行政处罚就没有秩序,通过相应的处罚,使特定的违法者的声誉、能力或财产受到不利的影响,其目的在于惩戒。同时,海事行政相对人对自己的违法行为承担相应的法律责任和不利的后果,使其在未来的行为中可以避免再犯类似的错误,从而达到教育的目的。

三、海事行政处罚与其他法律责任的界限

为了进一步明确海事行政处罚的含义,必须弄清楚海事行政处罚与其他法律责任的界限。例如,海事行政处罚与行政处分、执行罚、刑罚处罚等的界限。

(一)海事行政处罚与行政处分

行政处分是行政主体对其系统内部违反行政法规范的工作人员实施的一种惩戒措施。海事行政处罚与行政处分同属行政制裁,但存在较大的不同。主要有以下表现。

(1)主体不同。海事行政处罚是由享有处罚权的海事行政机构实施的,是由法律明确授权的;而行政处分是由受处分的工作人员所在的机关或上级机关、行政监察机关作出的,即一般的机关都享有对其工作人员的处分权。

(2)对象不同。海事行政处罚的对象是违反海事行政法律规范的海事行政相对人;而行政处分的对象仅限于行政系统内部的违法失职的工作人员。另外,海事行政处罚既适用于个人,也适用于其他组织;而行政处分则只适用于作为个人的工作人员。

(3)形式不同。海事行政处罚的形式多达 10 种;而行政处分的形式只有警告、记过、记大过、降级、撤职和开除等 6 种形式。

(4)救济的途径不同。对海事行政处罚不服的,除法律、法规另有规定外,受罚者可申请复议或提起行政诉讼,通过复议与行政诉讼获得救济;而对行政处分不服的,被处分者只能向作出处分机关的上一级机关或者行政监察机关申诉。

(二)海事行政处罚与执行罚

执行罚是指在行政管理中,当义务人逾期不履行而其他人又不能代为履行义务时,海事行政机构以赋予义务人财产上新的义务的方式,促使其履行义务的强制措施。执行罚属于行政强制执行中的间接强制执行的一种。

海事行政处罚与执行罚主要有以下区别。

(1)海事行政处罚属于行政制裁,而执行罚是在义务人不履行法定义务时所采取的强制措施。

(2)海事行政处罚具有独立存在的意义,而执行罚是为了促进义务人履行义务的强制措施,在义务人履行之后就没有存在的意义了。

(3)海事行政处罚中的某些种类具有财产性,执行罚具有财产性。

(4)海事行政处罚属于行政制裁,因而在原则上实行"一事不再罚原则",执行罚属于强制措施,其在义务人履行义务前可以连续使用。

(三)海事行政处罚与刑罚处罚

刑罚处罚,又称刑事处罚,简称刑罚,是人民法院依法对犯罪分子所实施的一种最严厉的制裁手段。海事行政处罚与刑罚都是具有强制力的制裁方式,且都属于公法制裁的范畴,但两者有以下显著区别。

(1)海事行政处罚权属于行政权的一部分;刑罚处罚权归属审判权的范畴,属于司法权的一部分。

(2)海事行政处罚是由海事行政机构实施,而刑罚的主体是人民法院。

(3)海事行政处罚的对象是海事行政相对人,在海事行政相对人既违反海事行政法规范又违反刑事法规范的情况下,也可能对其实施两种处罚;刑罚只能对违反刑事法规范的犯罪分子实施,而不能对只违反行政法律规范并尚未构成犯罪的人实施。

(4)海事行政处罚的形式很多,多达 10 种,刑罚的种类统一由《中华人民共和国刑法》(简称《刑法》)规定,包括主刑和附加刑两大类。

(5)海事行政处罚是按照《行政处罚法》所规定的行政处罚程序作出的,刑罚必须根据《刑事诉讼法》规定的司法程序作出。

第二节　海事行政处罚的种类

一、警告

警告是国家对行政违法行为人的谴责和告诫,是国家对行为人违法行为所作的正式否定评价。从国家方面说,警告是国家行政机关的正式意思表示,会对相对一方产生不利影响,应当纳入法律约束的范围;对被处罚人来说,警告的制裁作用,主要是对当事人形成心理压力、不利的社会舆论环境。适用警告处罚的重要目的,是使被处罚人认识其行为的违法性和对社会的危害,纠正违法行为并不再继续违法。一般对实施轻微海事违法行为的海事行政相对人进行这种处罚。警告是海事行政主体适用最经常、最普遍的行政处罚形式之一。它既可适用于公民,也可适用于法人和其他组织。

二、罚款

罚款是行政机关对行政违法行为人强制收取一定数量金钱,剥夺一定财产权利的制裁方法,适用于对多种行政违法行为的制裁。罚款也是海事行政主体对实施海事行政违法行为的海事行政相对人常用的一种经济制裁。它是通过使海事行政相对人经济上的既得利益受到损失的方法起到惩戒的目的,其简便易行,又具有一定效果。

三、撤销船舶检验资格

《中华人民共和国验船人员适任考试、发证规则》(简称《验船人员适任考试、发证规则》)第四条规定验船人员必须按本规则规定,取得相应类别、专业和等级的适任证书后,方可从事相应范围内的船舶检验工作,并承担相应的技术责任。本项处罚主要是针对船舶检验机构的检验人员违反《船舶和海上设施检验条例》的规定,滥用职权、徇私舞弊、玩忽职守的行为制定的,主要目的是规范船舶检验行为。

四、吊销船舶国籍证书或临时船国籍证书

《联合国海洋法公约》第 91 条规定"每个国家应确定对船舶给予国籍、船舶在其领土内登记及船舶悬挂该国旗帜的条件。船舶具有其有权悬挂的旗帜所属国家的国籍。国家和船舶之间必须有真正联系""每个国家应向其给予悬挂该国旗帜权利的船舶颁发给予该权利的文件"。由此可见船舶国籍证书是船舶具有某国国籍的证明文件,吊销该证书,船舶就丧失了依附在该证书上的所具有的权能。

五、没收船舶登记证书

船舶登记是国家的船舶登记机关按照国家的法律或规章,对该国国家、法人、自然人所拥有的船舶和该国法律准予接受的船舶进行的注册登记。船舶只有通过登记,才能在法律上确定它所具有的法律地位和确认其应有的权利和义务。船舶登记证书,包括船舶国籍证书、船舶所有权登记证书、船舶抵押权登记证书、光船租赁登记证书等。船舶登记证书被没收后,经过整改可重新申请再次获得。

六、扣留船员职务证书

扣留船员职务证书是暂时限制海事行政相对人从事被许可活动的权能,是海事行政主体对其发放证书的持有者,违反证书使用要求或出现法规规定的其他扣留证书的情况时所给予的行政船员职务证书,包括船员培训合格证、船员服务簿、船员适任证书及其他适任证件(下同)。

七、吊销船员职务证书

吊销船员职务证书是使海事行政相对人丧失从事所许可的活动的资格或权能,也是海事行政主体对其发放证书的持有者,违反证书使用要求时所给予的行政处罚。吊销船员职务证书要比扣留证书严厉得多。

八、吊销海员出境入境证件

海员入境证件(简称海员证)是中国海员出入中国国境和在境外通行使用的有效身份证。申领海员证的中国海员必须具备下列条件:

(1)没有《公民出境入境管理办法》第八条规定的情形;

(2)经批准,有具体的任务;

(3)经过海员专业技术训练,具有相应的证书。

吊销海员证是对违法船员在外籍或中国籍国际航行船舶上服务的限制,并不影响其在国内船舶上工作。

九、没收违法所得

所谓违法所得,是指公民、法人及其他组织在形式上有法律依据的前提下,因行为不符合法律所规定的要求而得到的收入。没收违法所得必须是没收公民、法人或者其他组织进行"违法"行为之所得。

十、法律、行政法规规定的其他海事行政处罚

法律、行政法规规定的其他海事行政处罚是行政处罚种类的一种授权式规定,以适应未来形势发展的需要。随着海事行政立法的不断完善,结合海事行政管理的实际,可能会出现上述以外的海事行政处罚种类或方式,因此将此规定作为最后条款是必要的。

第三节　海事行政处罚的适用

海事管理机构实施海事行政处罚时,应当责令当事人改正或者限期改正海事行政违法行为。对有两个或者两个以上海事行政违法行为的同一当事人,应当分别处以海事行政处罚,合并执行。对有共同海事行政违法行为的当事人,应当分别处以海事行政处罚。实施海事行政处罚,应当与海事行政违法行为的事实、性质、情节以及社会危害程度相适应。

海事行政违法行为的当事人有下列情形之一的,应当依法从轻或者减轻给予海事行政处罚:

(1)主动消除或者减轻海事行政违法行为危害后果的;

(2)受他人胁迫或者诱骗实施海事行政违法行为的;

(3)主动供述海事管理机构尚未掌握的违法行为的;

(4)配合海事管理机构查处海事行政违法行为有立功表现的;

(5)法律、法规、规章规定应当依法从轻或者减轻行政处罚的其他情形。

依法从轻给予海事行政处罚,是指在法定的海事行政处罚种类、幅度范围内给予较轻的海事行政处罚。依法减轻给予海事行政处罚,是指在法定的海事行政处罚种类、幅度最低限以下给予海事行政处罚。海事行政违法行为轻微并及时改正,没有造成危害后果的,不予海事行政处罚。初次违法且危害后果轻微并及时改正的,可以不予海事行政处罚。有海事行政违法行为的中国籍船舶和船员在境外已经受到处罚的,不得重复给予海事行政处罚。

对当事人的同一个海事行政违法行为,不得给予两次以上罚款的行政处罚。同一个违法行为违反多个法律规范应当给予罚款处罚的,按照罚款数额高的规定处罚。

一、违反船舶、海上设施管理秩序

违反《海上交通安全法》第95条的规定,船舶、海上设施未持有有效的证书、文书的,由

海事管理机构责令改正,对违法船舶或者海上设施的所有人、经营人或者管理人处 3 万元以上 30 万元以下的罚款,对船长和有关责任人员处 3 000 元以上 3 万元以下的罚款;情节严重的,暂扣船长、责任船员的船员适任证书 18 个月至 30 个月,直至吊销船员适任证书;对船舶持有的伪造、变造证书、文书,予以没收;对存在严重安全隐患的船舶,可以依法予以没收。

"有效的证书、文书"包括船舶国籍证书、船舶最低安全配员证书、符合证明、安全管理证书、海事劳工证书、海上船舶载重线证书、水上移动通信业务标识码证书、船舶制式无线电台执照、航海日志、轮机日志等。

"船舶、海上设施未持有有效的证书、文书",包括以下情形:

(1)未取得证书、文书的;

(2)超过所持证书、文书限定范围的;

(3)持有的证书、文书超过有效期限的。

"存在严重安全隐患的船舶",是指未持有任何有效的船舶证书,且存在以下任一情形的船舶:

(1)处于航行、作业状态,已达强制报废年限;或经船舶检验机构评估,船舶结构、稳性、强度等低于强制性标准和技术规范,且经督促在三个月内未整改到位的。

(2)从事客运或者危险货物运输的。

违反《海上交通安全法》第 98 条的规定,以欺骗、贿赂等不正当手段为中国籍船舶取得相关证书、文书的,由海事管理机构撤销有关许可,没收相关证书、文书,对船舶所有人、经营人或者管理人处 4 万元以上 40 万元以下的罚款。"欺骗"是指以提供虚假材料,隐瞒真实情况等方式骗取相关证书、文书。

违反《海上交通安全法》第 96 条的规定,船舶或者海上设施有下列情形之一的,由海事管理机构责令改正,对违法船舶或者海上设施的所有人、经营人或者管理人处 2 万元以上 20 万元以下的罚款,对船长和有关责任人员处 2 000 元以上 2 万元以下的罚款;情节严重的,吊销违法船舶所有人、经营人或者管理人的有关证书、文书,暂扣船长、责任船员的船员适任证书 12 个月至 24 个月,直至吊销船员适任证书:

(1)船舶、海上设施的实际状况与持有的证书、文书不符;

(2)船舶未依法悬挂国旗,或者违法悬挂其他国家、地区或者组织的旗帜;

(3)船舶未按规定标明船名、船舶识别号、船籍港、载重线标志;

(4)船舶、海上设施的配员不符合最低安全配员要求。

前款所称"船舶所有人、经营人或者管理人的有关证书、文书"包括由海事管理机构颁发给船舶所有人、经营人或者管理人的证书、文书,如符合证明等,也包括船舶所有人、经营人或者管理人依法为其所属船舶办理的证书、文书,如船舶国籍证书、安全管理证书、海事劳工证书等。

二、违反船员管理秩序

违反《海上交通安全法》第 97 条的规定,在船舶上工作未持有船员适任证书、船员健康证明或者所持船员适任证书、健康证明不符合要求的,由海事管理机构对船舶的所有人、经营人或者管理人处 1 万元以上 10 万元以下的罚款,对责任船员处 3 000 元以上 3 万元以下的罚款;情节严重的,对船舶的所有人、经营人或者管理人处 3 万元以上 30 万元以下的罚款，暂扣责任船员的船员适任证书 6 个月至 12 个月，直至吊销船员适任证书。

船员适任证书、健康证明不符合要求，包括以下情形：

(1) 所服务船舶的航区（线）、种类和等级或者所任职务超越所持船员适任证书限定的范围，或所任职务超越所持船员健康证明限定的范围；

(2) 超过证书、证明有效期限；

(3) 持伪造、变造、转让、买卖或者租借的证书、证明。

以欺骗、贿赂等不正当手段取得船员适任证书的，由海事管理机构撤销有关许可，没收船员适任证书，对责任人员处 5 000 元以上 5 万元以下的罚款。

船员用人单位、船舶所有人有下列未按照规定招用外国籍船员在中国籍船舶上任职情形的，依照《船员条例》第 55 条的规定，由海事管理机构责令改正，处 3 万元以上 15 万元以下罚款：

(1) 在中国籍船舶上工作的外国籍船员未依照法律、行政法规和国家其他有关规定取得就业许可；

(2) 在中国籍船舶上工作的外国籍船员未持有国务院交通运输主管部门规定的相应证书和其所属国政府签发的相关身份证件；

(3) 擅自招用外国籍船员担任中国籍船舶船长的。

船员服务机构和船员用人单位未将其招用或者管理的船员的有关情况定期向海事管理机构备案的，按照《船员条例》第 58 条的规定，由海事管理机构对责任单位处 5 000 元以上 2 万元以下罚款。

前款所称船员服务机构和船员用人单位未定期向海事管理机构备案，包括下列情形：

(1) 未按规定进行备案，或者备案内容不全面、不真实；

(2) 未按照规定时间备案；

(3) 未按照规定的形式备案。

三、违反航行、停泊和作业管理秩序

1. 违反《海上交通安全法》第 96 条的规定，船舶、海上设施配员不符合最低安全配员要求的，由海事管理机构责令改正，对违法船舶或者海上设施的所有人、经营人或者管理人处 2 万元以上 20 万元以下的罚款，对船长和有关责任人员处 2 000 元以上 2 万元以下的罚款；情节严重的，吊销违法船舶所有人、经营人或者管理人的有关证书、文书，暂扣船长、责任船员的船员适任证书 12 个月至 24 个月，直至吊销船员适任证书。

不符合最低安全配员要求，包括以下情形：

(1) 持有有效船舶最低安全配员证书的船舶，所配船员数量低于船舶最低安全配员证书要求的；

(2) 未持有有效船舶最低安全配员证书的船舶，配员低于船舶最低安全配员标准的；

(3) 所配船员不符合船舶、航区、等级、职务等要求的；

(4) 海上设施未按规定配备掌握避碰、信号、通信、消防、救生等专业技能的人员的。

2. 违反《海上交通安全法》第 99 条的规定，船员未保持安全值班，违反规定摄入可能影响安全值班的食品、药品或者其他物品，或者有其他违反海上船员值班规则的行为的，由海事管理机构对船长、责任船员处 1 000 元以上 1 万元以下的罚款，或者暂扣船员适任证书 3 个月至 12 个月；情节严重的，吊销船长、责任船员的船员适任证书。

“食品、药品或者其他物品”是指酒精、毒品等可能影响安全值班的物品。

“其他违反海上船员值班规则的行为”是指未按照《中华人民共和国海船船员值班规则》(简称《海船船员值班规则》)和国际公约中关于航行、值班的要求保持安全值班的其他行为。

3. 违反《船员条例》第16条的规定,船员有下列情形之一的,由海事管理机构处1 000元以上1万元以下罚款;情节严重的,并给予暂扣船员适任证书6个月以上2年以下直至吊销船员适任证书的处罚:

(1)未如实填写或者记载有关船舶、船员法定文书的;

(2)隐匿、篡改或者销毁有关船舶、船员法定证书、文书的。

隐藏掩饰,拒不出示船舶、船员法定证书、文书的,视为隐匿。

4. 违反《海上交通安全法》第103条的规定,船舶在海上航行、停泊、作业,有下列情形之一的,由海事管理机构责令改正,对违法船舶的所有人、经营人或者管理人处2万元以上20万元以下的罚款,对船长、责任船员处2 000元以上2万元以下的罚款,暂扣船员适任证书3个月至12个月;情节严重的吊销船长、责任船员的船员适任证书:

(1)船舶进出港口、锚地或者通过桥区水域、海峡、狭水道、重要渔业水域、通航船舶密集的区域、船舶定线区、交通管制区时,未加强瞭望、保持安全航速并遵守前述区域的特殊航行规则;

(2)未按照有关规定显示信号、悬挂标志或者保持足够的富余水深;

(3)不符合安全开航条件冒险开航,违章冒险操作、作业,或者未按照船舶检验证书载明的航区航行、停泊、作业;

(4)未按照有关规定开启船舶的自动识别、航行数据记录、远程识别和跟踪、通信等与航行安全、保安、防治污染相关的装置,并持续进行显示和记录;

(5)擅自拆封、拆解、初始化、再设置航行数据记录装置或者读取其记录的信息;

(6)船舶穿越航道妨碍航道内船舶的正常航行,抢越他船船艏或者超过桥梁通航尺度进入桥区水域;

(7)船舶违反规定进入或者穿越禁航区;

(8)船舶载运或者拖带超长、超高、超宽、半潜的船舶、海上设施或者其他物体航行,未采取特殊的安全保障措施,未在开航前向海事管理机构报告航行计划,未按规定显示信号、悬挂标志,或者拖带移动式平台、浮船坞等大型海上设施未依法交验船舶检验机构出具的拖航检验证书;

(9)船舶在不符合安全条件的码头、泊位、装卸站、锚地、安全作业区停泊,或者停泊危及其他船舶、海上设施的安全;

(10)船舶违反规定超过检验证书核定的载客定额、载重线、载货种类载运乘客、货物,或者客船载运乘客同时载运危险货物;

(11)客船未向乘客明示安全须知、设置安全标志和警示;

(12)未按照有关法律、行政法规、规章以及强制性标准和技术规范的要求安全装卸、积载、隔离、系固和管理货物;

(13)其他违反海上航行、停泊、作业规则的行为。

违反《海上交通安全法》第100条的规定,有下列情形之一的,由海事管理机构责令改正;情节严重的,处3万元以上10万元以下的罚款:

(1)建设海洋工程、海岸工程未按规定配备相应的防止船舶碰撞的设施、设备并设置专用航标;

(2)损坏海上交通支持服务系统或者妨碍其工作效能;

(3)未经海事管理机构同意设置、撤除专用航标,移动专用航标位置或者改变航标灯光、功率等其他状况,或者设置临时航标不符合海事管理机构确定的航标设置点;

(4)在安全作业区、港外锚地范围内从事养殖、种植、捕捞以及其他影响海上交通安全的作业或者活动。

5. 违反《海上交通安全法》第 101 条的规定,有下列情形之一的,由海事管理机构责令改正,对有关责任人员处 3 万元以下的罚款;情节严重的,处 3 万元以上 10 万元以下的罚款,并暂扣责任船员的船员适任证书 1 个月至 3 个月:

(1)承担无线电通信任务的船员和岸基无线电台(站)的工作人员未保持海上交通安全通信频道的值守和畅通,或者使用海上交通安全通信频率交流与海上交通安全无关的内容;

(2)违反国家有关规定使用无线电台识别码,影响海上搜救的身份识别;

(3)其他违反海上无线电通信规则的行为。

6. 违反《海上交通安全法》第 46 条、第 53 条、第 54 条和第 55 条的规定,外国籍船舶进出中华人民共和国内水、领海有下列情形之一的,由海事管理机构对违法船舶的所有人、经营人或者管理人处 5 万元以上 50 万元以下的罚款,对船长处 1 万元以上 3 万元以下的罚款:

(1)外国籍船舶临时进入非对外开放水域,未依照国务院关于船舶进出口岸的规定取得许可的;

(2)外国籍船舶在中华人民共和国领海非无害通过的;

(3)外国籍船舶进出中华人民共和国领海,应当向海事管理机构报告而未报告的;

(4)外国籍船舶进出中华人民共和国领海,未持有有关证书,未采取符合中华人民共和国法律、行政法规和规章规定的特别预防措施,或不接受海事管理机构指令和监督的;

(5)外国籍船舶因紧急情况未及获得许可进入中华人民共和国内水的,未及时向海事管理机构紧急报告,或不接受海事管理机构指令和监督的。

7. 违反《海上交通安全法》第 46 条的规定,国际航行船舶未经许可进出口岸的,由海事管理机构对违法船舶的所有人、经营人或者管理人处 3 000 元以上 3 万元以下的罚款,对船长、责任船员或者其他责任人员,处 2 000 元以上 2 万元以下的罚款;情节严重的,吊销船长、责任船员的船员适任证书。

8. 违反《海上交通安全法》第 46 条的规定,国内航行船舶进出港口、港外装卸站未依法向海事管理机构报告的,由海事管理机构对违法船舶的所有人、经营人或者管理人处 3 000 元以上 3 万元以下的罚款,对船长、责任船员或者其他责任人员处 500 元以上 5 000 元以下的罚款。

9. 违反《中华人民共和国海上航行警告和航行通告管理规定》(简称《海上航行警告和航行通告管理规定》)第 8 条规定,海上航行警告、航行通告发布后,申请人未在国家主管机关或者区域主管机关核准的时间和区域内进行活动,或者需要变更活动时间或者改换活动区域的,未按规定重新申请发布海上航行警告、航行通告,依照《海上航行警告和航行通告管理规定》第 17 条的规定,由海事管理机构责令其停止活动,并可以处 2 000 元以下罚款。

10. 违反《海上航行警告和航行通告管理规定》,造成海上交通事故的,依照《海上航行警告和航行通告管理规定》第 20 条,由海事管理机构对船舶、设施所有人、经营人或者管理人处 3 000 元以上 1 万元以下罚款;对船长或者设施主要负责人处 2 000 元以上 1 万元以下罚款并对其他直接责任人员处 1 000 元以上 1 万元以下罚款;情节严重的,并给予暂扣船员适任证书 6 个月至 24 个月直至吊销船员适任证书的处罚。

11. 违反《海上交通安全法》第 51 条的规定,碍航物的所有人、经营人或者管理人有下列情形之一的,由海事管理机构责令改正,处 2 万元以上 20 万元以下的罚款;逾期未改正的,海事管理机构有权依法实施代履行,代履行的费用由碍航物的所有人、经营人或者管理人承担:

(1)未按照有关强制性标准和技术规范的要求及时设置警示标志;

(2)未向海事管理机构报告碍航物的名称、形状、尺寸、位置和深度;

(3)未在海事管理机构限定的期限内打捞清除碍航物。

12. 违反《海上交通安全法》第 84 条、第 88 条和第 89 条的规定,有关单位、个人拒绝、阻碍海事管理机构监督检查,或者在接受监督检查时弄虚作假的,由海事管理机构处 2 000 元以上 2 万元以下的罚款,暂扣船长、责任船员的船员适任证书 6 个月至 24 个月,直至吊销船员适任证书。

四、违反危险货物载运安全监督管理秩序

1. 违反《危险化学品安全管理条例》第 44 条的规定,危险化学品运输申报人员、集装箱装箱现场检查员未取得从业资格,依照《危险化学品安全管理条例》第 86 条的规定,由海事管理机构责令改正,处 5 万元以上 10 万元以下的罚款;拒不改正的,责令停航、停业整顿。

2. 违反《危险化学品安全管理条例》第 18 条的规定,运输危险化学品的船舶配载容器未经检验合格而投入使用的,依照《危险化学品安全管理条例》第 79 条的规定,由海事管理机构责令改正,对船舶所有人、经营人或者管理人处 10 万元以上 20 万元以下的罚款;有违法所得的,没收违法所得;拒不改正的,责令停航整顿。

“船舶配载容器”包括船用刚性中型散装容器、船用可移动罐柜等。

3. 违反《海上交通安全法》第 62 条、第 64 条和第 65 条的规定,载运危险货物的船舶有下列情形之一的,海事管理机构应当责令改正,对违法船舶的所有人、经营人或者管理人处 5 万元以上 50 万元以下的罚款,对船长、责任船员或者其他责任人员,处 5 000 元以上 5 万元以下的罚款;情节严重的,责令停止作业或者航行,对违法船舶的所有人、经营人或者管理人处 5 万元以上 50 万元以下的罚款,暂扣船长、责任船员的船员适任证书 6 个月至 12 个月,直至吊销船员适任证书:

(1)未经许可进出港口或者从事散装液体危险货物过驳作业;

(2)未按规定编制相应的应急处置预案,配备相应的消防、应急设备和器材;

(3)违反有关强制性标准和安全作业操作规程的要求从事危险货物装卸、过驳作业。

4. 违反《海上交通安全法》第 63 条的规定,托运人托运危险货物,有下列情形之一的,由海事管理机构责令改正,处 5 万元以上 30 万元以下的罚款:

(1)未将托运的危险货物的正式名称、危险性质以及应当采取的防护措施通知承运人;

(2)未按照有关法律、行政法规、规章以及强制性标准和技术规范的要求对危险货物妥善包装,设置明显的危险品标志和标签;

(3)在托运的普通货物中夹带危险货物或者将危险货物谎报为普通货物托运;

(4)未依法提交有关专业机构出具的表明该货物危险特性以及应当采取的防护措施等情况的文件。

五、违反海上搜寻救助管理秩序

1. 违反《海上交通安全法》第 72 条、第 80 条和第 86 条的规定,船舶、海上设施遇险或者发生海上交通事故后未履行报告义务,或者存在瞒报、谎报情形的,由海事管理机构对违法船舶、海上设施的所有人、经营人或者管理人处 3 000 元以上 3 万元以下的罚款,对船长、责任船员处 2 000 元以上 2 万元以下的罚款,暂扣船员适任证书 6 个月至 24 个月;情节严重的,对违法船舶、海上设施的所有人、经营人或者管理人处 1 万元以上 10 万元以下的罚款,吊销船长、责任船员的船员适任证书。

2. 违反《海上交通安全法》第 73 条、第 74 条、第 75 条、第 76 条和第 77 条的规定,船舶、海上设施不依法履行海上救助义务,不服从海上搜救中心指挥的,由海事管理机构对船舶、海上设施的所有人、经营人或者管理人处 3 万元以上 30 万元以下的罚款,暂扣船长、责任船员的船员适任证书 6 个月至 12 个月,直至吊销船员适任证书。

3. 违反《海上交通安全法》第 73 条的规定,船舶发生海上交通事故后逃逸的,由海事管理机构对违法船舶的所有人、经营人或者管理人处 10 万元以上 50 万元以下的罚款,对船长、责任船员处 5 000 元以上 5 万元以下的罚款并吊销船员适任证书,被吊销适任证书者终身不得重新申请。

六、违反海上船舶污染海域环境管理秩序

1. 违反《中华人民共和国防止拆船污染环境管理条例》(简称《防止拆船污染环境管理条例》)规定,有下列情形之一的,依照《防止拆船污染环境管理条例》第 17 条的规定,海事管理机构除责令其限期纠正外,还可以根据不同情节,处 1 万元以上 10 万元以下的罚款:

(1)发生污染损害事故,不向监督拆船污染的主管部门报告也不采取消除或控制污染措施的;

(2)废油船未经洗舱、排污、清舱和测爆即行拆解的;

(3)拆船厂未依法进行环境影响评价擅自开工建设化,依照《中华人民共和国环境保护法》规定处罚;

(4)任意排放或者丢弃污染物造成严重污染的。

违反《防止拆船污染环境管理条例》规定,有下列情形之一的,依照《防止拆船污染环境管理条例》第 18 条的规定,监督拆船的主管部门除责令其限期纠正外,还可以根据不同情节,给予警告或者处以 1 万元以下的罚款:

(1)拒绝或阻挠监督拆船的主管部门进行现场检查或在被检查时弄虚作假的;

(2)未按规定要求配备和使用防污设施、设备和器材,造成环境污染的;

(3)发生污染损害事故,虽采取消除或者控制污染措施,但不向监督拆船污染的主管部门报告的;

(4)拆船单位关闭、搬迁后,原厂址的现场清理不合格的。

2. 违反《海洋环境保护法》有关规定,船舶有下列行为之一的,依照《海洋环境保护法》

第 73 条的规定，由依照本法规定行使海洋环境监督管理权的部门责令停止违法行为、限期改正或者责令采取限制生产、停产整顿等措施，并处以罚款；拒不改正的，依法作出处罚决定的部门可以身责令改正之日的次日起，按照原罚款数额按日连续处罚；情节严重的，报经有批准权的人民政府批准，责令停业、关闭：

(1) 向海域排放本法禁止排放的污染物或者其他物质的；

(2) 不按照本法规定向海洋排放污染物，或者超过标准排放污染物的；

(3) 未取得海洋倾倒许可证，向海洋倾倒废弃物的；

(4) 因发生事故或者其他突发性事件，造成海洋环境污染事故，不立即采取处理措施的。

有前款第(1)(3)项行为的，处 3 万元以上 20 万元以下的罚款；有前款第(2)项、第(4)项行为之一的，处 2 万元以上 10 万元以下的罚款。

3. 违反《海洋环境保护法》规定，船舶造成珊瑚礁、红树林等海洋生态系统及海洋水产资源、海洋保护区破坏的，依照《海洋环境保护法》第 76 条的规定，由海事管理机构责令限期改正和采取补救措施，并对船舶所有人、经营人或者管理人处 1 万元以上 10 万元以下的罚款；有违法所得的，没收其违法所得。

4. 违反《海洋环境保护法》规定，有下列行为之一的，依照《海洋环境保护法》第 87 条的规定，由依照本法规定行使海洋环境监督管理权的部门予以警告，或者处以罚款：

(1) 港口、码头、装卸站及船舶未按规定配备防污设施、器材的；

(2) 船舶未持有防污证书、防污文书的，或不按照规定记载排污记录的；

(3) 从事水上和港区水域拆船、旧船改装、打捞和其他水上、水下施工作业，造成海洋环境污染损害的；

(4) 船舶载运的货物不具备防污适运条件的。

有前款第(1)项、第(4)项行为之一的，处 2 万元以上 10 万元以下的罚款；有前款第(2)项行为的，处 2 万元以下的罚款；有前款第(3)项行为的，处 5 万元以上 20 万元以下的罚款。

5. 违反《海洋环境保护法》规定，船舶不编制溢油应急计划的，依照《海洋环境保护法》第 88 条的规定，由海事管理机构对船舶所有人、经营人或者管理人予以警告，或者责令限期改正。

七、违反海上交通事故调查处理秩序

违反《中华人民共和国海上交通事故调查处理条例》(简称《海上交通事故调查处理条例》)规定，有下列行为之一的，依照《海上交通事故调查处理条例》第 29 条的规定予以处罚：

(1) 发生海上交通事故，未按规定的时间向海事管理机构提交《海上交通事故报告书》；

(2) 中国籍船舶在中华人民共和国管辖水域以外发生海上交通事故，船舶所有人、经营人或者管理人未按《海上交通事故调查处理条例》第 32 条规定将判决书、裁决书或者调解书的副本或者影印件报船籍港的海事管理机构备案；

(3) 发生海上交通事故，未按海事管理机构的要求驶往指定地点，或者在未发现危及船舶安全的情况下未经海事管理机构同意擅自驶离指定地点；

(4) 发生海上交通事故，报告的内容或者《海上交通事故报告书》的内容不符合《海上交通事故调查处理条例》第 5 条、第 7 条规定的要求，影响事故调查或者给有关部门造成

损失;

(5)发生海上交通事故,不按《海上交通事故调查处理条例》第9条的规定,向当地或者船舶第一到达港的船舶检验机构、公安消防监督机关申请检验、鉴定,并将检验报告副本送交海事管理机构备案,影响事故调查;

(6)拒绝接受事故调查或者无理阻挠、干扰海事管理机构进行事故调查的;

(7)在接受事故调查时故意隐瞒事实或者提供虚假证明。

第四节 海事行政处罚程序

海事行政处罚决定程序是整个海事行政处罚的关键环节之一,是保障正确实施行政处罚的条件之一。基于"诉讼经济"的考虑,如果只对低度的权益侵害,可以不必规定太严格的程序要件①。针对罚款额度高低及属于警告处罚与否,分为简易程序和一般程序。在前者的简易程序方面,则不必进行如一般程序的严格程序,有利于提高行政效率,节约执法成本。对于按照一般程序吊销许可证或证件、较大数额罚款(在海事行政处罚中是指对自然人处以1万元以上罚款,对法人或其他组织处以10万元以上罚款的行政处罚),为了保护相对人的权益,可应当事人的要求,举行听证,即可以进入听证程序。因此行政处罚的程序包括决定程序中的简易程序(或称当场处罚程序)、一般程序(或称普通程序)、执行程序、监督程序,听证程序是一般程序的特殊程序。

一、简易程序

(一)简易程序的概念

简易程序,亦称当场处罚程序,是指海事行政机构行政执法人员对符合法定条件的行政处罚事项,当场作出行政处罚决定的处罚程序。

(二)适用简易程序的条件

2021年修订版的《行政处罚法》第51条规定:"违法事实确凿并有法定依据,对公民处以200元以下、对法人或者其他组织处以3 000元以下罚款或者警告的行政处罚的,可以当场作出行政处罚决定。"这就是所说的简易程序。2022年1月20日颁布的《海事行政处罚实施细则》也作了相同的规定。即第18条规定:"违法事实确凿并有法定依据,对自然人处以200元以下、对法人或者其他组织处以3 000元以下罚款或者警告的海事行政处罚的,可以适用简易程序当场作出行政处罚决定。"从上述规定中不难看出,行政机关对行政违法行为适用简易程序,必须同时具备以下三个条件:

1. 对公民处以200元以下、对法人或者其他组织处以3 000元以下罚款或者警告的行政处罚

这一规定表明以下内容。

(1)简易程序仅限于数额较小的罚款和警告。除此以外的海事行政处罚,因为较严厉

① 陈新民:《中国行政法学原理》,中国政法大学出版社,2002,第125页。

及案件复杂,对当事人的影响较大或者重大,故要慎重行事而不适用简易程序。

(2)在我国目前经济发展状况下,划定这一罚款数额标准,应该说是合理的。从经济能力上来说,法人或者其他组织显然要强于公民,如果两者适用于同一标准,就会出现或者对公民偏重,或者对法人(或其他组织)偏轻的情况,也就起不到惩罚与教育的作用。

(3)从法律、法规、行政规章的规定来看,对公民处以200元以下、对法人或者其他组织处以3 000元以下罚款或者警告行政处罚的违法行为,通常属轻微的违法行为。这类行为案情简单、影响小、社会危害性不大,故可以适用于简易程序即当场处罚程序。

2. 违法事实确凿

违法事实确凿包括以下内容。

(1)有确实充分的证据证明违法事实的存在及性质、程序,即违法事实符合法律、法规行政规章预先设定的事项。

(2)有确实、充分的证据证明违法事实系当事人所为。只有在违法事实确凿的情况下,才适用简易程序,当场对当事人作出处罚。虽然符合第一个条件,但违法事实尚未查清,证据未达到确实、充分的程度,仍然不可以适用简易程序对当事人进行处罚。违法事实确凿既是适用简易程序的条件之一,更是适用简易程序的基本前提之一。

3. 有法定依据

对当事人违法行为进行处罚,不仅有法律依据,而且法律依据必须明确、具体。在没有明确、具体的法律依据的情况下,必然是随意性的,亦即是违法的。因此,当场无法确定法律依据或者法律依据不明确的,即使符合上述两个条件,也不适用简易程序。

执法人员在行政执法过程中发现相对人实施的行政违法行为后,如认定相应行为符合上述法定条件,即不必适用调查取证程序,也不必更换时间和地点,可以立即当场予以处罚。与《行政处罚法》规定的一般程序相比较,这一程序省略了相关步骤,有利于迅速、及时地处理较轻微的行政违法行为。

(三)简易程序的实施

1. 向当事人出示海事行政执法证件并查明对方身份

即执法人员当场作出行政处罚决定的,应当向当事人出示执法证件。这个证件只能是由中华人民共和国海事局颁发的海事行政执法证,即使是穿着制服而无海事行政执法证也不能算表明身份,同时必须查明海事行政相对人的身份。

2. 按照《交通运输行政执法程序规定》《海事行政执法证据管理规定》,调查并收集必要的证据,确认违法事实,说明处罚理由和依据

海事执法人员当场发现或者有人当场指认某人违法的,如果违法事实清楚、情节简单,当事人对违法事实无异议,执法人员即可当场处罚,并说明处罚的事实根据和法律依据。有时虽然违法行为的危害后果轻微,但违法者拒不承认;或者由于某种客观原因,执法人员的“发现”或者第三人的“指认”存在事实上的偏差或错误,在这种情况下,执法人员应当尽量取得其他证据,以确认违法事实。要求说明处罚理由和依据,体现了保障相对人权利的原则,有利于违法者了解法律的有关规定,教育其严格遵守法律。给予当事人以提出异议和申辩的机会,也有利于监督执法人员认真执行处罚法规,公正地实施处罚。

3. 制作《当场海事行政处罚决定书》

这是对行政处罚决定的书面形式要求,其目的在于为行政处罚接受监督和审查提供依

据。执法人员当场作出行政处罚决定的,应当填写预定格式、统一编有号码的《当场海事行政处罚决定书》。行政处罚决定书应当载明法定事项并由执法人员签名或盖章。

4.《当场海事行政处罚决定书》的交付

执法人员按照法定的格式、要求填写《当场海事行政处罚决定书》,应当当场将其交付当事人,并要求当事人在《当场在海事行政处罚决定书》上签字。

5. 备案

海事行政执法人员依法当场作出海事行政处罚决定的,应当在 5 日内将《当场海事行政处罚决定书》副本报所属海事管理机构备案,同时录入行政处罚系统。当事人对当场处罚决定不服的,可以依法申请行政复议或者提起行政诉讼。申请行政复议或者提起行政诉讼也是《行政处罚法》规定的对简易程序的法律救济途径。

二、一般程序

(一)一般程序的概念

一般程序是指行政处罚程序的基本程序,适用于简易程序案件以外的所有行政处罚案件,包括立案调查程序和审查决定程序。①

(二)一般程序的特征

1. 适用的范围广

除法律有特别规定的以外,一律适用一般程序。

2. 较简易程序严格、复杂

一般程序较简易程序在时间顺序、证据取舍、当事人参与权利以及对公众公开等方面的要求更为严格。

3. 同时作为听证程序的前提程序

听证程序适用于案情复杂、争议较大、可能导致较重处罚的案件,但适用听证程序的案件在举行听证前,必须首先经过一般程序的有关步骤,如调查取证,向当事人说明处罚理由、根据,听取当事人申辩等。所以,一般程序可以视为是听证程序的前提程序,听证程序可以认为是一般程序的特别程序。

(三)一般程序的步骤

1. 立案

海事行政机构对于属于本机关管辖范围内并在追究时效内的海事行政违法行为或重大违法嫌疑情况,海事行政机构认为有调查处理的必要的,应当正式立案。《海事行政处罚实施细则》第二十一条明确规定:“对违法行为事实基本清楚,属于本机构管辖的,应当自违法行为发现之日起七个工作日内填写《海事行政处罚立案登记表》,同时附上与案件相关的材料,报本海事管理机构负责人或经其授权的案件承办部门负责人批准。”立案是海事行政处罚程序的开始,目的是对海事违法行为进行追究,通过调查取证工作,证明违法嫌疑人是

---

① 傅思明:《中国依法行政的理论与实践》,中国检察出版社,2002,第 36 页。

否有违法行为，从而决定是否对其实施处罚。

2. 调查

调查是指海事行政机构依法搜集海事行政违法案件的各种证据以查清有关违法事实的活动。海事执法人员在进行调查时，应当穿制服，向当事人出示执法证件、调查人员应为2人以上。另外，同当事人有利害关系的海事执法人员应当回避。在调查中，海事行政执法人员有权询问当事人和证人。调查人员应当全面、客观、公正地搜集各种证据，既要搜集能证明相对人违反海事行政法律规范的证据，又要搜集能证明相对人没有违反海事行政规范的证据；既要搜集可能使相对人处罚加重的证据，又要搜集可能使相对人获得从轻或免除处罚的证据。先取证、后处罚，是海事行政处罚程序最基本的准则。不经过调查就不可能取得充分的证据，没有充分的证据就不可能作出正确的处罚决定。因此，在没有取得足以证明应予处罚的违法事实存在的充分而确凿的证据以前，不能实施处罚。

《海事行政处罚程序实施细则》对调查取证的相关规定如下。

海事管理机构利用视频监控（CCTV）、甚高频（VHF）、船舶自动识别系统（AIS）、船舶远程跟踪与识别系统（LRIT）、无线电监测系统等电子技术监控设备收集、固定违法事实的，应当经过法制和技术审核，确保电子技术监控设备符合标准、设置合理、标志明显。

技术审核应对电子技术监控设备是否满足设计和制造标准以及有关国家标准进行审核。法制审核应对电子技术监控设备设置是否合理、标志是否明显进行审核。

电子技术监控设备设置地点应当按照属地管理原则由使用的直属海事局公布。未经法制、技术审核的，不得公布；未公布设置地点的，海事管理机构通过电子技术监控设备的记录信息不得作为实施行政处罚的证据。

海事管理机构对海事违法行为的调查取证工作，应当全面、客观、公正，符合《交通运输行政执法程序规定》《海事行政执法证据管理规定》等要求。必要时，依照法律、法规的规定，可以进行检查。在证据可能灭失或者以后难以取得的情况下，经海事管理机构负责人批准，可以对与涉嫌违法行为有关的证据采取先行登记保存措施。先行登记保存有关证据，应当当场清点，制作《海事行政执法证据登记保存清单》，由当事人和执法人员签名或者盖章，当场交当事人一份。先行登记保存期间，当事人或者有关人员不得销毁或者转移证据。

对先行登记保存的证据，海事管理机构应当于先行登记保存之日起七日内采取以下措施。

（1）及时采取记录、复制、拍照、录像等证据保全措施，不再需要采取登记保存措施的，及时解除登记保存措施。

（2）需要鉴定的，及时送交有关部门鉴定。

（3）违法事实成立，应当依法予以没收的，作出行政处罚决定，没收违法物品。

海事管理机构逾期未作出处理决定的，先行登记保存措施自动解除。

3. 审核

审核是《海事行政处罚实施细则》的一项专门规定，是由设在海事机构内部的法制部门对调查之后尚未作出处罚决定的海事行政违法案件进行审核的一项制度。目的是提高海事行政处罚的质量，其有关规定如下。

（1）海事行政处罚案件调查结束后，应当制作海事行政处罚案件调查报告，连同海事行政违法案件立案呈批表和证据材料，移送本海事管理机构案件承办部门的内设机构进行审核。

（2）海事管理机构案件承办部门收到调查报告后，应当对以下内容进行审核，主要内容包括：

①案件是否属于本海事管理机构管辖；

②当事人的基本情况是否清楚；

③案件事实是否清楚，证据是否确凿、充分；

④定性是否准确；

⑤适用法律、法规、规章是否准确；

⑥行政处罚是否正确行使自由裁量权；

⑦办案程序是否合法。

（3）案件承办部门负责人对调查报告审核完毕后，应当根据不同情况分别提出如下建议：

①违法事实清楚，证据确实、充分，行政处罚适当、办案程序合法，拟作出的处罚决定不属于重大行政处罚决定的，报海事管理机构负责人审批；

②违法事实清楚，证据确实、充分，行政处罚适当、办案程序合法，拟作出重大行政处罚决定的，报本海事管理机构负责法制审核的部门进行法制审核；

③违法事实清楚，证据确实、充分，办案程序合法，但属于清单所列的初次违法行为的，可以不予处罚；

④违法行为轻微并及时改正，且属于清单所列的轻微免罚行为，没有造成危害后果的，不予行政处罚；

⑤当事人违法行为不成立的，终止调查；

⑥违法事实清楚，证据确实、充分，但定性不准、适用法律不当、行政处罚不当的，退回调查人员修改；

⑦违法事实不清，证据不足的，退回调查人员补正；

⑧办案程序不合法的，责成调查人员纠正；

⑨不属于本海事管理机构管辖的，建议移送其他有管辖权的机关处理。

（4）负责法制审核的部门主要审核以下内容：

①海事行政执法主体是否合法，海事行政执法人员是否具备执法资格；

②行政处罚程序是否合法；

③案件事实是否清楚，证据是否合法充分；

④适用法律、法规、规章是否准确，裁量权运用是否恰当；

⑤执法是否超越执法部门的法定权限；

⑥海事行政处罚文书是否完备、规范；

⑦违法行为是否涉嫌犯罪、需要移送司法机关。

对符合相关规定的，负责法制审核的部门应当通过法制审核，并将案件退回承办部门。对不符合相关规定的，法制审核应当不予通过；案件承办部门应当按照法制审核意见进行完善，并按照本章规定，重新提交审核。调查结束后，案件承办部门应当按规定将《海事违法行为调查报告》和法制审核意见以及证据等案卷材料报海事管理机构负责人审查批准。

4. 决定

决定是指海事行政机构经过调查之后，掌握了充分的事实和证据，证明确有违反海事行政规范的行为并有明确的责任人,然后按照海事行政处罚规范作出对该责任人进行处罚的规定。海事行政机构在案件调查终结后,应当由调查人员制作《海事违法行为调查报告》并提出初步的处理意见,经案件承办部门和法制部门审核后,报行政首长审批。海事管理机构负责人应当及时对调查结果进行审查,根据不同情况分别作出处理决定:

(1)确有应受行政处罚的违法行为的,根据情节轻重及具体情况,作出行政处罚决定;

(2)违法行为轻微并及时改正,没有造成危害后果的,不予行政处罚;

(3)初次违法且危害后果轻微并及时改正,属于清单所列的初次违法行为的,不予行政处罚;

(4)违法事实不能成立的,不予行政处罚;

(5)违法行为已构成犯罪的,移送司法机关;

(5)不属于本海事管理机构管辖的,移送其他有管辖权的机关处理。

5. 说明理由并告知权利

海事行政机构在作出行政处罚决定之前应当制作《海事违法行为通知书》告知当事人拟作出行政处罚决定的事实、理由及依据,并告知当事人有权在收到该通知之日起3日内进行陈述和申辩,对依法应当听证的告知当事人有权在收到该通知书5日内提出听证要求。说明理由和告知权利的主要意义在于给当事人以针对处罚理由、根据进行申辩的机会,以及保证当事人在处罚过程中及以后及时请求救济,防止错过救济时效。

6. 当事人陈述和申辩

当事人或被处罚人的陈述、申辩权,是行政处罚程序中最主要、最基本的权利之一,是保护相对人不受行政机关非法侵害的权利,也是制约行政机关及其执法人员滥用处罚权的主要机制之一。海事行政机构有提出事实和证据说明当事人违法的权利,当事人也有陈述事实、提出证据说明自己无辜的权利。如果当事人对《海事行政处罚决定书》中拟进行行政处罚的违法行为提出有力证据证明自己是无辜的,海事管理机构就不能也无权实施行政处罚。海事管理机构必须充分听取当事人的意见,对当事人提出的事实、理由和证据应当进行复核;当事人提出的事实、理由和证据成立的,行政机关应当采纳,不得因当事人申辩而加重处罚。

7. 正式裁决

当事人在接到《海事行政处罚决定书》后,

(1)未提出异议,《海事行政处罚决定书》同时送达;

(2)3日内未提出异议;

(3)在5日内经过陈述和申辩,海事管理机构认为理由不存在或不成立的。

海事行政机构应及时制作《海事行政处罚决定书》。注意《海事行政处罚决定书》必须盖有作出海事行政处罚决定的海事管理机构的印章,否则处罚无效。

8.《海事行政处罚决定书》的送达

海事行政机构依照法定的程序和方式,将行政处罚决定书送达当事人的行为,称为行政处罚决定书的送达。行政处罚决定书一经送达,便产生法律效果。当事人提起行政复议或行政诉讼的期限,从送达之日算起。行政处罚决定书一般应在宣告后当场交付当事人;当事人不在场的,行政机关应当在7日内依照《中华人民共和国民事诉讼法》《交通运输行政执法程序规定》《最高人民法院印发〈关于进一步加强民事送达工作的若干意见〉的通知》等关于文书送达的有关规定,将行政处罚决定书送达当事人。行政处罚决定书的送达方式有以下四种:一般情况下应直接送交当事人签收,当事人签收的日期是送达日期;留置送达,当事人拒绝签收的,应当由当事人所在单位或基层组织的有关人员以及其他无利害关系的证明人签字证明,并以该签字证明之日为送达日期;不能直接送达的,可以采用邮寄送达的方式,邮寄送达以挂号回执上注明的收件日期为送达日期;责任人下落不明,无法送达的,可以采用公告送达的方式,公告期限结束的日期即为送达日期。

三、听证程序

(一)听证程序的概念

听证一般是指国家机关作出行政决定之前,听取与该决定有利害关系的当事人的意见的活动①。海事行政处罚中的听证程序,是指海事行政机构在向当事人作出重大海事行政处罚决定前,听取当事人陈述和辩解,以便作出公正、合法处罚决定的程序。行政听证制度是现代行政法的一项重要制度,它充分体现了行政公正、依法行政的原则,对保护行政相对人的合法权益有积极的意义。

由于听证需要的时间较长,程序比较复杂,为了保证行政工作的效率,一般情况下行政处罚行为不予以采用,只有对相对人进行较重的处罚时才适用。海事行政听证制度适用于以下内容。

(1)较大数额罚款(是指对自然人处以 1 万元以上罚款,对法人或其他组织处以 10 万元以上罚款)。由地方海事管理机构处以罚款的,也可以按照省、自治区、直辖市人民代表大会常务委员会或人民政府规定的标准确定"较大数额罚款"。

(2)吊销证书。

(二)听证程序的步骤

1. 告知听证权

海事行政机构在作出属于听证制度适用范围内的行政处罚行为时,有义务以书面的形式告知当事人有请求听证的权利。海事行政机构未告知的,当事人有权请求听证的期限(5 日)从知道或应当知道该权利的时候算起,而不是行政处罚行为作出之时。

2. 提出听证

当事人要求听证的应当在海事行政机构告知后 5 日内提出。提出听证必须符合一定的条件。对下列不符合申请条件的,不组织听证:

(1)申请人不是本案当事人或其代理人;

(2)未在海事行政机构告知权利后 5 日内提出听证要求的;

(3)请求的处罚行为不属于听证制度的适用范围;

(4)其他不符合申请听证条件的。

3. 通知听证

海事行政机构决定举行听证的,应当在举行听证的 7 日前,通知当事人举行听证的时间、地点,以便当事人为听证作充分的准备。

---

① 姚锐敏:《依法行政的理论与实践》,法律出版社,2000,第 321 页。

4. 听证人员

海事管理机构的听证人员包括听证主持人、听证员和书记员。听证主持人由海事管理机构负责人指定本海事管理机构负责法制工作的机构的非本案调查人员担任。听证员由海事管理机构负责人指定1至2名本海事管理机构的非本案调查人员担任，协助听证主持人组织听证。书记员由海事管理机构负责人指定1名非本案调查人员担任，负责听证笔录的制作和其他事务。

5. 听证会程序

海事行政处罚听证，按以下程序进行：

(1)宣布案由和听证纪律；

(2)核对当事人或其委托代理人、本案调查人员、证人及其他有关人员是否到场，并核实听证参加人的身份；

(3)宣读并出示海事管理机构负责人签署的听证决定，宣布听证人员名单，告知当事人有申请主持人回避、申辩和质证的权利；

(4)宣布听证开始；

(5)案件调查人员提出当事人违法的事实、证据，说明拟作出行政处罚的建议和法律依据；

(6)当事人或其委托代理人对案件的事实、证据，适用法律，行政处罚裁量等进行申辩和质证；

(7)主持人就案件的有关问题向当事人或其委托代理人、案件调查人员、证人询问；

(8)经主持人允许，当事人、调查人员就案件的有关问题可以向到场的证人发问；

(9)本案调查人员、当事人或其委托代理人按顺序就案件所涉及的事实、各自出示的证据的合法性、真实性及有关的问题进行辩论；

(10)辩论终结，听证主持人可以再就本案的事实、证据及有关问题向当事人或其代理人、本案调查人员征求意见；

(11)中止听证的，主持人应当时宣布再次进行听证的有关事宜；

(12)当事人或其委托代理人作最后陈述；

(13)主持人宣布听证结束，听证笔录交当事人或其委托代理人核对无误后签字或盖章。认为有错误的，有权要求补充或改正。当事人拒绝的，由听证主持人在听证笔录上说明情况。

6. 听证的延期

有下列情形之一的，主持人可以决定延期举行听证：

(1)当事人因不可抗拒的事由无法到场的；

(2)当事人临时申请回避的；

(3)其他应当延期的情形。

7. 听证的中止

有下列情形之一的，主持人可以宣布中止听证：

(1)证据需要重新鉴定、勘验的；

(2)当事人或其代理人提出新的事实、理由和证据，需要由本案调查人员调查核实的；

(3)作为听证申请人的法人或其他组织突然解散，尚未确定权利、义务承受人的；

(4)当事人因不可抗拒的事由，不能继续参加听证的；

(5)听证过程中,当事人或其代理人违反听证纪律致使听证无法进行的;

(6)其他应当中止听证的情形。

中止听证,应当在听证笔录中写明情况,由主持人签名。

8. 听证的终止

有下列情形之一的,应当终止听证:

(1)当事人或其代理人撤回听证要求的;

(2)当事人或其代理人接到参加听证的通知,无正当理由不参加听证的;

(3)当事人或其代理人未经听证主持人允许,中途退出听证的;

(4)其他应当终止听证的情形。

听证终止,应当在听证笔录中写明情况,由主持人签名。

9. 听证决定

听证结束后,主持人应当依据听证情况制作海事行政处罚听证报告书,连同听证笔录报海事管理机构负责人审查后,依照有关规定作出相应决定。

(三)海事行政听证有关制度

(1)当事人认为主持人与本案有直接利害关系的,有权申请回避。

(2)听证会除涉及国家秘密、商业秘密或者个人隐私外,应该公开举行,接受公众监督。

(3)听证会实行代理制度,当事人可以亲自参加听证,也可以委托1至2人代理。当事人委托代理人参加听证会的,应当向海事管理机构提交当事人签署的授权委托书,并具体列明委托权限。

(4)听证过程中,调查人员对认定的事实负举证责任,当事人对自己提出的主张负有举证责任。

(5)当事人有正当理由要求延期举行听证的,经海事管理机构批准,可以延期一次。

(6)延期、中止听证的情形消失后,由主持人决定恢复听证并将听证的时间、地点通知听证参加人。

(7)听证会的全部过程应当制作听证笔录,笔录应当交由当事人审核无误后由当事人签字盖章。

四、执行程序

海事行政处罚的执行主要包括以下制度和规则。

1. 行政处罚决定不因当事人申请行政复议或提起行政诉讼而停止执行,但法律另有规定的除外。

2. 作出处罚决定的海事管理机构应当与收缴罚款的机构分离。作出行政处罚决定的海事管理机构执法人员不得自行收缴罚款。当事人应当自收到行政处罚决定书之日起15日内,到指定的银行缴纳罚款。银行应当收受罚款,并将罚款直接上缴国库。但依法当场作出的行政处罚决定有下列情形之一的,执法人员可以当场收缴罚款:

(1)依法给予50元以下的罚款的;

(2)不当场收缴罚款事后难以执行的;

(3)在边远、水上、交通不便地区,当事人向指定的银行缴纳罚款确有困难,当事人主动提出当场交纳罚款的。

海事行政机构及其执法人员当场收缴罚款的,必须向当事人出具省、自治区、直辖市财政部门统发的罚款收据,否则当事人有权拒绝缴纳罚款。执法人员当场收缴的罚款,应当在收缴罚款之日起2日内,交至行政机关,在水上收缴的罚款,应当自抵岸之日起2日内交至行政机关;行政机关应在2日内将罚款缴付指定的银行。

3. 无正当理由逾期不缴纳罚款的,海事管理机构依法每日按罚款数额的3%加处罚款。

4. 被处以扣留证书的,当事人应当及时将被扣留证书送交作出处罚决定的海事管理机构。扣留证书期满后,海事管理机构应将所扣证书退还当事人,也可以通知当事人领取被扣证书。被处以扣留证书,当事人拒不送交被扣留的证书的,海事管理机构可以延长扣留证书期限或者吊销证书。被处以吊销证书,当事人拒不送交被扣留、被吊销的证书的,海事管理机构应当公告该证书作废。

5. 海事管理机构对船员处以海事行政处罚后,应当记入该船员的《船员服务簿》。

6. 对当事人处以没收船舶处罚的,海事管理机构应当依法处理所没收的船舶。

7. 当事人在法定期限内不申请复议或提起诉讼,又不履行海事行政处罚决定的,海事管理机构依法申请人民法院强制执行。

8. 海事行政处罚案件执行完毕后,应当填写《海事行政处罚结案表》,并将全部案件材料立卷归档,交海事管理机构负责法制工作的内设机构登记并妥善保管。

五、监督程序

这是为了充分保证当事人权利得以实现而设立的一项海事行政法律制度。

1. 自然人、法人或其他组织对海事管理机构作出的行政处罚有权申诉或检举。

自然人、法人或其他组织的申诉或检举,由海事管理机构负责法制工作的内设机构受理和审查,认为海事行政处罚有下列情形之一的,经海事管理机构负责人同意后,予以改正:

(1)主要事实不清、证据不足的;

(2)适用依据错误的;

(3)违反法定程序的;

(4)超越或滥用职权的;

(5)具体行政行为明显不当的。

2. 海事管理机构负责法制工作的内设机构发现本海事管理机构作出的海事行政处罚有上述情形之一的,应当向海事管理机构负责人提出建议,予以改正。

3. 上级海事管理机构发现下级海事管理机构作出的海事行政处罚有上述情形之一的,应当责令其改正。

4. 海事管理机构和海事行政执法人员违法实施行政处罚的,按照《行政处罚法》有关规定追究法律责任。

复习思考题

一、名词解释

1. 海事行政处罚

2. 简易程序
3. 听证程序
4. 海事行政相对人
5. 船舶最低安全配员证书

二、简答题

1. 海事行政处罚的种类。
2. 海事行政处罚适用简易程序的条件。
3. 海事行政处罚一般程序的步骤包括哪些?
4. 海事行政处罚的执行程序主要包括哪些?
5.《海上交通安全法》规定的不符合最低安全配员要求的情形有哪些?

三、案例分析

中洋运输股份有限公司(简称中洋公司)不服台州海事局、浙江海事局行政处罚决定及复议决定案。

【基本案情】

2019 年 1 月,中洋公司雇佣拖轮将无动力无船名船号的船舶从舟山拖至台州三门,执法人员于 6 月 19 日查获该船。经台州海事局现场勘查,认定该船为"三无"船舶。台州海事局作出处罚决定,没收案涉"三无"船舶。中洋公司不服,向浙江海事局申请行政复议。浙江海事局作出复议决定,维持该处罚决定。中洋公司诉至宁波海事法院,请求判决撤销处罚决定及复议决定。

【裁判结果】

宁波海事法院审理认为,涉案船舶系无船名船号、无船舶证书、无船籍港的"三无"船舶,并擅自出海从事生产、经营等活动,台州海事局作出没收中洋公司所有的"三无"船舶的处罚决定并未违反《行政处罚法》的规定。一审判决驳回中洋公司的诉讼请求。中洋公司提起上诉,浙江省高级人民法院二审维持原判。

【案例分析】

根据《行政处罚法》第 8 条的规定,没收非法财物,是行政机关将行政违法行为人非法占有的财产和物品收归国有的制裁方法。台州海事局作为案涉海事领域行政主管部门,按照法定程序作出没收中洋公司所有的"三无"船舶的处罚决定于法有据。

本案为海事法院审理的海事行政案件,进一步明确了"三无"船舶的认定标准,为海上行政执法提供了重要参考,有利于促进行政执法尺度的统一;支持了海上执法机关的事实认定结论和行政处罚依据,保障行政执法机关依法履行管理职责,实现司法与行政执法的有效衔接。

【问题】

1. "三无"船舶的认定标准是什么?
2. 不服海事行政主管部门的行政处罚的救济途径有哪些?

第七章 海事行政强制

第一节 海事行政强制的概念

2012年1月1日起实施《行政强制法》，使得“行政强制”这一长时间争议不断的概念在实定法层面得到统一规定，并成为所有行政机关或法院实施行政强制的法律依据。该法的实施有助于保证行政强制权最大限度地吻合公共利益，从而保证行政强制权的使用具备充分的正当性基础。我国的海事管理机构作为行使水上安全和防止船舶污染的执法权的行政执法机关，海事行政强制便成为下位概念，在海事行政强制的实务层面需要对法律规范进行准确把握的同时，还需要把握海事行政强制本身的特点和规律性。因此，在《行政强制法》的体系构架的约束和调整下，如何有效合法履行海事行政强制职能，成为海事管理机构需要重视和解决的现实问题。

为加强海上交通管理，保障船舶、设施和生命财产的安全，维护国家权益。水上交通安全管理虽然在本质上是纳税人和国家之间的契约，但是由于海事行政管理本身的特点，必须依靠国家强制来保障。海事行政强制有强制性和公益性的属性，这些属性在水上交通安全管理中得到了体现。在水上交通安全管理工作中，涉及通航管理、水上水下作业施工管理，水上防污染管理等方面，水上交通安全对安全生产、国民经济和人民生命财产至关重要，由于水上交通事故的属性决定了其一旦发生可以说是灾难性的，行政强制体现了保护人民生命财产的公益性，相对船舶经营人和单位则体现了强制性。为保障水上交通安全公益性目的实现，必须对行政相对人行为进行强制，即通过国家强制力实现水上交通安全的公益性目的，海事行政强制制度即是这种强制性的体现。

一、行政强制的概念

行政强制是一个复合性和广泛性的概念，直到《行政强制法》出台，在我国的行政法学界中，“行政强制”的概念颇具争议性。关于行政强制相关问题的论述，有着不同角度的把握，因此要对“行政强制”给予一个统一的概念界定非常有难度。当前较为主流化对于“行政强制”的概念把握主要有基于日本行政法的经典构架的三分法视角和把“行政强制措施”与“行政强制执行”统合性概念的二分法视角。

《行政强制法》第二条规定在实定法层面上确定了行政强制包括行政强制措施和行政强制执行的概念构架和分类体系。基于这个规定，可以从以下五个方面来理解《行政强制法》。

(1)从全球范围看，大部分国家都将有关行政强制的内容分别规定在各个领域的相关规范中，而没有专门制定《行政强制法》法典。这体现出各国对“强权”的警惕，从而尽量避免“行政强制”这一激烈的词汇，我国《行政强制法》的制定实施，体现了我国发展过程中的阶段特色，当前阶段对于行政强制予以规范和对权利进行保护需要用统一立法的方式实现。“行政行为最需要规范，行政权强大，公民权弱小，制约行政权，保护公民权。这正是行政强制法的出发点"。①

(2)《行政强制法》立法的目的是强调对合法权益的保护,尤其倾向弱者。权利与权力的平衡是全世界都面临的平衡难题,一方面,行政强制是行政机关依法履职,维护正常社会秩序的必要手段,行政强制是一种超越了个体之上的公共力量,它有巨大的规模效益,实际上也是保护公民权利的必要而有效的工具。另一方面,行政强制比其他任何行政行为都可能侵害到私权利。因此,只有确保行政强制的设定和实施都能得到依法规范,才能实现既对行政机关依法履职予以监督和保障,又能实现法律规范所确定的相关法定义务的履行,从而维护公共利益和公共秩序的目的。因此,行政强制的实施,是以实现公共利益为目的,这是一切行政强制正当性的基准。

(3)既然行政强制的目的是为了确保行政的有效性,以实现公共利益为目的,行政强制最终追求的就是使行政权力成为公共权利的保护神。而当行政目的实现时,无论何种行政强制都应当终结②,这也是《行政强制法》中所明文规定的。

(4)行政强制强调依法律行使。行政强制由于具有很强的公共利益维护性,从而对被实施强制的相对方具有很强烈的侵益性,所以行政强制强必须由法律所授予,其实施也要有严格的法律依据。如前所述,行政强制两个方面的功能都需要统一的法律规范来给予行政强制权和合法权益以保障。值得注意的是,近年来由于行政强制领域普遍存在的乱设滥用现象,使得一些对于"行政强制"过度抵触的观念出现,而削弱了行政强制存在于社会公共管理中的必要性和重要性。虽然行政强制规范的是一种最为"激烈"的执法方式,但激烈和对抗背后的指向是建立行政机关与公共利益的良好关系。

(5)行政强制是一个复合性和广泛性的概念,各种不同的行政强制既有共性又分别具有个性,所以各项具体行政强制在实施时不仅要依据《行政强制法》的体系框架,还要对实定法的诸多形态进行分析和探究。

二、海事行政强制的概念

海事行政强制是行政强制的一个特定领域,海事行政强制由海事行政管理机构依法实施行政强制措施和行政强制执行。海事行政强制制度是国家行政法律制度中一项重要的制度,建立和完善这一制度,一方面可以有效地保障公共利益、社会秩序和海事行政相对人的合法权益;另一方面对加强海事行政行为的合法性,对提高海事行政效率和防止滥用海事行政权力都具有重要意义。为了使海事部门更有效地使用行政强制这一管理手段的"利刃",真正起到海事行政强制所生产的效能作用,有效维护水上交通安全,更好地保护公民、法人和其他组织的合法权益,作为一类特殊的行政强制,海事行政强制是海事领域具有强制性的具体行政行为的统称。海事行政强制包括海事行政强制措施和海事行政强制执行。《中华人民共和国海事行政强制实施程序规定》(简称《海事行政强制实施程序规定》)第2条规定,"海事行政强制包括海事行政强制措施和海事行政强制执行"。海事行政强制措施是指海事管理机构在海事行政执法过程中,依法对行政管理相对人的财物或者行为实施强制,达到海事行政执法目的的行为。海事行政强制执行是指海事管理机构依法对不按规定履行海事行政决定义务的当事人强制其履行义务的行为。

---

① 杨建顺:《行政强制法18讲》,中国法制出版社,2011,第24页。

② 参见《行政强制法》第27-28条、第33条。

海事行政强制制度是一项重要的行政法律制度,是海事行政管理活动中必不可少的制度,是海事行政机构依法维护行政管理秩序的法律程序和手段。行政强制措施是指行政主体在国家行政管理过程中,为维护社会的公共管理秩序,预防或制止危害社会事件或违法行为的发生,或为保障行政处理决定的顺利作出,所实施的临时性的强制性实力行为。其主要特征有非处分性(即不对财产、行为实施最终处分)、临时性(即只是一种中间行为,不是最终行为)。海事行政即时强制,指在海事行政管理机构在紧急情况下,为了预防或制止危害社会的行为的发生或事态的蔓延,立即采取的强制手段,是一类特定的行政行为。

(一)海事行政强制措施的概念

如前所述,理解“行政强制”的视角是多元的,这也就决定了对于“行政强制措施”和“海事行政强制措施”的理解也是多元性的视角。因此“海事行政强制措施”这一概念也具有复合性和包容性,具有多种具体形态。使用“行政强制措施”来概括地指称单行法律、法规和规章规定的名称不一的各种强制手段,其初衷或目的,是实现对单行法规定的这类强制手段进行设定上的制约,并对其违法造成的损害后果进行国家赔偿①。

如上所述,海事行政强制措施从目的性上可以分为两类:

(1)预防性的海事行政强制措施,是指海事管理机构对将危害水上交通安全法律秩序的行政相对人的行为或财物,依法采取强制措施,以预防危害水上交通安全秩序发生的行政行为(如沉船沉物的强制打捞);

(2)制止性的海事行政强制措施,是指海事管理机构对正在危害水上交通安全秩序的行政相对人的行为或财物依法采取强制措施,以制止危害水上交通安全秩序继续存在的行政行为(如对超载船舶的强制卸载),通常在没有特定的海事行政处理决定的情况下对行政相对人施加强制力。

由于《行政强制法》第9条规定了五类行政强制措施的种类,其中前四类可以理解为类型化了的行政强制措施,“其他”则是还未类型化的。很多学者把行政上的即时强制和行政调查中的强制归入了尚未类型化的其他行政强制措施中。对照海事管理职能和相关海事法律法规,海事行政强制具体措施属于类型化的行政强制措施只有扣押类(如《内河交通安全管理条例》61条规定的“暂扣船舶”。)但在实际操作中,鉴于船舶的大型化发展,海事管理机构很难真正实现对船舶的扣押,对一些较为老旧的、吨位较小的内河船舶曾经采取过解除动力等强制性的措施。但随着船舶技术的发展,对于船舶行政扣押一方面缺乏详细的法律规定和操作流程,另一方面缺少实施手段。民事领域的做法可以引以为鉴,即《海事诉讼法》引入了国际法规《1999年扣船公约》中关于船舶扣押的概念,即把限制船舶移动的一些措施,如禁止离港等都视为船舶扣押的范畴。

海事行政强制措施具有以下主要特征。

(1)法定性

海事行政强制措施的主体法定、依据法定。《行政强制法》将海事行政强制措施的设定依据限定于法律,且“行政强制措施权不得委托”②。这暗示了法律本身也应当有边界的规定方式,是一种规定层面的进步,也是一种观念上的进步,同时也明晰了海事行政强制措施

① 杨建顺:《行政强制法18讲》,中国法制出版社,2011,第25页。

② 参见《行政强制法》第17条。

中原本有些含混的种类。

(2)强制性

由于行政强制措施是对人身或财物的控制行为,且是在其他措施无效果的情况下,为达到行政管理目的而采取的,必然具有较之其他行政行为更强制的特性。海事管理机构作出了法定的意思表示,对海事管理的行政相对人而言就表现为对该项行政行为的服从和配合。如果行政相对人不服从和配合,就会导致海事行政强制措施的强制执行。

(3)预控性和暂时性

实施海事行政强制措施的目的是预防和防止危害水上交通行为的发生或危险扩大,或在调查阶段保障最终顺利作出行政处理决定,从而保障水上交通公共利益,而对行政相对人作出的暂时性的约束或控制。

除了上述行政强制措施的共性特征外,海事行政强制措施还有以下个性特征。

(1)国际性

我国的海事行政强制的法律依据除了《行政强制法》《安全生产法》《港口法》《水污染防治法》《海上交通安全法》《内河交通安全管理条例》等国内法律法规,还有一部分是海事管理的特殊性而加入的国际公约。如《1978 年海员培训、发证和值班标准国际公约》第Ⅺ条第 3 款规定:"如果考虑到船舶的尺度和类型以及航程的长短和性质,规则Ⅰ/4 第 3 段中所述的缺陷未能纠正并判定将危及人员、财产或环境时执行监督的缔约国应采取措施,以保证船舶在消除危险并符合要求后才可开航。"①这里的"采取措施"就包括了授权缔约国当船舶出海前如不纠正将危及生命、财产安全或危及海洋环境的缺陷时,对船舶采取的行政强制措施。

(2)涉外性

海事行政执法的一个鲜明特点是很多时候海事行政强制的对象是外籍船舶,因此海事行政强制具有不同于其他类别的涉外性。

(3)紧急性

由于水上环境的复杂多变,水上交通安全涉及的国民经济和财产数额巨大,涉及的人员伤亡众多,目前在各级海事管理机构较多实施行政强制的情况是发生在危及水上交通公共安全或者人民生命财产的重大事件时,实施强制清除、强制打捞。例如,危化品运输船舶发生泄漏,海事管理机构为了恢复水域通航状况、防止大面积水域污染而实施的即时行政强制。

(二)海事行政强制执行的概念

《行政强制法》第 2 条第 3 款对行政强制执行给出了明确定义。《行政强制法》规定了行政强制执行有行政机关或者申请人民法院两种执行机关,即所谓的"行政性执行和司法性执行"②,具体到海事行政强制执行,就海事行政强制执行本身来讲,这一行为出现有如下构成要件。

1. 行政相对人有应当履行的法定义务而其却并未履行

强制执行的动因来于不履行的法定义务,执行的目的是迫使行政相对的义务主体人履

---

① 郑中义:《海事行政法》,人民交通出版社,2013,第 169 页。

② 盐野宏:《行政法总论》,杨建顺译,北京大学出版社,2008,第 147 页。

行其应尽而未尽的义务,从而达到行政目的的行政执行权能。例如,依据《中华人民共和国水污染防治法》(简称《水污染防治法》),指定有治理能力的单位代为治理水污染。

2. 行政强制执行的双重主体

强制法明确规定了行政机关或者人民法院作为主体人,由谁适合执行必须依据法律的规定。具体到海事行政执行中,一般情况下,对于紧急的、需及时采取行政强制执行的行政行为,都是由海事行政直接强制执行。对行政机关自身无权强制执行的可以申请法院强制执行,人民法院只有根据行政主体的申请,并按照法律的明确规定和一定程序,才能实施行政强制执行。强制与具体行为(打捞清除、卸载等)和暂扣(船舶、浮动设施等)是海事行政机关最为明确、明晰的行政强制执行权。海事行政机关申请法院强制执行的法律依据则有:《行政诉讼法》第66条,《行政处罚法》第51条第3款,《海上交通安全法》第54条等。

3. 行政强制执行的目的是义务的履行

无论是行政机关负责还是人民法院负责,行政强制执行的目的都是实现法律法规规定的或行政行为所确立的义务的履行或达到义务履行相同的状态。这也是强制执行与强制措施在达成结果上的不同。所谓"实现义务的履行"是实现义务人直接履行义务的情况,而"达到义务履行相同的状态"则是代履行等间接强制的情形。代履行也是海事行政强制执行的一种主要且常见的方式。理解了这一特性也有助于下面我们对海事行政强制具体形态的探讨。

三、海事行政强制执行与海事行政强制措施的区别

在业已制定"行政强制执行法"的国家里,把"期待当事人的自我履行"奉为"行政强制执行法"的核心精神,任何行政强制执行都应当期待当事人的自我履行,"告诫"便成了"整个行政强制之核心"。① 所以他们认为,如果客观情况允许强制机关期待当事人自我履行的,那就是行政强制执行,否则便属行政强制措施。

《行政诉讼法》第12条中所列"行政强制措施",显然是作为具体行政行为的一个种类,而不是作为具体行政行为的一种方法对待。而且,这种具体行政行为又与《行政诉讼法》第95条规定的行政强制执行行为相区别。所以,尽管行政强制措施从字面上易引起误解,但《行政诉讼法》已实施33年,对行政强制措施,人们应该将其看成法律术语,按法律已经赋予的它的内涵和外延进行理解。

1. 前提不同

海事行政强制执行以法定义务人逾期不履行海事具体行政行为为前提;海事行政强制措施并不一定以当事人具有某些法定义务为前提,而是以可能产生危害水上交通安全秩序的行为为前提。如驱赶航道上碍航渔船是海事行政强制措施;而某村在航道内设置渔网,海事部门责令当事人限期清除,当事人没有如期清除,海事部门调遣工程船清除,属海事行政强制执行。

2. 目的不同

海事行政强制执行的目的在于迫使义务人履行特定义务或达到与履行义务相同的状态;海事行政强制措施的目的则在于预防、制止危害水上交通秩序的行为发生,使人和物保

---

① 城仲模:《行政法之基础理论》,三民书局,1980,第375页。

持一定状态。

3. 实施主体不同

实施海事行政强制执行的主体包括海事行政管理机构,也包括人民法院;而实施海事行政强制措施的主体只能是海事行政管理机构。

4. 性质略有差异

两者都属于强制性行政行为,但是,海事行政强制执行更偏重于执行性,而海事行政强制措施则更偏重于应急性,它可能是一种法律行为,也可能是没有法律效果的事实行为。

5. 起因不同

引起海事行政强制执行的原因只能是义务人的行为,是作为或不作为的义务;而引起海事行政强制措施的原因既可能是行为,也可能是某种事件或状态。

此外,关于一般强制措施与紧急强制措施(行政即时强制)的关系,行政法学上也有三种不同学说:包含说、交叉说与并列说。在海事行政强制中,作为较为特殊的强制手段——海事紧急强制措施和海事一般行政强制措施也有本质区别。

(1)海事一般行政强制措施虽常带有紧迫性,但采取时却须经过法定程序,并必须作出书面的海事行政强制措施决定;而海事紧急强制措施一般都是在情况紧急时,只要符合法律规定的条件即可作出,无须海事管理机构作出具体决定。

(2)海事一般行政强制措施常常是相对人有违法的嫌疑;而海事紧急强制措施主要由于情况紧急。

(3)海事行政强制措施常与海事行政强制执行紧密联系,在需要采取海事行政强制执行的情况时,常先采取海事行政强制措施;而海事紧急强制措施因无再执行可言,所以与海事行政强制执行没有联系。

第二节　海事行政强制的基本原则

依据行政法的基础理论和中华人民共和国海事局颁布的《海事行政强制实施程序规定》,海事行政强制包括以下基本原则。

一、法定原则

法定原则是海事行政强制的首要原则,即海事行政强制必须依法作出,在法定职权范围内实施。依法强制原则是依法行政原则的自然延伸。与一般的行政管理权不同,行政强制权不能来自一般授权,必须来自法律、法规的特殊授权,严禁行政强制主体自己给自己创设行政强制手段。海事行政管理机构实施海事行政强制,必须依据法律的规定或授权,法律规定能够实施海事行政强制的,海事行政管理机构方可实施,且必须以法律规定的条件、措施、程序进行;法律没有规定的,即使行政相对人没有履行义务,海事行政管理机构原则不能实施海事行政强制。

因此,根据法定原则要求,一方面,海事行政强制措施的实施必须符合法定情形或条件,《内河交通安全管理条例》第69条规定:“船舶未在码头、泊位或者依法公布的锚地、停泊区、作业区停泊的,由海事管理机构责令改正;拒不改正的,予以强行拖离”,也就是说,只有在船舶未在码头、泊位或者依法公布的锚地、停泊区、作业区停泊,且不履行海事管理机构为其设定的改正义务的情形下,海事管理机构才可以对其实施强行拖离的强制措施。另一方面,海事行政强制措施必须依照法定程序实施,如必要的告诫、通知、文书制作、时限要求等步骤,对此,《海事行政强制实施程序规定》作了详细规定,防止海事行政强制权的滥用。

依法强制原则必须贯穿海事行政强的始终:

(1)海事行政强制必须有法律依据,目前我国尚无统一的行政强制法,不同级次的法律文件在海事强制方面的权限和关系不甚明确,这是今后立法必须重视研究和解决的问题;

(2)海事行政强制必须由有权的海事行政管理机构实施,即主体必须合法,海事行政管理机构的内设机构不得以自己的名义实施海事行政强制,更不能越权代行使权力;

(3)实施海事行政强制的条件、措施、程序、手续等必须符合法律规定;

(4)必须有完备的事后补救途径,确保违法事实的海事行政强制行为得以撤销或变更。

二、及时原则

海事行政强制措施是在海事管理相对人存在某种危害公共利益、公共安全或管理相对人自身安全的危险性行为或紧迫情况下,海事管理机构作出的强制行政行为。

一旦这种危险行为或紧迫情况消除之后,海事管理机构应当及时解除海事行政强制措施,以避免或减少给管理相对人造成不必要的或过度的损害。《内河交通安全管理条例》第68条规定,对未向海事管理机构办理船舶进出港签证手续的船舶,海事管理机构可以"禁止船舶进出港口或者责令停航",一旦船舶改正后,海事管理机构应及时解除"禁止船舶进出港口或者责令停航"的强制措施,避免船舶遭受更大损失产。①

三、目的实现原则

使海事行政相对人全面履行海事行政法的义务,是海事行政强制的出发点和归宿。因此,一旦行政目的实现,就应及时停止一切海事行政强制手段,不得滥用权力。海事行政强制的目的应该是使不履行法定义务的海事相对人全面、实际地履行其法定义务。如果面对海事相对人的非议、刁难和抵抗,海事行政管理机构束手无策,或者海事行政管理机构在一定压力面前,经常性地违背法律与行政相对人达成和解或者放弃执行,那么海事行政强制就失去了存在的意义和价值。因此,海事行政强制必须坚持目的实现原则:

(1)执行可能多手段,即允许海事行政管理机构在必要时采取一切可行的法定措施,如在一个强制案件中,海事行政管理机构可同时实施停船检查、驶往指定地点等多种措施;

(2)强制可以多次数,即海事行政强制不受类似行政处罚中"一事不再罚"原则的限制,如一次强制未能保障义务全部实现时,海事行政管理机构可以再次实施海事行政强制,直至达到目的;

(3)法定义务得到履行后,海事行政管理机构应立即停止强制,不得将行政强制作为达到其他目的的手段;

(4)遇法定特殊情况或受客观条件限制,法定义务经海事管理机构确认不能继续履行的,海事行政强制应当依法终止,以确保海事行政强制在实现目的上的权威。

---

① 张胜春:《海事行政强制措施的法理及实务》,《水运管理》2008年第7期。

四、比例原则

在保证目的实现的前提下，海事管理机构要尽量保护当事人的合法权益，确保海事相对人损害最小，不能为了达到目的而不择手段。比例原则是多数国家行政强制立法和司法中掌握的一项规则。如在法国，“强制执行不是行政处理执行的唯一方法，而是行政处理执行的最后手段，只在没有其他执行方法时才采取”。在美国，“行政机关的简易行为，是一种例外的行政执行程序”。这种执行方式对公民的自由和财产带来极大的危害，所以法律只在极有限范围内，而且出于公共利益的迫切需要时，才允许这种执行方式存在。比例原则要求海事行政管理机构做到以下几点。

(1)海事管理机构必须公正地行使自由裁量权，采取的措施应当由轻到重。从实体上说，行政主体依法实施行政强制，应当以实现行政管理所要求的目标为限。

(2)在强制没收船舶、强制拆除这类行政强制对船舶单位或个人的生产、生活影响较大。在工作实践中，经常会遇到一些“三无”船舶，全家人都住在船上，一旦没收船舶，必然居无定所。因此根据具体情况，海事行政管理机构应允许其在一定期限内使其船舶状况达到法定要求，且限期内不可实施海事行政强制。

(3)实施海事强制，要保障管理相对人的基本权益，特别是被执行是公民的，应当保留被执行人及其所抚养家属的生活必须费用和生活必需品。

五、救济原则

海事行政强制是海事管理机构单方对海事行政管理相对人的财产权利和人身权利的直接限制或者处分，它有可能产生违法行为，如超越权限、对不符合强制条件的行政管理相对人实施强制、程序违法等。因此，在海事行政强制制度中必须设定法律救济以平衡政权与公民权。各国海事行政强制救济制度设计不同，一般包括行政救济与司法救济。有的国家规定了禁止令和人身保护令制度，前者适用于对财产的强制行为，后者适用于对人身的强制行为。如果行政管理相对人认为海事行政强制本身或者强制程序违法，就可以在海事行政强制行为实施过程中依法向有权机关提出保护，也可以通过行政赔偿或者诉讼获得赔偿。

六、强制与教育相结合的原则

强制与教育相结合的原则要求海事行政强制要与说服教育密切结合，体现“惩前毖后，治病救人”的方针，因时因地综合运用这两种手段，既保证行政目的的实现，也保障相对人的合法权益。

第三节　海事“责令”行为的法律分析

我国海事管理法律、法规中赋予了海事管理机构“责令”权，如《船舶和海上设施检验条例》第26条中的“责令改正”，《防止拆船污染环境管理条例》第17条中规定的“责令其限期纠正”，《危险化学品安全管理条例》第59条中的“责令立即或者限期改正、责令停产停业整顿”等。综观我国海事管理法律规范，海事管理机构的“责令”行为主要有“责令立即离岗”

"责令临时停航""责令停止作业""责令停航""责令改航""责令离港""责令申请重新检验"等,我们将其统称为"责令行为"。对于海事管理法律、法规中的责令行为,或认为是行政强制,或认为是行政处罚,或认为是行政命令。

责令临时停航、驶向指定地点,责令停止作业,责令停航,责令改航,责令离港,责令申请重新检验等行政行为,虽然都带有一定的强制性,但是这些行政行为不直接作用于行政相对人的人身和财产,只是一种意思表示,不具有物理性,是行政机关为行政相对人设定了的义务,要求其为或不为,并没有采取行动付诸实施。进一步论之,这些"责令"实际效果的实现依赖于行政相对人的自觉履行义务,如果行政相对人拒不履行,海事机构还得依靠其他的行政手段来迫使其履行义务。事实上,它们是行政命令,而不是行政强制措施。

同理,对于《船员条例》规定的责令离岗也不是行政强制措施,并且责令离岗只是限制了当事人的任职资格,并没有限制当事人的人身自由。禁止离港是海事管理机构的一项重要职权,在执行实践中也被视为行政强制措施。显然,它并不是依《行政强制法》第 9 条(一)(二)(四)项所指的行政强制措施,虽然在日常执法中,相当多的执法人员称禁止离港为"扣船",但是它并不是扣船的意思,在禁止离港期间,船舶仍然由其所有人占有和使用,海事管理机构只是对其动态进行监控,并不享有其占有权和管理权,因此,它也不属于扣押财物这一行政强制措施。

(1)禁止离港的目的是制止违法行为或者控制危险扩大,符合行政强制措施的目的要求。这点由《海上交通安全法》第 19 条可以得出。

(2)我们目前对船舶进出港采取的是审批制度,没有海事机构的许可,船舶进出港是非法行为,而一旦海事机构作出禁止离港的决定,那么,船舶出港的审批手续就无法通过,这就相当于海事机构的审批手续作用于船舶,以此限制船舶的行动自由,这就是禁止离港作为行政强制的法律意义的所在。这是禁止离港区别与责令改航责令临时停航、驶向指定地点,责令停止作业,责令停航,责令改航,责令离港,责令申请重新检验的关键所在,虽然都包含强制性和指令性,但是禁止离港有实际行为支撑,而其他的行为没有。

(3)禁止离港的实际效果是海事机构限制船舶的行动,对其动态进行实时监控,也就是说,在禁止离港的行动自由,把船舶的活动空间限制在一定范围的港口水域,从而产生一种实际意义上的控制。禁止进港是限定船舶不得进入某个水域,虽然船舶的活动区域受到限制,但是海事机构并没有对船舶这一财物实行控制。因此它并不是行政强制措施。

一、责令行为的行政强制措施属性

海事管理机构将责令行为归属于行政强制措施开始于中华人民共和国海事局 2004 年 12 月 1 日颁布实施的《中华人民共和国海事行政强制实施程序暂行规定》(简称《海事行政强制实施程序暂行规定》),在此规定的第五条中规定 18 种海事强制,显然海事管理机构将"责令立即离岗"等 7 种责令行为定性为行政强制措施,这种归属是值得商榷的。

从行政法角度分析,行政强制措施是指行政机关在行政管理过程中,为制止违法行为、防止证据损毁、避免危害发生、控制危险扩大等情形,依法对公民人身自由实施暂时性限制,或者对公民、法人或者其他组织的财产实施暂时性控制的行为。从广义上讲,拘留、吊销或扣留许可证和执照、责令停产停业等许多行政处罚行为,也属于行政强制措施。狭义上的行政强制措施则是专指收容遣送、收容教育、强制检查治疗、强制戒毒、强制传唤、强制带离现场等对人身自由的限制,以及查封、扣押、冻结、强制拆除建筑物、变卖拍卖财物等对财产的强制措施。[1]《中华人民共和国行政强制法》(简称《行政强制法》)采用的是狭义上的行政强制措施定义,规定行政强制措施的种类主要有:限制公民人身自由;查封场所、设施或者财物;扣押财物;冻结存款、汇款;其他行政强制措施。

而责令行为归属于行政强制措施则是混淆了责令行为与行政强制措施的法律属性,从行政法学的角度分析,责令行为与行政强制措施存在诸多差异,具体而言,责令行为与行政强制措施主要有以下区别。

1. 二者对行政相对人的依赖程度不同

责令行为大多是一种意思表示,其通过指令相对人履行作为的义务来实现行政目的,其自身并不实际进行一定的作为或者不作为。与其他行政处理相比,它更强调意思表示,以意思表示为基本成立要件。同时,责令行为本身并未赋予行政主体强制执行权,只有当相对人不履行义务时,行政主体才可以以该责令行为执行名义实施强制措施。此时的强制措施则是一种实力行为,即行政主体通过力的动作对相对人所为的一种行为。以《内河交通安全管理条例》第 74 条为例,针对在内河通航水域的航道内养殖、种植植物、水生物或者设置永久性固定设施的行为,海事管理机构首先给相对人一个责令改正的期限,让行政相对人自己主动清除,不清除还有一个告诫的程序,只有遇到相对人经告诫后,超出海事管理机构规定的期限仍不履行清除义务时,海事管理机构才强制清除。而强制清除则是一个物理性的实力行为,即责令限期改正本身是一个带有意思表示的法律行为,随后的强制行为才表现为一个实力行为。当相对人逾期不履行义务,而海事管理机构又不采取措施强制履行时,责令行为所确定的意思表示内容就不能得到落实,因此海事管理机构必需借助于后继的强制措施才能使意思表示这一观念上的法律状态转化为实际的客观事实状态。

总之,责令行为的实施一般有赖于相对人的主动配合,才能产生预期的法律效果。一旦相对人不配合,责令行为本身不具有充分地使相对人改正违法行为的强制力,此时行政机关可以通过依法对相对人进行处罚或者采取强制措施来达到行政管理目的。而行政强制措施是一种实力行为,以动作形式作出,如扣留、封存等。行政强制措施则由行政机关自己对相对人的财产、行为等进行一定的强制作为来实现行政目的,且常以国家暴力手段作为后盾,因此其实施并不依赖于相对人的配合。

2. 二者的程序依赖程度不同

"行政强制措施程序作为一个行为的过程,它是由行为的具体方法、步骤与时限等所构成的。"[2]一般强制措施的程序要经过决定—告诫—送达—实施等几个程序。在行政强制措施程序中的行政决定是行政强制措施的基础行为,一般而言,行政主体如需给行政相对人设定权利或者义务,都必须有一个先决的行政决定存在为前提,行政主体不得以一个观念中臆想来要求行政相对人,这是民主国家的基本要求。所以,在行政强制措施实施前必须有可执行该具体行政强制措施的决定,即基础性行政行为。这是行政强制措施的最为基本的环节,也是具体行政强制措施实施的必备前提条件。而此时的责令行为则充当了行政强制措施程序中的"决定",构成了行政强制措施的前置性程序。例如,《内河交通安全管理条例》第 69 条规定:"违反本条例的规定,船舶未在码头、泊位或者依法公布的锚地、停泊区、作业区停泊的,由海事管理机构责令改正;拒不改正的,予以强行拖离,因拖离发生的费用

---

① 姜明安主编:《行政法与行政诉讼法》(第 7 版),北京大学出版社,2019,第 18 页。

② 胡建森:《行政法学》(第 4 版),法律出版社,2015,第 240 页。

由船舶所有人或者经营人承担。”在这项规定中“责令改正”成为“强制拖离”这一强制措施的前置程序，只有在海事管理机构责令改正后而拒不改正的才能强制拖离。我国海事管理法律法规中不乏这样的规定，而可能是由于这样的规定的存在，才导致海事管理机构将许多责令行为划归为行政强制措施。

而责令行为一般以相对人确实不履行法定义务为前提，是要求相对人履行法定义务，使违法行为恢复合法状态，其作出无须依赖其他行政决定。海事管理机构作出责令行为的前提是，只要行政相对人存在不法行为，就可依职权作出责令行为。它是海事管理机构积极主动地进行行政管理意思的对外表达，与一般行政行为注重法律的效果而言，意思表示是行政命令的基本构成要件。因而海事管理机构作出责令行为不像作出行政强制那样，在程序上有严格的要求。总之，责令行为一般是终局性行政行为，其本身就是一个独立的行政处理决定，只要相对人按照要求改正其违法行为，责令行为的使命就完成了。而行政强制措施是为保证最终行政行为的作出所采取的一种临时性措施，目的在于临时性地限制相对人的某种权利，而不是对相对人作出结论性的、实质性的处理，不是终局行为。

综上所述，海事管理法规中的“责令离岗”“责令改航”“责令申请重新检验”等并不是行政强制措施，它仅是海事行政管理机构对行政相对人作出的一种为或不为的意思表示，对于行政相对人是否行为不具有直接的强制性，只有行政相对人拒不履行海事管理机构的责令行为时，海事管理机构才能根据法律、法规的授权采取相应的强制措施。

二、责令行为的行政处罚属性

责令行为的行政处罚属性在学界争论得比较激烈。有的学者认为责令行为属于申诫罚。尽管赔偿、恢复原状、停止侵害等都属于权利救济的手段，本身不具有惩戒性，但是在这些救济措施之前加上“责令”两字，性质就转换成了行政机关的职务行为。“责令”类行为具有对当事人的“非难性”“谴责性”，从而影响到当事人的名誉。从这个意义上讲，该类行为是一种申诫罚。① 有的学者认为责令行为属于救济罚。救济罚在行政处罚中的形式包括限期改进、责令赔偿损失、停止侵害、责令恢复原状等。② 还有的学者认为责令行为属于行为罚。行政机关通过发布命令，要求违法相对人作为或不作为，以此限制或剥夺某种行为能力。责令的目的是惩戒违法者，终止或限制违法行为，补救某种损失等。其结果往往也是限制或剥夺了违法者某种行为能力，因而视为行为罚的一种更为恰当。鉴于此，必须对责令行为是否是行政处罚进行分析。

《行政处罚法》第 28 条明确规定：“行政机关实施行政处罚时，应当责令当事人改正或限期改正违法行为。”这是行政法律中关于责令改正的一般性的规定。第 9 条规定：“行政处罚的种类：

(1)警告、通报批评；

(2)罚款、没收违法所得、没收非法财物；

(3)暂扣许可证件、降低资质等级、吊销许可证件；

(4)限制开展生产经营活动、责令停产停业、责令关闭、限制从业；

(5)行政拘留；

① 冯军：《行政处罚法新论》，中国检察出版社，2003，第 119 页。

② 江必新、周卫平：《行政程序法概论》，北京师范大学出版社，1991，第 82 页。

（6）法律、行政法规规定的其他行政处罚。”

这两个法律条文揭示了行政处罚与责令行为的关系。首先，行政处罚与责令改正之间存在密切联系。有权实施行政处罚的行政机关，有权也有义务责令行政相对人纠正其构成行政处罚原因的违法行政管理秩序的行为。

其次，责令停产停业是行政处罚的种类之一。然而是不是可以从这两点中得到所有的责令行为都是行政处罚呢？答案是否定的。这两个条文恰恰说明除“责令停产停业”外，其他“责令”不属于行政处罚。

《行政处罚法》第9条并未明确将其他“责令”，如“责令改正”“责令离岗”“责令改航”等明确列为行政处罚种类之一。诚然，创设行政处罚的设定权是《行政处罚法》的重大创新。依照《行政处罚法》的有关规定，除限制人身自由的行政处罚须由法律作出原创性的规定（即“设定”）以外，其他各种类型的行政处罚可由一定范围内的行政机关，依照《行政处罚法》规定的权限分工，通过行政法规或规章的形式予以设定，而无须法律的具体授权。根据“法律保留”原则，但行政机关作出侵害公民、组织权益的行政行为，即所谓“侵益性”行政行为，那么必须有法律具体明确的依据，这是学术界公认的“法律保留”的最低限度。行政处罚行为是一种典型的侵益性行政行为，按照行政法治理论，如无法律具体明确的依据，任何机关不得自行规定。而《行政处罚法》规定法规、规章的行政处罚设定权等于对地方人民代表大会和行政机关进行了一项“空白授权”，允许它们在没有法律具体明确依据的情况下，自行规定行政处罚，这在法治完备的国家是没有先例的。所以在《行政处罚法》颁布实施后的法律、行政法规的几乎没有将责令行为明确作为一种行政处罚的罚种加以规定的条文。即使法律、行政规有此类规定，《行政处罚法》生效后的其他法律、法规和规章有关责令行为的规定也都应统一到《行政处罚法》中来，与该法对“责令”的定性一致。①

从行政处罚的本质上分析，行政处罚是典型的侵益性行政行为，潜藏着侵害人们合法权益的危险性，②具有否定性、惩戒性、制裁性的特点。因此，辨析责令行为是否属于行政处罚，应当主要看其是否具有否定性、惩戒性、制裁性的特点及是否具有侵益性。以《内河交通安全管理条例》为例，在第66条中规定：“未经考试合格并取得适任证书或者其他适任证件的人员擅自从事船舶航行的，由海事管理机构责令其立即离岗。”此规定的“责令立即离岗”行为从法意上是看不出“惩戒性、制裁性”的特点，更谈不上对行为人的侵益性，显然不应当归属行政处罚的性质。同理，《海上交通安全法》第17条中的“责令其申请重新检验”也是不具有这样的性质。这里需要研究的是海事管理法律法规中的“责令停止作业”“责令停航”是否等同于《行政处罚法》第9条中的“责令停产停业”。《内河交通安全管理条例》第65条中规定：船舶未按照国务院交通主管部门的规定配备船员擅自航行等行为的，海事管理机构其责令限期改正，处以1万元以上10万元以下罚款；逾期不改正的，责令停航或者停止作业。此规定中的责令停航或者停止作业，从本质上看应当是海事管理机构对行政相对人的违法行为的制止，即是责令停止违法行为。对此“责令停止作业”“责令停航”行为是行政机关为了及时制止违法行为的发生和存续，而立即采取措施责令相对人停止相关生产经营活动，其目的是为了确保下一步的行政执法行为和可能进行的行政处罚行为的顺利开

① 张尚鷟：《走出低谷的中国行政法学——中国行政法学综述与评价》，中国政法大学出版社，1991，第235-236页。

② 姜明安主编：《行政法与行政诉讼法》（第7版），北京大学出版社，2019年，第22页。

展。因此,"责令停止作业""责令停航"行为是中间行为,而不是最终行政行为,在性质上属于行政强制措施。《海事行政强制实施程序规定》就是将"责令停止作业""责令停航"确定为行政强制措施。

三、责令行为的行政命令属性

对特定相对人发出的各种"责令",是行政命令的主要表现形式。其中责令停产停业是《行政处罚法》明文规定的行政处罚种类,其性质毋庸置疑。除此之外的责令类行为,尽管表现形式各不相同,但大多属于行政命令。"行政命令是指行政主体依法(法律的明文规定或者一定法律原则)要求行政相对人为或不为一定行为的单方的强制性的具体行政行为。""行政命令是一种意思表示行为。意思表示行为是指行政主体仅以意思力对相对人所作的一种行为,如通知、受理、命令、证明等。"行政命令通过指令相对人为或不为一定行为而实现行政目的,其自身并不实际进行一定的作为或者不作为。与其他行政处理相比,它更强调意思表示,以意思表示为基本成立要件。

从行政法意义上分析行政命令的特征可知,行政命令是行政主体行使职权的单方行政行为,不是应申请的行政行为,具有主动性、单方意志性的特点。行政主体在作出行政命令前,不需要同相对人协商,也无须征得他们的同意。行政命令行为使行政主体在执法中主观能动作出的行为,充分体现了行政主体的自主性和主动性;行政命令表现为要求相对人为或不为一定行为,其本身并不为一定作为或不作为。更重要的是行政命令具有"强制性——合作性",行政命令为相对人规定了具体的作为或者不作为的义务,相对人违反命令性行为的,作出命令的行政机关有权给予制裁,包括行政处分、行政处罚或者强制执行。行政命令的效果如何,很大程度上取决于相对人的配合程度,相对人不履行行政命令时,行政主体将以另一种强制手段作保障,一般情况下将会导致行政处罚或者行政主体强制执行。所以说,行政命令行为往往与行政处罚或者行政强制执行行为相伴随,在许多情况下,行政命令与行政处罚仅仅一步之遥。《内河交通安全管理条例》第67条规定:"违反本条例的规定,按照国家规定必须取得船舶污染损害责任、沉船打捞责任的保险文书或者财务保证书的船舶的所有人或者经营人,未取得船舶污染损害责任、沉船打捞责任保险文书或者财务担保证明的,由海事管理机构责令限期改正;逾期不改正的,责令停航,并处1万元以上10万元以下的罚款。"海事管理法律法规中的"责令立即离岗""责令临时停航、驶向指定地点""责令申请重新检验"等责令行为并未给相对人科处新的义务,其仅是海事管理机构履行管理职权,要求相对人为一定行为或不为一定行为的意思表示,是典型的行政命令。在实践中,海事行政命令有以下表现形式。

(1)单独使用,即行政主体只向相对人发出行政命令,并不要求其同时履行其他义务。如《船舶和海上设施检验条例》第26条规定:"涂改检验证书、擅自更改船舶载重线或者以欺骗行为获取检验证书的,船检局或者其委托的检验机构有权撤销已签发的相应证书,并可以责令改正或者补办有关手续。"此时,责令改正这一行政命令单独存在,与行政处罚不并处。

(2)合并使用,是指行政主体在作出行政命令的同时,一并作出一个或两个以上的其他行政行为,要求相对人履行多种义务的行政行为。如《防止拆船污染环境管理条例》第17条规定"违反本条例规定,有下列情形之一的,监督拆船污染的主管部门除责令其限期纠正外,还可以根据不同情节,处以1万元以上10万元以下的罚款。"这属于选择适用型合并,即作出责令改正命令的同时，针对行政违法行为可以给予处罚，也可以不给予处罚；《海上海事行政处罚规定》第 38 条规定："违反《海洋环境保护法》有关规定，依照《海洋环境保护法》第 73 条的规定，责令限期改正，并处以罚款。"则属于必须适用型合并，即行政命令与行政处罚必须一同适用。

（3）继续性使用，即如果相对人不履行行政命令，再予以继续实施行政强制及行政处罚。在此情况下，行政命令作为作出其他行政行为一般是行政处罚的前置程序、前置性条件。如《内河交通安全管理条例》第 67 条规定："违反本条例的规定，按照国家规定必须取得船舶污染损害责任、沉船打捞责任的保险文书或者财务保证书的船舶的所有人或者经营人，未取得船舶污染损害责任、沉船打捞责任保险文书或者财务担保证明的，由海事管理机构责令限期改正；逾期不改正的，责令停航，并处 1 万元以上 10 万元以下的罚款。"即如果在海事管理机构作出责令限期改正行政命令后，如相对人单位予以履行，取得保险文书或财务担保证明后，就可以免予行政处罚；如果置行政命令于不顾，则要受到其他行政强制措施甚至是行政处罚。

综合上述分析，从行政法的角度分析海事管理法律、法规中的责令行为可知，海事管理法律、法规中的责令行为有的属于行政强制措施，有的属于行政命令，还有的是行政处罚的前置程序，不同的行政法归属决定了责令行为不同的强制力度、实施程序与救济方法等。对此，海事管理机构必须具体情况具体分析，认真剖析责令行为的行政法属性。责令行为应从实质意义上来理解，而不能仅从形式上理解，这样才能正确地运用法律、法规所赋予的职权，避免不必要的执法风险。

第四节　海事行政强制的种类

海事行政强制执行的基本形式包括直接强制执行和间接强制执行两类，后者可分为代履行和强制金两种形式。

目前我国海事行政机构享有在严格条件下极少的海事行政强制执行权。根据《海上交通安全法》第 45 条规定："当事人对主管机关给予的罚款，吊销职务证书处罚不服的，可以在接到通知书之日起 15 日内，向人民法院起诉，期满不起诉又不履行的，由主管机关申请人民法院强制执行。"其体现了海事行政机构没有执行其所作出行政处罚决定的行政强制执行权，而在无法执行其行政处罚决定时，只能申请人民法院强制执行。但是根据海事行政法律及行政法规的授权，其又享有在严格条件下的极少的行政强制执行权。总结归纳我国海事行政法律和法规，海事行政机构所享有海事行政强制执行权主要包括以下几种。

根据《海上交通安全法》及《内河交通安全管理条例》的规定，我国海事行政机构所享有的狭义上的海事行政强制执行权，即由海事行政机构可强制执行的权力。

一、《海上交通安全法》的规定

根据《海上交通安全法》第 106 条规定：碍航物的所有人、经营人或者管理人有下列情形之一的，由海事管理机构责令改正，处二万元以上二十万元以下的罚款；逾期未改正的，海事管理机构有权依法实施代履行，代履行的费用由碍航物的所有人、经营人或者管理人承担。

（1）未按照有关强制性标准和技术规范的要求及时设置警示标志；

(2)未向海事管理机构报告碍航物的名称、形状、尺寸、位置和深度；

(3)未在海事管理机构限定的期限内打捞清除碍航物。

该条实际上是授予海事行政机构在该条的前提下，可使用行政强制执行中的代履行方式，即主管机关或主管机关委托的第三方代为履行海事行政相对人应履行的义务，以达到海事法律所要求状态的实现。该条的适用条件是：

(1)强制执行的标的是处在航道中的沉没物或航道中的漂浮物，且这些标的影响航行安全、航道整治的或有潜在爆炸危险；

(2)标的物的所有人、经营人没在主管机关行政决定中规定的期限内打捞、清除，即没有履行海事行政机构依法作出的行政决定中规定的义务；

(3)海事行政机关强制执行或代履行的目的是对限定标的的打捞和清除，以消除对海.事法律保护秩序的影响，而不是要达到其他的目的。

二、《内河交通安全管理条例》的规定

根据《内河交通安全管理条例》的规定，涉及行政强制执行的条款有七条。其中有海事行政机构采取行政强制执行的规定有六条，其中一条是赋予县级以上人民政府的，即第72条“违反本条例的规定，未经批准擅自设置或者撤销渡口的，由渡口所在地县级人民政府指定的部门责令限期改正；逾期不改正的，予以强制拆除或者恢复，因强制拆除或者恢复发生的费用分别由设置人、撤销人承担”。

第64条“违反本条例的规定，船舶、浮动设施未持有合格的检验证书、登记证书或者船舶未持有必要的航行资料，擅自航行或者作业的，由海事管理机构责令停止航行或者作业；拒不停止的，暂扣船舶、浮动设施；情节严重的，予以没收。”

第69条“违反本条例的规定，船舶未在码头、泊位或者依法公布的锚地、停泊区、作业区停泊的，由海事管理机构责令改正；拒不改正的，予以强行拖离，因拖离发生的费用由船舶所有人或者经营人承担。”

该条赋予的海事行政机构的行政强制执行权，也是一种代履行。该条有以下适用条件。①船舶未在码头、泊位或依法公布的锚地、停泊区或作业区停泊，违反了《内河交通安全管理条例》的规定。但应该注意的是：因为港口被定义为一个商业区域，并不是说船舶在港口的任何地方停泊或锚泊，海事行政机构都可以作出责令改正的行政决定，这要看船舶的这种锚泊或停泊是否影响内河交通安全、是否会影响内河助航设施等的安全，即是否违反《内河交通安全管理条例》的相关规定，若没有违反条例的规定，海事行政机构就不能责令船舶改正，当然也就不会产生采取强制拖离的强制执行措施了。②海事行政管理义务人拒不服从海事行政机构责令改正的行政决定。③海事行政机构或者海事行政机构可以委托第三方，对标的强制拖离。但应该注意，由于采取强制执行的目的是消除违反条例的船舶对内河交通安全秩序的影响，当将船舶强行拖离后，还应注意船舶的安全。

第74条“违反本条例的规定，在内河通航水域的航道内养殖、种植植物、水生物或者设置永久性固定设施的，由海事管理机构责令限期改正；逾期不改正的，予以强制清除，因清除发生的费用由其所有人或者经营人承担。”

该条赋予的海事行政机构的行政强制执行权，也是一种代履行。该条有以下适用条件。①海事管理行政相对人在内河通航水域的航道内养殖、种植植物、水生物或设置永久性固定设施，并且这种行为是违反《内河交通安全管理条例》的。首先，强调了海事行政管

理相对人的四种行为,即养殖、种植植物、种植水生物、设置永久性固定设施;其次,强调上述四种行为发生在内河通航水域;最后,强调了行为的违法性。②海事管理机关作出行政处理决定,要求海事行政管理相对人在限定的期限内改正违反条例的行为。③海事管理行政相对人超过期限没有改正其违反条例的行为。海事行政机关可采取强制执行的措施。

第 75 条"违反本条例的规定,内河通航水域中的沉没物、漂流物、搁浅物的所有人或者经营人,未按照国家有关规定设置标志或者未在规定的时间内打捞清除的,由海事管理机构责令限期改正;逾期不改正的,海事管理机构强制设置标志或者组织打捞清除;需要立即组织打捞清除的,海事管理机构应当及时组织打捞清除。海事管理机构因设置标志或者打捞清除发生的费用,由沉没物、漂流物、搁浅物的所有人或者经营人承担。"

该条赋予的海事行政机构的行政强制执行权,也是一种代履行。该条有以下适用条件。①内河通航水域中的沉没物、漂流物、搁浅物的所有人或者经营人,未按照国家有关规定设置标志或者未在规定的时间内打捞清除的,并且是违反条例规定的。②海事管理机构依法作出要求行政管理相对人限期改正的行政决定。③海事管理行政相对人超过期限没有改正其违反条例的行为。海事行政机关可采取强制执行的措施。

另外在该条中,根据对水上交通的危害情况,海事行政机构可以采取即时强制的措施,即可以立即组织对内河通航水域中的沉没物、漂流物、搁浅物打捞清除。

三、《海事调查处理条例》的规定

根据《海事调查处理条例》第 19 条规定:"根据海上交通事故发生的原因,港务监督可责令有关船舶、设施的所有人、经营人限期加强对所属船舶、设施的安全管理。对拒不加强安全管理或在限期内达不到安全要求的,港务监督有权责令其停航、改航、停止作业,并可采取其他必要的强制性处置措施。"该条实际上也是授予海事行政机关行政强制执行权。即若有关船舶、设施的所有人、经营人在限期内达不到安全要求的或拒不加强安全管理的,主管机关除有权责令其停航、改航、停止作业外,还可采取强制执行的措施,以达到保证安全的要求。然而在该条中赋给海事行政机关的行政强制执行权的种类是不明确的,因此,海事行政机关的选择范围可能很大,但根据行政法的基本原则,也可能要求海事行政机关在确定海事行政强制的种类时,非常慎重地确定,要求根据行政合理性原则,确定即能够实现管理目的,同时又对海事行政管理相对人最轻的强制措施。

第五节 海事行政强制的程序

程序公正是实体公正的保证,对实体公正有着保障和促进作用。海事行政强制是海事行政管理机构在特殊情况下采取的较为严厉的执法措施,关系到海事行政管理机构和管理相对人双方的重大权利义务,因此,必须依一定程序逻辑而行。赋予行政机关相应的权力,同时要求该权力的行使必须遵循一定的顺序和方式,是行政法制化的基本要求,海事行政强制也不例外。针对目前海事行政强制程序缺少统一规定,执行中各自为政的局面,依据行政程序的有关理论,以及《海事行政强制实施程序规定》的规定,海事行政强制的程序包括行政强制措施的决定、行政强制决定的送达和海事行政强制的实施。

一、海事行政强制措施的决定

行政强制决定是海事行政管理机构管理机构依法作出的,决定对海事行政相对人采取海事行政强制的具体行政行为。它是实施海事行政强制的直接依据,也是海事行政强制的基本环节。由于海事行政强制关系到相对人的人身或者财产权利,因此,海事行政强制决定的作出必须严格依据法律法规的规定。

1. 决定前的调查

决定前的调查是作出行政强制决定的必要环节。《海事行政强制实施程序规定》第6条规定:“海事管理机构采取海事行政强制措施前,海事执法人员应当制作《海事行政强制审批表》,报海事管理机构负责人批准。经批准同意采取海事行政强制措施的,海事执法人员应当制作《海事行政强制措施决定书》。”第7条规定:“实施海事行政强制措施时,应当通知当事人到场,当场送达《海事行政强制措施决定书》。当事人不到场的,应当邀请与当事人以及案件无利害关系的见证人到场。”第8条规定:“当事人进行陈述和申辩的,应当充分听取当事人的意见,对当事人提出的事实、理由和证据进行复核;当事人提出的事实、理由或者证据成立的,海事管理机构应当采纳。”在调查过程中,应当认真听取相对人的陈述和辩解,全面了解违反水上交通安全管理规定的原因。海事管理机构实施海事行政强制措施时,应当制作《海事行政强制现场笔录》,将当事人陈述申辩和强制实施情况予以记录,并由当事人或者见证人和海事执法人员签名(盖章)。当事人进行陈述和申辩的,应当充分听取当事人的意见。海事管理机构执法人员认为当事人的陈述、申辩理由成立的,暂停实施海事行政强制措施,经补充调查并按照海事行政强制措施决定作出的程序,报送海事管理机构负责人审查决定。

海事管理机构一旦发现当事人有未履行法定义务或违反海事行政法律、法规规定的行为后,符合立案条件的应立案,同时应依法进行调查,制作《海事违法行为调查报告》,并以《海事违法行为通知书》的形式通知当事人。当事人收到通知后,享有陈述权与申辩权。《海事违法行为通知书》发出后适当时间内,当事人主动纠正违法行为或履行法定义务的,纠偏过程即可终止(但依法应该受到行政处罚的,则应适用行政处罚程序)。根据海事行政管理的实际,此处的“适当时间”不宜太长,同时违法调查报告建议也以基层海事处行政首长批准为宜。该过程主要确定当事人是否违法或有无未履行法定义务的行为发生,它是海事管理机构实施行政强制执行行政处罚或者其他具体行政行为的共同基础,所以宜以《海事违法行为调查报告》和《海事违法行为通知书》的形式作出。

2. 作出行政处理决定并告诫当事人

在调查过程中还要注意取证工作,以证据证明采取行政强制的合法性和合理性。然后就是批准程序。按照规定由有权决定海事行政强制的海事行政管理机构负责人批准作出海事行政强制决定。因情况紧急,当事人的行为可能严重影响水上交通安全,或者可能造成严重水域污染事故,或者可能造成违法行为证据灭失的,在有法定依据和证据确凿,或者有明确理由的情况下,执法人员可以在口头报海事管理机构负责人同意后,当场采取海事行政强制措施。当场采取海事行政强制措施,应当收集有关证据,当场制作并送达《海事行政强制措施决定书》。

海事管理机构向当事人签发《海事违法行为通知书》后的适当时间内,当事人未陈述或申辩,或行使上述权利后不影响行政决定作出的,海事管理机构应以《海事行政强制执行告诫书》的形式,作出行政处理决定,并告诫当事人自行纠正违法行为或履行法定义务。《海事行政强制执行告诫书》的内容主要包括以下三方面。

(1)海事管理机构作出的行政处理决定,主要目的在于督促当事人履行法定义务,同时又为当事人设定了行政处理决定的义务。

(2)告诫当事人在规定的时间内履行行政处理决定规定的义务。

(3)告知行政相对人,若在规定的期限内不履行行政处理决定规定的义务,海事管理机构将依法对其行为或财产实施强制执行。告知的内容有拟强制执行机关、强制执行的标的和强制执行的法律依据,同时还应告知当事人依法应享有的申请行政复议和提起行政诉讼的权利。

法定义务与行政处理决定规定的义务存在很大区别,以海事管理机构查处船舶超载航行为例,任何船舶不得超载航行,这是法律为船舶设定的义务,海事管理机构一旦发现船舶违反这一法定义务,可要求船舶限期自行卸载纠正,此时卸载纠正则成为行政处理决定规定的义务。

将作出行政处理决定程序与告诫程序合并,并不影响当事人的实体权利与程序权利,同时也便于简化手续,提高行政效率,更加切合海事行政管理的实际需要。

《海事行政强制执行告诫书》规定的期限可根据具体情况的轻重缓急,由海事管理机构合理确定。相对人在告诫书规定的期限内自行纠正或履行的,行政强制程序则告终止;反之,则意味着对有关人、物的处分主体已自动由当事人过渡为海事管理机构。所以不听从告诫者,必然要承担有关的法律后果,因此《海事行政强制执行告诫书》本身包含强制性是不言而喻的。

3. 按照法律规定的形式作出符合规定的海事行政强制决定书

经审查拟作出的海事行政强制决定超越本海事管理机构权限范围的,应当及时移交有权作出该行政强制决定的海事管理机构。经审查需采取海事行政强制措施的,执法人员应当制作《海事行政强制措施决定书》。在对当事人未按规定履行行政处理决定的事实进行确认后,按照法律规定可以实施行政强制执行的,有权作出行政强制决定的海事管理机构应向当事人下达《海事行政强制执行决定书》。当事人有能力履行行政决定规定的义务却拒不履行,是实施海事行政强制执行的理由。仍以海事管理机构对超载船舶的查处为例,如果超载船舶在规定的期限内不能履行海事管理机构作出的卸载决定规定的义务,根据该决定,海事管理机构便可依法行使强制权,对其强制卸载。

《海事行政强制执行决定书》应至少包含下列内容:当事人的违法(或不履行法定义务)事实、当事人拒不履行告诫书作出的行政处理决定的事实(理由)、强制执行的法律依据、执行标的、执行机关、协助执行机关、代履行人、签署时间等。考虑到行政强制执行一旦错误实施,对当事人带来的损失将难以弥补,因此该决定书应由直属或分支海事管理机构的行政首长签发。

当事人对强制执行决定可否申请行政复议或提起行政诉讼,目前尚有争议。但一般情况下,无论当事人在法定期限内是否申请行政复议或提起行政诉讼期间,都不应影响行政强制决定的执行。这与行政处罚的罚款决定作出后,尽管相对人可能会提起行政诉讼或申请行政复议,但在原先的决定未撤销或变更前,每日须交纳3%罚款金额的滞纳金已开始强制执行是一致的。

对于行政强制执行是否具有可诉性,有不少学者依据行政强制执行执行的是具体行政行为(即行政处理决定)所确定的义务,提出既然当事人对行政处理决定没有起诉,就不能再对执行该决定起诉。除非是执行机关在执行过程中有错误,才可能提起新的诉讼。

海事行政强制措施应当由两名以上海事执法人员实施,并向当事人出示海事行政执法证,送达《海事行政强制措施决定书》,并当场告知采取行政强制措施的理由、依据及当事人依法享有的陈述申辩等权利。当场实施行政强制措施的,应当在(返回岸上后)24小时内补办相关手续。对当事人实施海事行政强制措施的原因消除后,需要解除强制措施的,应当报经海事管理机构负责人审查同意后,及时制作并向当事人送达《解除海事行政强制措施通知书》。

二、海事行政强制的送达

送达是指海事行政管理机构在作出海事行政强制前,将海事行政强制决定书送交相对人的法律行为。送达虽然只是一种通知行为,但从作用和功能上看,应当将送达视为行政强制的必经程序。

对无法查明所有人的财物采取海事行政强制措施的,应当将《海事行政强制措施决定书》在强制实施的现场或者当地媒体进行公告。因情况紧急,当事人的行为可能严重影响水上交通安全,或者可能造成严重水域污染事故,或者可能造成违法行为证据灭失的,在有法定依据和证据确凿,或者有明确理由的情况下,执法人员可以在口头报海事管理机构负责人同意后,当场采取海事行政强制措施。当场采取海事行政强制措施,不能当场送达或者通过VHF(甚高频无线通信系统,very high frequency)等未使用送达回证方式送达《海事行政强制措施决定书》的,应当在《海事行政强制措施决定书》上载明原因。

三、海事行政强制的实施

1. 准备执行

(1)依法确定代履行人(适用于间接强制);

(2)通知协助执行机关;

(3)执行部门进一步审查强制执行决定;

(4)必要时,可将有关情况通知当事人所在地基层组织代表,并请其协助执行;

(5)组织执行人员。

2. 实施强制执行

海事管理机构执行部门依据《海事行政强制执行决定书》,对当事人实施行政强制执行,具体步骤如下。

(1)通知被执行人或其代表到场,不能到场的,执行部门应注明理由,并通知基层代表到场。

(2)海事行政强制执行人员执行前应出示证件表明身份,验明执行标的。必要时也可要求被执行人出示证件。

(3)海事行政强制执行部门负责人向被执行人宣读《海事行政强制执行决定书》的有关内容,并宣布开始强制执行。

(4)强制执行过程中,海事管理机构执行部门应制作强制执行记录,执行部门、协助执行机关以及被执行人或有关代表应在执行记录上签字;不签字的应注明理由。

(5)执行完备后,执行部门应制作海事行政强制执行报告。

3. 海事行政强制措施的实施

海事行政强制措施的实施,大致与作出行政处理决定的程序相似,但作出海事行政强制措施决定常常情况比较紧急,有时甚至为保障行政处理决定的顺利作出,可能在调查前或调查中,就需作出行政强制措施决定。因此,就程序上来讲,应比强制执行简单。虽然一般程序也为立案、调查、决定,但在决定权的行使上而言,应以较低级别的行政首长(如基层海事处处长)即可决定。异常紧急情况下,海事现场执法人员即可行使,如为及时制止施工船舶未在规定的区域抛泥而令其停止作业,为调查水上交通事故而令事故船驶向指定地点等,如果再像海事行政强制执行决定一样履行层层审批手续,违法行为就不可能得到有效制止,调查取证也无法及时展开,行政效率将大打折扣。当然,对此类情况应要求现场执法人员边汇报边决定,或在事后规定的时间内履行报告义务,规范仍然非常必要。

复习思考题

一、名词解释

1. 海事行政强制
2. 行政即时强制
3. 海事"责令"行为
4. 海事代履行
5. 行政命令

二、简答题

1. 海事行政强制措施的特征。
2. 海事行政强制执行与海事行政强制措施的区别。
3. 海事行政强制的基本原则。
4. 海事责令行为的行政强制措施属性。
5. 海事行政强制的种类。

三、案例分析

海口美兰金水门水上游船海鲜酒楼诉中华人民共和国海口新港海事处强制拖离船舶违法案。

【基本案情】

原告海口美兰金水门水上游船海鲜酒楼所有并实际经营的"海狮"号水泥趸船自2004年建成后长期停泊于海南省海口市海甸溪新埠桥西侧水域河道上从事餐饮经营。该船证照不齐,长期未进行安全检验,且其停泊从事餐饮经营的行为,占用海甸溪河道近十分之一,并造成了影响河水流动性、妨碍航道安全、造成河道污染等问题。

被告中华人民共和国海口新港海事处发现原告的上述违法行为后,于2017年9月1日、9月24日先后向原告发出《海口新港海事处关于责令"大昌壹号""海狮号""琼海口游

6688”三艘餐饮船停止航行作业的通知》《关于责令餐饮船限期离泊的通知》,要求原告立即停止违法行为,选择合适的水域锚泊“海狮”号船。原告在收到相关通知后进行了申辩,被告也作出了答复,但被告并未改变其行政行为,原告也未移泊。2018 年 9 月 20 日,被告作出琼海口新港海事强字[2018]000001-2《海事行政强制措施决定书》(简称[2018]2 号决定书),责令原告在三日内将涉案船舶驶离,另选区域停泊;被告同时告知了原告相关权利及期限。当日,被告在海口市南海公证处的见证下开始对进行“海狮”号船的移泊准备。在此过程中,被告发现原告曾自行改装过“海狮”号船,拆除了动力设备,加建了上层建筑,导致该船无法自行移泊,只能强制拖离,且由于该船上层建筑过高,如果不予以部分拆除,必然触碰拖带航路上的桥梁,引发严重的公共安全事故。鉴于此,经组织第三方专家组论证,被告决定要求原告拆除“海狮”号的第三层以上的上层建筑以及船顶广告牌。因原告不同意自行拆除,被告委托相关案外人拆除了“海狮”号的该部分上层建筑,拆除后,被告于 2018 年 10 月 18 日将“海狮”号从原停泊地强行拖离至海口新港海甸港码头水域并送达了相关文件,要求原告自行看管船舶。后“海狮”号船因无人看管在海甸港码头坐沉。

原告认为被告没有法定职权,作出的[2018]2 号决定书事实不清、适用法律错误、程序混乱,给原告造成巨大经济损失。遂诉至法院,请求判令:确认被告作出的[2018]2 号决定书行为违法;确认被告强行拖离原告所有的“海狮号”船并导致该船损坏、沉没的行为违法。被告承担本案诉讼费用。

【裁判结果】

海口海事法院审理认为海口新港海事处依法作出的[2018]2 号《海事行政强制措施决定书》事实清楚、适用法律正确,程序合法,故应予以维持。一审判决驳回原告海口美兰金水门水上游船海鲜酒楼的诉讼请求。原告不服一审判决,上诉至海南省高级人民法院,二审判决驳回上诉,维持原判。

【案例分析】

行政强制措施是指在行政处罚决定作出前,行政机关采取的强制手段,通常是为了迅速查处违法行为而作出的临时性处置;而行政强制执行是在行政处罚决定作出后,为执行该行政处罚所采取的强制手段,二者具有显著区别。理论界和实务界对于行政主体在行政管理活动中采取的两类强制性的管理措施——行政强制措施和行政强制执行应如何区分和理解意见始终不统一,海口海事法院在本案中通过紧紧把握住行政强制措施是对原告即行政相对人的权利的暂时性的约束或限制,而不是对相对人权利的最终的不利处理这一行政强制措施和行政强制执行的根本区别,准确地对涉案行政行为进行了定性,其思路对该类行政案件的审理有一定的指导意义。

【问题】

1. 海口新港海事处是否具有海事行政强制的职权?

2. 行政强制措施和行政强制执行的区别。

第八章　海事行政监督

第一节　海事行政监督概述

一、海事行政监督的概念

任何权力都需要监督，这是法治的一个基本理念。资产阶级启蒙思想家孟德斯鸠在其著名的《论法的精神》一书中精辟地指出："一切有权力的人都容易滥用权力，这是一条万古不易的经验。有权力的人们使用权力一直到遇到有界限的地方才休止。"①监督是根据一定的行为标准来判断某种行为是否出现偏差，并通过一定的措施和办法予以纠正，使之恢复到准确的、正常的状态。行政监督有狭义和广义之分。狭义的行政监督是指行政机关内部上下级之间，以及专设的行政监察、审计机关对行政机关及其公务人员的监督。广义的行政监督泛指执政党、国家权力机关、司法机关和人民群众等多种社会力量对国家行政机关及其公务人员的监督。

海事行政监督是海事行政法的一个重要组成部分，深入研究和推进海事行政监督具有重要的理论意义和实践价值。通过海事行政监督可以达到防止和纠正海事行政行为的违法或不当，保护海事行政相对人合法权益的目的。② 然而，在海事法律实务中，尽管存在着海事机构自身及有关国家机关大量的海事行政监督，如司法监督、执法监督等，但尚未形成统一的法律层面的概念。行政监督是指负有监督职责的国家机关对于行政执法主体实施的行政执法行为，是否符合行政法律规范进行监察和督促，并对违法行为予以纠正的活动。行政权的管理领域广、自由裁量度大、以国家强制力保证行使等特点，决定了它既是与行政相对方切身利益最密切相关，又是最容易被滥用，因此，制约和监督权力的核心首先是制约和监督行政权。

海事行政监督是海事行政法的一个重要组成部分，所谓海事行政监督，是指具有法定监督权的主体依据法定的职权、范围和程序对海事机构及其公职人员行使行政权力和遵纪守法行为进行监督的活动。正确理解海事行政监督的概念，要把握以下几点。

（一）监督主体

行政监督的主体是具有法定监督权的主体。海事行政监督的监督主体包括：国家权力机关、监察机关、司法机关、上级海事机构、海事机构内设监察、审计部门。关于行政监督的监督主体，行政法学界主要有两种观点：第一种观点认为，行政监督的主体广泛，不仅包括

---

① 孟德斯鸠：《论法的精神》，张雁深译，商务印书馆，1976，第 153 页。

② 罗豪才主编：《行政法学》（修订本），中国政法大学出版社，1999，第 331 页。

国家机关,还包括政党、政协以及社会团体、人民群众、企事业单位和新闻媒体;①第二种观点认为,行政监督的主体只能是法律特别授予监督权的国家机关,非国家机关的组织或者个人虽然也可以对行政机关及其公务员进行监督,但这不是法律监督,不属于行政法研究的范围,不属于行政监督。② 在这里,本书采用第二种观点。因为非国家机关的组织和个人对行政机关的监督主要是政治监督和民主监督,不是严格意义上的法律监督,通常情况下不是行政法学研究的问题。③

(二)监督对象

行政监督的对象是海事机构及其公职人员。海事行政监督的对象是各级海事管理机构及其公职人员。目前,我国海事机构包括四级,分别是交通部海事局(中华人民共和国海事局)、直属海事局、分支海事局、海事处。上述四级海事机构及其公职人员都是监督的对象。

(三)监督内容

行政监督的内容是海事职权行为。海事行政监督的内容是海事机构及其公职人员行使职权的活动,其中主要是海事行政行为,但又不局限于海事行政行为,还包括海事行政行为之外的海事事实行为、准行政行为等其他行使海事行政职权的行为。海事机构及其公职人员所作的民事行为、个人非职务行为不属于监督的范围。海事行政监督与海事行政检查行为具有以下区别。

1. 主体不同

海事行政监督的主体有国家权力机关、监察机关、司法机关(人民法院与人民检察院)、上级海事机构及海事机构内部监察、审计部门;海事行政检查行为的主体只能是海事机构。

2. 对象不同

海事行政监督的对象是海事机构及其公职人员;海事行政检查行为的对象则是海事行政相对人,如船公司、船舶或船员。监督对象的不同是二者的本质区别。海事行政检查的主体在监督海事行政法律关系中是被监督的对象。

3. 行为内容不同

海事行政监督主要是对海事机构行为的合法性与合理性及其公职人员遵纪守法情况的监督;海事行政检查主要是对海事行政相对人遵守法律、法规情况的监督检查。

4. 行为方式不同

海事行政监督主要采取监督主体审查、调查、质询、行政监察、审计、司法审查等方式;海事行政检查主要采取询问、登记、查验、鉴定等方式。

二、海事行政监督的特征

海事行政监督是海事行政执法中最基本的执法手段之一,也是海事行政执法中必不可

---

① 许崇德、皮纯协主编:《新中国行政法学研究综述(1949—1990)》,法律出版社,1991,第 569 页;姜明安、余凌云主编:《行政法》,科学出版社,2010,第 560 页。

② 应松年主编:《行政法学新论》,中国方正出版社,2004,第 371 页。

③ 应松年主编:《行政法与行政诉讼法》,法律出版社,2005,第 398 页。

少的环节,它一方面督促海事行政相对人遵守海事法律的相关规定;另外通常也是发现违法事实,取得有关证据材料的重要手段。海事行政监督具有如下特征。

(1)海事行政监督的主体具有法定监督权的主体。海事行政监督的监督主体包括:国家权力机关、监察机关、司法机关、上级海事机构、海事机构内设监察、审计部门。既包括法律法规授权的具有监督权的主体,也包括海事行政机构及法律、法规授权的组织。

(2)海事行政监督的客体是法律、法规规定的海事行政相对人应履行的义务和禁止作出的行为,即法律、法规设定的事项。

(3)海事行政监督是海事行政监督主体依法作出的监督行为。海事行政监督必须有明确的法律法规规定,监督的事项、检查的内容、范围、手段、程序不得超出法定权限。

三、海事行政行政监督的必要性

海事行政机构作为我国行政执法体系的一个重要组成部分,依法行使《海上交通安全法》《内河交通安全管理条例》等法律法规所授予的行政执法权及制定海事行政规范性文件的权力。要实现海事依法行政、建设法治海事就必须加强和完善对海事行政权的监督。

1. 我国海事行政存在执法越位或缺位的风险

在我国的海事行政执法体制中,各执法主体条块分割、各自为政、职能交叉,这种混乱的执法体制被人们所诟病。在实务中,由于职权划分的模糊及存在交叉,各执法主体基于利益的驱动,存在着有了利益竞相管,有了责任相互推的情况。通过对海事行政行为的监督,可以纠正执法的越位或缺位。

2. 海事行政权力扩张容易导致权力滥用

社会发展及航运市场繁荣使得船舶流量不断增大,人本理念使人们对于安全更为关注,面对日益复杂的航运形势和更高标准的航运服务要求,迫使海事管理的触角不断延伸。在海事立法不够完善的情况下,海事机构只能将行政规范性文件作为执法依据。然而,这种依据规范性文件的"自我授权",不符合法律保留的行政法治原则。所以,应当加强对海事行政行为的监督,确保海事行政权力的渊源合法,避免权力滥用。

3. 海事行政管理的地位决定了权力必须规范行使

航运经济是一个国家的命脉,世界上80%的国际贸易均靠船舶运输来完成。海事行政管理的主要对象是船东及其船舶,一旦海事机构作出错误的行政决定或行政指导,可能给船东造成巨大的经济损失。例如,海事机构认为天气状况不符合靠泊条件,作出了禁止船舶靠泊的决定,而实际上这种认定缺乏必要的法定或科学依据;再如,海事机构执法人员禁止船舶夜间进行明火作业对货物进行系固,而禁止夜间明火作业完全没有法律依据,只是执法人员出于安全考虑的个人主观判断。这些不合理的行政管理均会给船方带来巨大的损失。

4. 海事行政权力不当行使可能导致国际责任

海事行政的相对方相当多的是外国籍船东或船舶,一旦权力不当行使,会引发消极的对外影响,甚至引发国际责任。比较典型的涉外管理事项,如港口国监督(PSC),在港口国监督检查中,如果发现船舶存在严重缺陷,可能导致船舶被滞留。船舶被滞留会对该船造成严重的声誉及经济损失,船东及船舶对此十分重视。如果海事机构作出的滞留措施缺少依据,那么在随后可能发生的行政复议、诉讼中会处于不利境地。甚至有的国家会发出外交照会,在实践中多次出现过朝鲜籍货船因被滞留而引发的外交行为。同时根据国际法原理，如果一国船舶的合法权益被别国侵害，在穷尽当地国救济途径时，可以由船旗国向当地国要求承担国家责任。加强和完善海事行政监督，确保海事行政执法行为的规范行使，对于充分发挥海事机构在我国航运经济发展中的作用，保障海上运输安全具有重大意义。通过对海事行政行为的监督，一方面可以防止和纠正海事行政职权违法或不当的行使，保护海事行政相对人的合法权益；另一方面可以促进和保障海事行政管理职能的实现，提高海事机构及其执法人员的工作效率。

5. 督促依法履行法定的海事行政管理职权

行政管理不是简单、机械的活动，法律规范也不是自发运作的准则。现代行政管理要求管理者把具有普遍约束力的法律规范适用于复杂多样、变化无穷的社会现实问题及事务。在这一过程中，各级行政机关有责任根据法律规范的要求就法律规范如何具体执行采取相应的措施，制定具体的实施办法。建立有关内部的工作制度、开展执法人员的培训考核、明确执法的目标责任等，都是法律、法规、规章实施工作所应注意并予以落实的事项。把执法机关是否采取了有效的措施，积极、认真地履行法定职责置于监督之下，可以有效地促进法律、法规、规章的正确贯彻实施。

6. 防止和纠正违法或者不当的海事行政行为

行政执法机关实施法律、法规和规章直接或间接作用于行政管理对象的基本形式，决定了各种各样的行政行为包括各种行政执法行为，只有在依法实施的前提下，才能合法、适当，公民、法人或者其他组织的合法权益才不致遭受侵犯。目前存在的问题是，行政执法行为出现违法与不当已是一个不容忽视的事实，因此，纠正违法行为，为公民、法人或者其他组织的合法权益遭受的损害提供有效的救济，在行政执法监督工作中居于重要位置。考察当前的行政执法工作有以下两点需要重视。

（1）既要监督具体行政行为，也要监督抽象行政行为抽象行政行为被排除在行政诉讼受案范围之外，加之抽象行政行为并不是针对特定的具体人或事，使人们对抽象行政行为合法与否很少予以关注，其结果往往是因为抽象行政行为的不合法而导致大量的具体执法行为的违法。既然抽象行政行为也是行政机关的行政行为，同样存在着是否合法的问题，因而就存在着损害公民合法权益的可能性，而且其危害性要远比具体行政执法行为范围更广、影响更大，行政执法监督工作就没有理由不将监督抽象行政行为作为一项重要的工作任务。

（2）既要监督行政机关的作为行政行为，也要监督行政机关的不作为行政行为。行政执法机关可能会因为实施某种行为而违法，构成对公民、法人或者其他组织合法权益的侵犯，需要予以监督处理。同时行政执法机关也会因为不履行法定职责和义务而构成违法或侵权（通常人们称之为行政执法机关的不作为），客观上必然会影响法律、法规、规章的实施，使行政管理权得不到及时、有效的落实，使公民、法人或其他组织的合法权益得不到有效保护。这就要求行政执法监督工作把此类问题纳入监督范围。

7. 提高海事行政管理的效率

国家行政机关在实施法律、法规、规章时，既有明确分工、各负其责的一面，也有互相配合、密切协作的一面，现实中，因执法而产生的矛盾和扯皮的问题也时发生，大体上可以分为积极的执法争议和消极的执法争议。前者表现为不同行政执法机关针对同一事项或问题互相争夺管理权，或是各自都在行使管理权，重复执法，造成行政相对人利益的损害；后者表现为有关行政执法机关在某方面的管理上相互推诿，使执法出现“空档”。究其原因，既有行政执法机关彼此对法律、法规和规章理解不同的原因,也有行政执法机关在行政执法活动中相互配合不够等因素。这些问题的存在,势必影响法律、法规和规章的正确实施,影响行政管理的效率。从人民政府统一领导本行政区域内各项行政工作的法定职责来看,开展执法监督,就应当把协调执法矛盾作为一项重要工作,以充分发挥政府的综合、协调功能。

8. 发现法律、法规存在的问题并及时加以改进

行政机关在执法工作中出现矛盾或难以实现立法预期目标,有时并不仅仅是执法工作本身的问题,而在于法律规范或执法依据本身难以操作或者脱离现实。这当中既可能是立法当初就没有处理妥当而使法律规范存有缺陷,也可能是因为客观实际情况的发展变化而使法律规范已不能适应实际需要。如果不及时地对法律规范进行修改或调整,仅靠规范和严肃执法行为本身,显然是不能从根本上解决问题的。因此,开展行政执法监督工作,注意调查研究法律规范本身所存在的问题,对法律规范的可行性和实际效果进行评价并酌情予以处理和反馈,是很有必要的。

第二节　海事行政监督的类型

海事行政监督的类型可以分为以下两大类。

第一,海事行政管理机构系统内的监督,如上级海事行政管理机构对下级海事行政管理机构的监督(执法监督实施的日常工作由海事行政管理机构的法制部门负责)、内设监察部门的监督等。

第二,其他国家机关对海事行政主体的监督,主要是指:一是国家权力机关的监督,即全国人民代表大会及其常委会和地方各级人民代表大会及其常委会的监督;二是监察机关的监督,即全国及各级监察委员会的监督;三是司法机关的监督,包括审判机关的监督和检察机关的监督等。

一、海事行政监督的内部监督

(一)海事行政内部监督的概念

海事行政内部监督是指上级海事行政机构对下级海事行政机构的法律监督以及海事行政机构内部设立的专门监督机关对海事行政机构及其公职人员所进行的监察和督促。海事行政机构内部监督是海事行政监督的重要组成部分,其与外部监督相比,具有广泛性、及时性、隶属性、局限性的特点。[①] 海事机构内部监督,从监督的内容和组织形式上可分为一般监督与专门监督。一般监督即海事执法监督,是上级海事机构对下级海事机构的监督;专门监督是指海事机构内设的审计部门对特定范围内的事项进行的监督。

海事系统由于其不同于其他行政部门的管理体制,使其内部监督体制具有自身的特点。全国海事系统分为两类,一类是直属海事系统,另一类是地方海事系统。直属海事系统属于交通运输部直属机构,实施垂直管理;地方海事系统属地方政府管理,业务受交通运

① 应松年主编:《行政法与行政诉讼法》,法律出版社,2005,第409页。

输部海事局指导。在内部监督体制上,地方海事系统除受海事系统内部监督之外,还受地方政府法制、监察、审计等部门的监督。而直属海事系统只受本系统内上级机构及内设部门的监督。从监督海事行政的内容来说,在层级监督上两者基本相同,都是依据中国海事局的执法监督规定执行;在专门监督上,两者监督体制不同,但内容基本相同。从海事行政监督的重点来看,直属海事系统的管辖区域和业务量远远大于地方海事系统,是整个海事行政监督的重点。所以,在本节关于内部海事行政监督的论述中,特指直属海事系统内上级对下级的层级监督及海事系统内设监察、审计部门的监督。

(二)海事行政内部监督的特点

1. 海事执法监督的内容涵盖所有的海事执法业务,是对海事业务的直接监督

海事管理机构作为我国的一个行政执法部门,其社会管理功能的实现主要依靠对外行政执法来完成。做好执法工作是执法部门的主要任务和工作目标,而对执法进行监督是完成这一任务和目标的根本保障。海事执法监督是直接针对海事执法业务的监督,是保障海事法律法规正确实施,促进海事机构及其执法人员依法行政水平的重要途径。

2. 海事执法监督是上级对下级的直接监督,是最具实效性与专业性的监督

一方面,海事执法监督性质上属于层级监督,是由上级海事机构的法制部门组织的以上级海事机构的名义实施的对执法行为的监督,其专业性与实效性不言而喻。另一方面,监督的结果直接决定了被监督海事机构的业绩考评和被监督执法人员的执法资质,其影响力对于被监督机构和人员来说是相当大的。

3. 海事执法监督是一种全方位的监督,具有事前预防、事中监督、事后纠偏的功能

内部监督与外部监督不同的主要是事后监督不同,海事执法监督体现在事前、事中、事后三个环节全方位地对执法行为进行的监督。在海事执法监督过程中,被发现存在问题的海事管理机构或部门应当及时整改,制定纠正或预防措施;发现适用法律、法规、规章错误,违反法定程序,超越职权或者滥用职权等情形的,应当责令限期改正或作出撤销、变更行政执法行为或者确认行政执法行为违法的决定;对应当实施责任追究的,按照相关规定实施责任追究。

(三)海事执法监督的内容

海事执法监督依据监督对象和项目的不同可以分为对以下内容的监督。

1. 对象的不同

①对抽象海事行政行为的监督;

②对具体行政行为的监督及对执法风纪情况的监督。

2. 监督的项目不同

①海事规范性文件的制定情况;

②法律、法规、规章、规范性文件及对我国生效的国际条约的实施情况;

③海事管理机构的行政执法主体资格;

④执法人员的行政执法资格、条件及管理情况;

⑤海事行政许可、行政确认、行政报备、行政处罚、行政强制、行政检查、行政调查、行政征收等具体海事行政执法行为的实施情况;海事行政复议以及行政应诉情况;

⑥海事行政复议以及行政应诉情况;

⑦罚缴分离制度的执行和罚没财物的管理与处置情况；

⑧上级海事管理机构作出的行政执法相关决定、命令的执行情况；

⑨海事管理机构职责分解和执法人员岗位职责落实情况；

⑩海事行政执法政务公开工作开展情况；

⑪执法风纪遵守情况等。

二、海事行政监督的外部监督

海事行政监督的外部监督，是指海事机构以外的监督主体实施的对海事机构及其公职人员职权活动所进行的监督行为。在我国，外部监督主体主要包括权力机关、监察机关、司法机关。权力机关即全国人民代表大会和地方各级人民代表大会及其常务委员会；监察机关即国家监察委员会及地方各级监察委员会；司法机关即人民法院与人民检察院。

（一）权力机关的监督

我国的权力机关是由全国人民代表大会和地方各级人民代表大会及其常务委员会组成的。根据宪法的规定，行政机关由人民代表大会产生，是权力机关的执行机关，对它负责，受它监督。权力机关的监督，是指作为国家权力机关的各级人民代表大会及县级以上人民代表大会常务委员会对行政主体及其公务员行使行政权、履行行政职责的情况所进行的监督。[①] 我国权力机关对行政机关及其公务员的监督，是根据《宪法》的授权进行的。权力机关对行政机关及其公务员的行政行为的监督，在行政法体系中处于非常重要的地位。权力机关是由人民选举的代表组成的，它代表人民的意愿行使对行政机关的监督权。行政机关及其公务员接受权力机关的监督，实质上是接受人民的监督，是人民主权原则的具体体现。

在海事行政监督中，权力机关对海事机构的监督主要通过间接监督的方式实现，主要体现在以下两个方面。

1. 对重大海事行政行为的监督

权力机关按照宪法和有关组织法的授权，有对行政机关及其公务员是否依法行使职权进行监督的权力。但是，权力机关对行政行为的监督一般都是宏观上的、带有全局影响作用的重大行政行为。例如，重大的海难事故调查处理、重大船舶污染事故处理等。

2. 对海事法规、规章、决定和命令的监督

根据《宪法》第 67 条的规定，全国人大常委会有权撤销国务院制定的，同《宪法》、法律相抵触的行政法规、决定和命令。《地方各级人民代表大会和地方各级人民政府组织法》第 8 条规定，县级以上地方各级人民代表大会有权撤销本级人民政府的不适当的决定和命令。虽然各级海事管理机构尚不具备行政立法权，但是海事行政法规、规章（包括部门规章和地方政府规章）都是由海事机构起草并最终实施，权力机关通过对海事行政法规、规章及决定和命令的监督并行使相应的撤销权，对于海事机构来说十分关键。

（二）监察机关的监督

① 叶必丰：《行政法与行政诉讼法》，中国人民大学出版社，2003，第 220-221 页。

《宪法》第123条规定:“中华人民共和国各级监察委员会是国家的监察机关。”第127条规定:“监察委员会依照法律规定独立行使监察权,不受行政机关、社会团体和个人的干涉。监察机关办理职务违法和职务犯罪案件,应当与审判机关、检察机关、执法部门互相配合,互相制约。”2018年《中华人民共和国监察法》(简称《监察法》)对监察机关的监察范围和管辖、监察权限和监察程序等做了规定。2021年《中华人民共和国监察法实施条例》(简称《监察法实施条例》)进一步细化了监察机关的职责、监察范围和管辖、监察权限和监察程序。

1. 地位和性质

为了深化国家监察体制改革,加强对所有行使公权力的公职人员的监督,实现国家监察全面覆盖,深入开展反腐败工作,推进国家治理体系和治理能力现代化,我国进行了国家机构改革,成立监察委员会。各级监察委员会是行使国家监察职能的专责机关,依法对所有行使公权力的公职人员进行监察,调查职务违法和职务犯罪,开展廉政建设和反腐败工作,维护宪法和法律的尊严。① 监察委员会依照法律规定独立行使监察权,不受行政机关、社会团体和个人的干涉。监察机关办理职务违法和职务犯罪案件,应当与审判机关、检察机关、执法部门互相配合,互相制约。监察机关在工作中需要协助的,有关机关和单位应当根据监察机关的要求依法予以协助。②

2. 监察职责

《监察法》第11条规定:“监察委员会依照本法和有关法律规定履行监督、调查、处置职责:

(一)对公职人员开展廉政教育,对其依法履职、秉公用权、廉洁从政从业以及道德操守情况进行监督检查;

(二)对涉嫌贪污贿赂、滥用职权、玩忽职守、权力寻租、利益输送、徇私舞弊以及浪费国家资财等职务违法和职务犯罪进行调查;

(三)对违法的公职人员依法作出政务处分决定;对履行职责不力、失职失责的领导人员进行问责;对涉嫌职务犯罪的,将调查结果移送人民检察院依法审查、提起公诉;向监察对象所在单位提出监察建议。”

监察机关依法履行监察监督职责,对公职人员政治品行、行使公权力和道德操守情况进行监督检查,督促有关机关、单位加强对所属公职人员的教育、管理、监督。③ 监察机关依法履行监察调查职责,依据《监察法》、《中华人民共和国公职人员政务处分法》(简称《公职人员政务处分法》)和《刑法》等规定对职务违法和职务犯罪进行调查。④ 监察机关在追究违法的公职人员直接责任的同时,依法对履行职责不力、失职失责,造成严重后果或者恶劣影响的领导人员予以问责。⑤ 监察机关对涉嫌职务犯罪的人员,经调查认为犯罪事实清楚,证据确实、充分,需要追究刑事责任的,依法移送人民检察院审查起诉。⑥ 监察机关根据监

---

① 参见《中华人民共和国监察法》第3条。
② 参见《中华人民共和国监察法》第4条。
③ 参见《中华人民共和国监察法实施条例》第14条。
④ 参见《中华人民共和国监察法实施条例》第22条。
⑤ 参见《中华人民共和国监察法实施条例》第34条。
⑥ 参见《中华人民共和国监察法实施条例》第35条。

督、调查结果,发现监察对象所在单位在廉政建设、权力制约、监督管理、制度执行以及履行职责等方面存在问题需要整改纠正的,依法提出监察建议。①

3. 监察权限

监察机关应当加强监督执法调查工作规范化建设,严格按规定对监察措施进行审批和监管,依照法定的范围、程序和期限采取相关措施,出具、送达法律文书。② 监察机关在初步核实中,可以依法采取谈话、询问、查询、调取、勘验检查、鉴定措施;立案后可以采取讯问、留置、冻结、搜查、查封、扣押、通缉措施。③

监察机关在海事行政外部监督中发挥重要作用,通过制度设计,补上过去海事行政外部监督存在的短板,实现对所有行使公权力的海事行政执法人员监察全覆盖,真正把所有公权力都关进制度笼子,体现依规治党与依法治国、党内监督与国家监察有机统一。

(三)司法机关的监督

1. 司法机关监督的概念和特征

建立一个权力、组织、行为都受法律约束的政府,必须解决三个问题,即政府的权力义务必须是法定的;政府必须依照法定程序行使权力、履行义务;建立健全监督制约机制。监督制约制度的建立健全是前两个方面的重要保障。虽然监督制约的方式、手段和渠道有许多方面,但司法监督是其中一种十分重要而且不可替代的手段。

司法机关的监督又称司法监督,就是以司法机关作为监督主体的监督,是指人民法院和人民检察院依法对行政机关及其公务人员的行政行为进行审判活动和检察监督活动。一般认为,我国的司法机关包括人民法院和人民检察院,因此,司法监督是指人民法院和人民检察院依法对海事机构及其公职人员的行政行为进行审判、检察的活动。

司法监督一方面是指司法机关对政府行政行为的合法性与否进行审查,确保政府依法行政的权力监督制度;另一方面,检察机关对国家机关工作人员渎职失职行为进行查处。由于司法权的终局性和强制性,司法监督成为制约政府权力最具权威、最为有效的形式。一个权威而有效的司法监督制度是确保政府依法行政,构建法治政府的重要保障。司法监督具有以下特征。

(1)监督主体是各级审判机关和检察机关

在我国依法享有司法权的是人民法院和人民检察院,它们由人民代表大会产生,并对其负责。作为监督主体的审判机关、检察机关对行政机关及其公务员所实施的监督,是基于国家对权力的配置,为防止行政机关专权和腐败而设置的权力制约措施。

(2)监督对象是海事机构及其公职人员的特定行为

人民法院和人民检察院承担着广泛的司法职能,但在海事行政监督体系中,它们所监督的对象只是特定对象的特定行为,即必须是海事机构及其公职人员行使职权的行为,而且只能是监督一部分与职权有关的行为。如在海事行政诉讼中,人民法院只能就具体行政行为的合法性进行审查,作出裁判。

---

① 参见《中华人民共和国监察法实施条例》第 36 条。

② 参见《中华人民共和国监察法实施条例》第 54 条。

③ 参见《中华人民共和国监察法实施条例》第 55 条。

(3)监督适用司法程序

人民法院与人民检察院在海事行政监督中采用专有的审判和检察手段,具体适用诉讼程序,这与权力机关监督适用的程序以及海事执法监督程序、海事行政复议程序、海事行政监察程序、海事审计监督程序相区别。

2. 司法监督的形式

(1)审判监督

审判监督即审判机关的监督,是指人民法院依法对海事机构及其公职人员的海事行政行为实施的监督。审判机关的监督在不同国家有不同的称谓,大陆法系国家多称“行政诉讼”,而英美法系很多国家则称为“司法审查”或“司法复审”。不同国家审判机关对行政机关监督的理念和制度都有很大的不同。以美国为代表,日本、菲律宾、墨西哥等国都以普通法院为司法审查机关,而大陆法系国家一般都由独立的行政法院系统负责审查行政案件。我国是在各级人民法院内设行政审判庭的形式专职负责行政诉讼。

审判监督的特征在于:

①监督主体是人民法院;

②是一种事后监督,即审判监督是在海事机构及其公职人员的行为正式作出后的监督;

③是消极的、被动的监督,即不告不理,只有当事人起诉,才会进入监督程序;

④监督权是有限的,一般仅限于对具体海事行政行为的监督;

⑤监督程序是司法程序,由行政诉讼法调整。

(2)检察监督

检察监督是指检察机关通过行使检察权对海事机构及其公职人员违法犯罪的海事行政行为的监督。从世界范围看,各国检察机关的性质和职能具有较大的差异。一些大陆法系国家,如德国《行政法院法》规定检察官可以作为公益代表人参加行政诉讼以维护公共利益。而以苏联为代表的社会主义国家,基于列宁的法律监督思想建构的检察机关,普遍享有“一般监督权”,即有权对所有行政机关及其公职人员发布的文件、作出行为的合法性进行监督。苏联解体后,取消了一般监督权,但 1999 年的《俄罗斯联邦检察院组织法》仍规定,当侵犯公民的人权和自由行为具有行政违法性质时,检察院应对其作出行政违法立案,或尽快把违法情况通知审理机关或公务人员。①

人民检察院是国家的法律监督机关,人民检察院通过行使检察权,对各级国家机关及其工作人员和公民是否遵守《宪法》和法律实施专门监督,以保障《宪法》和法律的正确实施,人民检察院是我国整个国家机构体系中的重要组成部分。在行政执法监督中,人民检察院通过检察活动接受群众对行政机关及其工作人员违法执法行为的检举、控告,对人民法院已经发生法律效力的行政判决和裁定,如发现确有错误,按照审判监督程序提出抗诉,人民法院对人民检察院提出抗诉的行政案件应当进行再审。

在海事行政监督中,人民检察院作为法律监督机关,通过抗诉引起海事行政诉讼再审程序,能有效地发现人民法院在海事行政诉讼审判中的错误,并纠正已发生法律效力的错误判决,从而保护海事行政相对人的合法权益以及海事机构的依法行政。

① 应松年主编:《行政法与行政诉讼法》,法律出版社,2005,第 407 页。

(四)政党监督

自政党在18世纪的英国议会出现以来,其作为行政执法监督的主体,受到各国的重视,当代世界各国的政治生活一般是在政党直接或间接的指导和影响下进行的。在中国,中国共产党作为执政党的监督形式主要有两种:一种是党内民主监督,体现为党员之间、党员和党的组织之间、党的纪律检查组织对违纪党员的监督;另一种是党的组织对国家机关及其工作人员的监督。同时,党的组织和党员也要在宪法和法律的范围内进行活动,不允许党员干部有超出法律之外的特权。在此情况下,执政党既是行使国家监督权力的监督主体,又是被其他国家机关监督的监督对象。同时,我国的人民政治协商会议是中国共产党、各民主党派、各人民团体、各界代表、爱国人士和特邀人士参加的统一战线组织,与执政的中国共产党形成了"长期共存、互相监督"的关系,在民主参政和民主监督中发挥着重要作用。这是我国带有政治性质的一项监督制度。

(五)社会团体和公众监督

在现代社会的行政管理中,行政执法行为的参与者不仅有行政机关和政党,也有社会与公众的监督。社会与公众的监督主要表现为社会团体和公民个人对行政执法行为的监督。社会与公众的监督对行政权力的运行发挥着重要的支持和监督作用。他们的参与水平及监督能力事实上反映了一个国家依法行政的实现程度。

在我国社会团体监督主要是指工会、共青团、妇联、村委会、居委会等各种社会团体对行政机关及其工作人员的行政执法行为进行的检查和督促。社会团体处于国家机关体系之外,代表特定的集团和阶层的经济、政治和社会利益。社会团体有以下主要监督方式。

(1)可以由社会团体以口头或书面形式直接提出询问、要求、批评、建议等。控告和申诉一般向行政机关的上级机关、监察机关或同级国家权力机关提出。

(2)通过信访制度,对各级行政机关及其工作人员进行监督。

(3)可以向报刊、广播、电视等传统媒体反映意见,也可通过网络等现代媒介形式,进行舆论监督。

公民个人监督权是宪法赋予公民监督行政机关及其工作人员的行政执法活动的权利,是公民作为行政管理活动的向对方对抗行政机关及其工作人员违法失职行为的权利。《宪法》第41条规定:"中华人民共和国公民对任何国家机关和国家机关工作人员,有提出批评和建议的权利;对于任何国家机关和国家工作人员的违法失职行为,有向有关国家机关提出申诉、控告或者检举的权利,但是不得捏造或者歪曲事实进行诬告陷害。"公民个人对行政执法行为的监督,内容非常广泛,任何公民对于行政机关及其工作人员的行政行为都可以提出建议;对于行政机关及其工作人员在行政执法中的错误、缺点和不当之处都可以提出批评;对于各级行政机关及其工作人员的违法失职行为都有检举的权利;因行政机关及其工作人员的违法失职行为,致使公民个人的合法权益受到侵害时,任何公民都可以向有关国家机关提出申诉和控告。对于公民的申诉、控告或检举,有关国家机关必须查清事实、负责处理。对于公民因行政机关及其工作人员的违法行政行为所遭受的损失,有要求活动行政赔偿的权利。

（六）新闻媒介监督

新闻媒体在现代公共生活中的地位非常重要，它是实现社会公众知情权的最主要途径，是引发公众讨论形成公共意见的手段，也是市民社会实施法律监督进行权力约束的重要形式。

通过新闻媒体所实施的监督，具有涉及面广，透明度高，反应迅速和影响力大的特点，最能体现社会监督的广泛性、公开性、民主性、效率性的要求。在西方成熟的法治国家，新闻媒体对政治生活和法律实施的影响非常深远，它成为社会公众监督政府和公司的可靠工具，被人们称之为继立法、行政、司法之后的"第四种权力"。在我国的行政执法监督中，新闻媒体监督的地位和作用还是非常有限的，我们应正确认识新闻媒体监督，逐步完善新闻媒体法律体系，发挥新闻媒体在行政执法监督中的作用。

第三节　海事行政执法监督

一、海事行政执法监督的概念与特征

（一）海事行政执法监督的概念

海事行政执法监督的概念分为广义说和狭义说。广义说是指国家和社会为了保证海事行政机关及其工作人员正确贯彻和实施法律法规，对海事行政执法活动进行的检查、督促，并对违法活动进行检举、矫正的行为的总称。狭义说是指负有监督职责的海事管理机构对于海事行政执法主体实施的行政执法行为，是否符合行政法律规范进行监察和督促并对违法行为予以纠正的活动。主要包括上级海事管理机构对下级海事管理机构及其工作人员、同级海事管理机构之间不同部门履行职责的检查和督促。

（二）海事行政执法监督的特征

海事行政执法监督有以下主要特征。

（1）海事行政执法监督是行政机关内部的自我监督。

（2）海事行政执法监督是交通运输部执法监督的组成部分，也是海事执法机构的专门职能监督。

（3）海事行政执法监督是常规化、制度化的行政执法监督活动。

（4）海事行政执法监督的主要种类有海事行政执法督察、海事行政执法案卷评查、海事行政执法评议考核、海事行政执法责任追究。

（5）海事执法监督的主体，是指负责领导组织与实施海事执法监督工作的海事执法机构及其部门。

（6）海事执法监督的对象，是各级海事管理机构和海事执法人员。

在实际执法监督工作中，一般情况下关注的是对执法人员的执法工作的监督。需要注意的是，海事执法活动，是以各级海事执法机构的名义进行的一种行政执法活动，其执法行为的主体是海事执法机构，而不是执法人员。因此，海事执法监督的对象首先也应当是海事执法机构。《海事行政执法监督管理规定》第2条规定：本规定适用于对各级海事管理机

构及其执法人员依法履责和遵守执法风纪等情况实施的监督活动。海事执法机构，既是海事执法监督的管理实施的主体，又是海事执法监督的对象。

(7)海事执法监督的内容，可以分为依法履行职责情况监督和执法风纪监督。海事执法监督的内容，不包括对执法人员腐败问题的监督。在海事执法监督过程中发现的腐败问题，由海事执法机构按照规定交有关机关处理。

二、海事行政执法监督的宗旨与原则

(一)海事行政执法监督的宗旨

根据《海事行政执法监督管理规定》的规定，海事行政执法监督的宗旨是：为规范海事行政执法行为，促进海事管理机构及其执法人员依法行政，提高海事行政执法水平，保障相关法律、法规、规章和规范性文件的全面、正确和有效实施，落实行政执法责任。

1. 促进依法行政，规范行政执法行为，提高海事行政执法水平

海事行政执法监督的本质，是通过维护海事行政机关及其工作人员的正常活动，从而维护海事行政机关和海事行政相对人的法律关系，切实维护国家和社会利益以及公民的合法权益。对依法行政的执法监督问题进行规范，是全面推进依法行政的当务之急。建立海事行政执法的监督制约机制，明确监督主体的职权范围、程序和责任，是海事依法行政的重要保障。

2. 正确实施和执行法律法规、规章、规范性文件等

“严格执法，依法行政”是建设社会主义法治国家的重要内容，又是建设社会主义现代化海事的主要标准。海事行政执法监督是依法规范和制约海事执法人员的权力，确保海事行政执法权力按照法律的规定去行使，是纠正执法中存在的有法不依、执法不严、违法不究，甚至徇私枉法问题的重要措施。其目的在于通过对其进行执法监督，制约海事执法人员的执法行为，迫使其按照“依法行政”的要求实施自己的执法行为，防止越权违法，对在执法过程中业已造成的不正当的行政行为进行纠正，并以此为鉴，防止类似的事情再度发生。

3. 明确和落实行政执法责任

制度建设更带有根本性、全局性、稳定性和长期性的特点。制度的严肃性、权威性就来源于这种惩处以责任追究，这是制度具有威慑力的原因所在。建立和完善海事行政监督制度，对于在监督中发现的行政执法行为进行纠正并对违法实施行政行为、滥用行政权力等进行责任追究，可以使海事各级行政人员严格履行职责，依法实施和贯彻法律法规、规章和规范性文件，慎用党和人民赋予的权力，可以促使海事各级领导干部在履行决策权力时增强责任心，正确谨慎地使用决策权，尽量避免决策失误，减少损失。

(二)海事行政执法监督的原则

根据《海事行政执法监督管理规定》第3条规定，海事行政执法监督的原则是：海事行政执法监督应当遵循客观、公正和有错必纠的原则，实行教育与惩处相结合、监督检查与改进完善相结合，保障各级海事管理机构及其执法人员严格依法行政，维护公民、法人和其他组织的合法权益。

1. 遵循客观、公正和有错必纠的原则

(1)客观原则指的是指，海事行政执法监督应忠于客观事实，实事求是地对行政执法行

为进行检查、督促,切忌主观臆断。

(2)“公正”按照《现代汉语词典》的解释,指的是公平正直,没有偏私。公正原则指的是,海事行政执法监督应体现公平、平等,对被监督主体应给予平等的机会,评价和处理应符合正当程序。

(3)有错必纠原则指的是海事行政执法监督过程中,监督主体对监督对象行使行政职权、实施法律法规、规章、规范性文件的行政行为,发现其存在错误,应立即指明并要求其纠正的原则。这是我党实事求是,有错必纠路线方针在行政执法监督中的具体体现。

2. 教育与惩处相结合的原则

教育与惩处相结合原则指的是,海事行政执法监督机关开展工作必须遵循的一项基本原则。它是指行政执法监督机关在开展执法监督工作中不仅要严肃查处监督对象的违反行政纪律的行为,还要立足于教育,着眼于提高思想和政治素质,把惩处和防范,治标与治本有机地结合起来。

3. 监督检查与改进完善相结合原则

监督检查与改进工作相结合,也是海事行政执法监督机关的一项重要工作原则。主要是指执法监督机关在开展工作中不仅要对监督对象的行政行为进行监督检查,发现监督对象工作中的缺点、错误和不足,而且要针对在监督检查中发现问题,向监督对象提出监督建议或工作建议,促使和督促其改进工作。《海事行政执法监督管理规定》第 10 条规定,“在海事行政执法监督过程中,被发现存在问题的海事管理机构或部门应当及时整改,制定纠正或预防措施,并由相关部门进行验证”。行政执法监督工作的性质决定了监督机关必须把监督检查与改进工作结合起来,既要发现和揭露行政管理中的问题和不廉洁现象,惩处违反行政纪律的行为,还要注意研究解决行政管理中的问题和减少不廉洁现象发生的对策,提出改进工作和预防腐败现象发生的建设和措施,以达到防患于未然,改进工作,建立和健全规章制度,实现勤政廉政的目的。

4. 保障依法行政,维护相对人合法权益原则

海事行政执法监督应坚持以规范行政机关依法履行法律法规赋予的职责,正确行使法律法规赋予的行政职权,依法行政为着眼点。通过对权力行使的约束和限制,保障行政相对人的合法权益和利益。这是依法行政的首要要求,也是依法行政的最终目标。

三、海事执法监督的实施部门及人员

海事执法监督属于海事机构内部的层级监督,即上级海事机构对下级海事机构的监督。根据《海事行政执法监督管理规定》,中国海事局统一管理全国海事系统的行政执法监督工作;各级海事机构负责所属海事机构的行政执法监督的实施;各级海事机构法制部门负责行政执法监督的组织实施。交通运输部海事局作为我国最高海事机构,全国范围内的海事执法监督必然由其实施统一管理。

对于实施海事执法监督的人员,以往没有明确的要求,一般是由海事机构法规处组织本局具备一定法律基础的人员实施执法监督。《海事行政执法监督管理规定》的实施,对海事执法监督中专职执法督察的人员有了明确要求。根据规定,各级海事机构应当设置海事行政执法督察管理岗位,配备足够、合格的海事行政执法督察人员。督察人员应当具备相关条件,通过专门培训及考试,取得海事行政执法督察证件。督察人员分为甲、乙两级:甲级督察人员应当经中国海事局培训、考试合格,取得海事行政执法督察证件,可监督全国海

事系统的行政执法活动;乙级督察人员应当经各直属海事局或者省级地方海事局培训、考试合格,取得海事行政执法督察证件,可监督各直属海事局或者省级地方海事局及其下级海事管理机构的行政执法活动。[①]《海事行政执法督察管理办法》第4条进一步明确指出:“督察人员分甲、乙两级。甲级督察人员可以监督全国海事系统的行政执法活动;乙级督察人员可以监督所属省级辖区的海事行政执法活动。”[②]

四、海事行政执法监督的基本措施

(一)海事执法监督的领导管理机构及其职责

海事执法监督的领导管理机构是中国海事局及其直属局以及地方各级海事机构。海事执法监督的具体实施工作由海事局的法制部门负责。《海事行政执法监督管理规定》第4条规定:“中华人民共和国海事局统一管理全国海事系统的行政执法监督工作。各级海事管理机构负责所属海事管理机构行政执法监督的实施。各级海事管理机构法制部门负责行政执法监督的组织实施。”

海事执法监督管理机构的主要职责是全面负责领导管理所属海事管理机构、部门、执法人员的执法监督工作。包括:组织实施本机构的各执法部门及执法人员的海事执法监督工作,监督检查所属下级海事机构的执法监督工作。在执法监督工作中,海事机构应当建立健全各项行政执法监督工作制度,为执法监督工作提供必要的保障,提高工作效率。《海事行政执法监督管理规定》第5条规定:“各级海事管理机构应当建立健全各项行政执法监督工作制度,充分利用信息化手段,提高工作效率。”《海事行政执法监督管理规定》第6条规定:“各级海事管理机构应当为行政执法监督活动提供必要的经费保障,配备必要的交通、通信、取证等设备和工具。”

(二)海事管理机构在执法监督中采取的措施

海事执法监督管理机构,在海事执法监督管理工作中,对于发现的执法问题应当及时处理。不同的海事执法监督机构,在执法监督过程中所采取的措施有所不同。

海事执法监督机构对于执法监督中发现的本机构所属部门以及执法人员存在的执法问题,应当采取及时整改、制定纠正或预防措施。《海事行政执法监督管理规定》第10条规定:在海事行政执法监督过程中,被发现存在问题的海事管理机构或部门应当及时整改,制定纠正或预防措施,并由相关部门进行验证。

海事执法监督机构在执法监督中发现的所属下级海事机构以及执法人员在执法过程中存在的问题,应当采取的措施有责令限期改正,或者作出撤销、变更行政执法行为或者确认行政执法行为违法,责令重新作出具体行政执法行为的决定。《海事行政执法监督管理规定》第11条规定:各级海事管理机构在执法监督过程中发现下列情形之一的,应当责令限期改正;逾期不改的,应当作出撤销、变更行政执法行为或者确认行政执法行为违法,以及责令重新作出具体行政执法行为的决定:

(1)认定的依据不足、材料不全;

---

① 参见《海事行政执法监督管理规定》第33条。

② 参见《海事行政执法督察管理办法》第4条。

(2)适用法律、法规、规章错误;
(3)违反法定程序;
(4)超越职权或者滥用职权;
(5)行政执法行为明显不当;
(6)法律、法规、规章规定的其他情形。
对应当实施责任追究的,按照本规定实施责任追究。

五、海事行政执法监督的内容

海事执法监督的主要内容,是指在海事执法监督中的普遍适用于各种监督活动的一般性的监督内容。海事执法监督的具体内容,因执法监督的种类与方式的不同,而有所不同。
根据《海事行政执法监督管理规定》第 15 条,海事行政执法监督的主要内容:
(1)海事规范性文件的制定情况;
(2)法律、法规、规章、规范性文件及对我国生效的国际条约的实施情况;
(3)海事管理机构的行政执法主体资格;
(4)执法人员的行政执法资格、条件及管理情况;
(5)海事行政许可、行政确认、行政报备、行政处罚、行政强制、行政检查、行政调查、行政征收等具体海事行政执法行为的实施情况;
(6)海事行政复议以及行政应诉情况;
(7)罚缴分离制度的执行和罚没财物的管理与处置情况;
(8)上级海事管理机构作出的行政执法相关决定、命令的执行情况;
(9)海事管理机构职责分解和执法人员岗位职责落实情况;
(10)海事行政执法政务公开工作开展情况;
(11)执法风纪遵守情况;
(12)其他应当监督的事项。

六、海事行政执法监督工作的基本程序

海事行政执法监督工作的基本程序在《海事行政执法监督管理规定》中没有做一般性的规定,在具体的海事执法监督工作中有一定的规定。
海事执法监督工作的基本程序为:组织领导,确定执法监督的工作方案与分工,确定被监督的执法部门与执法人员,确定采取执法督察、案卷评查、执法考评、责任追究等具体的监督方式,对执法部门与执法人员进行实地执法监督检查,对发现的执法问题采取纠正措施,确定执法监督的结果与评价等级,总结与通报执法监督工作情况,执法监督材料的归档保管。

七、海事行政执法监督组织实施工作的基本要求

在海事执法监督机构自行开展的执法监督工作中,组织实施工作由各级海事执法机构的法制部门负责。《海事行政执法监督管理规定》第 8 条规定:“各级海事管理机构的法制部门按照本规定组织实施海事行政执法督察、案卷评查、执法考评和责任追究等工作。”《海事行政执法监督管理规定》第 9 条规定:“各级海事管理机构的业务部门根据工作需要对其

主管的海事行政执法工作开展职能监督。”

海事执法监督机构合作部门应当按照规定,做好执法监督材料的记录与归档工作。《海事行政执法监督管理规定》第 12 条规定:“各级海事管理机构或部门在实施执法监督时,应将执法监督开展的具体情况记录、归档。”

八、海事行政执法的政务公开

海事行政执法工作中,应当注意按照规定做好政务公开工作,接受社会监督。《海事行政执法监督管理规定》第 13 条规定:“各级海事管理机构应当按照规定实施政务公开,设立并公开举报电话、投诉信箱,接受海事行政管理相对人以及社会公众、媒体、有关单位和个人对海事管理机构的行政执法工作开展情况进行的监督。”

海事管理机构对于各种执法投诉,应当及时妥善处理。《海事行政执法监督管理规定》第 14 条规定:“各级海事管理机构应当依法及时办理公民、法人或其他组织的申诉、投诉和举报,并为申诉、投诉、举报人保密。”

第四节　海事行政执法督察

一、海事行政执法督察的含义

2011 年 5 月 1 日施行的《中华人民共和国海事行政执法监督管理规定》(简称《海事行政执法监督管理规定》)明确了海事行政监督的种类包括海事行政执法督察。《海事行政执法督察管理办法》是对《海事行政执法监督管理规定》的贯彻落实和细化,是海事行政执法督察的最直接的执法依据。根据《海事行政执法监督管理规定》和《海事行政执法督察管理办法》,海事督察机构是海事机关内依法设置的专门承担海事督察职责、行使海事督察权力的内部专门监督机构。

“督察”,从语义上说,是指仔细地进行监督、检查;从法律意义上说,是指特定的组织机构依据有关规定,为完成既定任务或达到预定目标,通过一定程序,对一定的个体或组织的活动和行为所实施的监督、检查和控制。督察的核心是保证各项活动和行为方向正确、措施得当,从而促进任务的完成和目标的实现。

概括来说,海事行政执法督察是海事行政执法督察机构在其法定职责范围内,依法运用一定的手段和采取必要的措施,对海事行政机关及其执法人员依法履行职责、行使职权和遵守纪律的情况进行的监督和检查活动。海事行政执法督察制度的建立,进一步完善了海事行政机关内部监督制约机制。

二、海事行政督察机构的性质

(一)海事行政督查机构的特征

1. 海事督察机构是海事机关的内部专职监督机构

督察机构是海事机关的内设机构。根据《海事行政执法监督管理规定》和《海事行政执法督察管理办法》的规定,海事行政执法的督察机构承担着保障海事行政人员依法履行职责、行使职权和遵守风纪的职责。海事督察实质上是海事机关内部的自我监督约束机制，其对海事机关和海事人员执法遵纪活动进行的监督属于海事行政监督的范畴，是海事行政机关内部行政管理的一个环节。海事督察工作的性质表明海事督察机构是海事机关内部的一个新的部门，与通航、船舶、船检、安检、征稽等部门具有同等重要地位，是海事机关的组成部分。

2. 海事督察机构是海事机关内部具有独立地位的部门

海事督察机构是具有独立地位的专门监督部门。作为监督机构，其履行职能的前提就是地位的独立。如果没有独立的地位，就意味着没有独立的职权。根据监督学的一般原理，缺乏独立监督权力的机构是无法对权力进行制约的。这就要求海事督察机构的设置要相对独立，要有独立的机构设置、专门的办公场所、专职督察人员、专司督察职责。在领导体制上，实行对本级行政首长和上级督察机构负责制，确保督察机构具有权威性，能够独立开展工作。

3. 海事督察机构是海事机关内部的一个综合性工作部门

海事机关内部设立通航、船舶、船检等业务部门，分别履行一项或几项的专门职能，从工作性质上看，这些部门都是业务部门。而法制、政工、纪检、监察等部门属于综合性部门。与以上部门比较，海事督察机构是综合性较强的一个部门。表现在督察范围、督察对象的广泛性、督察职权的综合性。

（二）海事督察机构与海事机关法制机构的关系

从其工作职责、任务和性质上看海事机关的法制机构，是履行内部执法监督职能的职能部门。督察机构与法制机构的监督对象是一致的，但二者工作范围各有分工，监督形式和权限不同。

1. 区别

（1）监督范围不同

法制部门主要负责对海事机关业务部门执法措施进行审核，组织开展各项执法检查，对海事行政案件进行复议和诉讼等。法制部门除上述职能外，最主要的职能是负责组织制定法规、规章和规范性文件。督察机构的监督范围是全方位的，既包括执法活动，也包括执法人员的执法风纪情况，更包括对法制部门的行政立法性行为进行监督，在这一层面上，法制部门成为督察机构的监督对象。

（2）监督方式不同

法制机构通过海事机关制定、发布的命令、决定的审核，对各类案件的复议和应诉等，监督海事行政执法情况，是对执法活动的静态监督。督察机构的监督侧重执法活动的全过程，体现了动态和静态监督的结合，侧重事前和事中监督。

（3）权限不同

法制机构的权限主要体现在对各类案件的审核和把关上，对定性错误、程序违法等法律适用问题进行检查和纠正。督察机构具有较为广泛的督察权。

（4）领导体制不同

法制机构实行本级海事机关领导的领导管理体制，工作主要对本级海事机关负责。督察机构实行上级督察机构和本级海事机关的双重领导体制，工作既要接受上级督察机构的领导也要对本级海事机关行政首长负责。

2. 联系

(1)督察机构和法制机构都是海事机关内部的具有极强专业性的专门监督部门,二者在业务范围上具有很大的重合性,都以海事行政执法活动为主要监督内容。相较而言,法制机构的监督专业性更强,而督察机构的监督综合性更强。

(2)督察机构是海事机关新设立的内部监督机构,应注意与法制机构的密切配合,通过对法制工作的调查研究,发现执法督察中存在的问题。同时,二者在各自职责范围内,履行各自的监督职责,对于不属于督查工作范围内的问题,不要越权处理,应在各自履行职能的基础上,密切配合,有机结合,形成监督合力,提高整体监督效能。

三、适用范围

《海事行政执法监督管理规定》第 2 条规定:"本规定适用于对各级海事管理机构及其执法人员依法履责和遵守执法风纪等情况实施的监督活动。"《海事行政执法督察管理办法》第 2 条规定:"本办法适用于海事管理机构对本级或下级海事管理机构及其执法人员依法履行职责、行使职权和遵守执法风纪情况的监督以及对督察人员的管理。"海事行政执法督察适用范围包括以下方面。

1. 适用级别

《海事行政执法督察管理办法》明确了海事行政执法督察的层级,海事行政执法督察部门可以对本级或下级海事管理机构及其执法人员进行监督和检查。这不仅体现了执法督察是行政机关内部的一种监督机制,上级督察部门对下级行政机构具有督察权,也体现了督察部门具有相对的独立性,可以对同级行政机构及其人员进行监督、检查和制约。

2. 适用对象

海事行政执法督察适用于海事行政管理机构及其执法人员。对于海事管理机构违法情况的监督和检查,由其主要负责人承担相应责任;对于执法人员违法履行职责的监督和检查,由责任人承担责任。对于不属于海事行政管理机构的单位和不具有海事行政执法权的个人,督察部门不能对其进行监督和检查。同时,督察人员也要接受考核。

3. 适用事项

《海事行政执法监督管理规定》第 15 条规定了海事行政执法监督的主要内容。依据该规定,海事行政执法督察的事项主要是,监督海事规范性文件的制定情况以及法律、法规、规章、规范性文件及对我国生效的国际条约的实施情况,具体海事行政执法行为的履行情况。除此之外,海事行政复议和行政应诉、海事管理机构和执法人员资格、上级机关决定、命令、政务公开、执法风纪等情况等也纳入监督和检查范围。

四、工作程序

1. 督察人员的资格

根据《海事行政执法督察管理办法》规定,各级海事管理机构的督查部门组织执法督察时,应当调派持有海事行政执法督察证件的人员参加,并综合考虑督察活动的规模、督察人员的专业特长以及回避制度等因素。在该办法于 2012 年 5 月 1 日实施后,全国海事行政执法督察活动必须由具有海事行政执法督察证,即具有海事督察资格的人员实施。因此,海事督察部门组织执法督察时,应当调动派遣具有海事行政执法督察证件的人员参加。

2. 督察人员的调派

根据《海事行政执法督察管理办法》第 12 条的规定:“需要调派督察人员的,应当在督察方案确定后三日内,向督察人员所在单位发送书面通知。”该条阐明了调派督察人员的程序。《海事行政执法督察管理办法》第 12 条第 2 款规定:“督察人员应当服从调派,按时参加督察活动;如有特殊情况不能参加的,应当在收到通知后三日内回复。”

3. 指令督察

《海事行政执法督察管理办法》第 17 条规定:“上级督查部门可以指令下级督查部门对特定执法事项进行督察。下级督查部门应当按照要求及时完成督察任务,并上报督察结果。”

我国海事督察领导体制采取双重领导制,各级海事督察机构受双重领导,一方面要接受本级督察委员会及督察长的领导,另一方面也要服从上级海事督察委员会及督察长的指挥和命令。该办法规定,上级督察部门可以指令下级督察部门对特定事项进行督察,下级督察部门应当按照要求及时完成任务,并上报督察结果。

4. 督察记录

督察人员在现场进行督察活动时,应严格监督工作程序,保证督察工作合法、有序、有效地进行。《海事行政执法督察管理办法》第 18 条对督察人员执行任务的工作程序进行了最基本的形式要求。规定督察人员执行督察任务时,应当如实记录督察情况。督察人员在进行执法督察时,应当就所督察的事项、情况、问题作书面记录,“如实记录”要求记录活动应当遵循“实事求是,客观公正”的原则;督察人员执行督察任务时,不得干扰正常的执法活动。不得因海事督察活动而影响到正常的海事执法活动。

复习思考题

一、名词解释

1. 海事行政监督
2. 内部监督
3. 海事行政执法监督
4. 司法监督
5. 海事督察

二、简答题

1. 海事行政执法监督的内容是什么?
2. 海事行政执法监督的基本措施和程序有哪些?
3. 什么是海事行政执法督察?其适用范围有哪些?
4. 简述海事行政执法督察的含义与特征。
5. 如何评价海事行政执法督察机构的性质?

第九章　内河及国际河流海事行政

第一节　内河海事行政

一、内河概述

（一）内河的概念

内河指处于一个国家之中的河流。内河概念反映的是河流的客观状况，指河流全段处于一个国家的版图之内。从法律意义上说，内河更多体现的是国家该河流的管辖权，国家对内河上的各种行为及其相互关系行使完全的管辖权。国务院 2002 年公布了《内河交通安全管理条例》，将内河通航水域定义为，由海事管理机构认定的可供船舶航行的江、河、湖泊、水库、运河等水域，如我国的长江、黄河、珠江、海河、松花江等。国家对其内河拥有完全主权，外国船舶未经许可不得在内河航行。我国的黑龙江、鸭绿江等就不能称之为内河，国家对这些河流上发生的各种行为及其关系，在行使相应的国家管辖权时，会受到相应的国际条约和协议的限制。

（二）我国内河航运水系

内河航运水系是指保证内河船舶正常运输的可通航水域。我国幅员辽阔，大小河流、湖泊众多丰富，为内河航运事业发展提供了可能。我国现有大小天然河流 5 800 余条，总长 40 余万公里①。我国内河航运水系主要有以下六条干线组成。

1. 长江水系

长江是我国第一大河，世界第三大河。长江流域面积 180 余万平方公里，年平均入海水量近 1 万亿立方米，长江水系支流 3 600 余条，流域面积 1 万平方公里以上的支流由 49 条，其中嘉陵江、汉江、岷江、雅砻江 4 大支流的流域面积均在 10 万平方公里以上。长江水运条件优越，素有“黄金水道”之称，干支流通航里程 7 万多公里，占全国内河可通航里程的 70%。

2. 珠江水系

珠江是华南最大水系、水运大动脉，是我国七大江河之一，通航价值仅次于长江。珠江流域我国境内面积 44.21 万平方公里，1.1 万余平方公里在越南境内。珠江流域由西江、北江、东江和珠江三角洲诸河等四个水系组成。

3. 淮河水系。

淮河流域位于我国东部，界于长江和黄河两流域之间，流域面积为 27 万平方公里，分为

---

①　1 公里 = 1 千米。

淮河及沂沭泗河两大水系,流域面积分别为 19 万平方公里和 8 万平方公里,有京杭大运河、淮沭新河和徐洪河贯通期间。

4. 黄河水系

黄河干流全长 5 464 公里,流域总面积 79. 5 万平方公里。黄河水少沙多,多年平均河川径流量约 580 亿立方米,占全国总量的 2%,水资源贫乏,航运价值不如长江、珠江等河流,可通航水道较少。

5. 黑龙江水系

黑龙江是中国三大河流之一,世界十大河流之一。黑龙江流域跨中、俄、蒙三国,毗邻吉林、内蒙古两省区,省内通航水域 5 528 公里,中俄界河 2 723 公里。黑龙江地处中高纬度地区,河流水源以雨水补给为主,季节融雪为辅。黑龙江上游段 5 月前后,中游段 4 月下旬前后相继开江,形成凌汛和春汛。黑龙江上中游进入秋末冬初开始进入结冰封冻期,多年平均封冻时间为多达半年。黑龙江在黑龙江省内的流域面积 11. 6 平方公里,流域面积 50 平方公里以上的支流 668 条。多数河流未开发利用。

6. 京杭运河

京杭运河北起北京,南达杭州,流经北京、天津、河北、山东、江苏、浙江六省市,沟通了海河、黄河、淮河、长江和钱塘江五大水系,全长 1 782 公里,它是世界上最长的人工河流,也是最古老的运河之一。

(三) 内河航运的特征

随着我国经济的高速发展和经济规模的进一步扩大、城镇化进程的加深以及产业结构和工业布局的调整,国内运输需求大幅度增长,内河航运得以快速发展。与此同时,国内经济的发展与资源、能源、环境的矛盾日益突出,为最大限度地节约土地资源、减少能源消耗、降低环境污染,有效地缓解资源、环境的压力,需要充分发挥内河航运的优势,实现交通的可持续发展。从发达国家的发展历程看,当经济社会发展到一定阶段后,水运特别是内河航运将处于优先发展的位置。同铁路、公路、航空、管道等其他运输方式相比,内河航运虽然速度较低,但却具有许多其他运输方式不可取代的优势和发展潜力。内河船舶技术的进步和运营组织化程度的提高也为内河航运的良好发展提供了保证。交通运输部提出“兴内河、优港口、强海运”的总体发展思路,加快构建畅通高效的现代化内河水运体系、大力提升港口的发展质量和效益、提高航运综合竞争能力、加快发展现代航运服务业、促进现代物流体系建设、推动安全绿色水路运输发展。

相比于海上运输,内河航运有以下特点。

1. 以内河客观状况为基础

从客观条件上看,内河与海洋在自然地理条件上不同。没有内河就没有内河航运,每个由海事管理机构认定的可供船舶航行的江、河、湖泊、水库、运河等水域都具有不同的形态、水文等地理地貌特征。

2. 以各类内河船舶为载体

内河航运以各种类型的内河船舶为运输载体,根据内河船舶的运营性能、建造材料、动力方式和推进方式等方面的差异,有不同的分类,在建造标准、性能指标和技术标准上与海上船舶有不同的的要求和规范。

3. 以内河航行为主要运输形式

内河航行是内河航运的直接表现方式,也是内河航运与海上航运相区别的主要特征。以内河为主要自然条件,以内河船舶为载体,借助不同的内河航道,实现内河港口(码头)之间的往来航行运输的功能。

4. 以国内法作为主要法律规范

内河是全段处于一国主权管辖范围之内的河流,在船舶运输中的各种法律关系都应该根据国内法进行调整,这不仅是保证内河航运秩序的需要,也是维护国家主权的需要。外国船舶进入我国内河,根据属地管辖原则,应依据我国的法律规范进行调整,以维护中外当事人的合法权益。①

二、内河海事行政概述

(一)内河海事行政的概念

随着我国内河相关的条例办法不断完善,内河海事行政法越来越受到社会的广泛关注。但对其概念涉及不多。在国际上,由于各国海上安全执法机构的职能不完全相同,因此,内河海事行政法的概念也不完全相同。

内河海事行政是指为了加强内河交通安全管理,维护内河交通秩序,保障人民群众生命、财产安全,县级以上地方各级人民政府在本行政区域内的内河交通安全管理工作,依法采取行政命令、行政处罚、行政强制等手段,所进行的管理活动。

(二)内河海事行政的主体

1. 内河海事行政主体

根据管理体制的划分,我国海事形成了两套海事管理体系,即国家海事和地方海事。而根据管辖水域来划分,除去沿海水域,我国的内河水域也同样存在着两个海事管理机构,一是在由中央管理水域,如长江、珠江等对外开放水域和重要跨省通航内河干线和港口,组建了由交通运输部直接管理的国家海事机构(国家直属海事局);另一个是在地方内河水域,其组建了隶属于地方政府管理的地方海事机构(地方海事局),管理内河水域的海事机构被统称为内河海事机构。

内河海事行政主体是指依法对船舶、船员、船载货物、航运、海洋资源、海洋和水域环境保护等负有行政执法权限的国家机关。依据《内河交通安全管理条例》,国务院交通主管部门主管全国内河交通安全管理工作,国家海事管理机构在国务院交通主管部门的领导下,负责全国内河交通安全监督管理工作。水域以外的其他水域设立的海事管理机构(以下统称海事管理机构)依据各自的职责权限,对所辖内河通航水域实施水上交通安全监督管理。同时,县级以上地方各级人民政府负责本行政区域内的内河交通安全管理工作,乡(镇)人民政府在一定的范围内负责本行政区域内的内河交通安全管理,致力于建立、健全内河交通安全管理体系。

内河交通安全管理遵循安全第一、预防为主、方便群众、依法管理的原则,保障内河交

① 潘绍龙、王建瑞、肖东升:《内河海商法律实务》,法律出版社,2011,第4-12页。

通安全、有序、畅通。《内河交通安全管理条例》第5条规定“县级以上地方各级人民政府应当加强本行政区域内的内河交通安全管理工作,建立、健全内河交通安全管理责任制。”

乡(镇)人民政府对本行政区域内的内河交通安全管理履行下列职责:

(1)建立、健全行政村和船主的船舶安全责任制;

(2)落实渡口船舶、船员、旅客定额的安全管理责任制;

(3)落实船舶水上交通安全管理的专门人员;

(4)督促船舶所有人、经营人和船员遵守有关内河交通安全的法律、法规和规章。

2. 内河海事行政相对人

内河海事行政相对人是指内河海事行政主体依法行使行政执法权的作用对象,是行政行为的受领人。具体是指内河海事行政主体依据海事行政法律法规行使水上安全监管、船舶防污染、海员证书管理等职权时与之相对的公民、法人与相关组织。依据《内河交通安全管理条例》,内河海事行政相对人主要包括:船员、船长,船舶、浮动设施的所有人或者经营人等。

(二)内河海事行政的职能

内河海事行政在水路运输中具有重要的意义。国家和人民的生命财产安全、水运产业生产秩序与安全都和水上交通安全管理有着密不可分的关系。水路交通行业可持续的,快速稳定的发展能更好地提高社会经济水平。内河海事行政为维护水上交通形势的安全及稳定发挥了不容轻视的作用。根据《内河交通安全管理条例》规定,内河海事行政作为水路运输发展平稳、安全运行的保障力量,承担水上交通安全监督、船舶污染防治,航行船舶管理、船员管理、船舶安全检验、水上交通事故调查和处理等重要职能。

1. 船舶航行、停泊和作业的管理

海事管理机构对船舶的航行、停泊和作业进行管理。船舶进出港口和通过交通管制区、通航密集区或者航行条件受限制的区域,应当遵守海事管理机构发布的有关通航规定。任何船舶不得擅自进入或者穿越海事管理机构公布的禁航区。《内河交通安全管理条例》第22条规定:“船舶在内河通航水域载运或者拖带超重、超长、超高、超宽、半潜的物体,必须在装船或者拖带前24小时报海事管理机构核定拟航行的航路、时间,并采取必要的安全措施,保障船舶载运或者拖带安全。船舶需要护航的,应当向海事管理机构申请护航。”《内河交通安全管理条例》第23条规定:“遇有下列情形之一时,海事管理机构可以根据情况采取限时航行、单航、封航等临时性限制、疏导交通的措施,并予公告:

(1)恶劣天气;

(2)大范围水上施工作业;

(3)影响航行的水上交通事故;

(4)水上大型群众性活动或者体育比赛;

(5)对航行安全影响较大的其他情形。”

《内河交通安全管理条例》第24条规定:“遇有紧急情况,需要在其他水域停泊的,应当向海事管理机构报告。”

2. 危险货物监管

海事管理机构对船舶危险货物运输进行管理。从事危险货物装卸的码头、泊位,必须符合国家有关安全规范要求,并征求海事管理机构的意见,经验收合格后,方可投入使用。禁止在内河运输法律、行政法规以及国务院交通主管部门规定禁止运输的危险货物。《内河交通安全管理条例》第 31 条规定:“载运危险货物的船舶,必须持有经海事管理机构认可的船舶检验机构依法检验并颁发的危险货物适装证书,并按照国家有关危险货物运输的规定和安全技术规范进行配载和运输。”第 32 条规定:“船舶装卸、过驳危险货物或者载运危险货物进出港口,应当将危险货物的名称、特性、包装、装卸或者过驳的时间、地点以及进出港时间等事项,事先报告海事管理机构和港口管理机构,经其同意后,方可进行装卸、过驳作业或者进出港口。”

3. 水上救助

水上搜寻救助是指,船舶、浮动设施、民用航空器以及人员在水上遇险,造成或者可能造成人员伤亡、水域污染等突发事件时,水上搜救指挥中心组织、协调搜寻救助力量,开展搜寻救助遇险人员,控制、减轻水域污染等危害的活动。水上搜寻救助实行政府领导、统一指挥、分级管理、属地为主、就近快速的原则。坚持以国家专业救助力量、社会救助力量相结合,自救与他救并举。例如,《黑龙江省水上搜寻救助条例》规定县级以上地方政府及其水上搜救指挥中心应当加强水上搜寻救助的宣传教育工作,增强公众的防范意识和救助意识,对在水上搜寻救助工作中作出显著贡献的单位和个人给予表彰、奖励。水上搜集中心日常工作由海事管理机构负责。水上搜救指挥中心的具体职责主要包括:①

(1)制定水上搜寻救助应急预案及预案的运行管理;

(2)对水上搜寻救助力量进行业务指导;

(3)组织水上搜寻救助训练、演习和相关培训;

(4)组织、指导水上突发事件预防与救助的宣传教育;

(5)组织、协调、指挥水上搜寻救助行动;

(6)发布水上突发事件搜寻救助的有关信息;

(7)本级人民政府确定的其他职责。

《内河交通安全管理条例》第 48 条规定:“海事管理机构收到船舶、浮动设施遇险求救信号或者报告后,必须立即组织力量救助遇险人员,同时向遇险地县级以上地方人民政府和上级海事管理机构报告。遇险地县级以上地方人民政府收到海事管理机构的报告后,应当对救助工作进行领导和协调,动员各方力量积极参与救助。”第 49 条规定:“船舶、浮动设施遇险时,有关部门和人员必须积极协助海事管理机构做好救助工作。遇险现场和附近的船舶、人员,必须服从海事管理机构的统一调度和指挥。”

4. 事故调查处理

内河船舶、浮动设施发生交通事故,其所有人或者经营人必须立即向交通事故发生地海事管理机构报告,并做好现场保护工作。海事管理机构接到内河交通事故报告后,必须立即派员前往现场,进行调查和取证。海事管理机构进行内河交通事故调查和取证,应当全面、客观、公正。《内河交通安全管理条例》规定,海事管理机构应当在内河交通事故调查、取证结束后 30 日内,依据调查事实和证据作出调查结论,并书面告知内河交通事故当事人。海事管理机构在调查处理内河交通事故过程中,应当采取有效措施,保证航路畅通,防止发生其他事故。地方人民政府应当依照国家有关规定积极做好内河交通事故的善后工作。

① 参见《黑龙江省水上搜寻救助条例》第 6-8 条。

（三）内河海事行政的方式

内河海事行政的方式主要包括：命令、监督管理、行政许可、行政处罚、行政强制等。内河海事行政方式的突出特点是建立、健全内河交通安全管理责任制，水域以外的其他水域设立的海事管理机构依据各自的职责权限，对所辖内河通航水域实施水上交通安全监督管理。

1. 监督管理

内河海事行政主体通过监督管理的方式，提高内河海上交通和船舶污染险情事故应急救援能力。《内河交通安全管理条例》第 48 条规定："海事管理机构收到船舶、浮动设施遇险求救信号或者报告后，必须立即组织力量救助遇险人员，同时向遇险地县级以上地方人民政府和上级海事管理机构报告。遇险地县级以上地方人民政府收到海事管理机构的报告后，应当对救助工作进行领导和协调，动员各方力量积极参与救助。"第 55 条规定："地方人民政府应当依照国家有关规定积极做好内河交通事故的善后工作。"海事机构依法监管，各相关部门积极配合，致力于更好地维护内河交通安全与防污染的工作。

2. 行政强制

关于强制措施的规定主要集中于《内河交通安全管理条例》第十章法律责任之中，第 64 条规定："违反本条例的规定，船舶、浮动设施未持有合格的检验证书、登记证书或者船舶未持有必要的航行资料，擅自航行或者作业的，由海事管理机构责令停止航行或者作业；拒不停止的，暂扣船舶、浮动设施；情节严重的，予以没收。"第 69 条规定："违反本条例的规定，船舶未在码头、泊位或者依法公布的锚地、停泊区、作业区停泊的，由海事管理机构责令改正；拒不改正的，予以强行拖离，因拖离发生的费用由船舶所有人或者经营人承担。"在内河海事行政相对人违反条例时，行政主体先行进行警告与督促，给予相对人自我改正的时间，当相对人拒不履行行政命令时，行政主体才会采取必要的行政强制，包括强制措施与强制执行。

3. 行政处罚

依据《内河交通安全管理条例》与《内河海事行政处罚规定》，在内河运输的过程中，海事管理机构对于船舶的所有人、经营者违反船舶、浮动设施所有人、经营人安全管理秩序；违反内河船员管理秩序；违反航行、停泊和作业管理秩序；违反危险货物载运安全监督管理秩序；违反通航安全保障管理秩序；违反船舶、浮动设施遇险救助管理秩序；违反内河交通事故调查处理秩序；违反防治船舶污染水域监督管理秩序等行为依法作出海事行政处罚。海事管理机构遵循合法、公开、公正，处罚与教育相结合的原则，开展执法，致力于规范海事行政处罚行为，保护当事人的合法权益，保障和监督水上海事行政管理，维护水上交通秩序，防止船舶污染水域。

三、内河海事行政与海事行政的异同

（一）内河海事行政与海事行政的联系

海事行政与内河海事行政是一般与特殊的关系。内河海事行政是海事行政的一个分支，因此，二者具有一定的联系。但是，由于内河海事行政的主体、对象、方式的特殊性，使得内河海事行政本身具有自己的特色。

1. 行政主体相同

《内河交通安全管理条例》与《海上交通安全法》规定国务院交通运输主管部门主管全国海上交通安全工作与全国内河交通安全管理工作,中华人民共和国海事局为国家海事管理机构具体负责全国直属海事局以及各级地方海事局的管理工作。

2. 目的相同

《内河交通安全管理条例》与《海上交通安全法》的立法目的相同,为了加强海上和内河交通管理,维护海上和内河交通秩序与安全管理,保障生命财产安全,维护国家权益。二者的差异表现在海事行政的水域不同。

3. 职能相同

内河海事行政与海上海事行政具有相同的海事行政职能。具体表现为海事管理机构对船舶检验及登记,船员培训及登记、船舶航行、运输、停泊和作业、港口管理、人命救助以及事故调查等事项进行监督管理活动。

(二) 内河海事行政与海事行政的区别

1. 行政主体的范围不同

内河海事行政主体与海事行政主体相比,范围更加广泛。在特定的条件下,乡(镇)人民政府在一定范围内负责本行政区域内的内河交通安全管理工作,辅助海事国家海事管理机构行使职权,致力于建立、健全内河交通安全管理体系。在海事行政中,国务院交通运输主管部门主管全国海上交通安全工作,其他各级海事管理机构按照职责具体负责辖区内的海上交通安全监督管理工作,同时,各级人民政府及有关部门应当支持海上交通安全工作,致力于加强海上交通安全的宣传教育,提高全社会的海上交通安全意识。

2. 对于船舶标准化管理不同

《内河交通安全管理条例》第6条规定:“船舶具备下列条件,方可航行:

(1)经海事管理机构认可的船舶检验机构依法检验并持有合格的船舶检验证书;

(2)经海事管理机构依法登记并持有船舶登记证书;

(3)配备符合国务院交通主管部门规定的船员;

(4)配备必要的航行资料。”

《内河交通安全管理条例》第7条规定:“浮动设施具备下列条件,方可从事有关活动:

(1)经海事管理机构认可的船舶检验机构依法检验并持有合格的检验证书;

(2)经海事管理机构依法登记并持有登记证书;

(3)配备符合国务院交通主管部门规定的掌握水上交通安全技能的船员。”

内河船舶、浮动设施需要经过内河船舶、浮动设施检验颁发内河船舶、浮动设施检验证书,并经海事管理机构依法登记并取得登记证书。船舶、浮动设施应当保持适于安全航行、停泊或者从事有关活动的状态。船舶、浮动设施的配载和系固应当符合国家安全技术规范。

船舶在内河航行,应当悬挂国旗,标明船名、船籍港、载重线。按照国家规定应当报废的船舶、浮动设施,不得航行或者作业。船舶在内河航行,应当保持瞭望,注意观察,并采用安全航速航行。船舶安全航速应当根据能见度、通航密度、船舶操纵性能和风、浪、水流、航路状况以及周围环境等主要因素决定。使用雷达的船舶,还应当考虑雷达设备的特性、效率和局限性。船舶在限制航速的区域和汛期高水位期间,应当按照海事管理机构规定的航速航行。

根据《内河运输船舶标准化管理规定》，内河海事行政主体对于船舶标准化的管理更加严格，特别规定，任何组织和个人不得新建、改建水泥质船舶、总长5米以上的木质船舶从事内河运输。任何组织和个人不得新建、改建总长20米以上的挂桨机船舶从事内河运输，不得新建、改建挂桨机船舶在长江干线、珠江干线、黑龙江干线、京杭运河及太湖水域从事内河运输。此外，在新建、改建内河运输船舶前，应当向县级以上地方人民政府交通主管部门提出增加运力申请，并获得有审批权的交通主管部门的批准。

3. 船员培训考试与所持合格证的类型不同

内河的船舶船员具有特殊的培训考试与发证规则。一般船员的考试培训业务按照国务院交通主管部门规定的船员培训大纲和水上交通安全、防治船舶污染、船舶保安等要求，在核定的范围内开展船员培训，内河的船舶船员的考试培训业务依据《船员培训管理规则》和《中华人民共和国内河船舶船员适任考试和发证规则》（简称《内河船舶船员适任考试和发证规则》）实行。内河船舶船员的适任考试分为理论考试和实际操作考试。理论考试应以理论知识为主要考试内容，重点对内河船舶船员专业知识的掌握和理解程度进行测试。实际操作考试应当通过对相应船舶、模拟器或者其他设备的操作等方式，对内河船舶船员专业知识综合运用、操作和应急等能力进行技能测评。

内河船舶船员承担不同职责时需具备不同的合格证书，将合格证划分得更为明确具体，如内河1 000总吨及以上油船船员特殊培训合格证、内河1 000总吨以下油船船员特殊培训合格证、内河液化气船船员特殊培训合格证、内河高速船船员特殊培训合格证、内河液化气燃料动力装置船船员特殊培训合格证、在内河高速船上任职的船长、驾驶员应持高一类别相应职务的适任证书，轮机长、轮机员可持低一类别相应职务的适任证书等。

4. 具体规定不同

(1)对于船员的要求不同

《内河交通安全管理条例》中特别提到“客船和载运危险货物船舶的船员应当经相应的特殊培训，并经海事管理机构考试合格，取得相应的适任证书或者其他适任证件，方可担任船员职务。”

此外，为更好地适应内河航运发展的需要，依据《中华人民共和国船舶最低安全配员规则》（简称《船舶最低安全配员规则》）的规定，中华人民共和国海事局对其附录3进行修订。修订后的附录3《内河船舶最低安全配员标准》自2018年7月1日起实施，各省级地方海事局、直属海事局可提出仅适用于在本辖区（或辖区某水域）航行的内河船舶最低安全配员标准，由中华人民共和国海事局统一发布，船舶应当满足其航行所在水域的船舶最低安全配员要求；船舶可同时持有适用于不同适用范围的有效内河船舶最低安全配员证书。船舶应当向具有核发相应内河船舶最低安全配员证书权限的海事管理机构申请内河船舶最低安全配员证书。

(2)申请引航的情形不同

《内河交通安全管理条例》第19条规定应当引航的情形，外国籍船舶；1 000总吨以上的海上机动船舶，但船长驾驶同一类型的海上机动船舶在同一内河通航水域航行与上一航次间隔2个月以内的除外；通航条件受限制的船舶；国务院交通主管部门规定应当申请引航的客船、载运危险货物的船舶。

《海上交通安全法》第30条中规定应当引航的情形，外国籍船舶，但国务院交通运输主管部门经报国务院批准后规定可以免除的除外;核动力船舶、载运放射性物质的船舶、超大型油轮;可能危及港口安全的散装液化气船、散装危险化学品船;长、宽、高接近相应航道通航条件限值的船舶。

(3)规定的航行轨迹不同

《内河交通安全管理条例》第16条规定,船舶在内河航行时,上行船舶应当沿缓流或者航路一侧航行,下行船舶应当沿主、流或者航路中间航行;在潮流河段、湖泊、水库、平流区域,应当尽可能沿本船右舷一侧航路航行。

《海上交通安全法》第44条规定,船舶不得违反规定进入或者穿越禁航区。船舶进出船舶报告区,应当向海事管理机构报告船位和动态信息。

(4)人命救助的程序不同

《内河交通安全管理条例》第48条规定,海事管理机构收到船舶、浮动设施遇险求救信号或者报告后,必须立即组织力量救助遇险人员,同时向遇险地县级以上地方人民政府和上级海事管理机构报告。遇险地县级以上地方人民政府收到海事管理机构的报告后,应当对救助工作进行领导和协调,动员各方力量积极参与救助。

《海上交通安全法》第69条规定,沿海县级以上地方人民政府应当安排必要的海上搜救资金,保障搜救工作的正常开展。

第二节 国际河流海事行政

一、国际河流海事行政概述

(一)国际河流海事行政的概念

1. 国际河流的概念与特征

国际河流是指流经两个或两个以上国家且通航海洋,并根据国际条约对所有国家商船开放的河流。国际河流一般流经或分隔两个和两个以上国家的河流,可以等同于《国际水道非航行利用法公约》中的"国际水道"概念,它包括了涉及不同国家同一水道中相互关联的河流、湖泊、含水层、冰川、蓄水池和运河。国际河流在地理特征上类似于多国河流,包括我国与周边国家缔结的边界管理条约中的"国境河流""跨境河流""边界水""界河""界湖"等。如国境河流中的黑龙江和鸭绿江,跨界河流中的澜沧江-湄公河,界湖中的兴凯湖等。国际河流流经各国领土的河段仍然是该国主权下的领土。国际河流一般允许所有国家的船舶特别是商船无害航行。国际河流的管理一般由根据条约成立的专门机构进行。

2. 国际河流的法律地位

国际河流的法律地位由专门的国际条约确立,即对所有国家商船开放,允许外国商船在平时可自由通航,但国际河流流经各沿岸国的河段仍然是各沿岸国的领土(内水),沿岸国对该段河段享有领土主权。① 根据国际法,国际河流争端可以分为法律性质争端和政治性质争端,而解决方法也主要有政治方法和法律方法。

① 叶芳芳:《国际河流、国际流域与国际水道概念辨析》,《牡丹江大学学报》2018年第3期。

3. 国际河流海事行政的概念

国际河流海事行政是国际河流海事行政管理的简称。国际河流海事行政是指为了保障国际河流水上交通安全,国家海事管理机构发挥巡视与巡查国际河流、保障航行安全的职能和作用。国家海事管理机构的国际河流管理事权具有中央事权与地方事权之分,涉及的政府职能部门包括海事与交通运输、安监、渔政、水利、边防、航道、旅游等,具有职能交叉特点。同时,国家海事管理机构发挥着中外联系的纽带作用。

(二)国际河流海事行政的特征

1. 行政意义的独特性

国际河流海事管理事权可分划界、边境管理、航行利用、跨界水四项,他们都具有主权特性。主权维护特色明显。为维护界河沿岸国各方的主权,保障国际河流水上交通安全,中外海事管理机构开展联合巡航是通常做法。例如,中俄双方每年组织一次联合巡航检查,检查的内容主要包括:船容、船貌、船舶航行、停泊、作业信号悬挂、航行船舶相遇避碰信号执行、船舶对航行规则的执行、船舶防污染等。双方对检查出的问题各自通报、核实和处理。联合巡航检查主权宣誓特征明显。

2. 所涉法律的多重性

国际河流的海事行政管理既有国际法上的概念也有国内法的概念。国际河流是国际法上的概念,指的是流经两个或两个以上国家且通航海洋,具备国际法的属性。在海事行政管理方面又具备国内法的属性,依据我国的法律法规对在国际河流上通航的船舶行使管辖权。

首先,国际河流海事行政具有国际性,包括中外合作的国际性和适用法律的国际性。

(1)中外合作的国际性:国际河流海事管理具有中外合作的特性。从性质上看,我国国际河流海事管理机构需保证海事合作与中外缔结的涉及边界水的条约和达成的界河管理规则保持一定的一致性。从工作重点上看,海事合作的重点代表国家进行中外界河事务的磋商、履约、谈判、解决争端。从本质属性上看,国际河流海事合作通过磋商实现规则的制订,监督执行规则,进而保护国家权益、维护区域安全和秩序。

(2)适用法律的国际性:国际河流的可航水域可区分为国界线本国一侧,外国一侧及河流水面。国际河流本国一侧的海事监督适用内安条例和内河船舶防污规定、国境河流外籍船舶管理办法。河流水面航行适用中外双方(多方)缔结的国境河流航行规则。

其次,国际河流海事行政的权力主体具有国内性。国务院曾明确国际河流海事管理(包括国家领土、领水主权和安全等国家利益)纳入中央国家事权管理范围,海事部门代表国家行使国际河流国家事权,负责中央事权管理的单位和职责隶属于地方政府。因此,海事管理部门需要与国家边检、海关、当地政府协调,促进国际河流水上交通安全、保安、防止污染及地方经济发展。

3. 管理模式的针对性

虽然各种类型的河流制度具有一些共同性,并且国际社会已经形成若干解决沿岸国纠纷的共同基本原则和规则,但是国际河流制度也存在很多差异性及其单个特性。① 国际河流的自然属性千差万别,沿岸国因其社会、经济发展水平不等,对水的利用需求以及国际合

① 盛愉、周岗:《现代国际水法概论》,法律出版社,1987,第81页。

作的内容也不同。不同国家对于国际河流的管理，只能立足于本河流的实际情况，解决本河流管理中的争议和问题。因此，针对国际河流管理所缔结的有关条约带有很大的特殊性和区域性，即所谓"一个河流一个制度"。①

（三）国际河流海事行政相关规则与法律制度

从国际河流管理的实践中可以看出，相关国家针对国际河流本国河段都有自己的制度规范和河流管理体制。不同的河流管理制度，有碍于沿岸国的信息交流和合作，导致河流纷争不断，因此在实践中，相关沿岸国针对河流管理问题应该谈判协商，本着互利共赢的精神，签署国际河流管理条约，建立统一的河流管理制度，加强彼此的联系和合作，避免产生冲突。

1.《国际河流利用规则》

1966 年，《国际河流利用规则》顺利通过并实施，一般称作是《赫尔辛基规则》。其中所提出的利用与保护原则，这已是全球各国的共识。《赫尔辛基规则》对国际上关于跨界河流的若干概念进行积极探索。

《赫尔辛基规则》由 6 个章节 37 条组成，涉及航行利用与非航行利用。其中第 2 章是该规则的核心部分，提出了国际流域水资源合理使用及其有关问题。第 4 条指出，在国际流域内合理共享水资源的权利；第 5 条提出"公平合理"应当由有关因素决定，并列出"公平合理"利用的相关因素。第 3 章具体阐述国际流域的"污染"问题。第 4 章具体阐述了有关航行的具体规定。第 14 条提出了"自由航行"这一概念，除特殊规定外，各沿岸国对整个河流都享有自由航行的权利，包括可以在河流全部可航水道上自由航行。第 15～18 条规定了管辖权，沿岸国对其管辖下的河段有管辖权，不限于保护治安和卫生，但是在行使时不得过分干涉各沿岸国的航行自由。但是，沿岸国可以限制或禁止外国船舶在境内装卸货物或旅客。第 28 条规定，各国需遵循条约规定来解决那些有争议的问题，从而降低冲突的发生。

2.《国际水道非航行使用法公约》

《国际水道非航行使用法公约》是世界上首部有关国际航道非航行使用的全球性国际条约，为各国解决跨界水资源的非航行利用问题提供了指导。

《国际水道非航行使用法公约》由 7 个章节 37 条组成，其主要内容是对跨界河流的利用和保护进行了全面的调整。"导言"共有 4 项条款，分别界定了"国际水道"和"水道国"。导言部分指出，水道国家可以就一条具体国际水道或其一部分的特点订立特别的协议，但是建议采纳《国际水道非航行使用法公约》中的各项原则。第二部分"一般原则"共有 6 条，其中指出，水道国应当公平合理地利用国际水道，水道国在使用和开发国际水道时，应综合考虑有关水道国的利益，使水道实现最佳和可持续的利益与收益。且水道国在自己的领土内适用与开发国际水道时应当采取一切适当措施防止损害其他水道国的利益。第三部分"计划采取的措施"共 9 条，要求各水道国应就计划采取的措施对国际水道状况可能产生的影响交换资料且互相协商，必要时可进行谈判。第四部分"保护、保全和管理"共 7 条，内容包括各水道国应当共同地保护与保全国际水道的生态系统，同时各个国家应当互相协商，共同制定减少和控制国际水道污染的措施和方法，并提出了一些具体措施，包括建立联合管理机制，合作建设调节性水坝等。第五部分"有害状况和紧急情况"共 2 条，就水道国在

① 胡辉君、陈海燕：《国际河流的开发与管理》，《人民黄河》2000 年第 12 期。

防止突发危险情况时所需的行动提出了具体的建议。第六部分“其他规定”共5条，其中包括在武装冲突中保护国际水道及水道设施各国之间应合作的条款。目前，俄罗斯已加入该公约，中国还没有加入该公约，但是也会受到该公约的影响。中国应更积极参与到相关工作，促进有关法规的完善，加强与共享河流国家的合作。

3. 欧盟水框架指令

欧盟《水框架指令》(Water Framework Directive, WFD)于2000年10月23日由欧洲议会与欧盟理事会制定，2000年12月22日正式实施，旨在通过对所有成员实施流域管理规划(River Basin Management Planning, RBMP)，使欧洲所有水体在2015年之前达到“良好的生态状况”。[①] WFD规定成员国应采用统一的污水排放标准，并采取更严格的污染控制措施，以及最先进的环保技术，控制地表水及地下水污染。WFD还包括经济措施，如水资源管理费用的计取、水价政策的制定等。

(1)打破了属地界限。以欧盟为例从整个洲际层面制定统一的水资源管理法律，并以整个流域系统作为管理与保护单位，各个成员国首先以整个流域的利益作为出发点进行水资源开发与利用，并严格遵守WFD条例的工作时间表、实施办法、监督措施与惩罚条例。RBMP的制定是流域区的合作基础，保障并促进各行政管理部门之间的合作，鼓励上游和下游部门之间的行政协调，同时增强了各部门在进行经济活动时的水资源管理意识。[②]

(2)鼓励公众参与水资源管理。WFD为了达到“良好的生态状况”的目标，水务管理部门必须与公众进行有效对接，并寻求其他相关领域决策者的支持，尤其是农业、国土规划及生态保护等对土地利用与WFD实施有重要影响的领域与部门。[③]

(3)将水资源管理目标上升到法律法规层面。WFD中明确设定了地表水与地下水“良好的生态和化学状态”的标准，以及通过管理与保护将要达到的地下水保有量、水质指标以及其他生态指标。[④] 目标达成的预定日期、报告机制以及惩罚机制也在WFD中有相应规定，因此各成员国都受到相同的法律约束和互相之间的监督，一旦无法达成管理目标，将面临严格的惩罚。

(四)我国国际河流海事行政制度

1951年1月2日，中国与苏联双方代表在哈尔滨市签署《中华人民共和国中央人民政府交通部和苏维埃社会主义共和国联盟政府内河航务部关于黑龙江、乌苏里江、额尔古纳河、松阿察河及兴凯湖之国境河流航行及建设协定》，确定黑龙江、乌苏里江、额尔古纳河、松阿察河和兴凯湖为中俄国境河流。该协定是中俄两国界河航运工作者遵守的基本法律文件，主要规定了两国对中俄界河加强航道航行管理的基本原则，解决了大量有关航道疏浚、测量，航标分管、设置、移动，开辟临时航道以及修订界河航行规则、审理海损事故、跨境基础设施涉及航行安全事宜等具体问题。

---

① See European Commission, The EU Water Framework Directive-integrated river basin management for Europe, http://ec.europa.eu/envi-ronment/water/water-framework/index_en.html.

② 江姗：《国外水资源管理经验借鉴及京津冀水资源管理思路》，《北京水务》2015年第1期。

③ 张志会、贾金生：《水电开发国际合作的典范》，《中国三峡》2012年第3期。

④ See European Commission, The EU Water Framework Directive-integrated river basin management for Europe, http://ec.europa.eu/envi-ronment/water/water-framework/index_en.html.

1. 非航行利用的双边协定

(1) 水体资源利用双边协定。1956 年，中苏两国共同制定出了《关于中华人民共和国和苏维埃社会主义共和国联盟共同进行调查黑龙江流域自然资源和生产力发展远景的科学研究工作及编制额尔古纳河和黑龙江上游综合利用规划的勘测设计工作的协定》，这是两国建交后首次合作规划利用跨界河流。① 该协定于 1962 年中止履行。1986 年，两国共同成立了“中苏关于额尔古纳河和阿穆尔河水资源全面利用规划联合委员会”，由此来指导黑龙江界河的水资源开发、利用，让河流发挥出积极的作用，防止河流的污染。② 1986—1999 年，两国进一步对界河的开发制定出了具体规划，其中有多个水电站项目，为两岸的经济发展提供更多电力支持。③

(2) 渔业资源利用双边协定。1988 年签订的《中苏渔业合作协定》主要目的是促进双方互利平等的合作并承认各自拥有保护海洋资源的主权权利，共同发展渔业经济和开展渔业技术研究。1989 年中苏联合委员会首次会议在京召开，中苏双方建立了包含水质监测、防治水体污染、公平合理开发鱼类资源等综合合作管理机制，并且在该合作机制下设专门协调机构和执行部门，将边境渔业管理融入政府部门的日常工作中，从而加强边境水域的管理。④

(3) 水体利用保护双边协定。1994 年中俄两国签订了《中华人民共和国政府和俄罗斯联邦政府环境保护合作协定》，这使得双边环保合作日益紧密发展。随后签署了中、蒙、俄三国建立共同自然保护区协定，《关于兴凯湖自然保护区协定》也顺利签订。2008 年《中华人民共和国政府和俄罗斯联邦政府关于合理利用和保护跨界水的协定》就两国跨界水资源的开发、利用、保护等内容进行具体化。2014 年为降低洪水的威胁，中俄两国一致通过了《中俄跨界水防洪领域谅解备忘录》开启了两国间的防洪合作，是对环保合作的延伸发展。⑤

2. 航行利用的双边协定

1957 年中苏双方签订了《中华人民共和国政府和苏维埃社会主义共和国联盟政府关于国境及其相通河流和湖泊的商船通航协定》，该协定规定了缔约双方商船在国境河流上自由航行制度。1992 年中俄签署了《中华人民共和国交通部和俄罗斯联邦运输部关于在黑龙江和松花江利用中俄船舶组织外贸货物运输协议》。1993 年中俄双方制订了《中俄国境河流黑龙江、乌苏里江和额尔古纳河航标管理规则》，规定了中俄两国在中俄界河上实行航标分管原则，明确了航标设管权。1998 年中俄双方就中国海船和江海两用船签署了《中华人民共和国交通部与俄罗斯联邦运输部关于中国船舶经黑龙江俄罗斯河段从事中国沿海港口和内河港口之间货物运输的议定书》。2006 年，为维护中俄两国国界的稳定，更好地处理边界事务，中俄双方签订《中华人民共和国政府和俄罗斯联邦政府关于中俄国界管理制度

① 张建军、邱齐龙：《中俄联合开展黑龙江水体水质监测》，《黑龙江水产》2013 年第 2 期。

② See Vinogradov S, Wouters P, Sino-Russian Transboundary Waters, A Legal Perspective on Co-operation, Social Science Electronic Publishing, 2013.

③ 刘宁：《周生贤出席中俄总理定期会晤委员会环保合作分委会第一次会议》，《中国环境报》2006 年 9 月 13 日。

④ 李青：《俄罗斯渔业现状和中俄渔业合作机会》，《俄罗斯中亚东欧市场研究》1996 年第 3 期。

⑤ 谢永刚、王建丽、潘娟：《中俄跨境水污染灾害及区域减灾合作机制探讨》，《东北亚论坛》2013 年第 4 期。

的协定》。① 2009 年中俄双方签订了《中俄国境河流航行规则》。

二、国际河流海事行政与内河海事行政的区别

1. 适用法律不同

国际河流的可航水域可区分为国界线本国一侧,外国一侧及河流水面。国际河流本国一侧的海事监督适用内安条例和内河船舶防污规定、国境河流外籍船舶管理办法。河流水面航行适用中外双方(多方)缔结的国境河流航行规则。

内河不涉及划分国界问题,但海事监管区域有区分,如长江可航水域被划分为若干个海事监管辖区,各辖区的海事管理机构不同。内河船舶航行安全与防污染监督分别适用《内河交通安全管理条例》及《防治船舶污染内河水域环境管理规定》。

2. 监管措施不同

在船舶和船员证书检查方面,对国际河流沿岸国依据各自本国法律签发的船舶、船员证书采取互认的方式实施监督。而海洋船舶和船员的证书时按照国际公约签发的,监督检查也是按照公约要求进行了。内河船舶安全监督则按照国内法进行。

三、国际河流海事争端解决机制

国际河流争端的特点是具有较强的复杂性,这就决定了必须建立强有力的国际河流争端解决机制。现有的国际争端解决方法既包括一般国际争端解决方法中的政治方法和法律方法,也使用一些技术解决方法。其中政治解决方法和法律解决方法并行不悖,并以政治解决方法为主,以法律解决方法为辅。国际河流争端解决规则的法律渊源有国际公约、区域公约、双边协定、软法文件与国际司法案例中有关争端解决的规则。国际河流争端解决机构主要有流域委员会和其他国际争端解决机构,包括国际常设法院、国际法院、国际仲裁法庭等。

(一)《国际河流利用规则》

《国际河流利用规则》第 6 章规定了解决争端的程序,建议各国逐步采用第 6 章第 29~34 条解决争端的方法。

首先,当国家之间由于国际河流的水源的合法权利或者其他利益发生争议时,应通过谈判寻求解决方案,建议流域国将问题或者争议提交给联合机构,要求该机构对国际流域进行调查,最终拟订合理的解决方案。

其次,如果国家间的争议无法通过谈判的方式解决,建议他们成立调查委员会或专门设立调解委员会解决争端。

最后,建议有关国家将法律争议提交专门成立的仲裁庭,或提交常设仲裁法院,或提交国际法院。在仲裁处理时建议有关国家采用 1958 年联合国国际法委员会第十届会议制订的仲裁程序的规范性规则。

---

① 2006 年的协定取代了 1994 年签订的《中华人民共和国政府和俄罗斯联邦政府关于中俄国界管理制度的协定》。

（二）《国际水道非航行使用法公约》

《国际水道非航行使用法公约》第 33 条用了 10 个条款和一个附件规定争端解决程序，足见其对于国际水道争端解决的重视。在争端解决方法上，公约除了规定了谈判、斡旋、调停、和解等外交方法外，还规定了水道国可以在批准、接受、核准、加入公约时或在此之后的任何时候向公约保存人书面声明接受国际法院或按公约附件规定的程序建立的仲裁庭的强制管辖。同时，该公约也规定了鲜有的强制调查程序。该公约具有以下特点。

（1）重要强调了以和平的方式解决国际争端。

（2）强调解决国际争端方式的多样性。其中既有政治方法，也有法律方法；既有强制性方法，也有非强制性的方法。

（3）凸显国际水道争端解决的强制性。这种强制性主要体现为公约所确立的“强制性调查程序”和“任意性强制管辖”。

（三）中俄国际河流解决争端的方式

中俄界河争议解决机制是为了解决中俄两国界河争议而设立的包括争议解决原则、规则和程序在内的一套有机联系政治和法律制度。中俄界河争议解决机制主要的依据：其一是双边机制，这是争议解决的基础依据；其二是实际情况，从实际来看，解决争议主要靠中俄航联委例会及专题会晤协商解决。此外，依据《国际水道非航行使用法公约》第 33 条的规定，中俄双方如在发生争端时可以联合第三方进行斡旋、调解或酌情利用双方共同建立的水资源机构来达成一致意见。如果通过双方协商以及第三方的联合仍解决不了争端，中俄也可使用强制性的方式来解决争端，如建立中俄调查委员会允许该委员会介入进行强制调查，此种解决方式要慎重行使，因为很可能会导致矛盾的激化进而破坏国际秩序。

中俄两国争议解决的条款比较笼统，解决争议的方式以政治方法为主，通过设立沟通协作平台，协商谈判解决。我国与俄罗斯在海事事务管理方面的交流平台主要有两个，一个是中俄总理定期会晤委员会交通运输分委会海运河运工作组，平台是政府间较高层次的合作平台，两国轮流主办，每年举办一次，主要解决交通运输中重大原则性问题。另一个是中俄国境河流航行联合委员会，该平台是两国政府间的技术性交流平台。该平台主要用于解决两国间界河航道与航行安全问题。它的特点是便捷、及时、迅速，适合解决界河上临时出现的问题。此外，界河海事管理部门也可以向有关部门提出专业性的意见和建议。

复习思考题

一、名词解释

1. 内河
2. 内河海事行政
3. 水上搜寻救助
4. 国际河流
5. 国际河流海事行政

二、简答题

1. 简述内河海事行政的特征。
2. 内河水上搜救的职责有哪些?
3. 简述内河海事行政与一般海事行政的异同。
4. 内河海事行政与海上海事行政有哪些不同之处。
5. 简述国际海事行政的特征。

三、案例分析

内河水上交通事故调查处理案。

【基本案情】

“×××轮”于20××年×月×日于某地载运河沙驶往另一地点,航经某水域与某轮发生碰撞,事故发生后,“×××轮”未经对方同意,也未向海事管理机构报告,为逃避责任,责任船员×××擅自驾驶“×××轮”逃离事发现场,后经海事管理机构截获。责任船员×××驾驶船舶发生水上交通事故后,擅自逃逸。

【案例评析】

本案是一起内河水上交通肇事逃逸案,执法人员经过调查,确认了肇事船舶“×××轮”发生事故后逃逸的违法事实清楚,证据确凿。违反了《内河交通安全管理条例》第46条第二款的规定,根据《内河海事行政处罚规定》第49条的规定给予×××暂扣船员适任证书18个月并处罚款的行政处罚。事故调查处理出具两份行政处罚决定书,处罚决定书并未对相对人作出罚款的决定,而决定书中却告知了缴纳罚款的单位,并要求被处罚人当场交纳罚款。

【问题】

1. 本案水上交通逃逸事故调查处理存在哪些问题?
2. 本案事故调查处理法律依据是什么?

第十章 海事行政复议

第一节 海事行政复议概述

一、海事行政复议的概念

海事行政复议是指公民、法人或者其他组织等海事行政相对人认为海事行政主体的具体行政行为侵犯其合法权益，依法向海事行政复议机关提出复查该行政行为的申请，海事行政复议机关依照法定程序对被申请人行政行为的合法性、合理性进行审查，并作出行政复议决定的一种行政活动。[①] 海事行政主体当前主要指各级海事管理机构。[②]

海事行政复议是法治社会解决海事行政争议的方法之一，与海事行政诉讼、海事行政赔偿共同构成海事行政救济的基本制度，是海事行政相对人保护其自身合法权益的重要法律途径。[③]《行政复议法》（2017 修正）、《行政复议法实施条例》（2007）、《交通运输行政复议规定》（2015 修正）、《海事行政复议工作规定》（2019）是规定海事行政复议制度的主要法律规定。

《海事行政复议工作规定》作为海事行政救济方面的一项重要法律制度，其概念可从多方面理解。

1. 海事行政复议的目的

根据《行政复议法》《行政复议法实施条例》《交通运输行政复议规定》《海事行政复议工作规定》的规定，海事行政复议的目的包括：防止和纠正违法或者不当的行政行为，保护公民、法人和其他组织的合法权益，保障和监督海事管理机构依法行使职权。

（1）防止和纠正违法或不当的行政行为。海事行政主体在行使其行政职权时，由于故意或过失会出现违法或不当的行政行为，海事行政复议法律制度的实施有利于防止和纠正违法或不当的行政行为，保障海事行政机关更好地依法行使其职权。

（2）保护公民、法人和其他组织的合法权益。海事行政复议作为海事行政救济的法律制度，为海事行政相对人提供了一种保护自身合法权益的途径。

（3）保障和监督海事管理机构依法行使职权。海事行政复议也体现了保障与监督并举的理念。海事行政复议既是实现海事上级行政机关对下级行政机关实施保障的一种手段；同时也是实现海事上级行政机关对下级行政机关实施监督的一种手段。

2. 海事行政复议是一种依申请的行政行为

---

① 郑中义：《海事行政法》，人民交通出版社，2013，第 192 页。

② 《海事行政复议工作规定》第 28 条：本规定所称海事管理机构，指中华人民共和国海事局、直属海事管理机构及其分支机构和派出机构。各省、自治区、直辖市，新疆生产建设兵团承担水上交通安全监管职责的部门或机构参照本规定执行。

③ 姜明安主编：《行政法与行政诉讼法》（第 7 版），北京大学出版社，2019，第 364 页。

海事行政复议是海事行政相对人认为海事行政主体的具体行政行为侵犯了其合法权益或具体行政行为不公正不合理时,向有权的海事行政机关提出复议申请,有权的海事行政机关只有在接到行政相对人的复议申请后,才能在此基础上审查针对被申请人作出的具体行政行为,并作出行政复议决定的一种行政行为。如果没有行政相对人的行政复议申请,上级海事行政机关就不能对其下级海事行政机关行使行政复议职权。因此知晓如何保护行政相对人的申请权,以及设置便于行政相对人行使申请权的法律程序,对于理解海事行政复议具有重要的指导作用。

3. 海事行政复议机关是特定的机构

依照《行政复议法》和海事行政复议制度,履行海事行政复议职责的海事行政机关是海事行政复议机关。海事行政复议机关法制部门具体办理海事行政复议事项。未设置法制部门的,由承担法制工作职责的相应部门具体办理行政复议事项。

4. 海事行政复议的内容是海事行政主体所作出的具体行政行为

具体海事行政行为是海事行政主体作出的要求行政相对人履行义务的行政行为,对此行政相对人可以提起行政复议。而与之相对的抽象行政行为,如果属行政立法范畴不能提起行政复议;如果属一般抽象行政行为违法,行政相对人可以在对相应的具体行政行为提起行政复议的同时一并申请复议。①

二、海事行政复议的性质

我国行政法理论界对海事行政复议性质的认定有不同的观点。② 目前,将海事行政复议定位于"具有一定司法性的行政行为",是"行政机关内部监督制度",是"国家行政救济机制"。由此,海事行政复议的性质归结为以下三个方面。

1. 海事行政复议是具有一定司法性的行政行为

海事行政复议首先是一种海事行政行为,它具备海事行政行为的法律特征。但是,海事行政复议又具有不同于其他行政行为的司法属性:

(1)海事行政复议与行政诉讼一样,处理和解决的都是海事行政争议,都是海事行政争议的解决机制;

(2)在海事行政复议中具备三方法律关系,即海事行政争议的双方当事人和复议机关,这一点与行政诉讼类似;

(3)海事行政复议采用某些司法和"准司法"程序对海事行政争议进行审查和裁决。

2. 海事行政复议是海事系统内部的监督和纠错机制

海事行政复议作为海事系统内部自我纠错的一种监督方式,是发生在海事系统内部的层级监督。海事行政相对人获得法律救济的途径有复议和诉讼两种,其中海事行政复议是海事系统内部的纠错机制,但这种纠错机制又区别于从上而下因层级管理而发生的主动监督,复议是以相对人的申请而被动启动的纠错程序,其透明度更高。

3. 海事行政复议是重要的海事行政救济制度

海事行政复议是一种事后救济措施,是海事行政主体单方作出具体行政行为后,因相对人不服该行为而提起的。对于海事行政相对人而言,这既是一种监督海事行政的制度,

---

① 郑中义、李国平:《海事行政法》,大连海事大学出版社,2007,第 311-312 页。

② 王周户主编:《行政法学》,中国政法大学出版社,2011,第 352-355 页。

又是一种重要的海事行政救济制度。①

三、海事行政复议的特征

1. 海事行政复议所处理的问题是行政争议

行政争议是指行政相对人认为海事行政主体在行政管理过程中所实施的具体行政行为侵犯其合法权益而发生的争议,这种争议的核心问题是该具体行政行为是否合法、合理。

2. 海事行政复议可以适用于调解

对于公民、法人或者其他组织对海事行政主体行使法律、法规规定的自由裁量权作出的具体行政行为不服申请行政复议的或者当事人之间的行政赔偿或者行政补偿纠纷,海事行政复议机关可以按照自愿、合法的原则进行调解。海事行政复议机关进行调解应当符合下列要求:

(1)在查明案件事实的基础上进行;

(2)遵循合法、自愿、公正、合理原则;

(3)充分尊重申请人和被申请人的意愿;

(4)调解结果应当符合有关法律、法规的规定,不得损害国家利益、社会公共利益或者他人合法权益。

例如,在雷某某不服某海事局行政处罚案中,复议机关在办案过程中除审查书面材料外,还注重实地调查,办案人员主动到申请人、被申请人所在地调查了解有关情况,充分听取当事人的陈述意见,摸清当事人的思想动机,在沟通过程中给以教育和灌输遵纪守法理念,消除申请人与被申请人之间的误会。经过努力,雷某某认识到自己非法从事危险品运输的危害性,主动要求将自己的不符合安全要求的船舶拆解,并主动撤回复议申请,既消除了水上安全隐患,又达到了定纷止争、化解矛盾的目的,也未引发当事人进一步提起行政诉讼,案件得以妥善解决。②

3. 海事行政复议的审查对象为具体行政行为,并附带审查部分抽象行政行为

公民、法人或者其他组织认为海事行政机关的具体行政行为所依据的规范性文件不合法,在对具体行政行为申请行政复议时,可以对该规范性文件一并提出审查申请。按行政相对人是否特定将行政行为分为具体行政行为和抽象行政行为,前者如海事行政处罚,后者如制定和发布行政法规、规章和其他规范性文件等。海事行政复议中审查的抽象行政行为是除行政法规和规章以外的规范性文件,行政相对人如认为行政法规、规章违法,可以通过其他法制监督途径解决。

4. 海事行政复议主要采用书面审查的方式,主要是为提高海事行政复议的效率

海事行政复议原则上采取书面审查的方法,但是申请人提出要求或者海事行政复议机关法制部门认为有必要时,可以向有关组织和人员调查情况,听取申请人、被申请人和第三人的意见;海事行政复议机关法制部门认为必要时,可以实地调查核实证据。对重大、复杂的案件,申请人提出要求或者海事行政复议机关法制部门认为必要时,可以采取听证的方式审理。听证应当保障当事人平等的知情、陈述、质证和辩论的权利。

---

① 王世涛:《海事行政法学研究》,中国政法大学出版社,2013,第 303-304 页。

② 陈明远:《海事行政诉讼原因分析及对策》,李清烈主编:《第一届广东海事高级论坛论文集》,大连海事大学出版社,2006,第 64 页。

5. 海事行政复议的无偿性

海事行政复议机关在行政复议过程中,不得以任何理由向行政相对人收取任何费用。①

四、海事行政复议与海事行政诉讼的区别与联系

(一)海事行政复议与海事行政诉讼的区别

1. 主体称谓不同

海事行政复议主体有申请人(即认为其合法权益受到侵害的公民、法人或其他组织)、被申请人(即作出具体行政行为的海事行政主体)、第三人、代理人等;而海事行政诉讼主体为原告、被告、第三人等,称谓明显不同。

2. 受理机关、作出决定的机关不同

海事行政复议申请的受理机关和作出复议决定的机关是作出具体行政行为的上级海事行政机关;而海事行政诉讼的受理机关和作出裁判的机关是人民法院。

3. 法律效力不同

《行政复议法》第 31 条第 3 款规定,行政复议决定书一经送达,即发生法律效力。但当事人对海事行政复议决定不服的,还可以在法定期限内向法院提起海事行政诉讼,即当事人可以先申请海事行政复议,再提起海事行政诉讼,也可以直接向法院提起海事行政诉讼。因此两者的法律效力存在不同。

4. 收取费用不同

海事行政复议机关在受理申请,进行海事行政复议活动时所需的经费列入本机关的行政经费,不得向申请人收取任何费用;而在海事行政诉讼中,原、被告双方均需向法院支付一定的费用。

(二)海事行政复议与海事行政诉讼的联系

当事人对海事行政主体作出的具体行政行为不服可以采取以下三种方式进行解决:

(1)申请海事行政复议,服从海事行政复议决定;

(2)申请海事行政复议,但对海事行政复议决定不服,可向法院提起海事行政诉讼;

(3)直接向法院提起海事行政诉讼。

从此可以看出两者存在一定的联系,但却不是必然联系。

第二节　海事行政复议的基本原则

海事行政复议的基本原则是指由法律规定,贯穿于海事行政复议活动之中,体现海事行政复议活动的内在要求,反映海事行政复议的特点,对海事行政复议活动具有指导意义,在解决和处理海事行政复议案件过程中必须遵循的基本准则。②

---

① 郑中义、李国平:《海事行政法》,大连海事大学出版社,2007,第 315 页。

② 姜明安、余凌云主编:《行政法》,科学出版社,2010,第 631 页。

一、合法原则

海事行政复议的合法原则是指海事行政复议机关必须严格按照《宪法》和法律规定的职责权限，以事实为根据，以法律为准绳，对被复议的具体海事行政行为进行全面审查，根据不同情况，作出不同的海事行政复议决定。合法原则主要包括以下三方面。

1. 主体合法

主体合法要求受理海事行政复议的机关必须是法律、法规规定的海事行政复议机关，没有复议权的行政机关不得受理并审查海事行政复议申请。主体合法是海事行政复议合法的基本前提和基础。根据《海事行政复议工作规定》第 12 条规定，海事行政复议机关收到海事行政复议申请后，应当在 5 个工作日内进行审查，由承办人填写《海事行政复议内部呈批表》。对不符合《行政复议法》规定的行政复议申请，决定不予受理，并制作《海事行政复议申请不予受理决定书》送达申请人；对符合《行政复议法》规定，但是不属于本机关受理的行政复议申请，应当告知申请人向有关行政复议机关提出，并在《海事行政复议申请不予受理决定书》中注明。对符合行政复议条件的，自海事行政复议机关法制部门收到之日起即为受理。

2. 依据合法

海事行政复议机关审理海事行政复议案件，以法律、法规、规章及上级海事管理机构依法制定和发布的具有普遍约束力的决定、命令为依据。效力等级低的依据不能与效力等级高的依据相抵触，否则不能作为海事行政复议的依据。

3. 程序合法

无论对海事行政复议机关还是复议的申请人和被申请人来说，海事行政复议本身都是一种程序性行为，为确保海事行政复议的顺利进行，海事行政复议主体必须遵守法定程序。依照法定程序进行海事行政复议活动需要注意以下几点：

（1）步骤，步骤是程序的组成要件之一，进行海事行政复议不能缺少必经的步骤；

（2）顺序，海事行政复议程序具有一定的顺序性，行政复议必须按顺序进行；

（3）形式，海事行政复议决定必须是书面的，不能是口头的；

（4）期限，海事行政复议机关必须在法定期限内完成行政复议事项，超过法定期限则构成程序违法。①

二、公正原则

海事行政复议的公正原则是指海事行政复议机关对被申请的具体行政行为既要审查其合法性，又要审查其合理性。合法性审查是指对作出被申请的具体行政行为主体、内容、程序、法律依据等是否合法进行审查；合理性审查是指对作出被申请的具体行政行为的海事行政主体所行使的自由裁量权是否恰当进行审查。在实践中，海事行政复议机关所进行的复议活动大多数是对海事行政主体的自由裁量权行使不当进行的，因此只有在审查被申请的具体行政行为合法性的基础上进行合理性审查才能最大限度地保障行政相对人的合法权益。公正原则，是在审查具体行政行为合法性的基础上进行的，只有在保证具体行政

---

① 王世涛：《海事行政法学研究》，中国政法大学出版社，2013，第 307-308 页。

行为合法性的前提下，对具体行政行为的合理性进行审查才能达到海事行政复议的目的。①

三、公开原则

海事行政复议的公开原则是指海事行政复议机关在复议过程中，除涉及国家秘密、个人隐私和商业秘密外，整个过程应当向海事行政复议申请人和社会公开。行政复议过程公开要求行政复议机关最大限度地为申请人、被申请人和第三人提供参与行政复议程序的条件。除法律规定的情形之外，行政复议决定都应当在他们看得见的情况下作出。这就要求行政复议机关应当尽可能听取申请人、被申请人和第三人的意见，让他们更多地介入行政复议程序。② 海事行政复议需要公开以下内容。

（1）海事行政行为的依据，包括海事行政复议行为的依据和被申请复议的海事行政行为的依据都需要公开，未经公开的不能作为行政复议的依据。

（2）海事行政复议组织机构、场所和工作制度。

（3）海事行政复议审查过程。

（4）海事行政复议决定以及执行情况。③

根据《海事行政复议工作规定》第 15 条规定，海事行政复议原则上采取书面审查的方法，但是申请人提出要求或者海事行政复议机关法制部门认为有必要时，可以向有关组织和人员调查情况，听取申请人、被申请人和第三人的意见；海事行政复议机关法制部门认为必要时，可以实地调查核实证据。对重大、复杂的案件，申请人提出要求或者海事行政复议机关法制部门认为必要时，可以采取听证的方式审理。听证应当保障当事人平等的知情、陈述、质证和辩论的权利。

四、及时原则

海事行政复议的及时原则是指海事行政复议机关应当在法律规定的期限内，完成海事行政复议的受理、审查和裁决。具体包括以下几个方面的内容。

1. 海事行政复议机关应当按照法律规定的期限完成海事行政复议的受理、审查和裁决

根据《海事行政复议工作规定》第 24 条规定，海事行政复议机关应当自受理海事行政复议申请之日起 60 日内作出海事行政复议决定；但是法律规定的行政复议期限少于 60 日的除外。行政复议案件案情重大、复杂、疑难的；决定举行行政复议听证的；有第三人参加行政复议的；申请人、第三人提出新的事实或者证据需进一步调查的情形之一，不能在规定期限内作出海事行政复议决定的，经海事行政复议机关的负责人批准，可以适当延长，并告知申请人、被申请人和第三人，但是延长期限最多不超过 30 日。

2. 申请人也应当遵守法定的期限

根据《海事行政复议工作规定》第 6 条规定，公民、法人或者其他组织向海事行政复议机关申请海事行政复议，应当自知道该具体行政行为之日起 60 日内提出行政复议申请；但是法律规定的申请期限超过 60 日的除外。因不可抗力或者其他正当理由耽误法定申请期

① 郑中义、李国平：《海事行政法》，大连海事大学出版社，2007，第 317 页。

② 姜明安主编：《行政法与行政诉讼法》（第 7 版），北京大学出版社，2019，第 369 页。

③ 王世涛：《海事行政法学研究》，中国政法大学出版社，2013，第 308 页。

限的,申请人应当在申请时提出,经海事行政复议机关依法确认后,申请期限自障碍消除之日起继续计算。

《行政复议法》《交通运输行政复议规定》《海事行政复议工作规定》等相关法律规定中关于行政复议期限的规定是为了提高行政复议的效率,更快地解决行政争议,为了达到这个目的,要求海事行政复议机关、被申请人、申请人和第三人之间应当相互配合,严格按照法律规定期限和程序进行,顺利促进海事行政复议工作的有效及时进行。①

五、便民原则

海事行政复议的便民原则是指海事行政复议机关在复议程序中应当尽可能为行政复议当事人,尤其是为申请人提供必要的便利,从而确保当事人参加行政复议的目的的实现。② 有关行政复议的规定应当尽可能考虑为申请人提供复议的便利条件。《行政复议法》就规定实行一级复议制,体现便民原则。海事行政复议的便民原则主要体现在以下几个方面。

1. 规定较长的复议申请期限,便于当事人申请复议

根据《海事行政复议工作规定》第 6 条规定,公民、法人或者其他组织向海事行政复议机关申请海事行政复议,应当自知道该具体行政行为之日起 60 日内提出行政复议申请;但是法律规定的申请期限超过 60 日的除外。因不可抗力或者其他正当理由耽误法定申请期限的,申请人应当在申请时提出,经海事行政复议机关依法确认后,申请期限自障碍消除之日起继续计算。

2. 复议申请既可以书面提出,也可以口头申请

根据《海事行政复议工作规定》第 9 条规定,申请人书面申请行政复议的,可以采取当面递交、邮寄、传真方式提出行政复议申请。有条件的海事行政复议机关可以接受以电子邮件形式提出的行政复议申请。海事行政复议机关应当通过海事公告栏、互联网门户网站公开接受行政复议申请的地址、传真号码等,方便申请人选择不同的书面申请方式。申请人口头申请行政复议的,海事行政复议机关应当按照《行政复议法实施条例》第 19 条规定的事项,当场制作《口头申请海事行政复议笔录》交申请人核对或向申请人宣读,并由申请人签字或者盖章确认。

3. 对特定海事管理机构实施的具体行政行为的复议机关进行明确

根据《海事行政复议工作规定》第 7 条、第 8 条规定,对直属海事管理机构、分支机构设立的派出机构依照法律、法规或者规章规定,以自己的名义作出的具体行政行为不服的,应当向设立该派出机构的海事管理机构申请行政复议;对分支机构的具体行政行为不服的,应当向该分支机构的上一级海事管理机构申请行政复议;对直属海事管理机构的具体行政行为不服的,应当向中华人民共和国海事局申请行政复议;对下级海事管理机构依照法律、法规、规章规定,经上级海事管理机构批准作出的具体行政行为不服的,应当向批准机关的上一级海事管理机构申请行政复议;对直属海事管理机构、分支机构设立的派出机构、内设机构或者其他组织,未经法律、法规授权,以自己的名义作出的具体行政行为不服的,应当向设立机关的上一级海事管理机构申请行政复议。

---

① 郑中义:《海事行政法》,人民交通出版社,2013,第 196 页。

② 姜明安主编:《行政法与行政诉讼法》(第 7 版),北京大学出版社,2019,第 370 页。

4. 复议不收取任何费用

《行政复议法》第 39 条规定,行政复议机关受理行政复议申请,不得向申请人收取任何费用。行政复议活动所需经费,应当列入本机关的行政经费,由本级财政予以保障。海事行政复议机关受理复议申请,不得向申请人收取任何费用。根据《海事行政复议工作规定》第 4 条第 2 款规定,海事行政复议活动所需经费、办公用房以及交通、通信、摄像、录音等设备由各级海事管理机构予以保障。

第三节　海事行政复议的范围及管辖

一、海事行政复议的范围

海事行政复议范围即海事行政复议机关受理并按法律程序予以裁决的行政争议案件的范围。它决定海事行政主体所作出的哪些海事行政行为可以成为海事行政复议的对象,因而关系到海事执法和海事行政救济的深度和广度。海事行政复议工作作为一种行政救济手段,并不能对所有的行政争议予以处理,它有其自身的适用范围。

1. 可申请海事行政复议的具体行政行为

根据中华人民共和国海事局的职责和其日常所要进行的业务工作,可申请的海事行政复议的具体行政行为概括如下。

(1)对海事行政机关所作出的行政处罚决定不服的。根据《海上海事行政处罚规定》(2021)的规定,海事行政处罚是指海事行政主管机关对在中华人民共和国管辖沿海水域及相关陆域发生的违反海上海事行政管理秩序的行为的行政相对人,依法给予的一种法律制裁。其种类包括警告;罚款;暂扣船员适任证书;吊销船员职务证书;没收违法所得;没收船舶;法律、行政法规规定的其他海事行政处罚等。海事行政处罚是海事行政主管机关作出的,对行政相对人影响范围最广泛的具体行政行为,行政相对人对任何一种海事行政处罚不服,均可提起海事行政复议。

(2)对海事行政机关作出的行政强制措施不服的。如根据《海上交通安全法》(2021 修订)的第 91 条第 2 款的规定,船舶、海上设施处于不适航或者不适拖状态,船员、海上设施上的相关人员未持有有效的法定证书、文书,或者存在其他严重危害海上交通安全、污染海洋环境的隐患的,海事管理机构应当根据情况禁止有关船舶、海上设施进出港,暂扣有关证书、文书或者责令其停航、改航、驶往指定地点或者停止作业。船舶超载的,海事管理机构可以依法对船舶进行强制减载。因强制减载发生的费用由违法船舶所有人、经营人或者管理人承担。《海洋环境保护法》(2017 修正)第 71 条第 1 款也规定,船舶发生海难事故,造成或者可能造成海洋环境重大污染损害的,国家海事行政主管部门有权强制采取避免或者减少污染损害的措施。

(3)对海事行政机关作出的有关许可证等证书变更、中止、撤销等决定不服的。例如,撤销某单位的水上水下施工作业许可证。

(4)认为海事行政机关违法要求履行义务的。行政相对人所要履行的义务是法律明文规定的,海事行政机关要求行政相对人履行法律规定外的义务,其具体行政行为就属于违法行政行为,行政相对人可以向上级海事行政机关提出行政复议。例如,向行政相对人违法征收费用;要求复议申请人交纳复议费用等。

(5)认为海事行政机关不依法办理行政许可等事项的。行政相对人认为自己符合法定条件而向海事行政机关申请许可证、资格证等证书,或者申请审批、登记等事项的,海事行政机关不予办理或拒绝办理的,行政相对人可以依法提出行政复议。例如,船舶登记、水上水下施工作业许可证等。

(6)认为海事行政机关其他具体行政行为侵犯其合法权益的。由于海事行政机关所实施的具体行政行为有很多种,不可能在复议范围内一一列举,因此,对于海事行政机关实施的其他具体行政行为,只要行政相对人认为其侵犯了自己的合法权益,均可以向上级海事行政机关提出行政复议。

(7)行政相对人认为海事行政机关的具体行政行为所依据的下列规定不合法,在对具体行政行为申请复议时,可以一并向复议机关提出对该规定的审查申请:中华人民共和国交通运输部、中华人民共和国海事局制定的规范性文件;中华人民共和国海事局所属的各级海事管理机构制定的规范性文件。

2. 不可申请海事行政复议的事项

根据《海事行政复议工作规定》,下列情形不属于海事行政复议范围。

(1)对海事管理机构作出的行政处分或者其他人事处理决定不服的。海事行政机关内部行政行为不属于海事行政复议范围,具体是指海事行政机关内部如行政处分等行政行为。海事行政机关对其所属人员作出行政处分或其他人事处理决定,当事人不服的,不能提起海事行政复议,但可以根据相关法律法规提出申诉。

(2)对海事管理机构依法对水上交通事故引起的民事侵权赔偿纠纷调解不服的。海事行政机关对民事纠纷作出的调解行为,比较典型的就是海事行政机关对海上交通事故的调解行为,只有当事人各方都同意调解的情况下,海事行政机关才予以调解,而且调解的结果不具有法律效力,如当事人一方不同意海事行政机关的调解结果,海事行政机关将宣布调解不成。当事人在这种对行政机关的调解结果不服的情况下,不能提出行政复议,但可以通过其他方法(如双方协商、申请仲裁、提起诉讼等)解决。①

(3)对海事管理机构调查处理水上交通事故中依法作出的事故调查报告、事故调查结论书、肇事船舶认定书等不服的。

(4)其他依法不能申请行政复议的行为。

二、海事行政复议机关及管辖

海事行政复议机关是指依照《行政复议法》等规定履行海事行政复议职责的海事管理机构。海事行政复议机关依照法律规定,有权受理海事行政复议申请,并依法对被申请的具体行政行为的合法性、合理性进行审查并作出复议决定。海事行政复议机关法制部门具体办理海事行政复议事项。未设置法制部门的,由承担法制工作职责的相应部门具体办理行政复议事项。

① 郑中义:《海事行政法》,人民交通出版社,2013,第197-198页。

(一)海事行政复议管辖

1. 对派出机构行为不服的

根据《海事行政复议工作规定》第 7 条第 1 款规定,对直属海事管理机构、分支机构设立的派出机构依照法律、法规或者规章规定,以自己的名义作出的具体行政行为不服的,应当向设立该派出机构的海事管理机构申请行政复议。

2. 对分支机构行为不服的

根据《海事行政复议工作规定》第 7 条第 2 款规定,对分支机构的具体行政行为不服的,应当向该分支机构的上一级海事管理机构申请行政复议。

3. 对直属海事管理机构行为不服的

根据《海事行政复议工作规定》第 7 条第 3 款规定,对直属海事管理机构的具体行政行为不服的,应当向中华人民共和国海事局申请行政复议。

4. 对经上级批准的行为不服的

根据《海事行政复议工作规定》第 8 条第 1 款规定,对下级海事管理机构依照法律、法规、规章规定,经上级海事管理机构批准作出的具体行政行为不服的,应当向批准机关的上一级海事管理机构申请行政复议。

5. 对未经法律、法规授权行为不服的

根据《海事行政复议工作规定》第 8 条第 2 款规定,对直属海事管理机构、分支机构设立的派出机构、内设机构或者其他组织,未经法律、法规授权,以自己的名义作出的具体行政行为不服的,应当向设立机关的上一级海事管理机构申请行政复议。

(二)海事行政复议具体承办机构及其职责

1. 海事行政复议机关法制部门的主管职责

根据《海事行政复议工作规定》第 3 条规定,海事行政复议机关法制部门具体办理海事行政复议事项。未设置法制部门的,由承担法制工作职责的相应部门具体办理行政复议事项。

海事行政复议机关法制部门负责人应当指定 2 名或以上工作人员担任行政复议工作人员,具体负责海事行政复议案件的受理、调查取证、具体行政行为是否合法与适当的审查、制作海事行政复议决定、送达相关文书等职责。海事行政复议机关中初次从事行政复议工作的人员,应当通过国家统一法律职业资格考试取得法律职业资格。

海事行政复议机关法制机构具体负责海事行政复议案件受理、审查和裁决工作。具体职责如下:

(1)受理海事行政复议申请;

(2)向有关组织和人员调查取证,查阅文件和资料;

(3)审查申请行政复议的具体行政行为是否合法与适当,拟定行政复议决定;

(4)处理或转送对《行政复议法》第 7 条所列有关规定的审查申请;

(5)对海事行政机关违反《行政复议法》《交通运输行政复议规定》《海事行政复议工作规定》的行为,依照规定的权限和程序提出处理建议;

(6)办理因不服海事行政复议决定提起行政诉讼的应诉事项;

(7)法律、法规规定的其他职责。①

2. 海事行政复议机关业务部门的配合责任

根据《海事行政复议工作规定》第 3 条规定,海事行政复议机关有关业务部门应当配合法制部门办理与本部门主管业务有关的行政复议案件,并提出处理建议;海事行政复议机关有关部门收到行政复议申请,或者来信来访中涉及行政复议申请内容的,应当及时转送法制部门。

3. 各级海事行政复议机关的支持责任

根据《海事行政复议工作规定》第 4 条规定,各级海事行政复议机关应当认真履行行政复议职责,支持本机关法制部门依法办理行政复议事项,并依照有关规定配备、充实行政复议人员,保证法制部门的办案能力与工作任务相适应。海事行政复议活动所需经费、办公用房以及交通、通信、摄像、录音等设备由各级海事管理机构予以保障。

第四节　海事行政复议的参加人

一、海事行政复议申请人

海事行政复议申请人是指对海事行政主体作出的具体行政行为不服,依据法律、法规的规定,以自己的名义,向海事行政复议机关提起行政复议的公民、法人或者其他组织。根据法律、法规的规定,申请人具有如下法律特征。

1. 海事行政复议申请人必须是海事行政相对人,包括公民、法人和其他组织以及外国人和无国籍人

国家机关在作为海事行政管理对象时,可以作为机关法人成为行政复议中的申请人。例如,某县政府作为船舶所有人时,就可以对具体海事行政行为提出复议。由于海事行政管理的涉外性很强,外国人、无国籍人常常是海事行政相对人,同样可以作为海事行政复议申请人。

2. 海事行政复议申请人是认为被具体海事行政行为侵害其合法权益的人

《行政复议法》第 2 条规定:"公民、法人或者其他组织认为具体行政行为侵犯其合法权益,向行政机关提出行政复议申请,行政机关受理行政复议申请、作出行政复议决定,适用本法。"这里的所指的"认为"是申请人的一种主观认识,至于具体海事行政行为是否确实侵犯了其合法权益,必须等到海事复议机关审查后才能确定。②

二、海事行政复议的被申请人

(一)海事行政复议被申请人的概念和特征

海事行政复议被申请人是指因其作出的具体海事行政行为被海事行政复议申请人申请复议而由复议机关通知参加复议的海事行政主体。被申请人具有以下法律特征。

---

① 郑中义:《海事行政法》,人民交通出版社,2013,第 198-199 页。

② 王世涛:《海事行政法学研究》,中国政法大学出版社,2013,第 317 页。

1. 被申请人必须是海事行政主体

能够成为海事行政复议被申请人的只能是海事行政机关和法律、法规以及规章授权的组织。目前,海事管理机构主要是指中华人民共和国海事局、直属海事管理机构及其分支机构和派出机构。①

2. 被申请人必须是实施了申请人认为侵犯其合法权益的具体海事行政行为的海事行政主体

也就是说,海事行政主体实施的具体海事行政行为与申请人提出的复议请求有必然的因果关系,如果没有实施申请人所指控的具体海事行政行为,或者实施的行为与复议请求无因果关系,则不能成为海事行政复议的被申请人。

3. 被申请人必须是海事行政复议机关确认并通知其参加行政复议的海事行政主体

海事行政复议机关对申请人的复议申请进行审查,确认并通知海事行政主体参加行政复议,说明海事行政复议机关已经受理了申请人的复议申请,并确定该海事行政主体为被申请人。

(二)海事行政复议被申请人的确定

海事行政复议被申请人基于不同的管理体制而不同。根据《行政复议法》《行政复议法实施条例》《交通运输行政复议规定》和《海事行政复议工作规定》,海事行政复议被申请人主要有以下几种情形。

1. 申请人对海事管理机构的具体海事行政行为不服,直接申请复议的,作出该具体海事行政行为的海事管理机构为被申请人。

2. 两个或两个以上海事管理机构以共同的名义作出具体海事行政行为的,海事管理机构为共同被申请人;海事管理机构与其他组织以共同名义作出具体行政行为的,海事管理机构为被申请人。

3. 法律、法规授权的组织(地方海事系统)作出具体海事行政行为的,该组织是被申请人。

4. 下级海事管理机构依照法律、法规、规章规定,经上级海事管理机构批准作出具体海事行政行为的,上级海事管理机构为被申请人。

5. 海事管理机构设立的派出机构、内设机构或者其他组织,未经法律、法规授权,对外以自己名义作出具体海事行政行为的,该海事管理机构为被申请人。目前的实际情况是,直属海事局或分支海事局设立了许多派出机构(如执法支队)与内设机构(政务中心),这些机构尚未经过法律、法规的授权,在复议中只能以设立该机构的海事局作为被申请人。

6. 海事管理机构委托的组织作出的具体海事行政行为所引起的海事行政复议,委托的海事管理机构是被申请人。

7. 作出具体海事行政行为的海事管理机构被撤销的,继续行使其职权的海事管理机构是被申请人。随着海事系统改革的逐步推进,海事管理机构被撤并的情况普遍存在,其被申请人的确定主要有以下三种情况:作出具体海事行政行为的海事管理机构被合并的,被

---

① 《海事行政复议工作规定》第28条:本规定所称海事管理机构,指中华人民共和国海事局、直属海事管理机构及其分支机构和派出机构。各省、自治区、直辖市,新疆生产建设兵团承担水上交通安全监管职责的部门或机构参照本规定执行。

申请人是合并后的海事管理机构；作出具体海事行政行为的海事管理机构被分解的，被申请人是分解后承受其职权的海事管理机构；作出具体海事行政行为的海事管理机构被解散的，被申请人是作出解散决定的海事管理机构或者被解散的海事管理机构的上级海事管理机构。①

三、海事行政复议第三人

1. 海事行政复议第三人的概念

海事行政复议第三人是指与海事行政复议的具体海事行政行为有利害关系，为维护自己的合法权益，申请参加或者由海事行政复议机关通知其参加到海事行政复议过程中的公民、法人或者其他组织。海事行政复议第三人具有如下法律特征。

(1)第三人与申请行政复议的具体海事行政行为有利害关系。这种利害关系既可以是直接的，也可以是间接的；既可能是与申请复议的具体海事行政行为有利害关系，也可能是与海事行政复议决定有利害关系。

(2)第三人必须是在海事行政复议过程中参与到复议中来，第三人应当是在行政复议已经开始但尚未结束之前参加复议。如果行政复议还未开始，或者已经结束，都不存在第三人参加复议的问题。

(3)第三人在法律上享有独立的复议地位。第三人与申请人或被申请人一样，参加复议是为了维护自己的合法权益。在复议中，第三人具有独立的复议地位。相对于申请人，第三人除了没有提起复议的权利外，其他的复议权利都享有，可以提出自己的请求，也可以参加辩论，对复议不服有权提起诉讼。

(4)第三人参加复议必须经过海事复议机关批准。

2. 海事行政复议第三人的种类

从海事法律、法规及规章的规定及海事行政复议的实践来看，海事行政复议第三人主要包括以下几种情况。

(1)在海事行政处罚争议案中，被处罚人申请复议，则被害人可以作为第三人；如果被害人申请复议，被处罚人可以作为第三人。此处所指的被害人一般是在船舶碰撞事故中，损失较大的一方。

(2)海事管理机构针对同一个违法行为对不同相对人进行处罚的，如果一方提起复议，另一方可以作为第三人。例如，船舶违章，分别对船舶所有人和船长进行处罚，如果船舶所有人申请复议，则船长可以作为第三人。

(3)海事管理机构的一项行政处理决定同时涉及数人，部分人申请行政复议，未申请复议的人可以作为第三人。例如，一项行政许可、行政命令等对数人造成影响，未申请复议的人可以作为第三人。

(4)在船舶权属案件中，如果未办理船舶登记一方申请复议，则已办理登记一方可以作为第三人。②

① 王世涛:《海事行政法学研究》，中国政法大学出版社，2013，第317-319页。

② 王世涛:《海事行政法学研究》，中国政法大学出版社，2013，第319-320页。

四、海事行政复议代理人

海事行政复议代理人是指在海事行政复议过程中,接受当事人的委托,以代理人的名义代理他人进行复议的人。复议代理人制度有利于海事行政复议工作的高质量进行。海事行政复议代理人具有如下特征。

1. 复议代理人是以被代理人的名义参加海事行政复议,并维护被代理人的利益,复议代理人自己与被复议的具体海事行政行为无利害关系。

2. 复议代理人必须在法定代理权限内实施代理行为,后果由被代理人承担。如果复议代理人有超越代理权限实施的行为,那么该行为的后果由代理人自己负责。

3. 复议代理人只能代理一方,不能代理双方。①

五、海事行政复议的其他参与人

海事行政复议的其他参与人是指除上述复议参加人以外的证人、鉴定人、勘验人和翻译人员等。其他参与人与被申请的具体海事行政行为和复议结果没有利害关系,其参与海事行政复议活动都是围绕着查明事实而进行的,在海事行政复议中有一定的法律地位,享有一定的复议权利,承担一定的复议义务。例如,某两艘船舶造成海上碰撞交通事故,被海事行政机关以《海上海事行政处罚规定》第三章海上海事行政违法行为和行政处罚中的第十一节关于违反海上交通事故调查处理秩序的相关条款为依据对船舶所有人予以行政处罚,如船舶所有人不服,提起海事行政复议,对碰撞事故的证人、碰撞事故损失鉴定人、勘验人等与被申请的具体海事行政行为和复议结果没有利害关系,其属于海事行政复议的其他参与人。②

第五节　海事行政复议的程序

一、海事行政复议申请

海事行政复议申请是指海事行政相对人对海事行政主体所作出的具体行政行为不服而在法律法规规定的时限内向海事行政复议机关提出的要求撤销或变更该具体行政行为的请求。海事行政复议申请是海事行政复议程序的起点,没有海事行政相对人提起的复议申请,就不存在以下的海事行政复议程序。因此,海事行政复议申请是海事行政复议程序中的一个重要而关键的环节。

(一)申请海事行政复议的条件

对具体海事行政行为不服而申请行政复议,必须具备如下几个条件。

1. 申请人符合条件

申请人是认为具体海事行政行为侵犯其合法权益的公民、法人或者其他组织。

---

① 郑中义:《海事行政法》,人民交通出版社,2013,第201页。

② 郑中义:《海事行政法》,人民交通出版社,2013,第201-202页。

2. 有明确的被申请人

行政相对人必须在海事行政复议的书面申请或申请笔录中指明被申请人，没有指明被申请人的，海事行政复议机关可以拒绝受理，如果海事行政复议机关在行政复议过程中发现被申请人不合格，则可依法予以更换。但无论在何时，海事行政复议必须有明确的被申请人。

3. 有具体的复议请求和事实根据

行政相对人提起海事行政复议的目的就是维护自己的合法权益，因此应当在复议申请书或申请笔录中表明具体的复议请求；为了表明其请求合法、合理，行政相对人还应当向海事行政复议机关提供必要的事实根据，以支持其复议请求。

4. 属于受理的海事行政复议机关管辖

海事行政复议机关的管辖范围是法定的，海事行政复议申请人必须向有管辖权的海事行政复议机关提出申请，复议机关对不属于自己管辖的海事行政复议案件应当告知相对人向有权的海事行政复议机关提出申请。

5. 法律、法规规定的其他条件

（二）申请海事行政复议的期限

申请人必须在法律、法规规定的期限内提起海事行政复议申请，否则，海事行政复议机关可以拒绝受理，也就达不到海事行政复议的法律目的。根据《交通运输行政复议规定》第8条规定，公民、法人或者其他组织向交通运输行政复议机关申请交通运输行政复议，应当自知道该具体行政行为之日起60日内提出行政复议申请；但是法律规定的申请期限超过六十日的除外。因不可抗力或者其他正当理由耽误法定申请期限的，申请人应当在交通运输行政复议申请书中注明，或者向交通运输行政复议机关说明，并由交通运输行政复议机关记录在《交通运输行政复议申请笔录》中，经交通运输行政复议机关依法确认的，申请期限自障碍消除之日起继续计算。

（三）申请海事行政复议的方式

申请海事行政复议既可以书面申请也可以口头申请，这是方便行政相对人提起行政复议的具体规定。根据《海事行政复议工作规定》第9条规定，申请人书面申请行政复议的，可以采取当面递交、邮寄、传真方式提出行政复议申请。有条件的海事行政复议机关可以接受以电子邮件形式提出的行政复议申请。海事行政复议机关应当通过海事公告栏、互联网门户网站公开接受行政复议申请的地址、传真号码等，方便申请人选择不同的书面申请方式。申请人口头申请行政复议的，海事行政复议机关应当按照《行政复议法实施条例》第19条规定的事项，当场制作《口头申请行政复议笔录》交申请人核对或向申请人宣读，并由申请人签字或者盖章确认。

（四）海事行政复议申请书和行政复议申请笔录

海事行政复议申请书是行政相对人书面提起海事行政复议申请的形式，而行政复议申请笔录是行政相对人口头提起申请的形式。它们的具体内容是一致的，都应当载明如下内容：

（1）申请人的姓名、性别、年龄、职业和住所，法人或者其他组织的名称、住所和法定代

表人或者主要负责人的姓名,职务等;

(2)被申请人的姓名、地址;

(3)具体的复议请求;

(4)申请复议的理由;

(5)申请的时间;

(6)申请人签名或盖章。

如是口头申请,记录人也要签名或盖章。根据《海事行政复议工作规定》第10条规定,申请人申请行政复议,应当提交以下材料。

(1)书面申请行政复议的,应当提交《行政复议申请书》。行政复议申请书应当经申请人签名或者盖章。

(2)申请人身份证明文件。申请人为公民的,应当提交身份证复印件或者其他有效证件复印件;申请人为法人或者其他组织的,应当提交营业执照复印件或者其他有效证件复印件。申请人为港澳台自然人、法人或者其他组织的,其身份证明文件应当经所在地公证机关证明。申请人为外国自然人、法人或者其他组织的,其身份证明文件应当经所在国公证机关证明,并经中华人民共和国驻该国使领馆认证,或者履行中华人民共和国与该所在国订立的有关条约中规定的证明手续后,才具有效力。

(3)被申请人作出具体行政行为的证明材料。认为被申请人不履行法定职责的,应当提供曾经要求被申请人履行法定职责而被申请人未履行的证明材料。

(4)委托代理人参加行政复议的,应当提交授权委托书原件。授权委托书应当载明委托人、受托人、委托事项、委托权限、委托期限,由委托人签名或者盖章。

(5)申请行政复议时一并提出行政赔偿请求的,应当提供受具体行政行为侵害而造成损害的证明材料。

(6)法律、法规要求提供的其他材料。

二、海事行政复议申请的受理

海事行政复议的受理是指海事行政复议申请人提出行政复议申请后,海事行政复议机关通过对海事行政复议申请的审查,认为该申请符合法定条件时接受申请并予以立案的活动。

根据《海事行政复议工作规定》第12条规定,海事行政复议机关收到海事行政复议申请后,应当在5个工作日内进行审查。审查的内容包括以下几项:

(1)有明确的申请人和符合规定的被申请人;

(2)申请人与具体行政行为有利害关系;

(3)有具体的行政复议请求和理由;

(4)在法定申请期限内提出;

(5)属于行政复议法规定的行政复议范围;

(6)属于收到行政复议申请的行政复议机构的职责范围;

(7)其他行政复议机关尚未受理同一行政复议申请,人民法院尚未受理同一主体就同一事实提起的行政诉讼。

根据审查的结果,分别视不同情况作出以下相应的处理。

(1)对符合行政复议申请条件的,海事复议机关应当决定受理,自海事行政复议机关法制部门收到之日起即为受理。需要补正的行政复议申请,自海事行政复议机关法制部门收到补正材料之日起即为受理。

(2)对不符合《行政复议法》规定的行政复议申请,决定不予受理,并制作《海事行政复议申请不予受理决定书》送达申请人。

(3)对符合《行政复议法》规定,但是不属于本机关受理的行政复议申请,应当告知申请人向有关行政复议机关提出,并在《海事行政复议申请不予受理决定书》中注明。

(4)行政复议申请材料不齐全或者表述不清楚的,海事行政复议机关法制部门可以自收到该行政复议申请之日起5个工作日内书面通知申请人补正。《补正行政复议申请通知书》应当载明以下事项:

①行政复议申请书中需要修改、补充的具体内容;

②需要补正的有关证明材料的具体类型及其证明对象;

③补正期限。

补正期限一般不少于5个工作日。无正当理由逾期不补正的,视为申请人放弃行政复议申请。补正申请材料所用时间不计入行政复议审理期限。

(5)受理后不得提起行政诉讼。公民、法人或者其他组织申请海事行政复议,海事行政复议机关已经依法受理的,在法定行政复议期限内不得向人民法院提起行政诉讼。①

三、海事行政复议的审查

海事行政复议审查是指对作出具体行政行为的海事行政主体的主体资格、案件事实、法律依据等进行合法、适当的审查。海事行政复议的审查是海事行政复议的最主要的环节,也是作出行政复议决定的基础。

1. 审查方式

海事行政复议原则上采取书面审查的办法,书面审查是指海事行政复议机关仅就双方所提供的书面材料进行审查后作出决定的一种审查方式。这种审查方式较为简便,可以大大提高海事行政复议的效率。但是申请人提出要求或者海事行政复议机关法制部门认为有必要时,可以向有关组织和人员调查情况,听取申请人、被申请人和第三人的意见;海事行政复议机关法制部门认为必要时,可以实地调查核实证据。对重大、复杂的案件,申请人提出要求或者海事行政复议机关法制部门认为必要时,可以采取听证的方式审理。听证应当保障当事人平等的知情、陈述、质证和辩论的权利。复议人员调查情况、听取意见,应当制作《海事行政复议调查笔录》。现场勘验所用时间不计入行政复议审理期限。在海事行政复议实际工作中,海事行政复议机关应当根据案件的实际情况和申请人的要求,采取适当的方式对海事行政复议案件进行审查,以达到海事行政复议的最终目的。

2. 审查依据

海事行政复议机关在审查行政复议案件时,以法律、行政法规、地方性法规、规章以及上级海事行政机关制定和发布的具有普遍约束力的决定、命令为依据。如果海事行政复议机关在对被申请人作出的具体行政行为审查时,认为其依据不合法(上级海事行政机关制定和发布的具有普遍约束力的决定、命令)时,就要由海事行政复议机关或有权机关对依据进行审查。例如《交通运输行政复议规定》第17条规定,交通运输行政复议机关在对被申

---

① 王世涛:《海事行政法学研究》,中国政法大学出版社,2013,第321-322页。

请人作出的具体行政行为审查时,认为其依据不合法,本机关有权处理的,应当在30日内依法处理;无权处理的,应当在7日内按照法定程序转送有权处理的国家机关依法处理。处理期间,中止对具体行政行为的审查。交通运输行政复议机关中止对具体行政行为审查的,应当制作《交通运输行政复议中止审查通知书》送达申请人、被申请人和第三人。

3. 举证责任

《行政复议法》对行政复议中的举证责任作出了明确规定,根据该法第23条的规定,被申请人应当自收到申请书副本或者申请笔录复印件之日起10日内,提出书面答复,并提交当初作出具体行政行为的证据、依据和其他有关材料。申请人、第三人可以查阅被申请人提出的书面答复、作出具体行政行为的证据、依据和其他有关材料,除涉及国家秘密、商业秘密或者个人隐私外,行政复议机关不得拒绝。同时规定在行政复议过程中,被申请人不得自行向申请人和其他有关组织或者个人搜集证据。① 海事行政复议机关法制部门应当自行政复议申请受理之日起7个工作日内,制作《海事行政复议答复通知书》连同海事行政复议申请书副本或者《口头申请行政复议笔录》复印件送达被申请人。被申请人应当自收到前款通知之日起10日内向海事行政复议机关提交《海事行政复议答复书》,并提交作出具体行政行为的证据、依据和其他有关材料。被申请人的书面答复应当载明下列内容:被申请人名称、地址、法定代表人姓名;作出具体行政行为的事实、证据及法律依据,对有关事实的陈述应当附有相应的证据材料;对申请人的行政复议请求、事实、理由作出全面答复及必要的举证;提出维持、变更、撤销、驳回或者确认违法的答复意见;作出答复的时间、联系人,并加盖印章。

四、海事行政复议的决定

海事行政复议决定是指海事行政复议机关对案件进行审查后,就被申请人的行政决定是否合法、适当,是否应按申请人的请求责令被申请人作出某种行政决定等问题所作的决断。

1. 复议决定的种类

行政复议机关负责法制工作的机构应当对被申请人作出的行政决定进行审查,提出意见,经行政复议机关的负责人同意或者集体讨论通过后,依法作出行政复议决定。

(1)维持决定。海事行政决定认定事实清楚,证据确凿,适用依据正确,程序合法,内容适当的,决定维持。

(2)履行决定。涉及海事行政不作为,即被申请人不履行法定职责的,应决定其履行。复议机关在责令被申请人履行法定职责时,应依法附以一定期限,即责令被申请人在一定期限内履行职责。但是,并非对所有的不履行、拖延履行法定职责,都应适用履行决定。只有在行政职责仍有必要履行、仍有必要由被申请人亲自履行时,才能适用履行这种救济方式;否则,就不能适用这种决定。例如,被申请人不履行告知的法定职责而相对人已获知的,就没有必要再要被申请人履行该职责。

(3)撤销和责令重作决定。海事行政决定有下列情形之一的,决定撤销,并可以责令被申请人在一定期限内重新作出行政决定:

①主要事实不清,证据不足的;

---

① 郑中义:《海事行政法》,人民交通出版社,2013,第203-204页。

②适用依据错误的;

③违反法定程序的;

④超越或者滥用职权的;

⑤行政决定明显不当的;

⑥被申请人不依法提出书面答复、提交证据、依据和其他有关材料的。

但是,并非所有具有上述情形的行政决定都能适用撤销。只有作为形式的海事行政决定具有上述违法情形时,才能予以撤销;否则,就无法撤销,而只能适用其他相应决定予以法律补救。海事行政决定的内容全部违法的,或者违法部分影响到该行为全部内容的合法性的,应适用撤销。被撤销行政决定已产生相应法律效果的,应作出相应处理。海事行政决定应予撤销,复议机关认为被申请人仍有必要作出相应行政决定的,应同时责令被申请人重新作出海事行政决定。被申请人不得以同一事实和理由作出与被撤销行政决定相同或者基本相同的行政决定。但是,以违反法定程序为理由撤销海事行政决定后责令被申请人重新作出行政决定的,不受同一事实和理由等的限制。

(4)变更决定

海事行政决定具备下列条件的,可适用变更决定:

①海事行政决定具有下列违法情形之一的,即主要事实不清、证据不足,适用依据错误,违反法定程序,超越或者滥用职权,或行政决定明显不当;

②必须是作为形式的海事行政决定,而不能是行政不作为;

③海事行政决定在内容上具有可分性,其中部分内容违法且不影响其他内容或整个内容的合法性。

复议机关在变更海事行政决定时,既可以变更海事行政决定所认定的主要事实和证据,也可以变更海事行政决定所适用的对定性产生影响的依据,还可以变更行政决定的处理结果(权利义务部分)。

(5)确认和责令重作决定

确认决定即复议机关确认海事行政决定违法的复议决定。行政决定具备下列条件的,复议机关可作出确认决定:

①海事行政决定具有下列违法情形之一的,即主要事实不清、证据不足,适用依据错误,违反法定程序,超越或者滥用职权,或海事行政决定明显不当;

②对海事行政决定无法适用撤销、变更和履行决定予以补救。

对能够适用撤销、变更决定或责令履行法定职责决定的,不需要作出确认海事行政决定违法的复议决定。可适用确认决定的场合,往往是被申请人没有依法履行法定职责而已经没有履行必要的,本应撤销、变更而海事行政决定已经实施完毕的,以及其他无法撤销、变更的场合。海事行政复议机关在确认行政决定违法时,如仍有必要由被申请人作出新决定的,可同时责令被申请人重新作出行政决定;如无必要,则不必责令被申请人重新作出海事行政决定。

(6)赔偿决定

被申请人作出的海事行政决定违法并侵犯申请人合法权益造成损害的,复议机关应依法作出赔偿决定。《行政复议法》第 29 条第 1 款规定,申请人在申请行政复议时可以一并提出行政赔偿请求,行政复议机关对符合国家赔偿法的有关规定应当给予赔偿的,在决定撤销、变更具体行政行为或者确认具体行政行为违法时,应当同时决定被申请人依法给予赔偿。这说明,行政复议中的赔偿决定与其他复议决定一样,是一种应申请的行政决定。该条第2款又规定,申请人在申请行政复议时没有提出行政赔偿请求的,行政复议机关在依法决定撤销或者变更罚款,撤销违法集资、没收财物、征收财物、摊派费用以及对财产的查封、扣押、冻结等具体行政行为时,应当同时责令被申请人返还财产,解除对财产的查封、扣押、冻结措施,或者赔偿相应的价款。

2. 海事行政复议决定书

复议机关作出复议决定,应当制作海事复议决定书。海事复议决定书应当载明下列事项:

(1)申请人的姓名、性别、年龄、职业、住址(法人或者其他组织的名称、地址、法定代表人的姓名);

(2)被申请人的名称、地址,法定代表人的姓名、职务;

(3)申请复议的主要请求和理由;

(4)复议机关认定的事实、理由,适用的法律、法规、规章和行政规范性文件;

(5)复议结论;

(6)不服复议决定向人民法院起诉的期限,或者终局的复议决定,当事人履行的期限;

(7)作出复议决定的年、月、日。复议决定书由复议机关的法定代表人署名,加盖复议机关的印章。

3. 作出海事复议决定的期限

为了防止复议机关受理案件后迟迟不作出复议决定,《行政复议法》第31条专门规定了作出复议决定的期限。根据该规定,复议机关作出复议决定的期限有以下三种.

(1)60日

一般情况下,行政复议机关应当自受理申请之日起60日内作出行政复议决定。

(2)少于60日

特别法规定复议机关作出行政复议决定的期限少于60日的,从其规定。例如,《中华人民共和国集会游行示威法》(简称《集会游行示威法》)第13条规定,人民政府应当自接到申请复议书之日起3日内作出决定等。作出复议决定的时间较短,不仅无害于申请人,反而有利于申请人,可以使申请人的合法权益及时得到维护。申请人即使不服复议决定,也可以及时向法院起诉。因此《行政复议法》作了上述规定。但应当注意的是,这里的特别法必须是法律,并不包括法规和规章,更不包括行政规范性文件。同时,特别法规定的期限必须少于60日,才能被有效适用。如果特别法规定的期限长于60日,则不能被有效适用。

(3)长于60日

根据《行政复议法》的规定,情况复杂,不能在规定期限内作出行政复议决定的,经行政复议机关的负责人批准,可以适当延长,并告知申请人和被申请人。但是,延长期限最多不得超过30日。行政复议被依法中止的,中止期间不计算在上述期间内。

4. 海事复议决定的效力

海事复议决定一经送达即发生法律效力。但海事复议属非终局复议,申请人不服复议决定的,可以在收到复议决定书之日起15日内向人民法院起诉。对终局复议决定和逾期不起诉的复议决定,申请人应主动履行;申请人不履行的,分别按以下情况处理:

(1)维持原行政决定的复议决定,由最初作出行政决定的行政主体依法强制执行,或者申请人民法院强制执行;

(2)变更原行政决定的复议决定,由复议机关依法强制执行,或者申请人民法院强制执行。①

五、行政复议文书

根据《海事行政复议工作规定》,行政复议涉及的主要文书包括:

1. 口头申请行政复议笔录;
2. 海事行政复议申请书;
3. 海事行政复议申请材料收存单;
4. 海事行政复议申请不予受理决定书;
5. 补正行政复议申请通知书;
6. 责令受理通知书;
7. 直接受理行政复议申请通知书;
8. 海事行政复议调查笔录;
9. 海事行政复议答复通知书;
10. 海事行政复议答复书;
11. 撤回海事行政复议申请笔录;
12. 海事行政复议终止通知书;
13. 规范性文件转送函(一);
14. 海事行政复议中止通知书;
15. 规范性文件转送函(二);
16. 海事行政复议和解协议书(建议格式);
17. 海事行政复议调解书;
18. 海事行政复议延期审查通知书;
19. 海事行政复议决定书;
20. 驳回行政复议申请决定书;
21. 送达回证;
22. 责令履行海事行政复议决定通知书;
23. 海事行政复议内部呈批表。

复习思考题

一、名词解释

1. 海事行政复议
2. 海事行政复议申请人
3. 海事行政复议第三人
4. 海事行政复议申请

---

① 高波:《海事行政法研究》,国防工业出版社,2010,第195-198页。

5. 海事行政复议决定

二、简答题

1. 海事行政复议的特征有哪些?
2. 海事行政复议与海事行政诉讼的区别是什么?
3. 海事行政复议的基本原则有哪些?
4. 海事行政复议的参加人有哪些?
5. 申请海事行政复议的条件有哪些?

三、案例分析题

李某兰不服广东海事局不予受理行政复议申请决定案。①

【基本案情】

2013 年 5 月 17 日,“加利利 22”轮在莲花山西航道进口航行操作过程中,与横越航道出港的“粤肇庆货 3846”轮在广州港 74 某灯浮以北约 500 米处附近水域发生碰撞。事故造成“粤肇庆货 3846”轮沉没,3 人落水,其中原告李某兰获救,原告的丈夫卢某生及其女儿卢某君两人死亡。5 月 24 日,在广州新港海事处处长陈某刚、原告丈夫的弟弟卢某强、卢某东的见证下,原告李某兰作为乙方与“加利利 22”轮的船东宁波加利利海运有限公司作为甲方,就“粤肇庆货 3846”轮与“加利利 22”轮碰撞事故的赔偿事宜经过协商,签订《水上交通事故赔偿处理协议书》。协议包括以下主要内容。

一、甲方一次性赔偿乙方 85 万元,该赔偿包括“粤肇庆货 3846”轮全损费、死者丧葬费、死亡赔偿金、医疗费、误工费、被抚养人生活费、精神抚慰金、交通费、住宿费等乙方所主张的一切权利和费用。

二、因乙方无能力打捞“粤肇庆货 3846”轮,乙方同意由甲方负责该船残骸打捞,打捞费由甲方承担,残骸所有权和支配权归甲方所有。

三、款项分三期付清,第一期 10 万元已于 2013 年 5 月 20 日支付,第二期 35 万元在签订本协议后第二个工作日内付清,第三期 40 万元在明确“粤肇庆货 3846”轮的全部产权为卢某生所有后的 7 个工作日内付清。

四、以上款项支付后,甲、乙方双方均不得反悔。乙方签字后,等同认可放弃一切主张的权利。原告确认已收到 85 万元的赔偿款。

2013 年 10 月 15 日,广州海事局作出《调查结论书》,认定“粤肇庆货 3846”轮负事故的主要责任,“加利利 22”轮负事故的次要责任。广州海事局于 10 月 24 日向原告李某兰邮寄送达《调查结论书》。广东海事局于 11 月 27 日收到原告提交的《关于要求对广州海事局“5.17 海难事故”处理的行政复议申诉》。原告李某兰明确提出两点行政复议申诉请求:一是认为《水上交通事故赔偿处理协议书》是在特定环境、特定背景下的不合理民间协议,严重侵害了本人及家庭的经济权益,应作为海难事故待结案前的预付性赔偿协议为宜;二是认为原告家庭供养 9 人,因此次事故造成家庭陷入绝望和贫困,“加利利 22”轮船东应追补赔偿 85 万元。被告广东海事局于 12 月 3 日作出粤海事复(2013)2 号《不予受理行政复议

① 参见广州海事法院(2014)广海法行初字第 7 号行政判决书。

申请决定书》,认为原告与"加利利 22"轮船东签订的《水上交通事故赔偿处理协议书》系民事法律行为,是平等民事主体间的合同行为,不是广州海事局作出的具体行政行为,对《水上交通事故赔偿处理协议书》的异议产生的纠纷是民事纠纷,不属于《行政复议法》第 6 条规定的行政复议范围。根据《行政复议法》第 6 条和第 17 条的规定,决定不予受理。被告于 12 月 4 日向原告邮寄送达粤海事复(2013)2 号《不予受理行政复议申请决定书》。12 月 10 日,原告向被告递交《关于<不予受理行政复议申请决定书>的申诉》,被告于同日对申诉材料作出复函,明确告知原告对其作出不予受理行政复议申请决定不服的,可向海事法院提起行政诉讼。12 月 30 日,原告向中华人民共和国海事局递交关于对广东海事局《不予受理行政复议申请决定书》的行政复议申诉,中华人民共和国海事局于 2014 年 1 月 16 日向原告作出复函,告知对被告作出的行政复议决定有异议的,可依法向海事法院提起行政诉讼。

【裁判结果】

一审法院审理认为,《调查结论书》并不确定当事人的权利义务,其对当事人的权益不产生直接的实质性影响,该行为不是可诉的具体行政行为。原告起诉请求责令被告予以撤销《调查结论书》,缺乏法律依据,应予驳回。依照《最高人民法院关于执行 < 中华人民共和国行政诉讼法 > 若干问题的解释》第 56 条第 4 项的规定,判决驳回原告李某兰的诉讼请求。

【案例分析】

《行政复议法》第 2 条规定,公民、法人或者其他组织认为具体行政行为侵犯其合法权益,向行政机关提出行政复议申请,行政机关受理行政复议申请、作出行政复议决定,适用本法。因此,公民、法人或者其他组织提起行政复议的对象是具体行政行为。本案中,原告向被告提出的行政复议申请,一是认为《水上交通事故赔偿处理协议书》是在特定环境、特定背景下的不合理民间协议,严重侵害了原告及家庭的经济权益,应作为海难事故待结案前的预付性赔偿协议为宜;二是认为原告家庭供养 9 人,因此次事故造成家庭陷入绝望和贫困,"加利利 22"轮的船东应追补赔偿 85 万元。原告的复议申请仅是对其与"加利利 22"轮船东签订的《水上交通事故赔偿处理协议书》内容的合理性和赔偿数额提出异议,并非针对行政机关的具体行政行为。被告审查认为原告的复议申请不属于《行政复议法》第 6 条规定的行政复议范围,决定不予受理是正确的。

原告向被告提出行政复议时并未提及《调查结论书》,而原告提起本案诉讼的理由是不服被告作出的《不予受理行政复议申请决定书》,但该《不予受理行政复议申请决定书》并未涉及广州海事局出具的《调查结论书》的相关内容,因此,不能将原告对《调查结论书》的异议作为其提起本案诉讼的事实依据。况且,《调查结论书》是海事管理机构在依法对水上交通事故进行调查的基础上,结合水上船舶航行与避碰规则,就船舶航行在交通事故中所处的地位、所起的作用及事故发生的因果关系、责任大小所作出的定性结论,这是海事管理机构在处理水上交通事故工作中的一个环节,而非独立、完整的具体行政行为。该水上交通事故责任认定行为并不直接确定当事人之间的权利义务,其可以作为船舶碰撞损害责任纠纷案件的证据,但该证据证明力的大小,以及最终能否被法院采信,应按民事诉讼证据举证、质证与认证的有关规则,由法院根据查明的案件事实决定是否采纳。只有经法院确认并依法作出裁决后,才对当事人的权利义务产生实质性影响。

【问题】

1. 广州海事局出具《调查结论书》的行为是否属于具体行政行为?

2. 海事行政复议的范围包括哪些?

第十一章　海事行政诉讼

第一节　海事行政诉讼概述

一、海事行政诉讼的概念及特征

海事行政诉讼是指海事行政相对人与海事行政主体发生海事行政争议后，依法向人民法院提起诉讼，人民法院依法定程序审查海事行政主体行政行为的合法性，并判断海事行政相对人的主张是否有法律和事实依据，然后作出裁判的一种活动。

海事行政诉讼有如下特征。

(1)海事行政诉讼是解决海事行政争议的一种诉讼活动，是海事行政争议的行政相对人一方，请求与纠纷双方没有利害关系的国家审判机关——人民法院，按照司法程序解决与对方当事人海事行政主体一方行政争议的诉讼活动。

(2)海事行政诉讼的原告只能是海事行政相对人，即认为海事行政主体的具体行为侵犯自己合法权益的公民、法人或其他组织。海事行政诉讼的原告只要"认为"自己的权利受到行政行为的侵害即可提起诉讼，至于行政行为是否实际侵害其权益，须经人民法院审理后才能确定。

(3)海事行政诉讼的被告只能是作出海事行政行为的海事行政主体。因为行政机关实施行政行为时处于行政主体的地位，拥有实现其代表的国家意志的行动，故它无须通过作为原告提起诉讼的方式来实现行政行为。①

二、海事行政诉讼的性质

1. 海事行政诉讼是一种司法审查制度

在行政法治监督保障体系中，行政诉讼是一项不可缺少的对行政行为进行事后法律监督的制度，其功能主要是监督行政机关依法行使职权。人民法院通过对行政案件的审理，发现被诉行政行为违反法律、法规规定或认定事实不清，证据不足，可以运用国家司法权，撤销违法行政行为，或责令行政机关重新作出行政行为。在行政诉讼过程中，人民法院发现与被诉行政行为有关的人和事违法或者有其他制度缺陷或漏洞，可以向行政机关提出"司法建议"，要求行政机关予以纠正。这种在国家制度体系中设计的国家司法权对行政权实行制约和监督的机制，目的在于保障行政机关严格执行法律法规，依法进行行政管理。

2. 海事行政诉讼是一种行政法律救济制度

"救济"是法律设置的一种权利保障机制。在国家行政机关已作出某种发生效力决定

---

① 姜明安主编:《行政法与行政诉讼法》(第 7 版)，北京大学出版社，2019，第 398-399 页。

后，行政相对人有权请求国家机关对之进行审查，以撤销违法决定，恢复或补救被违法决定侵犯的权益。除行政诉讼外，行政救济还包括“申诉”“行政复议”“国家赔偿”等。立法者遵循有义务就有权利，有权利就应有救济的原则确定法律规则。行政诉讼制度旨在监督行政机关依法行政、使国家法律得到正确的执行的同时保护相对人的合法权益，在相对人合法权益受到或可能受到行政行为侵犯时，为相对人提供权威有效的救济制度。

3. 海事行政诉讼是海事行政争议解决制度

行政诉讼是解决行政主体与行政相对人行政争议的一种诉讼制度。在由人民法院解决纠纷这个意义上，行政诉讼与民事诉讼、刑事诉讼一样，是构成我国三大诉讼制度的一个组成部分。解决海事行政争议的制度常常有多种方式和途径可以选择，如海事行政复议制度等，属于行政系统内的争议解决机制。而行政诉讼作为行政系统之外的一种司法制度，程序更严格并具权威性。行政诉讼是解决行政争议的司法方式，与行政调解、行政复议等制度相衔接，不仅如此，行政诉讼还常常将行政复议决定作为直接审查的对象。①

三、海事行政诉讼的基本原则

海事行政诉讼基本原则是指反映海事行政诉讼基本特点和一般规律，贯穿于海事行政诉讼活动整个过程或主要过程中，指导海事行政诉讼法律关系主体诉讼行为的重要准则。

1. 功能整体发挥原则

《行政诉讼法》第 1 条规定了行政诉讼的立法目的，即保证人民法院公正、及时审理行政案件，解决行政争议，保护公民、法人和其他组织的合法权益，监督行政机关依法行使职权。

在海事行政诉讼中，应全面发挥解决纠纷、救济相对人和监督行政主体的功能。既应做到平息争议，案结事了，也应使相对人被侵犯的合法权益得到相应救济，同时还要注重监督行政主体依法行使职权，纠正其违法行为。②

2. 行政行为合法性审查原则

我国行政诉讼制度的一个明显特征是人民法院对行政行为进行合法性审查，这一点也正是我国行政诉讼区别于其他诉讼的特有原则。《行政诉讼法》第 6 条规定，人民法院审理行政案件，对行政行为是否合法进行审查。

人民法院对行政行为进行合法性审查原则的要求，首先，是行政诉讼的客体限于行政行为，主要限于具体行政行为。因为我国对行政机关抽象行政行为的监督和审查权主要由各级人大及其常委会或作出抽象行政行为的行政机关的上级行政机关行使。当然，人民法院主要审查具体行政行为的合法性，并不绝对排斥对行政机关抽象行政行为一定范围的监督。依照《行政诉讼法》相关规定，行政诉讼原告如认为所诉行政行为依据的行政规范性文件违法，可以要求人民法院一并审查。

其次，人民法院审查行政行为限于审查行政行为的合法性，一般情形下不审查行政行为的合理性。《行政诉讼法》之所以这样规定，是因为行政权和审判权是两种国家权力，行政权的行使需广泛运用法律赋予的裁量权，行政机关因长期处理行政事务而具有专门经

---

① 姜明安主编：《行政法与行政诉讼法》（第 7 版），北京大学出版社，2019，第 399-400 页。

② 姜明安：《行政诉讼法》（第 4 版），法律出版社，2021，第 100 页。

验，能审时度势作出恰如其分的决定，因此人民法院在审理行政案件时不应代行行政机关的裁量权。但人民法院在审查中如认为行政行为不是一般不合理而是明显不当，可依法撤销或变更相应行政行为。①

第二节　海事行政诉讼受案范围与管辖

一、海事行政诉讼受案范围

1. 海事行政诉讼受案范围的概念

海事行政诉讼受案范围，也称海事行政诉讼的范围，是指人民法院受理海事行政案件的范围，即海事行政相对人对哪些纠纷可以提起海事行政诉讼，而法院也应当将其作为海事行政案件进行审理的范围。

海事行政诉讼受案范围是海事行政诉讼的一个重要概念，它涉及海事行政相对人合法权益的保护，也涉及海事管理机构的行政活动，还涉及法院的审判活动，因此在海事行政诉讼中具有重要的意义。

首先，对于法院而言，海事行政诉讼的受案范围能够明确司法审查权的界限，确定法院对海事行政权力审查和监督的程度。根据国家权力分工制衡原理，每一个国家机关都只能在一定范围内主管国家事务，并接受相应的监督。因此，法院对行政案件的监督要受到一定范围的限制，对受案范围之外的行政行为不得进行干预，以保障行政机关依法有效进行行政管理。

其次，对于海事行政相对人而言，海事行政诉讼的范围能使相对人明确可以获得司法救济的范围，以便于相对人在认为其合法权益被侵害时选择合适的救济途径，及时采取有效手段维护自己的合法权益。因此，对于海事行政相对人来说，受案范围越宽，其权利保障越有利、越充分。

最后，对于海事行政主体而言，海事行政诉讼的范围意味着范围内的海事行政行为都可能使自身成为被告。为了避免成为被告或者避免在诉讼中败诉，客观上促使海事行政主体在作出受案范围内行政行为时，更加严格地依照法定权限、法定程序履行职责，及时纠正违法的海事行政行为。这同时也说明，受案范围的宽窄直接影响到司法对海事行政的监督程度，范围越宽，越有利于促进海事行政主体依法行政。② 在海事日常管理中，无论是水上作业许可、打捞资质审批、船舶进出港签证、船舶证书核发等静态业务，还是海事调查、船舶安检、海上搜救等动态工作皆是海事工作人员依法履行海上安全监管职责的体现。海事行政主体若不积极履行、不合理履行、拖延履行或履行不完全，皆要面临被诉讼的风险。③《行政诉讼法》2014 年修正后，对海事行政主体来说，将面对可诉讼行政行为范围扩大的挑战，《行政诉讼法》将“对具体行政行为是否合法进行审查”修改为“对行政行为是否合法进行

① 姜明安主编：《行政法与行政诉讼法》（第 7 版），北京大学出版社，2019，第 408 页。
② 王世涛：《海事行政法学研究》，中国政法大学出版社，2013，第 331-332 页。
③ 李小菲：《新<行政诉讼法>施行带给海事管理的思考》，《中国海事》2015 年第 7 期。

审查”,把行政诉讼受理案件范围由 8 项扩大到 12 项,从整体上大大扩展可诉讼行政行为的范围。对于海事行政主体而言,行政处罚、行政强制、行政许可、行政备案、行政确认、行政征收、行政收费、行政检查等海事执法行为均是可诉讼对象。①

2. 海事行政诉讼受案范围的内容

根据《最高人民法院关于海事法院受理案件范围的规定》,海事行政案件属于海事法院受理案件范围。从内容上看,海事行政案件是指公民、法人、其他组织认为海事行政主体的海事行政行为侵犯其合法权益而向法院提起诉讼的案件。该解释还将拒绝履行职责、海事行政赔偿、海事行政补偿等案件均纳入了海事行政案件之列。具体包括以下内容。

(1)因不服海事行政机关作出的涉及海上、通海可航水域或者港口内的船舶、货物、设备设施、海运集装箱等财产的行政行为而提起的行政诉讼案件。

(2)因不服海事行政机关作出的涉及海上、通海可航水域运输经营及相关辅助性经营、货运代理、船员适任与上船服务等方面资质资格与合法性事项的行政行为而提起的行政诉讼案件。

(3)因不服海事行政机关作出的涉及海洋、通海可航水域开发利用、渔业、环境与生态资源保护等活动的行政行为而提起的行政诉讼案件。

(4)以有关海事行政机关拒绝履行上述 3 项所涉行政管理职责或者不予答复而提起的行政诉讼案件。

(5)以有关海事行政机关及其工作人员作出上述前 3 项行政行为或者行使相关行政管理职权损害合法权益为由,请求有关行政机关承担国家赔偿责任的案件。

(6)以有关海事行政机关及其工作人员作出上述前 3 项行政行为或者行使相关行政管理职权影响合法权益为由,请求有关行政机关承担国家补偿责任的案件。

2019 年 5 月 20 日,最高人民法院民事审判第四庭作出《关于对<交通运输部海事局关于商请明确海事调查结论是否可诉的函>的复函》。该复函明确将水上交通事故责任认定书排除行政诉讼受案范围没有法律依据。依据该复函,当事人对水上交通事故责任认定书不服提起的行政诉讼,法院应当受理。2021 年 3 月,天津海事法院受理了冯某某因不服天津海事局所作事故责任认定,诉请撤销该认定的行政确认案件。该案在审理中,冯某某与天津海事局达成谅解,撤回了起诉。随后,2021 年 4 月 29 日全国人民代表大会常务委员会修订通过《海上交通安全法》,自 2021 年 9 月 1 日起施行。该法第 85 条第 2 款规定,海事管理机构应当自收到海上交通事故调查报告之日起 15 个工作日内作出事故责任认定书,作为处理海上交通事故的证据。该法在法律层面首次明确提出海事管理机关作出的事故责任认定书属于证据,据此,海上交通事故责任认定亦不属于可诉的具体行政行为。②

① 刘振涛、李明、石福新:《全面依法治国要求下海事行政诉讼的变化与应对》,《中国海事》2017 年第 10 期。

② 参见天津海事法院:《天津海事法院海事行政审判白皮书》,载天津海事法院官网,2022 年 3 月 29 日,https://tjhsfy.tjcourt.gov.cn/article/detail/2022/03/id/6604580.shtml,最后访问日期:2023 年 3 月 18 日。

二、海事行政诉讼管辖

1. 海事行政诉讼管辖的概念

海事行政诉讼管辖是指各级人民法院之间受理第一审海事行政案件的分工和权限。它实质上关系到我国海事行政审判组织体制和海事行政案件受理方面的分工问题。我国关于海事行政诉讼案件的管辖在不断争议中历经多次转变,目前海事行政诉讼管辖的依据主要是《行政诉讼法》及其司法解释,以及于 2015 年 12 月 28 日由最高人民法院审判委员会第 1674 次会议通过的《最高人民法院关于海事诉讼管辖问题的规定》(简称《海事诉讼管辖规定》),该规定自 2016 年 3 月 1 日起施行,《海事诉讼管辖规定》再次明确将海事行政案件纳入海事法院管辖范围。

2. 海事行政案件的特征

(1)涉海性。海事行政案件涉及内水、领海、专属经济区、毗连区等海域,特定情况下还延伸到公海和他国海域。受制于海洋复杂情况的影响,有关海事行政案件的证据采集、调查等活动将会和一般行政案件存在明显不同,客观的困难和挑战也更多。

(2)涉船性。船舶是海事行政行为的客体,故因海事行政行为而引发的海事行政案件也通常围绕船舶展开,而这在其他行政案件中却并不常见。此外,从船舶本身来看,其还具有一定的特殊性。实践中,虽然船舶作为一种具有航行能力的海上浮动式构造物,属于动产,但因其体积庞大、价格高昂,所有权、抵押权的设定均适用不动产的规则,故船舶兼具动产与不动产的属性,而这无疑与一般行政案件的客体存在明显不同。因此,海事行政案件的涉船性是区别于一般行政案件的一个重要特征。①

3. 关于海事行政案件管辖的具体规定

《海事诉讼管辖规定》明确了海事法院的级别管辖和地域管辖范围。

(1)海事法院审理第一审海事行政案件。海事法院所在地的高级人民法院审理海事行政上诉案件,由行政审判庭负责审理。

(2)海事行政案件由最初作出行政行为的行政机关所在地海事法院管辖。经复议的案件,由复议机关所在地海事法院管辖。

例如,根据《海事诉讼管辖规定》,津冀海事行政机关涉诉案件由天津海事法院管辖。天津海事法院还受理因不服最初海事行政行为复议至国务院下属部委,以复议机关所在地北京为管辖连接点的行政案件,而相应的最初作出行政行为的行政机关所在地位于辽宁省、海南省。② 对限制人身自由的行政强制措施不服提起的诉讼,由被告所在地或者原告所在地海事法院管辖。前述行政机关所在地或者原告所在地不在海事法院管辖区域内的,由行政执法行为实施地海事法院管辖。

---

① 刘振华、丁启学:《三位一体:中国海事行政案件范围界定研究》,《中国海商法研究》2018 年第 1 期;王世涛:《海事行政法学研究》,中国政法大学出版社,2013,第 340-341 页。

② 参见天津海事法院:《天津海事法院海事行政审判白皮书(2016—2021)》,载天津海事法院官网,2021 年 11 月 30 日,https://tjhsfy.tjcourt.gov.cn/article/detail/2021/11/id/6404991.shtml,最后访问日期:2023 年 3 月 20 日。

以宁波海事法院为例,自1992年建院至2022年底,宁波海事法院受理海事行政案件230件,审结228件。2019年,宁波海事法院在浙江省高级人民法院的支持下实现对全省海事行政案件集中管辖,《浙江省高级人民法院关于确定宁波海事法院行政案件管辖范围的通知》明确海事行政案件的识别标准和统一管辖标准,规定由宁波海事法院集中管辖浙江省一审海事行政诉讼案件及海事非诉审查和执行案件。此后,宁波海事法院发布《关于海事行政案件管辖若干问题的解答(试行)》《海事行政和国家赔偿及司法救助案件案由指引》《海事行政案件审理(非诉审查)操作规程》,这些规定有利于宁波海事法院形成一套比较完整的海事行政案件受案、管辖、审理程序,得以不断提升海事行政审判规范化水平。①

第三节 海事行政诉讼的参加人

一、海事行政诉讼参加人的概述

海事行政诉讼参加人是指在海事行政诉讼过程中参加诉讼、对程序有重大影响的人,主要包括原告、被告和第三人。狭义的当事人仅指原告和被告。在行政诉讼的不同阶段,当事人有不同的称谓:如在第一审程序中,称为原告和被告;在第二审程序中,称为上诉人和被上诉人;在再审程序中,称为再审申请人和被申请人。在行政诉讼中,当事人的称谓表明当事人在行政诉讼中的诉讼地位及其所享有的诉讼权利和所承担的诉讼义务。②

二、海事行政诉讼的原告

海事行政诉讼原告是指认为海事行政主体及其工作人员的行政行为侵犯其合法权益而向人民法院提起诉讼的人。根据《行政诉讼法》(2017修正)的规定,有海事行政诉讼原告资格的人主要包括海事行政行为的相对人以及其他与海事行政行为有利害关系的公民、法人或者其他组织。

"与行政行为有利害关系"包括以下内容。

(1)被诉讼的行政行为涉及其相邻权或者公平竞争权。

(2)在行政复议等行政程序中被追加为第三人。

(3)要求行政机关依法追究加害人法律责任。行政相对人要求行政机关追究加害人的法律责任,行政机关拒绝追究的情形下,行政相对人(受害人)有权提起行政诉讼。当公民的权利受到侵害时,除少数情形下可以由公民自力救济以外,一般需要国家机关进行公力救济,通过依法追究加害人的法律责任来维护自身的权利。因此,如果行政相对人要求行政机关追究加害人的法律责任,行政机关拒绝或逾期不履行法定职责的,受害人有权提起诉讼。③

(4)撤销或者变更行政行为涉及其合法权益。行政行为是国家权力的一种表现形式,

---

① 参见宁波海事法院:《宁波海事法院建院三十周年白皮书》,载宁波海事法院官网,2022年12月1日,www.nbhsfy.cn/col/col1229571872/index.html,最后访问日期:2023年3月20日。

② 姜明安主编:《行政法与行政诉讼法》(第7版),北京大学出版社,2019,第447页。

③ 姜明安主编:《行政法与行政诉讼法》(第7版),北京大学出版社,2019,第451页。

一旦正式生效之后,就其内容而言对行政主体和行政相对人产生拘束力,就其形式而言行政行为具有不可撤销性,即非经法定程序不得撤销或变更。因此,当行政相对人认为与撤销或变更行政行为有利害关系的,有权提起行政诉讼。①

(5)为维护自身合法权益向行政机关投诉,具有处理投诉职责的行政机关作出或者未作出处理等情形。② 在司法实践中,投诉类行政案件等滋扰性案件数量激增。为此,2018年的司法解释明确规定,投诉举报者必须是为了维护自身权益提起诉讼的才能取得原告资格,与自身权益无关的职业举报人没有原告资格。③

除此之外,如果有权提起诉讼的公民死亡,那么该公民的近亲属(具体包括配偶、父母、子女、兄弟姐妹、祖父母、外祖父母、孙子女、外孙子女和其他具有扶养、赡养关系的亲属)④可以提起诉讼。如果有权提起诉讼的法人或其他组织终止,那么承受其权利的法人或者其他组织可以提起诉讼。⑤ 行政诉讼原告不仅有"谁可以告"的问题,也有"谁在告"的问题。从实践看,公民作为原告的占各类诉讼中的绝大多数。⑥ 海事行政诉讼中,公司作为原告的案件也占有较高比例。

三、海事行政诉讼的被告

海事行政诉讼的被告是指被海事行政诉讼的原告起诉的海事行政主体。如《海上交通安全法》第4条规定,国家海事管理机构统一负责海上交通安全监督管理工作,其他各级海事管理机构按照职责具体负责辖区内的海上交通安全监督管理工作。当相对人或其他利害关系人不服海事管理机构海上交通安全监督管理行为,即可以法律规定的海事管理机构为被告,提起海事行政诉讼。《行政诉讼法》第3条规定了行政机关负责人出庭应诉制度。强调被诉行政机关负责人应当出庭应诉。如果被诉行政机关负责人不能出庭的,也应当委托行政机关相应的工作人员出庭。

1. 海事行政诉讼被告的确定

根据《行政诉讼法》第26条和《最高人民法院关于适用〈中华人民共和国行政诉讼法〉的解释》(2018施行)第19、20、22条的规定,有以下几种情形。

(1)公民、法人或者其他组织直接向海事法院提起诉讼的,作出海事行政行为的行政机关是被告。直接向海事法院起诉是指未经复议直接起诉的情形。

(2)经复议的案件,复议机关决定维持原海事行政行为的,作出原海事行政行为的行政机关和复议机关是共同被告。复议机关改变原海事行政行为的,复议机关是被告。复议机关在法定期限内未作出复议决定,公民、法人或者其他组织起诉原海事行政行为的,作出原海事行政行为的行政机关是被告;起诉复议机关不作为的,复议机关是被告。根据司法解释规定,"复议机关改变原海事行政行为",是指复议机关改变原海事行政行为的处理结果。复议机关改变原行政行为所认定的主要事实和证据、改变原行政行为所适用的规范依据,

① 姜明安主编:《行政法与行政诉讼法》(第7版),北京大学出版社,2019,第451页。
② 参见《最高人民法院关于适用〈中华人民共和国行政诉讼法〉的解释》(2018施行)第12条。
③ 姜明安主编:《行政法与行政诉讼法》(第7版),北京大学出版社,2019,第451页。
④ 参见《最高人民法院关于适用〈中华人民共和国行政诉讼法〉的解释》(2018施行)第14条。
⑤ 参见《中华人民共和国行政诉讼法》(2017修正)第2条、第25条。
⑥ 何海波:《行政诉讼法》(第3版),法律出版社,2022,第195页。

但未改变原行政行为处理结果的,视为复议机关维持原行政行为。复议机关确认原行政行为无效,属于改变原行政行为。复议机关确认原行政行为违法,属于改变原行政行为,但复议机关以违反法定程序为由确认原行政行为违法的除外。

(3)两个以上行政机关作出同一行政行为的,共同作出行政行为的行政机关是共同被告。

(4)海事行政机关委托的组织所作的行政行为,委托的行政机关是被告。在实践中,行政机关可以将自己管理的事务全部或部分委托给其他机关、社会组织或个人实施,其他机关、社会组织或个人以委托机关的名义行使职权,其行为后果由委托机关承担法律责任。①

(5)海事行政机关被撤销或者职权变更的,继续行使其职权的行政机关是被告。

(6)当事人不服经上级行政机关批准的行政行为,向人民法院提起诉讼的,以在对外发生法律效力的文书上署名的机关为被告。

(7)海事行政机关组建并赋予行政管理职能但不具有独立承担法律责任能力的机构,以自己的名义作出行政行为,当事人不服提起诉讼的,应当以组建该机构的海事行政机关为被告。法律、法规或者规章授权行使行政职权的行政机关内设机构、派出机构或者其他组织,超出法定授权范围实施行政行为,当事人不服提起诉讼的,应当以实施该行为的机构或者组织为被告。没有法律、法规或者规章规定,行政机关授权其内设机构、派出机构或者其他组织行使行政职权的,属于《行政诉讼法》第26条规定的委托。当事人不服提起诉讼的,应当以该行政机关为被告。如在温某某等诉岳阳市地方海事局等海事行政强制及赔偿纠纷案中,岳阳楼海事处以自己的名义作出涉案《海事行政强制措施决定书》,并组织实施了对"岳湘工008"号浮吊的扣押,因岳阳楼海事处系岳阳海事局的派出机构,根据《最高人民法院关于适用〈中华人民共和国行政诉讼法〉的解释》第二十条的规定,岳阳海事局系本案的适格被告。②

2. 海事行政诉讼被告的变更

原告所起诉的被告不适格,人民法院应当告知原告变更被告;原告不同意变更的,裁定驳回起诉。应当追加被告而原告不同意追加的,人民法院应当通知其以第三人的身份参加诉讼,但行政复议机关作共同被告的除外。

四、海事行政诉讼的第三人

海事行政诉讼第三人是指因与海事案件有利害关系但未提起诉讼,通过申请或法院通知参加到海事行政诉讼中的人。如果行政机关的同一行政行为涉及两个以上利害关系人,其中一部分利害关系人对行政行为不服提起诉讼,人民法院应当通知没有起诉的其他利害关系人作为第三人参加诉讼。与行政案件处理结果有利害关系的第三人,可以申请参加诉讼,或者由人民法院通知其参加诉讼。人民法院判决其承担义务或者减损其权益的第三人,有权提出上诉或者申请再审。③

在实践中,比较常见的海事行政诉讼第三人有以下几种情形。

1. 海事行政处罚的被处罚人

① 何海波:《行政诉讼法》(第3版),法律出版社,2022,第224页。

② 参见武汉海事法院(2018)鄂72行初12号行政判决书。

③ 参见《最高人民法院关于适用〈中华人民共和国行政诉讼法〉的解释》(2018施行)第30条。

例如,行政机关就同一违法事实处罚两个以上共同违法的人,一旦其中一部分被处罚人对处罚不服向法院起诉,那么另一部分人可以作为第三人参加诉讼。

2. 受害人

例如,行政机关对违法行为人科以行政处罚后,被处罚人不服向法院起诉,受害人作为权益受被处罚人侵害的一方,可以参加诉讼。

3. 海事行政行为涉及或影响其权益的人(间接相对人)

海事行政主体作出某种海事行政行为即涉及或影响直接相对人权益,又涉及或影响间接相对人权益,如果海事行政行为的直接相对人不服该行政行为而提出诉讼,那么间接相对人可以作为第三人参加诉讼。例如,在焦某某诉江阴海事局不履行登记职责案中,焦某某以船舶系夫妻共有财产为由,向江阴海事局提出申请,要求登记其为共有人,而现船舶所有人(刘某某)不同意提出申请,因此,江阴海事局作出不予登记的答复。焦某某不满该答复,向法院提起行政诉讼,请求法院判令被告江阴海事局履行船舶登记义务。在该案中刘某某即是诉讼中的第三人。①

4. 海事行政行为的直接相对人

海事行政主体作出某种海事行政行为即涉及或影响直接相对人权益,又涉及或影响间接相对人权益,如果海事行政行为的间接相对人不服该行政行为而提出诉讼,那么直接相对人可以作为第三人参加诉讼。

5. 海事行政裁决的一方当事人

海事行政主体依职权裁决当事人之间有关使用权归属争议或有关赔偿、补偿争议,一方当事人不服提起诉讼,另一方当事人可以作为第三人参加诉讼。②

海事行政诉讼第三人具有当事人的诉讼地位,有上诉权、再审申请权等。

五、海事行政公益诉讼起诉人

按照现行法律规定,海事行政公益诉讼起诉人是指对于海事行政主体违法行使职权或不作为,致使国家利益或者社会公共利益受到侵害的,在向海事行政主体提出检察建议,并督促其依法履行职责后,如果海事行政主体依然不依法履行职责的,依法对海事行政主体提起行政公益诉讼的人民检察院。

海事行政公益诉讼起诉人具有以下特征。

1. 海事行政公益诉讼起诉人是特定机关——人民检察院

根据《行政诉讼法》第 25 条第 4 款规定,人民检察院在履行职责中发现生态环境和资源保护、食品药品安全、国有财产保护、国有土地使用权出让等领域负有监督管理职责的行政机关违法行使职权或者不作为,致使国家利益或者社会公共利益受到侵害的,应当向行政机关提出检察建议,督促其依法履行职责。行政机关不依法履行职责的,人民检察院有权依法向人民法院提起诉讼。

2. 海事行政公益诉讼起诉人以特定主体——海事行政主体为被告

例如,在苏州市地方海事局不履行法定职责一案中,公益诉讼起诉人为苏州市虎丘区

① 参见江苏省无锡市中级人民法院(2009)锡行终字第 0065 号行政判决书。

② 姜明安主编:《行政诉讼法》(第 4 版),法律出版社,2021,第 147-148 页。

人民检察院,被告则是苏州市地方海事局。①

3. 海事行政公益诉讼起诉人以履行诉前程序——提出检察建议为前提

例如,2020 年 6 月 18 日,锡山区检察院向市城郊地方海事处发出诉前检察建议,督促其履行法定职责,组织对内河通航桥梁开展大排查,采取加装防撞设施等举措,消除安全隐患。2020 年 8 月 12 日,市城郊地方海事处书面回复锡山区检察院,全部采纳检察机关建议,及时采取相应措施落实桥梁安全监管工作,在全市范围内开展桥梁勘查及船舶检查,并发函督促桥梁权属单位实施防撞能力评估,提升桥梁防撞能力,对存在严重安全隐患的桥梁尽快改建,确保公共安全。②

第四节 海事行政诉讼的程序

海事行政诉讼程序是指人民法院对海事行政案件进行审理和裁判的程序。海事行政诉讼程序包括第一审程序、第二审程序和审判监督程序。

一、起诉和受理

1. 起诉

海事行政诉讼中的起诉是指海事行政诉讼原告行使起诉权,向人民法院提起海事行政诉讼的行为。提出海事行政诉讼应当符合下列条件:原告是符合《行政诉讼法》第 25 条规定的公民、法人或者其他组织;有明确的被告——海事行政主体;有具体的诉讼请求和事实根据;属于人民法院受案范围和受诉人民法院管辖。③ 根据最高院司法解释,“有具体的诉讼请求”是指:请求判决撤销或者变更行政行为;请求判决行政机关履行特定法定职责或者给付义务;请求判决确认行政行为违法;请求判决确认行政行为无效;请求判决行政机关予以赔偿或者补偿;请求解决行政协议争议;请求一并审查规章以下规范性文件;请求一并解决相关民事争议;其他诉讼请求。当事人单独或者一并提起行政赔偿、补偿诉讼的,应当有具体的赔偿、补偿事项以及数额;请求一并审查规章以下规范性文件的,应当提供明确的文件名称或者审查对象;请求一并解决相关民事争议的,应当有具体的民事诉讼请求。当事人未能正确表达诉讼请求的,人民法院应当要求其明确诉讼请求。④

2. 受理

海事行政诉讼中的受理是指人民法院对原告的起诉行为审查后,认为起诉符合法律规定的条件,在法定期限决定予以立案的行为。《行政诉讼法》第 3 条强调人民法院应当保障公民、法人和其他组织的起诉权利,对应当受理的行政案件依法受理。行政机关及其工作人员不得干预、阻碍人民法院受理行政案件。

---

① 参见苏州市姑苏区人民法院(2017)苏 0508 行初 97 号行政裁定书。

② 参见《最高人民检察院发布 13 件检察机关大运河保护公益诉讼检察专项办案典型案例之十一:江苏省无锡市锡山区人民检察院督促保护大运河水上交通安全行政公益诉讼案》,北大法宝:司法案例库,http://www.pkulaw.cn/,[法宝引证码] CLI. C. 8709397,最后访问日期:2023 年 2 月 23 日。

③ 参见《中华人民共和国行政诉讼法》(2017 修正)第 49 条。

④ 参见《最高人民法院关于适用〈中华人民共和国行政诉讼法〉的解释》(2018 施行)第 68 条。

二、一审普通程序

海事行政诉讼的一审普通程序是指人民法院对海事行政案件第一次审理的一般程序。

1. 审理前的准备

人民法院应当在立案之日起 5 日内,将起诉状副本发送被告。被告应当在收到起诉状副本之日起 15 日内向人民法院提交作出行政行为的证据和所依据的规范性文件,并提出答辩状。人民法院应当在收到答辩状之日起 5 日内,将答辩状副本发送原告。被告不提出答辩状的,不影响人民法院审理。

2. 审判组织

人民法院审理行政案件,由审判员组成合议庭,或者由审判员、陪审员组成合议庭。合议庭的成员,应当是三人以上的单数。如在天津至臻化工科技发展有限公司诉北疆海事局、天津海事局海事行政处罚一案中,天津海事法院受理该案后,在符合专业要求的人民陪审员名单中随机抽取一名人民陪审员,与两名法官组成三人合议庭审理本案。该案案情涉及危险化学品认定、运输等专业知识,人民陪审员毕业于大连海事大学驾驶专业,担任过船长,是中国出入境检验检疫协会专家组成员,多次参与协会团体标准的制定和修订工作,具有丰富的危险化学品知识和样品取样、鉴定的实践经验,在审理过程中发挥了重要作用。法院经审理认为,涉案行政处罚和复议决定认定事实清楚,适用法律、法规正确,判决驳回原告的诉讼请求。二审维持原判。①

3. 开庭审理

人民法院应当在开庭 3 日前用传票传唤当事人。对证人、鉴定人、勘验人、翻译人员,应当用通知书通知其到庭。当事人或者其他诉讼参与人在外地的,应当留有必要的在途时间。② 人民法院对公开审理和不公开审理的案件,一律公开宣告判决。当庭宣判的,应当在 10 日内发送判决书;定期宣判的,宣判后立即发给判决书。宣告判决时,必须告知当事人上诉权利、上诉期限和上诉的人民法院。人民法院应当在立案之日起 6 个月内作出第一审判决。有特殊情况需要延长的,由高级人民法院批准,高级人民法院审理第一审案件需要延长的,由最高人民法院批准。

三、简易程序

简易程序是对普通程序的简化。

1. 适用简易程序的案件

(1)人民法院审理以下“事实清楚、权利义务关系明确、争议不大的”三类案件应当适用简易程序:一是被诉行政行为是依法当场作出的;二是案件涉及款额 2 000 元以下的;三是属于政府信息公开案件的第一审行政案件。

(2)如果当事人各方同意适用简易程序的,也可以适用简易程序。

---

① 参见《最高人民法院发布人民陪审员参审十大典型案例之十:人民陪审员参加审理海事行政处罚案》,北大法宝:司法案例库,http://www.pkulaw.cn/,[法宝引证码] FBM-CLI. C. 431833404,最后访问日期:2022 年 11 月 9 日。

② 参见《最高人民法院关于适用〈中华人民共和国行政诉讼法〉的解释》(2018 施行)第 71 条。

2. 不适用简易程序的案件

发回重审、按照审判监督程序再审的案件不适用简易程序。①

3. 简易程序的审理

适用简易程序审理的行政案件,由审判员一人独任审理,并应当在立案之日起45日内审结。人民法院在审理过程中,发现案件不宜适用简易程序的,裁定转为普通程序。②

四、二审程序

1. 上诉期

当事人不服人民法院第一审判决的,有权在判决书送达之日起15日内向上一级人民法院提起上诉。当事人不服人民法院第一审裁定的,有权在裁定书送达之日起10日内向上一级人民法院提起上诉。逾期不提起上诉的,人民法院的第一审判决或者裁定发生法律效力。

2. 审理

(1)审理方式。人民法院对上诉案件,应当组成合议庭,开庭审理。经过阅卷、调查和询问当事人,对没有提出新的事实、证据或者理由,合议庭认为不需要开庭审理的,也可以不开庭审理。

(2)审理范围。人民法院审理上诉案件,应当对原审人民法院的判决、裁定和被诉行政行为进行全面审查。

(3)审理期限。人民法院审理上诉案件,应当在收到上诉状之日起3个月内作出终审判决。有特殊情况需要延长的,由高级人民法院批准,高级人民法院审理上诉案件需要延长的,由最高人民法院批准。

3. 裁判

(1)维持原判决、裁定。原判决、裁定认定事实清楚,适用法律、法规正确的,判决或者裁定驳回上诉,维持原判决、裁定。例如,在上诉人兴隆公司与被上诉人青岛海事局行政处罚一案中,二审法院认为青岛海事局依据船舶登记认定兴隆公司系案涉船舶所有人,并对其作出罚款9 000元的处罚决定,符合法律规定。原审判决认定事实清楚,适用法律正确,依法应予维持。上诉人的上诉理由不能成立,法院不予支持。依据《行政诉讼法》第89条第1款第1项之规定,判决驳回上诉,维持原判。③

(2)依法改判、撤销或变更。原判决、裁定认定事实错误或者适用法律、法规错误的,依法改判、撤销或者变更。原判决认定基本事实不清、证据不足的,发回原审人民法院重审,或者查清事实后改判。

(3)发回重审。原判决遗漏当事人或者违法缺席判决等严重违反法定程序的,裁定撤销原判决,发回原审人民法院重审。原审人民法院对发回重审的案件作出判决后,当事人提起上诉的,第二审人民法院不得再次发回重审。原审判决遗漏了必须参加诉讼的当事人或者诉讼请求的,第二审人民法院应当裁定撤销原审判决,发回重审。④

---

① 参见《中华人民共和国行政诉讼法》(2017修正)第82条。

② 参见《中华人民共和国行政诉讼法》(2017修正)第84条。

③ 参见山东省高级人民法院(2019)鲁行终2060号行政判决书。

④ 参见《最高人民法院关于适用〈中华人民共和国行政诉讼法〉的解释》(2018施行)第109条。

(4)撤销裁定。第二审人民法院经审理认为原审人民法院不予立案或者驳回起诉的裁定确有错误且当事人的起诉符合起诉条件的,应当裁定撤销原审人民法院的裁定,指令原审人民法院依法立案或者继续审理。

(5)判决驳回行政赔偿请求。原审判决遗漏行政赔偿请求,第二审人民法院经审查认为依法不应当予以赔偿的,应当判决驳回行政赔偿请求。

五、审判监督程序

(一)再审适用条件

当事人对已经发生法律效力的判决、裁定,认为确有错误的,可以向上一级人民法院申请再审,但判决、裁定不停止执行。

人民法院对于当事人符合下列情形之一的申请,应当再审:

(1)不予立案或者驳回起诉确有错误的;

(2)有新的证据,足以推翻原判决、裁定的;

(3)原判决、裁定认定事实的主要证据不足、未经质证或者系伪造的;

(4)原判决、裁定适用法律、法规确有错误的;

(5)违反法律规定的诉讼程序,可能影响公正审判的;

(6)原判决、裁定遗漏诉讼请求的;

(7)据以作出原判决、裁定的法律文书被撤销或者变更的;

(8)审判人员在审理该案件时有贪污受贿、徇私舞弊、枉法裁判行为的。

(二)再审启动方式

除当事人申请再审外,再审还有以下启动方式。

1. 决定再审

各级人民法院院长对本院已经发生法律效力的判决、裁定,发现有法律规定再审情形之一,或者发现调解违反自愿原则或者调解书内容违法,认为需要再审的,应当提交审判委员会讨论决定。

2. 提审或指令再审

最高人民法院对地方各级人民法院已经发生法律效力的判决、裁定,上级人民法院对下级人民法院已经发生法律效力的判决、裁定,发现有法律规定再审情形之一,或者发现调解违反自愿原则或者调解书内容违法的,有权提审或者指令下级人民法院再审。

3. 检察抗诉

最高人民检察院对各级人民法院已经发生法律效力的判决、裁定,上级人民检察院对下级人民法院已经发生法律效力的判决、裁定,发现有法律规定再审情形之一,或者发现调解书损害国家利益、社会公共利益的,应当提出抗诉。地方各级人民检察院对同级人民法院已经发生法律效力的判决、裁定,发现有法律规定再审情形之一,或者发现调解书损害国家利益、社会公共利益的,可以向同级人民法院提出检察建议,并报上级人民检察院备案;也可以提请上级人民检察院向同级人民法院提出抗诉。各级人民检察院对审判监督程序以外的其他审判程序中审判人员的违法行为,有权向同级人民法院提出检察建议。

第五节　海事行政诉讼的裁判

一、海事行政诉讼裁判概述

海事行政诉讼裁判是指人民法院在审理海事行政案件的过程中，根据已查明的事实和法律规定，在实体和程序上对海事行政案件作出一定结论性判定。可以分为判决、裁定和决定。①

二、海事行政诉讼的判决

海事行政诉讼判决是指人民法院通过对海事行政案件的审理，依法查清案件事实、审查争议的海事行政行为，并对实体性问题作出的结论性裁决。

1. 驳回判决的适用条件

行政行为证据确凿，适用法律、法规正确，符合法定程序的，或者原告申请被告履行法定职责或给付义务理由不成立的，人民法院判决驳回原告的诉讼请求。

2. 撤销判决的适用条件

对于主要证据不足的；适用法律、法规错误的；违反法定程序的；超越职权的；滥用职权的；明显不当的行政行为，人民法院判决撤销或者部分撤销，并可以判决被告重新作出行政行为。例如，在叶某某不服上海海事局吊销船长适任证书海事行政处罚决定案中，法院认为被告上海海事局对原告叶某某作出海事行政处罚决定，行政执法主体合法、事实清楚、证据充分。但是被告上海海事局举行听证会的行政执法程序和海事行政处罚内容违反法律规定。据此，法院撤销该海事行政处罚决定。②

3. 履行判决的适用条件

人民法院经过审理，查明被告不履行法定职责的，判决被告在一定期限内履行；查明被告依法负有给付义务的，判决被告履行给付义务。

4. 确认判决的适用条件

被告改变原违法行政行为，原告仍要求确认原行政行为违法的，人民法院应当依法作出确认判决。原告起诉被告不作为，在诉讼中被告作出行政行为，原告不撤诉的，人民法院应当就不作为依法作出确认判决。③

对于行政行为依法应当撤销，但撤销会给国家利益、社会公共利益造成重大损害的；行政行为程序轻微违法，但对原告权利不产生实际影响的违法行政行为，人民法院需要判决确认其违法，但不撤销该行为。

对于行政行为违法，但不具有可撤销内容的；被告改变原违法行政行为，原告仍要求确认原行政行为违法的；被告不履行或者拖延履行法定职责，判决履行没有意义的行政行为，

---

① 《行政法与行政诉讼法学》编写组：《行政法与行政诉讼法学》（第2版），高等教育出版社，2018，第424页。

② 参见《叶某某不服上海海事局吊销船长适任证书海事行政处罚决定案》，北大法宝：司法案例库，http://www.pkulaw.cn/，[法宝引证码] CLI.C.26497，最后访问日期：2023年2月23日。

③ 参见《最高人民法院关于适用〈中华人民共和国行政诉讼法〉的解释》（2018施行）第81条。

人民法院需要判决确认其违法,但不撤销该行为。

5. 变更判决的适用条件

行政处罚明显不当,或者其他行政行为涉及对款额的确定、认定确有错误的,人民法院可以判决变更。人民法院判决变更,不得加重原告的义务或者减损原告的权益。但利害关系人同为原告,且诉讼请求相反的除外。

三、海事行政诉讼的裁定

海事行政诉讼裁定是指人民法院在海事行政诉讼期间,对特定程序性问题作出的裁决。

1. 裁定的适用范围

裁定适用于下列范围:不予立案;驳回起诉,如当事人之间恶意串通,企图通过诉讼等方式侵害国家利益、社会公共利益或者他人合法权益的,人民法院应当裁定驳回起诉;管辖异议;终结诉讼;中止诉讼;移送或者指定管辖;诉讼期间停止行政行为的执行或者驳回停止执行的申请;财产保全;先予执行;准许或者不准许撤诉;补正裁判文书中的笔误;中止或者终结执行;提审、指令再审或者发回重审;准许或者不准许执行行政机关的行政行为;其他需要裁定的事项。

2. 可以上诉的裁定

当事人可以对不予立案、驳回起诉、管辖异议裁定上诉。

(1)不予立案的情形。法律、法规规定应当先申请复议,公民、法人或者其他组织未申请复议直接提起诉讼的,人民法院裁定不予立案。公民、法人或者其他组织已经申请行政复议,在法定复议期间内又向人民法院提起诉讼的,人民法院裁定不予立案。人民法院裁定准许原告撤诉后,原告以同一事实和理由重新起诉的,人民法院不予立案。起诉状列写被告信息不足以认定明确的被告的,人民法院可以告知原告补正;原告补正后仍不能确定明确的被告的,人民法院裁定不予立案。

(2)驳回起诉的情形。原告所起诉的被告不适格,人民法院应当告知原告变更被告;原告不同意变更的,裁定驳回起诉。以及不符合行政诉讼法第四十九条规定的;超过法定起诉期限且无行政诉讼法第四十八条规定情形的;错列被告且拒绝变更的;未按照法律规定由法定代理人、指定代理人、代表人为诉讼行为的;未按照法律、法规规定先向行政机关申请复议的;重复起诉的;撤回起诉后无正当理由再行起诉的;行政行为对其合法权益明显不产生实际影响的;诉讼标的已为生效裁判或者调解书所羁束的;其他不符合法定起诉条件的情形。原告请求被告履行法定职责或者依法履行支付抚恤金、最低生活保障待遇或者社会保险待遇等给付义务,原告未先向行政机关提出申请的,人民法院裁定驳回起诉。人民法院经审理认为原告所请求履行的法定职责或者给付义务明显不属于行政机关权限范围的,可以裁定驳回起诉。原告请求撤销行政行为但超过法定起诉期限的,裁定驳回起诉。原告所起诉的被告不适格,人民法院应当告知原告变更被告;原告不同意变更的,裁定驳回起诉。

3. 裁定书的规范要求

裁定书应当写明裁定结果和作出该裁定的理由。裁定书由审判人员、书记员署名,加盖人民法院印章。口头裁定的，记入笔录。①

四、海事行政诉讼的决定

海事行政诉讼决定是指人民法院在海事行政诉讼期间，对诉讼中遇到的特殊事项作出的裁决。

1. 有关管辖的决定

上级人民法院有权审理下级人民法院管辖的第一审行政案件。下级人民法院对其管辖的第一审行政案件，认为需要由上级人民法院审理或者指定管辖的，可以报请上级人民法院决定。

2. 有关延长起诉期限的决定

公民、法人或者其他组织因不可抗力或者其他不属于其自身的原因以外的其他特殊情况耽误起诉期限的，在障碍消除后 10 日内，可以申请延长期限，是否准许由人民法院决定。

3. 有关是否立案的决定

人民法院在接到起诉状时对符合本法规定的起诉条件的，应当登记立案。对当场不能判定是否符合本法规定的起诉条件的，应当接收起诉状，出具注明收到日期的书面凭证，并在 7 日内决定是否立案。

4. 有关回避的决定

当事人认为审判人员与本案有利害关系或者有其他关系可能影响公正审判，有权申请审判人员回避。院长担任审判长时的回避，由审判委员会决定；审判人员的回避，由院长决定；其他人员的回避，由审判长决定。当事人对决定不服的，可以申请复议一次。

5. 有关再审的决定

各级人民法院院长对本院已经发生法律效力的判决、裁定，发现可能需要再审情形的，或发现调解违反自愿原则或者调解书内容违法，认为需要再审的，应当提交审判委员会讨论决定。

五、裁判之外的纠纷解决方式——海事行政诉讼的调解

除了判决、裁定和决定，海事行政诉讼的调解也是解决海事行政纠纷的重要方式。《行政诉讼法》第 60 条规定，人民法院审理行政案件，不适用调解。但是，行政赔偿、补偿以及行政机关行使法律、法规规定的自由裁量权的案件可以调解。

1. 行政赔偿案件

《国家赔偿法》第 13 条规定，赔偿义务机关作出赔偿决定，应当充分听取赔偿请求人的意见，并可以与赔偿请求人就赔偿方式、赔偿项目和赔偿数额依法进行协商。

2. 行政补偿案件

3. 行政机关行使法律、法规规定的自由裁量权的案件

“在海事行政案件审理中，若原告对争议的事实部分无异议，只对裁量权的行使程度有异议，则海事部门应充分借助法院调解程序，在法定裁量幅度内与原告达成共识，积极迅速地化解争端。这样能简化流转环节，降低诉讼成本，同时也可避免海事纠纷因公开审理或

---

① 参见《最高人民法院关于适用〈中华人民共和国行政诉讼法〉的解释》（2018 施行）第 101 条。

宣判带来其他一些不必要的麻烦。”①调解应当遵循自愿、合法原则，不得损害国家利益、社会公共利益和他人合法权益。

复习思考题

一、名词解释

1. 海事行政诉讼
2. 海事行政诉讼管辖
3. 海事行政诉讼参加人
4. 海事行政诉讼被告
5. 海事行政诉讼裁判

二、简答题

1. 海事行政诉讼的特征有哪些？
2. 海事行政争议的解决途径有哪些？
3. 海事行政诉讼的受案范围有哪些？
4. 海事行政诉讼参加人有哪些？
5. 海事行政公益诉讼起诉人的有哪些特征？

三、案例分析题

罗元昌诉重庆市彭水苗族土家族自治县地方海事处政府信息公开案。②

【基本案情】

原告罗元昌是兴运2号船的船主，在乌江流域从事航运、采砂等业务。2014年11月17日，罗元昌因诉重庆大唐国际彭水水电开发有限公司财产损害赔偿纠纷案需要，通过邮政特快专递向被告重庆市彭水苗族土家族自治县地方海事处（简称彭水县地方海事处）邮寄书面政府信息公开申请书，具体申请的内容为：

1. 公开彭水苗族土家族自治县港航管理处（简称彭水县港航处）、彭水县地方海事处的设立、主要职责、内设机构和人员编制的文件；

2. 公开下列事故的海事调查报告等所有事故材料：兴运2号在2008年5月18日、2008年9月30日的2起安全事故及鑫源306号、鑫源308号、高谷6号、荣华号等船舶在2008年至2010年发生的安全事故。

彭水县地方海事处于2014年11月19日签收后，未在法定期限内对罗元昌进行答复，罗元昌向彭水苗族土家族自治县人民法院（简称彭水县法院）提起行政诉讼。2015年1月

---

① 李小菲：《新<行政诉讼法>施行带给海事管理的思考》，《中国海事》2015年第7期。

② 参见重庆市第四中级人民法院（2015）渝四中法行终字第00050号行政判决书；参见最高人民法院审判委员会讨论通过，2018年12月19日发布，指导案例101号：罗元昌诉重庆市彭水苗族土家族自治县地方海事处政府信息公开案。

23日，彭水县地方海事处作出（2015）彭海处告字第006号《政府信息告知书》，载明：一是对申请公开的彭水县港航处、彭水县地方海事处的内设机构名称等信息告知罗元昌获取的方式和途径；二是对申请公开的海事调查报告等所有事故材料经查该政府信息不存在。彭水县法院于2015年3月31日对该案作出（2015）彭法行初字第00008号行政判决，确认彭水县地方海事处在收到罗元昌的政府信息公开申请后未在法定期限内进行答复的行为违法。

2015年4月22日，罗元昌以彭水县地方海事处作出的（2015）彭海处告字第006号《政府信息告知书》不符合法律规定，且与事实不符为由，提起行政诉讼，请求撤销彭水县地方海事处作出的（2015）彭海处告字第006号《政府信息告知书》，并由彭水县地方海事处向罗元昌公开海事调查报告等涉及兴运2号船的所有事故材料。

另查明，罗元昌提交了涉及兴运2号船于2008年5月18日在彭水高谷长滩子发生整船搁浅事故以及于2008年9月30日在彭水高谷煤炭沟发生沉没事故的《乌江彭水水电站断航碍航问题调查评估报告》《彭水县地方海事处关于近两年因乌江彭水万足电站不定时蓄水造成船舶搁浅事故的情况报告》《重庆市发展和改革委员会关于委托开展乌江彭水水电站断航碍航问题调查评估的函（渝发改能函〔2009〕562号）》等材料。在案件二审审理期间，彭水县地方海事处主动撤销了其作出的（2015）彭海处告字第006号《政府信息告知书》，但罗元昌仍坚持诉讼。

【裁判结果】

重庆市彭水县法院于2015年6月5日作出（2015）彭法行初字第00039号行政判决，驳回罗元昌的诉讼请求。罗元昌不服一审判决，提起上诉。重庆市第四中级人民法院于2015年9月18日作出（2015）渝四中法行终字第00050号行政判决，撤销（2015）彭法行初字第00039号行政判决；确认彭水县地方海事处于2015年1月23日作出的（2015）彭海处告字第006号《政府信息告知书》行政行为违法。

【案例分析】

《政府信息公开条例》第13条规定，除本条例第9条、第10条、第11条、第12条规定的行政机关主动公开的政府信息外，公民、法人或者其他组织还可以根据自身生产、生活、科研等特殊需要，向国务院部门、地方各级人民政府及县级以上地方人民政府部门申请获取相关政府信息。彭水县地方海事处作为行政机关，负有对罗元昌提出的政府信息公开申请作出答复和提供政府信息的法定职责。根据《政府信息公开条例》第2条“本条例所称政府信息，是指行政机关在履行职责过程中制作或者获取的，以一定形式记录、保存的信息”的规定，罗元昌申请公开彭水县港航处、彭水县地方海事处的设立、主要职责、内设机构和人员编制的文件，属于彭水县地方海事处在履行职责过程中制作或者获取的，以一定形式记录、保存的信息，当属政府信息。彭水县地方海事处已为罗元昌提供了彭水编发（2008）11号《彭水苗族土家族自治县机构编制委员会关于对县港航管理机构编制进行调整的通知》的复制件，明确载明了彭水县港航处、彭水县地方海事处的机构性质、人员编制、主要职责、内设机构等事项，罗元昌已知晓，予以确认。

罗元昌申请公开涉及兴运2号船等船舶发生事故的海事调查报告等所有事故材料的信息，根据《内河交通事故调查处理规定》的相关规定，船舶在内河发生事故的调查处理属于海事管理机构的职责，其在事故调查处理过程中制作或者获取的，以一定形式记录、保存的信息属于政府信息。彭水县地方海事处作为彭水县的海事管理机构，负有对彭水县行政区域内发生的内河交通事故进行立案调查处理的职责，其在事故调查处理过程中制作或者获取的，以一定形式记录、保存的信息属于政府信息。罗元昌提交了兴运 2 号船于 2008 年 5 月 18 日在彭水高谷长滩子发生整船搁浅事故以及于 2008 年 9 月 30 日在彭水高谷煤炭沟发生沉没事故的相关线索，而彭水县地方海事处作出的（2015）彭海处告字第 006 号《政府信息告知书》第 2 项告知罗元昌申请公开的该项政府信息不存在，仅有彭水县地方海事处的自述，没有提供印证证据证明其尽到了查询、翻阅和搜索的义务。故彭水县地方海事处作出的（2015）彭海处告字第 006 号《政府信息告知书》违法，应当予以撤销。在案件二审审理期间，彭水县地方海事处主动撤销了其作出的（2015）彭海处告字第 006 号《政府信息告知书》，罗元昌仍坚持诉讼。根据《行政诉讼法》第 74 条第 2 款第 2 项之规定，判决确认彭水县地方海事处作出的政府信息告知行为违法。

【问题】

1. 政府信息公开的范围是什么？

2. 彭水县地方海事处于 2015 年 1 月 23 日作出的（2015）彭海处告字第 006 号《政府信息告知书》行政行为是否违法？

第十二章　海事行政赔偿

第一节　海事行政赔偿概述

为保障公民、法人和其他组织享有依法取得国家赔偿的权利，促进国家机关依法行使职权，1994 年全国人大常委会通过《中华人民共和国国家赔偿法》（简称《国家赔偿法》），国家赔偿制度得以全面确立。在《国家赔偿法》中，行政赔偿是国家赔偿中最重要的部分，该法规定了行政赔偿范围、行政赔偿请求人和赔偿义务机关、行政赔偿程序、赔偿方式和计算标准等内容。《国家赔偿法》历经 2010 年、2012 年两次修正，明确归责原则、完善赔偿程序、扩大赔偿范围、提高赔偿标准、确立精神损害赔偿、明确赔偿金的支付由财政部门统一支付。为了加强国家赔偿费用管理，保障公民、法人和其他组织享有依法取得国家赔偿的权利，促进国家机关依法行使职权，2010 年 12 月 29 日国务院第 138 次常务会议通过，2011 年 1 月 17 日中华人民共和国国务院令第 589 号公布《国家赔偿费用管理条例》，对国家赔偿费用的预算、申请、支付等作了具体规定。

为正确适用《国家赔偿法》有关规定，合理确定精神损害赔偿责任，结合国家赔偿审判实际，最高院于 2021 年 2 月 7 日通过《最高人民法院关于审理国家赔偿案件确定精神损害赔偿责任适用法律若干问题的解释》（简称《最高院精神损害赔偿责任适用法律解释》），该解释自 2021 年于 4 月 1 日起施行。为保护公民、法人和其他组织的合法权益，监督行政机关依法履行行政赔偿义务，确保人民法院公正、及时审理行政赔偿案件，实质化解行政赔偿争议，最高院又于 2021 年 12 月 6 日通过《最高人民法院关于审理行政赔偿案件若干问题的规定》（简称《最高院审理行政赔偿案件规定》），该解释自 2022 年 5 月 1 日起施行。海事行政赔偿适用《国家赔偿法》、相关行政法规及司法解释中关于行政赔偿的规定。

一、海事行政赔偿的概念与特征

海事行政赔偿是指海事行政主体及其工作人员行使职权，侵犯公民、法人和其他组织的合法权益并且造成损害，依法由国家承担赔偿责任的制度。

（一）海事行政赔偿的主要特征

1. 海事行政赔偿中的侵权行为主体是海事行政主体及其工作人员

这种侵权行为主体的特定性，是行政赔偿区别于其他赔偿的主要根据。正是由于侵权行为主体的特定性，使得行政赔偿在赔偿构成要件、归责原则以及赔偿范围等方面区别于民事赔偿，而在赔偿请求人、赔偿义务机关以及赔偿程序等方面区别于司法等其他赔偿。

2. 海事行政赔偿是对海事行政过程中海事侵权行为造成的损害所给予的赔偿，也就是说，行政赔偿是行政主体及其工作人员行使行政职权的行为引起的

海事行政过程中的侵权行为形式多种多样，既包括违法行使职权所实施的法律行为与事实行为，也包括执行行政职务中的过错而实施的侵权行为，还包括与执行行政职务有关

的其他侵权行为。

3. 海事行政赔偿的请求人是其合法权益受到侵权行为损害的公民、法人和其他组织

行政赔偿请求人是作为行政相对人的公民、法人和其他组织，但不局限于具体行政行为所指向的对象；行政赔偿请求人必须是受到损害的人，无损害就谈不上赔偿；此外，请求人受到损害的权益应是合法权益，违法权益不受法律保护。

4. 海事行政赔偿的责任主体为国家，但行政赔偿义务机关为致害的行政机关

国家作为行政赔偿的责任主体是由国家与行政机关及其工作人员的关系所决定的。行政机关及其工作人员是代表国家，以国家的名义实施行政管理的，因而其法律后果都归属于国家，其侵权行为造成的损害要由国家承担赔偿责任。赔偿费用由国库支出，列入各级政府财政。至于具体的赔偿事务，如收集证据，确定是否赔偿和赔偿数额，出庭应诉，决定是否与受害人和解，以及最后支付赔偿金等，都是由行政赔偿义务机关完成。①

（二）海事行政赔偿与海事行政补偿的区别

海事行政补偿是指海事行政机关及其工作人员在行使职权过程中，因其合法行为给相对人造成特别的损失，国家予以补偿的制度。海事行政赔偿与海事行政补偿都是对在国家行政权力运作过程中受特别损害的相对人的补救。② 海事行政补偿与海事行政赔偿的主要区别在于引起补偿与赔偿的原因不同。引起补偿的原因是合法行为致害；而引起赔偿的原因则是违法行为致害。我国《国家赔偿法》目前仍区分赔偿与补偿：赔偿只适用于行政和司法机关及其人员行使职权时的行为违法所造成损害的赔偿；补偿则适用单行法律法规的规定。

1. 发生的基础不同

海事行政赔偿由海事行政主体及其工作人员的违法行为引起，以违法为前提；而海事行政补偿由合法行为引起，不以违法为前提。

2. 性质不同

海事行政赔偿是海事行政主体对其违法行为承担的一种法律责任，意在恢复到合法行为所应有的状态；而海事行政补偿是一种例外责任，意在为因公共利益而遭受特别损失的公民、法人或其他组织提供补救，以体现公平负担的精神。

3. 承担责任的方式不同

海事行政赔偿责任以金钱赔偿为原则，但也可以采取其他方式如恢复原状、返还财产等，海事行政补偿责任多为支付一定数额的金钱。

4. 发生的时间不同

海事行政赔偿责任的前提条件是损害的实际发生，即先有损害后有赔偿；海事行政补偿责任既可以在损害实际发生前先行进行，也可以在损害发生后进行。③

---

① 姜明安主编：《行政法与行政诉讼法》（第7版），北京大学出版社，2019，第555-556页。

② 姜明安主编：《行政法与行政诉讼法》（第7版），北京大学出版社，2019，第557页。

③ 郑中义：《海事行政法》，人民交通出版社，2013，第220-222页。

二、海事行政赔偿责任的归责原则与构成要件

(一)海事行政赔偿责任的归责原则

海事行政赔偿作为行政赔偿的一部分,因此行政赔偿责任的归责原则也为海事行政赔偿责任的归责原则。归责原则是国家赔偿立法的首要问题,也是《国家赔偿法》总则中最为重要的内容。奠定其核心地位的要素不是“原则”,而是“归责”,归责是对责任归属的判断。国家赔偿的归责原则是指在法律上确定国家承担赔偿责任所依据的某种标准,国家只对符合此种标准的行为承担赔偿责任。确立归责原则有利于受害人根据法律规定行使赔偿请求权,有利于正确解决赔偿义务机关与受害人之间的赔偿纠纷。①

《国家赔偿法》在 2010 年修订时,删除了第 2 条中的“违法”。明确规定国家机关和国家机关工作人员行使职权,有该法规定的侵犯公民、法人和其他组织合法权益的情形,造成损害的,受害人有依照该法取得国家赔偿的权利。这意味着国家赔偿改变了以违法归责为中心的单一归责体系,转而实行违法归责原则和结果归责原则在内的多元归责体系。②

1. 违法归责原则

违法归责原则是指国家赔偿责任的成立以国家机关及其工作人员的职务行为违法为前提与依据。如果国家机关及其工作人员的职务行为并不违法,也就不成立相应的国家赔偿责任。这里的“法”是广义的法,既包括法律、法规和其他具有普遍约束力的规范性文件,也包括法的基本原则和精神。由于违法归责原则明确要求国家承担赔偿责任须以违反相关法律、法规等规定为前提,因此对于某些容易侵权的管理领域,应当尽快使相关的法律制度更加完善,以免受害人寻求相关侵权的国家赔偿时无法可依。原《国家赔偿法》采用违法归责原则,只有当违法情形发生时,才可被纳入赔偿范围,这就人为地限制了国家赔偿范围,修订后的《国家赔偿法》则扩大了国家赔偿范围。

2. 结果责任原则

结果责任原则是指国家赔偿责任的成立以国家机关及其工作人员的职务行为造成特定的损害结果为依据和标准,而不论该行为是否违法。

3. 过错责任原则

过错责任原则是指国家赔偿责任的成立以国家机关及其工作人员的职务行为存在主观过错为依据和标准。但在现实中,判断行政机关或其工作人员是否存在过错具有一定的难度,不利于保护被侵害权益的相对人。③

海事行政赔偿的归责原则是从法律上判断海事行政机关是否应承担赔偿责任的最根本的依据与标准,它对于确定海事行政赔偿的赔偿范围和接下来诉讼程序中举证责任等都具有重大意义。我国国家赔偿归责原则,根据《国家赔偿法》第 2 条规定,国家机关和国家机关工作人员行使职权,有该法规定的侵犯公民、法人和其他组织合法权益的情形,造成损害的,受害人有依照本法取得国家赔偿的权利。从其他的法律条件中,可以看出,行政赔

---

① 薛刚凌等:《改革开放 40 年法律制度变迁 行政法卷》,厦门大学出版社,2019,第 510 页。

② 马怀德、孔祥稳:《我国国家赔偿制度的发展历程、现状与未来》,《北京行政学院学报》2018 年第 6 期;蒋成旭:《参见认真对待过错:再论国家赔偿的过错归责》,《浙江学刊》2021 年第 3 期。

③ 胡建淼、江利红:《行政法学》(第 5 版),中国人民大学出版社,2022,第 342-343 页。

偿、刑事赔偿中的部分,民事、行政诉讼司法赔偿中的强制措施、保全措施采用违法归责;刑事赔偿中的另一部分,采用结果归责;而民事、行政诉讼司法赔偿中的执行赔偿采用的则是过错归责。

目前我国国家赔偿归责原则多元化,根据不同情形,分别采用违法、结果、过错归责原则。行政赔偿范围列举的9种情形,其中8种都明确使用了"违法"的限制词,以是否违法认定赔偿责任。《国家赔偿法》第3条第3项虽然没有使用"违法"一词,但这种行为本身就是法律所禁止的,不存在合法使用的问题。由此可以得出,行政赔偿以违法为归责原则。①

海事行政赔偿作为行政赔偿的一部分,采用的是违法归责原则。采用违法原则的原因是:违法原则与《宪法》《行政诉讼法》的规定相一致,与法治原则、依法行政等原则相一致;违法原则简单明了,易于接受,可操作性强;避免了过错责任原则对主观方面认定的困难以及过错违法原则的双重标准;有利于受害人行使国家赔偿请求权,只要证明了国家机关及其工作人员行使职权的行为违法以及因此遭受的合法权益的损害便可依法请求国家赔偿。②

(二)海事行政赔偿的构成要件

海事行政赔偿的构成要件是指国家承担海事行政赔偿责任应具备的条件包括海事行政侵权行为主体、海事行政侵权行为、损害事实及因果关系四个要件。

1. 主体要件

海事行政侵权行为主体是指各级海事管理机构及其工作人员。根据《国家赔偿法》第5条的规定,属于行政机关工作人员与行使职权无关的个人行为的,国家不承担赔偿责任。

2. 行为要件

海事行政侵权行为是指海事管理机构及其工作人员违法行使职权,造成海事行政相对人合法权益损害的行为。这一要件包含以下两层含义:

(1)海事行政侵权行为必须是执行职务的行为,对于与职务无关的个人行为,国家不承担赔偿责任;

(2)执行职务的行为违法。③

3. 损害事实要件

作为侵权赔偿的要件之一,就是有损害后果,如果没有损害后果,那么也就无须赔偿。损害包括人身权损害、财产权损害以及精神损害。

4. 因果关系要件

因果关系是指相对人所遭受的损害与海事行政机关及其工作人员的海事行政侵权行为之间有因果关系,国家才承担赔偿责任。根据《国家赔偿法》第5条的规定,因公民、法人和其他组织自己的行为致使损害发生的,国家不承担赔偿责任。

---

① 王敬波主编:《国家赔偿法教程》,对外经济贸易大学出版社,2011,第37页。

② 郑中义:《海事行政法》,人民交通出版社,2013,第210页;王敬波主编:《国家赔偿法教程》,对外经济贸易大学出版社,2011,第36页。

③ 王世涛:《海事行政法学研究》,中国政法大学出版社,2013,第288-289页。

第二节 海事行政赔偿主体

海事行政赔偿主体是指海事行政赔偿请求人和赔偿义务机关。在海事行政赔偿法律关系中,一方是作为权利主体的海事行政赔偿请求人,另一方是作为义务主体的海事行政赔偿义务机关。明确双方的资格和范围,不仅有利于受害人依法行使海事行政赔偿请求权,而且也便于海事行政赔偿义务机关依法履行赔偿义务。

一、海事行政赔偿请求人

海事行政赔偿请求人是指因其合法权益受到海事行政主体及其工作人员的不法侵害而依法要求赔偿的受害人。《国家赔偿法》第 6 条规定,受害的公民、法人和其他组织有权要求赔偿。受害的公民死亡,其继承人和其他有扶养关系的亲属有权要求赔偿。受害的法人或者其他组织终止的,其权利承受人有权要求赔偿。

(1)海事行政赔偿请求人恒定为行政相对人,作为海事行政主体的海事管理机构或其他组织不能作为请求人。

(2)海事行政赔偿请求人是因违法行使海事行政职权的行为损害其合法权益并造成实际损害的人。海事行政赔偿请求人应当是其自身的合法利益遭受损害,并因行政机关行政行为不当对其构成实质损害的人。在我国,"实际损害"是指行政相对人所认定的。"实际损害"的认定,要等海事行政机关受理请求并对其进行审核后,方能得出最终的结论。只要当事人认定自己的合法权利遭到侵犯,并且遭受了实际的损害,就可以获得申请人的资格。① 海事行政赔偿请求人必须是其所受损害与海事行政违法行为有因果关系的人。这里的因果关系只要求受害人指出损害系由海事管理机构及其工作人员的海事侵权行为所为即可。至于是否真正存在因果关系,有待于海事行政赔偿义务机关或人民法院的确认。

(3)海事行政赔偿请求人应当是能以其自己名义申请海事赔偿的人,凡代表他人或以其他名义要求的,均非海事行政赔偿请求人。

(4)海洋行政赔偿请求人为公民、法人及其他组织。如果公民的法定权利遭受损失,其继承人和其他有赡养关系的亲戚可以成为海事行政赔偿的请求人;在法律利益受损的情况下,承担民事责任的法人或其他组织可以作为海事行政赔偿的请求人。

二、海事行政赔偿义务机关

海事行政赔偿义务机关是指因违法行使职权对海事行政相对人合法权益造成侵害,依法必须承担赔偿责任的海事管理机构。海事行政赔偿义务机关,一般是行使海事行政职权造成损害的海事管理机构。海事行政赔偿机关的认定按情况进行区分:海事管理机构本身违法行使海事行政职权侵犯行政相对人合法权益造成损害的,该海事管理机构为赔偿义务机关。海事管理机构工作人员违法行使海事行政职权侵犯行政相对人合法权益造成损害的,其所属的海事管理机构为赔偿义务机关。

---

① 王世涛:《海事行政法学研究》,中国政法大学,2013,第 291 页。

（一）海事行政赔偿义务机关的认定

根据《国家赔偿法》第 7 条、第 8 条的规定，海事行政赔偿义务机关包括以下内容。

（1）海事管理机构及其工作人员行使职权侵犯公民、法人和其他组织的合法权益造成损害的，该海事管理机构为赔偿义务机关。

（2）两个以上海事管理机构共同行使行政职权时侵犯公民、法人和其他组织的合法权益造成损害的，共同行使行政职权的海事管理机构为共同赔偿义务机关。根据《国家赔偿法》第 10 条的规定，赔偿请求人可以向共同赔偿义务机关中的任何一个赔偿义务机关要求赔偿，该赔偿义务机关应当先予赔偿。

（3）法律、法规授权的组织在行使授予的行政权力时侵犯公民、法人和其他组织的合法权益造成损害的，被授权的组织为赔偿义务机关。

（4）受海事管理机构委托的组织或者个人在行使受委托的行政权力时侵犯公民、法人和其他组织的合法权益造成损害的，委托的海事管理机构为赔偿义务机关。

（5）赔偿义务机关被撤销的，继续行使其职权的行政机关为赔偿义务机关；没有继续行使其职权的行政机关的，撤销该赔偿义务机关的行政机关为赔偿义务机关。

（6）经海事复议机关复议的，最初造成侵权行为的行政机关为海事赔偿义务机关，但海事复议机关的复议决定加重损害的，海事复议机关对加重的部分履行赔偿义务。

（二）海事行政赔偿义务机关的义务

根据《国家赔偿法》的规定，海事行政赔偿义务机关主要有以下义务。

1. 及时赔偿的义务

赔偿义务机关应当依法及时履行赔偿义务。

2. 法定期限内作出决定的义务

赔偿义务机关应当自收到申请之日起，2 个月内，作出是否赔偿的决定。

3. 听取意见的义务

赔偿义务机关作出赔偿决定，应当充分听取赔偿请求人的意见，并可以与赔偿请求人就赔偿方式、赔偿项目和赔偿数额依法进行协商。

4. 制作赔偿决定书并在法定期限送达的义务

赔偿义务机关决定赔偿的，应当制作赔偿决定书，并自作出决定之日起 10 日内送达赔偿请求人。

5. 说明不予赔偿理由的义务

赔偿义务机关决定不予赔偿的，应当自作出决定之日起十日内书面通知赔偿请求人，并说明不予赔偿的理由。

6. 追偿的义务

根据《国家赔偿法》第 16 条的规定，赔偿义务机关赔偿损失后，应当责令有故意或者重大过失的工作人员或者受委托的组织或者个人承担部分或者全部赔偿费用。

第三节 海事行政赔偿的范围

一、海事行政赔偿范围的概念

海事行政赔偿范围是指国家承担海事行政赔偿责任的范围，是指国家对海事管理机构及其工作人员违法行使职权给海事行政相对人合法权益造成的损害应给予赔偿的范围。行政赔偿范围包含两方面的内容：

(1)国家对行政活动中哪些损害相对人的行为承担赔偿责任；

(2)国家赔偿行政相对人因违法行政而受到的哪些损害。① 根据《国家赔偿法》的规定，海事行政赔偿分为对人身权的损害赔偿与对财产权的损害赔偿。

二、侵犯人身权的赔偿范围

根据《国家赔偿法》第3条规定，海事行政机关及其工作人员在行使行政职权时有下列侵犯人身权情形之一的，受害人有取得赔偿的权利：

(1)违法拘留或者违法采取限制公民人身自由的行政强制措施的；

(2)非法拘禁或者以其他方法非法剥夺公民人身自由的；

(3)以殴打、虐待等行为或者唆使、放纵他人以殴打、虐待等行为造成公民身体伤害或者死亡的；

(4)违法使用武器、警械造成公民身体伤害或者死亡的；

(5)造成公民身体伤害或者死亡的其他违法行为。《最高院审理行政赔偿案件规定》第1条规定，国家赔偿法第3条规定的“其他违法行为”包括以下情形：不履行法定职责行为；行政机关及其工作人员在履行行政职责过程中作出的不产生法律效果，但事实上损害公民、法人或者其他组织人身权等合法权益的行为。

三、侵犯财产权的赔偿范围

根据《国家赔偿法》第4条规定，行政机关及其工作人员在行使行政职权时有下列侵犯财产权情形之一的，受害人有取得赔偿的权利：

(1)违法实施罚款、吊销许可证和执照、责令停产停业、没收财物等行政处罚的；

(2)违法对财产采取查封、扣押、冻结等行政强制措施的；

(3)违法征收、征用财产的；

(4)造成财产损害的其他违法行为。

根据《最高院审理行政赔偿案件规定》第1条规定，国家赔偿法第4条规定的“其他违法行为”包括以下情形：不履行法定职责行为；行政机关及其工作人员在履行行政职责过程中作出的不产生法律效果，但事实上损害公民、法人或者其他组织财产权等合法权益的行为。

---

① 姜明安主编：《行政法与行政诉讼法》（第7版），北京大学出版社，2019，第574页。

四、精神损害的赔偿范围

1. 可以获得精神损害赔偿的情形

根据《国家赔偿法》第 35 条的规定，有侵犯人身权的情形，致人精神损害的，应当在侵权行为影响的范围内，为受害人消除影响，恢复名誉，赔礼道歉；造成严重后果的，应当支付相应的精神损害抚慰金。根据《最高院审理行政赔偿案件规定》第 26 条规定，有下列情形之一的，属于国家赔偿法第 35 条规定的“造成严重后果”：受害人被非法限制人身自由超过六个月；受害人经鉴定为轻伤以上或者残疾；受害人经诊断、鉴定为精神障碍或者精神残疾，且与违法行政行为存在关联；受害人名誉、荣誉、家庭、职业、教育等方面遭受严重损害，且与违法行政行为存在关联。有下列情形之一的，可以认定为后果特别严重：受害人被限制人身自由十年以上；受害人死亡；受害人经鉴定为重伤或者残疾一至四级，且生活不能自理；受害人经诊断、鉴定为严重精神障碍或者精神残疾一至二级，生活不能自理，且与违法行政行为存在关联。

2. 精神损害抚慰金数额的确定

根据《最高院精神损害赔偿责任适用法律解释》第 9 条的规定，精神损害抚慰金的具体数额，应当在兼顾社会发展整体水平的同时，参考下列因素合理确定：

(1) 精神受到损害以及造成严重后果的情况；

(2) 侵权行为的目的、手段、方式等具体情节；

(3) 侵权机关及其工作人员的违法、过错程度、原因力比例；

(4) 受害人的职业、影响范围；

(5) 纠错的事由以及过程其他应当考虑的因素。

根据《最高院精神损害赔偿责任适用法律解释》第 10 条的规定，精神损害抚慰金的数额一般不少于一千元；数额在一千元以上的，以千为计数单位。赔偿请求人请求的精神损害抚慰金少于一千元，且其请求事由符合本解释规定的造成严重后果情形，经释明不予变更的，按照其请求数额支付。

对于受害人对损害事实和后果的发生或者扩大有过错的，可以根据其过错程度减少或者不予支付精神损害抚慰金。赔偿义务机关应当履行决定中载明的支付精神损害抚慰金及其他责任承担方式。

作为赔偿义务机关审查处理国家赔偿案件，涉及精神损害赔偿的，参照《最高院精神损害赔偿责任适用法律解释》的规定。

五、不予赔偿的情形

根据《国家赔偿法》第 5 条的规定，属于下列情形之一的，国家不承担赔偿责任：

(1) 海事行政机关工作人员与行使职权无关的个人行为；

(2) 因公民、法人和其他组织自己的行为致使损害发生的；

(3) 法律规定的其他情形。

第四节 海事行政赔偿的程序

海事行政赔偿程序是指海事行政赔偿请求人向赔偿义务机关请求海事行政赔偿,赔偿义务机关解决海事行政赔偿纠纷的方式、步骤和时限的总和。① 行政赔偿程序通常分为两个阶段:第一阶段是行政程序,即由行政机关内部处理赔偿申请的程序;第二阶段是行政赔偿诉讼程序,即法院解决行政赔偿纠纷的程序。在我国,由于受行政复议和行政诉讼制度的影响,行政赔偿程序尤为复杂。根据《国家赔偿法》第9条的规定,赔偿请求人要求赔偿,应当先向赔偿义务机关提出,也可以在申请行政复议或者提起行政诉讼时一并提出。我国的海事行政赔偿程序实行的是"单独提起"与"一并提起"两种请求程序并存的办法。本节只涉及单独提起的程序。

一、海事行政赔偿请求的提出

(一)提出海事行政赔偿请求的要件

海事行政赔偿请求的提出必须符合一定的要件,只要当具备这些要件时,海事行政赔偿请求人才可以以一定的请求方式单独提出海事行政赔偿请求。

1. 请求人必须具有海事行政赔偿请求权

海事行政赔偿请求权是指因合法权益受到海事管理机构及其工作人员的违法行使职权行为侵犯,并造成损害的公民、法人或其他组织依法享有请求海事行政赔偿义务机关予以赔偿的权利。一般来说,享有海事行政赔偿请求权的人就是合法权益遭到违法行使海事行政职权行为侵犯,并造成损害的公民、法人或其他组织。有海事行政赔偿请求权的公民死亡的,该请求权转移给其继承人和其他有扶养关系的亲属;有海事行政赔偿请求权的法人或其他组织终止的,继续承受其权利的法人或者其他组织有权请求海事赔偿。

2. 必须有明确的海事行政赔偿义务机关

海事赔偿请求人要求赔偿,应当先向海事赔偿义务机关提出。如果有共同赔偿义务机关的,赔偿请求人可以向共同赔偿义务机关中的任何一个赔偿义务机关要求赔偿,该赔偿义务机关应当先予赔偿。

3. 必须在法定期限内提出海事赔偿请求

海事赔偿请求人应当在法定期限内提出。根据我国《国家赔偿法》规定,请求人请求海事行政赔偿的时效为2年。自其知道或者应当知道海事管理机构及其工作人员行使职权时的行为侵犯其人身权、财产权之日起计算,但被羁押等限制人身自由期间不计算在内。

4. 所提出的海事行政赔偿请求必须是法律规定的应该赔偿的范围,或者说必须是在《国家赔偿法》明确规定的海事行政赔偿范围之内

如果受害人所受之损害不在法律规定的海事行政赔偿范围之内,则该请求亦不能依法成立。

---

① 郑忠义、李国平:《海事行政法》,大连海事大学出版,2007,第350页。

（二）提出赔偿请求

根据《国家赔偿法》的规定，赔偿请求人根据合法权益受到的不同损害，可以同时提出数项行政赔偿请求。例如，海事管理机构及其工作人员违法行使职权，造成公民身体伤害的，可以要求赔偿医疗费、因误工减少的收入，造成公民身体残疾并全部丧失劳动能力的，受害人还可以申请残疾赔偿金及由其抚养的人的生活费等。

请求赔偿属于要式法律行为，受害人向海事行政赔偿义务机关提出海事赔偿请求应以书面方式进行。要求赔偿应当递交申请书，申请书应当载明下列事项：

（1）受害人的姓名、性别、年龄、工作单位和住所，法人或者其他组织的名称、住所和法定代表人或者主要负责人的姓名、职务；

（2）具体的要求、事实根据和理由；

（3）申请的年、月、日。

赔偿请求人书写申请书确有困难的，可以委托他人代书；也可以口头申请，由赔偿义务机关记入笔录。赔偿请求人不是受害人本人的，应当说明与受害人的关系，并提供相应证明。赔偿请求人当面递交申请书的，赔偿义务机关应当当场出具加盖本行政机关专用印章并注明收讫日期的书面凭证。申请材料不齐全的，赔偿义务机关应当当场或者在五日内一次性告知赔偿请求人需要补正的全部内容。

（三）救济方式

在赔偿义务机关不予赔偿或赔偿请求人对赔偿数额有异议时，海事赔偿请求人可以依法向行政复议机关申请行政复议或直接向法院提起诉讼。根据《最高院审理行政赔偿案件规定》第 3 条的规定，赔偿请求人不服赔偿义务机关下列行为的，可以依法提起行政赔偿诉讼：

（1）确定赔偿方式、项目、数额的行政赔偿决定；

（2）不予赔偿决定；

（3）逾期不作出赔偿决定；

（4）其他有关行政赔偿的行为。

二、海事赔偿义务机关的受案与处理

（一）受案

海事行政赔偿义务机关收到海事行政赔偿申请书后，要进行受案前的初步审理。赔偿请求人当面递交申请书的，海事行政赔偿义务机关应当当场出具加盖本行政机关专用印章并注明收讫日期的书面凭证。申请材料不齐全的，赔偿义务机关应当当场或者在 5 日内一次性告知赔偿请求人需要补齐的全部内容。

海事行政赔偿义务机关对申请书的初步审理主要审理下列几项内容：

（1）申请是否符合行政赔偿的要件；

（2）申请书的内容和形式是否符合要求；

（3）申请人所要求赔偿的损害是否确由本机关及其工作人员或受本机关委托的组织或个人的违法侵权行为所造成；

(4)赔偿请求人所要求的海事行政赔偿是否属于《国家赔偿法》所规定的赔偿范围。

如经初步审理,所有这些要求均已达到,则应决定立案处理,并通知海事行政赔偿请求人。如果发现以下情况,则应另行处理:

(1)申请书的内容、形式有缺漏,应告知申请人予以补充;

(2)如果申请人不具有海事行政赔偿请求人资格,应告知由具有海事行政赔偿请求人资格的人申请;

(3)行使海事行政赔偿请求权已超过法定期限的,该请求权依法灭失,应告知海事赔偿请求人不予受理的原因。

(二)处理

海事行政赔偿义务机关收到申请书之后,经审理认为赔偿申请符合条件的,应通知海事赔偿请求人,并在收到申请书之日起 2 个月内作出处理决定。海事赔偿义务机关决定赔偿的,应当制作赔偿决定书,并自作出决定之日起 10 日内送达赔偿请求人。赔偿义务机关决定不予赔偿的,应当自作出决定之日起 10 日内书面通知赔偿请求人并说明不予赔偿的理由。海事赔偿义务机关在规定期限内未作出是否赔偿的决定,赔偿请求人可以自期限届满之日起 3 个月内,向人民法院提起诉讼。赔偿请求人对赔偿的方式、项目、数额有异议的,或者赔偿义务机关作出不予赔偿决定的,赔偿请求人可以自赔偿义务机关作出赔偿或者不予赔偿决定之日起 3 个月内,向人民法院提起诉讼。

1. 海事行政赔偿义务机关处理申请的期限

《国家赔偿法》规定,赔偿义务机关应当自收到赔偿申请之日起 2 个月内作出赔偿或不赔偿的决定。

2. 海事行政赔偿义务机关处理赔偿的内容

赔偿义务机关应当依照《国家赔偿法》提出赔偿方案。方案的内容包括:赔偿方式、赔偿数额、计算数额的依据和理由、履行期限等。

3. 海事行政赔偿处理不成

海事行政赔偿义务机关在法定期限内如出现下列情形,视为处理不成:

(1)赔偿义务机关对申请不予理睬或对自己提出的方案不予实施的;

(2)海事行政赔偿请求人对赔偿义务机关的方案有异议的,包括对赔偿方式、金额、履行期限有不同意见的。

赔偿义务机关作出赔偿决定,应当充分听取赔偿请求人的意见,并可以与赔偿请求人就赔偿方式、赔偿项目和赔偿数额依照《国家赔偿法》第四章的规定进行协商。处理不成,自 2 个月期间届满之日起 3 个月内,赔偿请求人可以向人民法院提出行政赔偿诉讼。

三、海事行政追偿

(一)海事行政追偿的概念

海事行政追偿的概念有广义和狭义之分。狭义上的概念仅指海事管理机构向责任人员的追偿,即海事管理机构向赔偿请求人支付赔偿费用后,依据法定程序责令有故意或重大过失的工作人员、受委托的组织或者个人承担部分或全部费用的法律制度。广义上的概念还包括各级人民政府对海事管理机构的追偿,即海事管理机构向地方财政机关申请核拨赔偿费用时,地方财政机关在审核中发现海事管理机构存在故意或重大过失或者超出国家赔偿法规定的范围和赔偿标准的情况,提请本级政府责令该海事管理机构自行承担部分或者全部国家赔偿费用的法律制度。

(二)海事行政追偿的种类

1. 海事管理机构对其工作人员的追偿

根据《国家赔偿法》第16条规定,海事行政赔偿义务机关赔偿损失后,应当责令有故意或者重大过失的工作人员或者受委托的组织或者个人承担部分或者全部赔偿费用。根据《国家赔偿法》第31条规定,赔偿义务机关赔偿后,应当向在处理案件中有贪污受贿,徇私舞弊,枉法裁判行为的工作人员追偿部分或者全部赔偿费用。需要注意的是,追偿金额应符合比例原则,既要与过错程度相适应,也要考虑被追偿公务人员的薪金收入,不能涉及薪金和津贴之外的其他个人财产和家庭财产。海事行政赔偿义务机关依法行使追偿权后,并不影响依法追究相关公务员的行政责任和刑事责任。

2. 海事管理机构对受其委托的组织和个人的追偿

海事管理机构对受委托的组织和个人如果超越委托权限,造成相对一方合法权益受到损害的,根据国家赔偿法的规定,该海事管理机构是赔偿义务机关。在作出委托的海事管理机构对外承担赔偿责任后,应当依法责令受委托的组织或个人承担部分或全部费用。

3. 各级人民政府对海事管理机构的追偿

《国家赔偿费用管理条例》第10条第2款规定,财政部门发现赔偿项目、计算标准违反国家赔偿法规定的,应当提交作出赔偿决定的机关或者其上级机关依法处理、追究有关人员的责任。《国家赔偿费用管理条例》第12条规定,赔偿义务机关应当依照国家赔偿法第16条、第31条的规定,责令有关工作人员、受委托的组织或者个人承担或者向有关工作人员追偿部分或者全部国家赔偿费用。赔偿义务机关依照前款规定作出决定后,应当书面通知有关财政部门。有关工作人员、受委托的组织或者个人应当依照财政收入收缴的规定上缴应当承担或者被追偿的国家赔偿费用。

《国家赔偿费用管理条例》在为赔偿义务机关提供充分财政支持和松绑的同时,完善了追责情形:

第一,明确违反国家赔偿法支付国家赔偿费用的情形,具体是指违反规定的范围和计算标准;

第二,新增不依法支付国家赔偿费用的情形,以及截留、滞留、侵占国家赔偿费用的情形;

第三,新增未依照规定责令有关工作人员、受委托的组织或者个人承担国家赔偿费用或者向有关工作人员追偿国家赔偿费用的情形;

第四,新增未依照规定将应当承担或者被追偿的国家赔偿费用及时上缴财政的情形。

上述追责情形使得国家赔偿费用的支付有了较为有力的保障。①

① 薛刚凌等:《改革开放40年法律制度变迁 行政法卷》,厦门大学出版社,2019,第514页。

第五节 海事行政赔偿的方式与计算标准

一、海事行政赔偿的方式

海事行政赔偿方式是指国家承担海事行政赔偿责任的具体形式。根据《国家赔偿法》第32条的规定，国家赔偿以支付赔偿金为主要方式。能够返还财产或者恢复原状的，予以返还财产或者恢复原状。据此，海事行政赔偿主要包括三种方式：支付赔偿金、返还财产和恢复原状，其中主要方式是支付赔偿金，优先方式是返还财产或恢复原状。

1. 支付赔偿金

支付赔偿金是指海事行政赔偿义务机关以货币形式支付赔偿金额，补偿受害人所受损失的方式。① 侵犯公民人身自由、生命健康权、财产权的，需要支付赔偿金。

2. 返还财产

返还财产是指海事行政赔偿义务机关将违法取得的财产返还受害人的赔偿方式。处罚款、罚金、追缴、没收财产或者违法征收、征用财产的，侵犯公民、法人和其他组织的财产权造成损害的，返还财产。

3. 恢复原状

恢复原状是指海事行政赔偿义务机关对受害人受损害的财产进行修复，使之恢复到受损害前的形状和性能的赔偿方式。② 应当返还的财产损坏的，能够恢复原状的恢复原状。恢复原状对赔偿请求人的救济更为充分，但是恢复原状仅仅适用于能够恢复的情形，因此适用的范围不如支付赔偿金那么广泛。③

除支付赔偿金、返还财产和恢复原状三种方式外，根据《国家赔偿法》第35条的规定，行政机关及其工作人员在行使行政职权时侵犯人身权，致人精神损害的，应当在侵权行为影响的范围内，为受害人消除影响，恢复名誉，赔礼道歉；造成严重后果的，应当支付相应的精神损害抚慰金。

二、海事行政赔偿的计算标准

海事行政赔偿标准是指国家对海事行政侵权受害人支付赔偿金的标准。

1. 侵犯人身权的赔偿标准

根据《国家赔偿法》第33条的规定，侵犯公民人身自由的，每日赔偿金按照国家上年度职工日平均工资计算。即按日支付赔偿金，按照国家上年度职工日平均工资计算。具体计算标准是公民应得到的赔偿金等于国家上年度职工的日平均工资乘以该公民被限制人身自由的天数。④

根据《国家赔偿法》第34条的规定，侵犯公民生命健康权的，赔偿金按照下列规定

① 王世涛：《海事行政法学研究》，中国政法大学，2013，第299页。

② 姜明安主编：《行政法与行政诉讼法》（第7版），北京大学出版社，2019，第600页。

③ 胡建淼、江利红：《行政法学》（第5版），中国人民大学出版社，2022，第351页。

④ 姜明安主编：《行政法与行政诉讼法》（第7版），北京大学出版社，2019，第603页。

计算。

(1)造成身体伤害的,应当支付医疗费、护理费,以及赔偿因误工减少的收入。减少的收入每日的赔偿金按照国家上年度职工日平均工资计算,最高额为国家上年度职工年平均工资的五倍;

(2)造成部分或者全部丧失劳动能力的,应当支付医疗费、护理费、残疾生活辅助具费、康复费等因残疾而增加的必要支出和继续治疗所必需的费用,以及残疾赔偿金。残疾赔偿金根据丧失劳动能力的程度,按照国家规定的伤残等级确定,最高不超过国家上年度职工年平均工资的二十倍。造成全部丧失劳动能力的,对其扶养的无劳动能力的人,还应当支付生活费;

(3)造成死亡的,应当支付死亡赔偿金、丧葬费,总额为国家上年度职工年平均工资的二十倍。对死者生前扶养的无劳动能力的人,还应当支付生活费。

生活费的发放标准,参照当地最低生活保障标准执行。被扶养的人是未成年人的,生活费给付至十八周岁止;其他无劳动能力的人,生活费给付至死亡时止。

根据《国家赔偿法》第35条的规定,侵犯公民人身权,致人精神损害的,应当在侵权行为影响的范围内,为受害人消除影响,恢复名誉,赔礼道歉;造成严重后果的,应当支付相应的精神损害抚慰金。

2. 侵犯财产权的赔偿标准

根据《国家赔偿法》第36条的规定,侵犯公民、法人和其他组织的财产权造成损害的,按照下列规定处理。

(1)处罚款、罚金、追缴、没收财产或者违法征收、征用财产的,返还财产。

(2)查封、扣押、冻结财产的,解除对财产的查封、扣押、冻结,造成财产损坏或者灭失的,依照本条第三项、第四项的规定赔偿。

(3)应当返还的财产损坏的,能够恢复原状的恢复原状,不能恢复原状的,按照损害程度给付相应的赔偿金。

(4)应当返还的财产灭失的,给付相应的赔偿金。

(5)财产已经拍卖或者变卖的,给付拍卖或者变卖所得的价款;变卖的价款明显低于财产价值的,应当支付相应的赔偿金。

(6)吊销许可证和执照、责令停产停业的,赔偿停产停业期间必要的经常性费用开支。根据《最高院审理行政赔偿案件规定》第28条的规定,下列损失属于《国家赔偿法》第36条第6项规定的"停产停业期间必要的经常性费用开支":必要留守职工的工资;必须缴纳的税款、社会保险费;应当缴纳的水电费、保管费、仓储费、承包费;合理的房屋场地租金、设备租金、设备折旧费;维系停产停业期间运营所需的其他基本开支。

(7)返还执行的罚款或者罚金、追缴或者没收的金钱,解除冻结的存款或者汇款的,应当支付银行同期存款利息。

(8)对财产权造成其他损害的,按照直接损失给予赔偿。根据《最高院审理行政赔偿案件规定》第29条的规定,下列损失属于《国家赔偿法》第36条第8项规定的"直接损失":存款利息、贷款利息、现金利息;机动车停运期间的营运损失;通过行政补偿程序依法应当获得的奖励、补贴等;对财产造成的其他实际损失。

三、海事行政赔偿的费用

海事行政赔偿费用是指海事行政赔偿义务机关依法向赔偿请求人支付赔偿金或恢复原状所需要的费用。根据《国家赔偿法》第 37 条的规定，赔偿费用列入各级财政预算。为了加强国家赔偿费用管理，保障公民、法人和其他组织享有依法取得国家赔偿的权利，促进国家机关依法行使职权，2010 年 12 月 29 日国务院第 138 次常务会议通过，2011 年 1 月 17 日中华人民共和国国务院令第 589 号公布的《国家赔偿费用管理条例》，对国家赔偿费用的预算、申请、支付等作了具体规定。

根据《国家赔偿法》第 37 条的规定，赔偿请求人凭生效的赔偿决定书或者调解书，向赔偿义务机关申请支付赔偿金。赔偿义务机关应当自收到支付赔偿金申请之日起 7 日内，依照预算管理权限向有关的财政部门提出支付申请，财政部门应当自收到支付申请之日起 15 日内支付赔偿金。根据《国家赔偿费用管理条例》第 5 条规定，赔偿请求人申请支付国家赔偿费用的，应当向赔偿义务机关提出书面申请，并提交与申请有关的赔偿决定书或者调解书以及赔偿请求人的身份证明。赔偿请求人书写申请书确有困难的，可以委托他人代书；也可以口头申请，由赔偿义务机关如实记录，交赔偿请求人核对或者向赔偿请求人宣读，并由赔偿请求人签字确认。

根据《国家赔偿法》第 41 条的规定，赔偿请求人要求国家赔偿的，赔偿义务机关不得向赔偿请求人收取任何费用。这是法律对受害人取得国家赔偿权的重要保障。赔偿请求不收费仅针对赔偿请求人而言，对于被请求人，如果法律规定应当交纳费用的，应当依法缴纳。另外，对赔偿请求人取得的赔偿金不予征税。实行赔偿金不征税原则，是因为赔偿金不是个人的正常收入，而是弥补损害的费用，并且数额有限，征税不利于保护受害人的利益。①

复习思考题

一、名词解释

1. 海事行政赔偿
2. 海事行政赔偿义务机关
3. 海事行政追偿
4. 海事行政赔偿范围
5. 海事行政赔偿费用

二、简答题

1. 海事行政赔偿的主要特征有哪些？
2. 海事行政赔偿与海事行政补偿的区别有哪些？
3. 海事行政追偿的种类有哪些？

---

① 石佑启、刘嗣元、朱最新等:《国家赔偿法新论》，武汉大学出版社，2010，第 267 页。

4. 海事行政赔偿的方式有哪些?

5. 侵犯人身权的赔偿范围有哪些?

三、案例分析题

蔡某忠诉梧州海事局行政强制违法及行政赔偿案。①

【基本案情】

2015 年 2 月 23 日,被告梧州海事局的派出机构昭平海事处执法人员在日常巡航检查中发现案涉船舶“文竹车渡 108”号船舶不具有船舶检验证书和船舶国籍证书,原告蔡某忠驾驶该船在广西壮族自治区昭平县临江渡口违法渡运车辆及乘客。昭平海事处当即向原告发出《安全隐患整改通知书》,要求原告在办理好上述证书后方可开航。2015 年 12 月 29 日,昭平海事处执法人员发现原告在未经安全隐患整改的情况下仍使用该船违法从事渡运,遂于当天作出昭平海事强(2015)197008 号《海事行政强制措施决定书》,依据《内河管理条例》第 6 条第 1 项、第 64 条的规定,对案涉船舶实施责令停航的海事行政强制措施。之后,原告仍存在违法营运车辆及乘客的行为。昭平海事处先后于 2016 年 4 月 4 日、4 月 7 日、10 月 10 日向原告发出《安全隐患整改通知书》,要求其停止航运。2017 年 1 月 17 日,贺州市中级人民法院对昭平海事处发出《司法建议书》,建议对案涉船舶采取必要、有效的行政强制措施,确保原告不再违法营运,以维护公共安全。昭平海事处于 2017 年 2 月 23 日向原告发出《停止航行通知书》,责令案涉船舶停止航行,并对该船操舵设备上锁。2017 年 6 月 27 日,昭平海事处向原告发出《停止航行通知书》,指定案涉船舶停泊在昭平县临江渡口左岸的七冲码头,并要求原告对案涉船舶加强日常管理,加强锚泊设施,确保安全度汛。2017 年 7 月 2 日清晨,原告发现因暴雨引发洪水可能危及案涉船舶,及时拨打水上遇险求救电话“12××5”报警(未能接通),后又于当天上午 8 点 43 分电话联系昭平海事处执法人员梁某钦,告知危急状况,要求将案涉船舶操舵设备解锁,并移泊安全区域。梁某钦当即把原告的意见向昭平海事处领导反映。昭平海事处内部讨论认为案涉船舶的原停泊点是安全的,不必移泊,不必解锁。之后,昭平海事处既未答复原告的请求也未对案涉船舶操舵设备解锁。由于昭平海事处未及时答复,为了避险,原告于当天 9 点 30 分左右,依靠“昭平顺达 03”号船将案涉船舶拖到临江对岸的临江村码头停泊,加固了船缆并和其他船舶固定在一起,以增强抗洪能力。11 时 40 分,位于临江上游的水电站发生突发溃坝,急流洪水沿临江河向下游冲击。12 时 40 分,洪峰抵达临江河与桂江交汇处的临江村码头和七冲码头,致使案涉船舶缆绳断裂,船舶失控往桂江下游漂流,14 时左右,案涉船舶漂至下游昭平电站大坝时,与电站泄洪闸门发生触碰并沉没。同时遇险的船舶还有:“昭平顺达 03”“昭平红石 1 号”“昭平红石 2 号”“蔡发超货船”“梧州三司 268”等 5 艘船。上述船舶除了“昭平顺达 03”号船被成功施救外,其他船舶皆沉没。涉船事故无人员伤亡。2018 年 5 月,原告向被告申请赔偿损失 25 万元。被告于 2018 年 7 月 2 日作出的《梧州海事局不予行政赔偿的决定》,于 2018 年 7 月 7 日送达原告。

另外,“文竹车渡 108”号船舶总长 19.5 米、型宽 3.4 米、型深 0.8 米,属“桂林乡镇车渡船”,图号:QS4478-400-01。该船由新兴船厂建造,合同造价 185 000 元,于 2015 年 2 月 16

① 广西壮族自治区高级人民法院(2019)桂行赔终 21 号行政判决书。

日建成交付原告,原告向新兴船厂支付造船款 130 000 元。原告于 2015 年 2 月 20 日开始驾驶该船渡运车辆及乘客。因存在质量问题,该船未能通过船检部门的检验,因而无法办理船舶检验证书和船舶国籍证书。为此,原告于 2016 年 1 月 26 日向广西壮族自治区昭平县人民法院起诉新兴船厂和赖某,要求返工维修案涉船舶并赔偿相应损失。昭平县法院作出一审判决后,新兴船厂和赖某不服,提起上诉。2017 年 1 月 17 日,广西壮族自治区贺州市中级人民法院以昭平县法院违反海事、海商案件由海事法院专门管辖规定为由,裁定撤销一审判决。原告具有中华人民共和国内河船舶船员适任证书,属三类驾驶员。

【裁判结果】

北海海事法院审理认为,昭平海事处作出的昭平海事强字(2015)197008 号《海事行政强制措施决定书》,对案涉船舶实施责令停航的海事行政强制措施,行政主体适格,认定事实清楚,适用法律正确,执法程序合法。本案的损失系由原告的过错和昭平海事处的违法行政行为及上游突发性溃坝不可预防的客观因素共同造成的,依据《最高人民法院关于适用〈中华人民共和国行政诉讼法〉的解释》(简称《适用解释》)第 97 条规定,综合考虑上述因素,确定行政机关应承担本案损失赔偿责任的比例为 40%。依照《国家赔偿法》第 4 条第 4 项、《行政诉讼法》第 70 条第 6 项、第 76 条的规定,判决如下:

一、撤销被告中华人民共和国梧州海事局于 2018 年 7 月 2 日作出的《梧州海事局不予行政赔偿的决定》;

二、被告中华人民共和国梧州海事局赔偿原告蔡某忠 48 000 元;

三、驳回原告蔡某忠的其他诉讼请求。案件受理费 100 元(原告已预交),由被告负担。

【案例分析】

原告违反停航禁令的行为,被告本可以依据《内河管理条例》第 64 条的明确规定,对案涉船舶作出暂扣或者没收的行政行为,而不应在法律规定之外自行创设"船舶操舵设备上锁"的行政强制措施。被告辖区不具备安全锚地停泊暂扣船舶的执法条件不能成为被告不依法行政的抗辩理由。昭平海事处对案涉船舶操舵设备上锁不属于暂扣船舶行为。其锁舵后向原告发出通知书,要求原告对案涉船舶加强日常管理,加强锚泊设施,确保安全度汛,表明了昭平海事处将案涉船舶锁舵后的保管责任赋予了原告,且意识到汛期洪水有可能危及船舶安全。案涉事故发生前,原告观察到水情涨势异常,及时报警和通知昭平海事处求助。原告的上述行为表明其在履行保管案涉船舶的义务中已尽到了谨慎注意的责任。当时水情紧急,船舶面临较大危险,在昭平海事处不及时明确答复,也不到现场处置的情况下,原告作为一名有驾驶船舶资质的船员,且具有常年在案发河段水域营运的经验,为避免船舶损失,采取移泊案涉船舶作为应急避险措施,这一处置行为并无明显不当。由于案涉船舶已灭失,该船的实际价值无法进行鉴定评估,依据《适用解释》第 47 条第 3 款的规定,原告损失的赔偿额可酌情确定。

【问题】

1. 被告派出机构昭平海事处对案涉船舶操舵设备上锁的行为是否违法?

2. 被告是否应承担原告案涉船舶灭失的行政赔偿责任?

附录 A　常用法律法规

《中华人民共和国立法法》
《中华人民共和国国家赔偿法》
《中华人民共和国安全生产法》
《中华人民共和国水污染防治法》
《中华人民共和国大气污染防治法》
《中华人民共和国环境噪声污染防治法》
《中华人民共和国行政许可法》
《中华人民共和国行政处罚法》
《中华人民共和国行政强制法》
《中华人民共和国行政诉讼法》
《中华人民共和国行政复议法》
《中华人民共和国行政复议法实施条例》
《中华人民共和国海域使用管理法》
《中华人民共和国海上交通安全法》
《中华人民共和国政府信息公开条例》
《中华人民共和国船员条例》
《中华人民共和国海上交通事故调查处理条例》
《中华人民共和国防止船舶污染海域管理条例》
《中华人民共和国船舶和海上设施检验条例》
《中华人民共和国内河交通安全管理条例》
《中华人民共和国内河海事行政处罚规定》
《中华人民共和国海上海事行政处罚规定》
《中华人民共和国水上水下活动通航安全管理规定》
《中华人民共和国海事行政许可条件规定》
《中华人民共和国船舶及其有关作业活动污染海洋环境防治管理规定》
《中华人民共和国海事局海事行政执法监督管理规定》
《中华人民共和国海事局海事行政执法督察管理办法》
《中华人民共和国海事局海事法规和规范性文件后评估办法》
《中华人民共和国海事行政强制实施程序规定》
《最高人民法院关于行政诉讼证据若干问题的规定》

附录 B 中华人民共和国海事局现行有效规范性文件目录

（截至 2022 年 9 月 30 日）

序号	文件名称	文号	发文时间
	综合管理		
1	关于印发《中华人民共和国海事行政强制实施程序规定》的通知	海法规〔2012〕499 号	2012 年 7 月 27 日
2	关于印发《中华人民共和国海事局海事行政处罚裁量权管理办法》的通知	海政法〔2013〕836 号	2013 年 12 月 9 日
3	关于印发《海事行政执法证据管理规定》的通知	海政法〔2014〕141 号	2014 年 3 月 7 日
4	关于做好取消行政审批项目衔接落实工作的通知	海政法〔2014〕310 号	2014 年 5 月 14 日
5	关于印发《海事行政许可裁量权控制办法》的通知	海政法〔2017〕6 号	2017 年 1 月 10 日
6	关于印发《海事行政许可裁量基准》的通知	海政法〔2017〕7 号	2017 年 1 月 10 日
7	关于印发《海事现场执法工作规范》的通知	海政法〔2017〕63 号	2017 年 2 月 24 日
8	关于印发《海事行政执法结果信息公开管理办法》的通知	海政法〔2017〕45 号	2017 年 2 月 10 日
9	关于印发《海事信用信息管理办法》的通知	海政法〔2017〕202 号	2017 年 4 月 20 日
10	关于印发《海事管理机构移送违法案件程序规定》的通知	海政法〔2017〕327 号	2017 年 6 月 22 日
11	关于加强三项海事行政许可取消后事中事后监管的通知	海政法〔2017〕559 号	2017 年 11 月 8 日
12	关于印发《海事政务服务指南（2018）》的通知	海政法〔2018〕123 号	2018 年 3 月 16 日
13	关于调整航标管理执法业务流程的通知	海政法〔2018〕334 号	2018 年 7 月 24 日
14	关于印发《海事电子政务办理管理办法》的通知	海政法〔2018〕383 号	2018 年 8 月 8 日
15	关于印发《海事行政执法电子文书管理办法》的通知	海政法〔2018〕384 号	2018 年 8 月 8 日
16	关于公布深化海事“放管服”改革举措的通知	海政法〔2018〕561 号	2018 年 12 月 29 日
17	关于做好船员服务簿签发取消后衔接工作的通知	海政法〔2019〕107 号	2019 年 4 月 1 日
18	关于印发《海事行政应诉工作规定》的通知	海政法〔2019〕208 号	2019 年 5 月 31 日
19	关于印发《海事行政复议工作规定》的通知	海政法〔2019〕209 号	2019 年 6 月 6 日

附录 B(续 1)

序号	文件名称	文号	发文时间
20	关于调整部分业务执法业务流程及服务指南的通知	海政法〔2019〕446 号	2019 年 11 月 29 日
21	关于中国籍船舶、船员相关证书管理有关事宜的公告	2020 年第 15 号	2020 年 9 月 29 日
22	关于发布海船应持证书、文书清单的公告	2021 年第 5 号	2021 年 9 月 7 日
23	关于公布第一批在线办理海事电子证照及更便利船员证书办理举措的公告	第 10 号	2021 年 10 月 29 日
24	关于公布第二批在线办理海事电子证照的公告	第 12 号	2021 年 12 月 3 日
25	关于印发《海事证明事项告知承诺制管理办法》的通知	海政法〔2021〕251 号	2021 年 12 月 22 日
26	关于印发《常见海事违法行为行政处罚裁量基准》的通知	海政法〔2021〕266 号	2021 年 12 月 24 日
27	关于在长三角部分地区试点海船转籍登记“不停航办证”服务的公告	第 13 号	2021 年 12 月 20 日
	通航管理		
1	关于《大连港大三山水道通航分隔制》的批复	水监字〔1983〕153 号	1983 年 10 月 26 日
2	关于公布渤海辽东湾外轮禁航区的通知	水监字〔1984〕132 号	1984 年 10 月 10 日
3	关于公布黄海利根湾、灵山岛禁航区的通知	水监字〔1986〕41 号	1986 年 3 月 7 日
4	关于发布我国沿海 A1A2 海区覆盖范围的公告	2009 年第 5 号	2009 年 10 月 9 日
5	关于印发《外国籍商船违法逃逸应急处置规定》的通知	海通航〔2009〕692 号	2009 年 11 月 17 日
6	关于发布珠江口青洲水道船舶定线制的公告	2010 年第 2 号	2010 年 3 月 22 日
7	关于加强港外锚地规划工作的通知	海通航〔2010〕534 号	2010 年 11 月 1 日
8	关于发布青岛水域船舶定线制(2011)的公告	2010 年第 5 号	2010 年 12 月 17 日
9	关于加强进出中国沿海港口水域深吃水船舶监督管理的通知	海通航〔2011〕574 号	2011 年 9 月 6 日
10	关于全面落实砂石运输船安全管理长效机制的实施意见	海通航〔2012〕230 号	2012 年 3 月 30 日
11	关于发布《乐清湾水域船舶定线制》和《乐清湾水域船舶报告制》的公告	2014 年第 2 号	2014 年 3 月 31 日
12	关于调整航行通告发布方式的通知	海通航〔2014〕548 号	2014 年 9 月 15 日
13	关于发布《宁波舟山港核心港区深水航路船舶定线制》和《宁波舟山港核心港区深水航路船舶报告制》的公告	2016 年第 2 号	2016 年 6 月 27 日

附录 B(续 2)

序号	文件名称	文号	发文时间
14	关于签发《残骸清除责任保险或其他财务保证证书》有关事宜的通知	海通航〔2017〕11 号	2017 年 1 月 16 日
15	关于实施船舶无线电行政许可网上申报的通告	2019 年第 2 号	2019 年 2 月 14 日
16	关于印发《涉水工程施工通航安全保障方案编制与技术评审管理办法》的通知	海通航〔2019〕147 号	2019 年 4 月 30 日
17	关于调整水上无线电行政许可有关事项的公告	2019 年第 7 号	2019 年 5 月 16 日
18	关于发布《闽江口水域船舶定线制》《闽江口水域船舶报告制》的公告	2019 年第 3 号	2019 年 3 月 5 日
19	关于发布《上海洋山深水港区及其附近水域通航安全管理规定》的公告(2019 修订)	第 11 号	2019 年 7 月 17 日
20	关于发布《湄洲湾口船舶定线制》和《湄洲湾口船舶报告制》的公告	2020 年第 10 号	2020 年 5 月 26 日
21	关于外国籍船舶进入中华人民共和国领海报告要求的公告	2021 年第 7 号	2021 年 8 月 27 日
22	关于公布《厦门水域船舶定线制》《厦门水域船舶报告制》的公告	2021 年第 14 号	2021 年 12 月 27 日
23	关于发布《琼州海峡船舶定线制》和《琼州海峡船舶报告制》的公告	第 1 号	2022 年 2 月 10 日
24	关于印发《水上交通管制管理办法(试行)》的通知	海通航〔2022〕122 号	2022 年 9 月 15 日
	船员管理(船员培训与考试发证)		
1	关于颁布《中华人民共和国地效翼船船员培训、考试和发证办法(试行)》的通知	海船员字〔1999〕456 号	1999 年 9 月 16 日
2	关于颁布《中华人民共和国水上飞机驾驶员特殊培训、考试和发证办法(试行)》的通知	海船员字〔2001〕365 号	2001 年 7 月 6 日
3	关于颁布实施《中华人民共和国海上非自航船舶船员考试、发证管理办法》的通知	海船员〔2007〕369 号	2007 年 7 月 10 日
4	关于印发《中华人民共和国内河船舶船员基本安全培训、考试和发证办法》的通知	海船员〔2007〕620 号	2007 年 11 月 23 日
5	关于发布《中华人民共和国船员考试考场规则》的通知	海船员〔2010〕170 号	2010 年 4 月 20 日
6	关于印发《中华人民共和国船员培训监督检查办法》的通知	海船员〔2010〕234 号	2010 年 6 月 7 日
7	关于印发《中华人民共和国船员教育、培训和船员管理质量管理体系审核员管理规定》的通知	海船员〔2012〕173 号	2012 年 2 月 29 日

附录 B(续 3)

序号	文件名称	文号	发文时间
8	关于船员教育机构毕业考试替代内河船舶船员理论考试有关事项的通知	海船员〔2012〕440 号	2012 年 7 月 6 日
9	关于印发中华人民共和国海船船员评估规范的通知	海船员〔2012〕700 号	2012 年 9 月 28 日
10	关于印发《中华人民共和国船员考试考官管理办法》的通知	海船员〔2012〕723 号	2012 年 10 月 10 日
11	关于印发《中华人民共和国船员适任评估员管理办法》的通知	海船员〔2012〕724 号	2012 年 10 月 10 日
12	关于启用新版海船船员证书的通知	海船员〔2012〕825 号	2012 年 12 月 4 日
13	关于印发《中华人民共和国船员计算机终端考试管理办法》的通知	海船员〔2012〕847 号	2012 年 12 月 14 日
14	关于水产品运输船国际鲜销船船员销限换证有关事宜的通知	海船员〔2013〕478 号	2013 年 7 月 15 日
15	关于调整海船船员理论考试事项的公告	海船员〔2013〕826 号	2013 年 12 月 5 日
16	关于颁布《中华人民共和国内河引航员培训考试及评估大纲》的通知	海船员〔2014〕3 号	2014 年 1 月 3 日
17	关于启用内河船舶船员证书发证专用印章的通知	海船员〔2016〕193 号	2016 年 4 月 15 日
18	关于中华人民共和国海船船员适任证书及培训合格证书再有效有关事宜的通知	海船员〔2016〕685 号	2016 年 12 月 19 日
19	关于实施《海船船员培训大纲》的通知	海船员函〔2017〕412 号	2017 年 4 月 25 日
20	关于调整引航员适任证书签发相关事宜的通知	海船员〔2018〕127 号	2018 年 3 月 16 日
21	关于进一步加强船员考试管理工作的通知	海船员〔2018〕171 号	2018 年 4 月 20 日
22	关于进一步明确海船船员考试有关事项的通知	海船员函〔2018〕968 号	2018 年 7 月 20 日
23	关于印发《中华人民共和国海船船员船上培训管理办法》的通知	海船员〔2018〕545 号	2018 年 12 月 25 日
24	关于印发《船员远程计算机终端考试管理办法》的通知	海船员〔2018〕548 号	2018 年 12 月 25 日
25	关于调整内河船舶船员适任证书格式的通知	海船员〔2019〕104 号	2019 年 3 月 29 日
26	关于印发《特定人员申请海船船员适任证书考试和发证管理办法》的通知	海船员〔2019〕141 号	2019 年 4 月 25 日
27	关于印发《特定航线江海直达船舶船员培训、考试和发证办法》的通知	海船员〔2019〕291 号	2019 年 7 月 31 日
28	关于印发《中华人民共和国海船船员培训合格证书签发管理办法》的通知(2019 修订)	海船员〔2019〕308 号	2019 年 8 月 30 日

附录 B(续 4)

序号	文件名称	文号	发文时间
29	关于印发《中华人民共和国船员培训和船员管理质量管理规则》的通知(2019 修订)	海船员〔2019〕310 号	2019 年 8 月 30 日
30	关于调整海船值班水手、机工英语听力与会话评估有关事项的公告	2019 年第 18 号	2019 年 9 月 26 日
31	关于印发《<中华人民共和国船员培训管理规则>实施办法》的通知	海船员〔2019〕340 号	2019 年 9 月 27 日
32	关于印发《中华人民共和国磁罗经校正人员培训、考试和发证管理办法》的通知	海船员〔2019〕379 号	2019 年 10 月 21 日
33	关于印发《中华人民共和国海上公务船船员培训、考试和发证管理办法》的通知	海船员〔2019〕401 号	2019 年 11 月 1 日
34	关于明确海港引航员适任理论考试有关事项的公告	2019 年第 21 号	2019 年 11 月 8 日
35	关于印发《海港引航员适任评估规范》的通知	海船员〔2019〕421 号	2019 年 11 月 8 日
36	关于印发《内河船舶船员特殊培训合格证签发管理办法》的通知	海船员〔2019〕491 号	2019 年 12 月 31 日
37	关于便利船员远程学习和船上培训的公告	2020 年第 2 号	2020 年 1 月 22 日
38	关于妥善做好新冠肺炎防控期间海船船员证书办理工作的通知	海船员函〔2020〕255 号	2020 年 3 月 27 日
39	关于国内航行海船船员和内河船舶船员相关证书展期的公告	2020 年第 5 号	2020 年 4 月 4 日
40	关于中国籍国际航行船舶、船员相关证书展期的公告	2020 年第 6 号	2020 年 4 月 4 日
41	关于新冠肺炎疫情常态化防控形势下船员管理有关事宜的公告	2020 年第 8 号	2020 年 5 月 9 日
42	关于发布《内河船舶船员适任实际操作考试规范》的通知	海船员〔2020〕267 号	2020 年 9 月 28 日
43	关于印发《<中华人民共和国海船船员适任考试和发证规则>实施办法》的通知	海船员〔2020〕282 号	2020 年 10 月 30 日
44	关于调整海船最低安全配员有关事项的通知	海船员〔2021〕160 号	2021 年 8 月 31 日
45	关于修订印发《中华人民共和国游艇操作人员培训、考试和发证办法》的通知	海船员〔2021〕163 号	2021 年 9 月 10 日
46	关于统筹做好常态化疫情防控期间船员培训考试发证及其他海事监管工作的公告	第 6 号	2022 年 4 月 22 日（有效期截至 2023 年 6 月 30 日）

附录 B(续 5)

序号	文件名称	文号	发文时间
47	关于发布《海船船员考试大纲(2022 版)》的通告	第 5 号	2022 年 7 月 8 日
船员管理(船员服务机构管理)			
48	关于印发《海员外派机构资质管理实施意见(试行)》的通知	海船员〔2011〕344 号	2011 年 6 月 21 日
49	关于印发《海员外派机构资质管理工作流程(试行)》的通知	海船员〔2011〕345 号	2011 年 6 月 21 日
50	关于调整海员外派机构注册资本额度要求的通知	海船员〔2012〕643 号	2012 年 9 月 7 日
51	关于报送海员外派业务数据的通知	海便函〔2012〕1037 号	2012 年 11 月 30 日
52	关于加强船员出境和服务管理有关事项的通知	海船员〔2014〕38 号	2014 年 1 月 21 日
53	关于加强船员服务管理有关事项的公告	中华人民共和国海事局公告 2014 年第 1 号	2014 年 1 月 22 日
54	关于进一步规范船员服务机构管理的通知	海船员〔2015〕88 号	2015 年 2 月 12 日
55	关于进一步加强海员外派备用金管理有关事项的通知	海船员〔2017〕256 号	2017 年 5 月 26 日
56	关于进一步深化海员外派业务“放管服”改革的通知	海船员函〔2018〕755 号	2018 年 6 月 14 日
57	关于加强邮轮乘务员外派管理的通知	海船员函〔2020〕251 号	2020 年 3 月 27 日
船员管理(船舶最低安全配员)			
58	关于船舶最低安全配员相关问题的批复	海船舶〔2007〕116 号	2007 年
59	关于同意广东海事局实施《自航钻井平台最低安全配员表》(试行)的批复	海船舶〔2011〕297 号	2011 年 6 月 8 日
60	关于修订《中华人民共和国船舶最低安全配员规则》附录 3 的通知	海船员〔2018〕115 号	2018 年 3 月 9 日
61	关于发布特定航线江海直达船舶最低安全配员标准的通知	海船员〔2019〕289 号	2019 年 7 月 31 日
62	关于发布第二批内河船舶最低安全配员辖区标准的通知	海船员〔2020〕133 号	2020 年 6 月 9 日
船员管理(船员出入证件管理)			
63	关于印发《〈中华人民共和国海员证管理办法〉实施办法》的通知	海船员〔2019〕434 号	2019 年 11 月 12 日
64	关于启用新版海员证的公告	第 24 号	2019 年 11 月 19 日
65	关于新冠肺炎疫情防控期间在船船员海员证签发工作的通知	海船员函〔2020〕186 号	

附录 B(续 6)

序号	文件名称	文号	发文时间
	船员管理(海事劳工)		
66	关于《船员服务簿》记载事项的公告	公告 2013 年第 2 号	2013 年 5 月 27 日
67	关于《船员服务簿》记载事项要求的通知	海船员〔2013〕330 号	2013 年 5 月 23 日
68	关于船上膳食服务人员履行《2006 年海事劳工公约》有关事宜的通知	海船员〔2013〕334 号	2013 年 5 月 28 日
69	关于海员外派机构符合《2006 年海事劳工公约》规则 1.4 要求的公告	2013 年第 3 号	2013 年 6 月 4 日
70	关于中国籍国际航行船舶做好《2006 年海事劳工公约》履约准备工作的通知	海船员〔2013〕498 号	2013 年 7 月 26 日
71	关于建立中国海事船员履约国际响应联络机制事宜的批复	海船员〔2015〕274 号	2015 年 5 月 20 日
72	关于国际航行船舶签发海事劳工证书过渡安排有关事项的通知	海船员〔2016〕683 号	2016 年 12 月 19 日
73	关于《2006 年海事劳工公约》第一修正案相关事项的通知	海船员函〔2017〕8 号	2017 年 1 月 9 日
74	关于指定检查并签发国际航行船舶海事劳工证书的函	海船员函〔2017〕436 号	2017 年 5 月 4 日
75	关于印发《交通运输部海事局船员境外突发事件处置程序》的通知	海船员〔2017〕693 号	2017 年 12 月 28 日
76	关于印发《中华人民共和国海事局在船船员投诉处理工作程序》的通知	海船员〔2018〕1 号	2018 年 1 月 2 日
77	关于明确船上厨师和膳食服务辅助人员培训管理有关事宜的通知	海船员〔2019〕192 号	2019 年 5 月 31 日
78	关于印发《推进国内航行海船和 500 总吨以下国际航行船舶履行〈2006 年海事劳工公约〉实施方案》的通知	海船员〔2019〕368 号	2019 年 10 月 18 日
79	关于明确国内航行海船和 500 总吨以下国际航行船舶履行《2006 年海事劳工公约》相关工作事项的通知	海船员〔2020〕96 号	2020 年 5 月 7 日
	船员管理(其他)		
80	交通部关于香港回归后内地与香港航线有关航运管理问题的通知	港监字〔1997〕252 号	1997 年 7 月 22 日
81	关于印发《内河船员技术档案管理暂行办法》的通知	海船员〔2004〕504 号	2004 年 10 月 15 日

附录 B(续 7)

序号	文件名称	文号	发文时间
82	关于印发《海船船员技术档案管理办法》的通知	海船员〔2006〕541 号	2006 年 11 月 20 日
83	关于实施《中华人民共和国引航员注册和任职资格管理办法》有关事项的通知	海船员〔2008〕344 号	2008 年 8 月 4 日
84	关于加强客船船员应急演习演练的通知	海船员〔2012〕130 号	2012 年 2 月 24 日
85	关于调整海船船员管理分工有关事项的通知	海船员〔2013〕837 号	2013 年 12 月 9 日
86	关于进一步规范船员任解职管理工作的通知	海船员〔2015〕458 号	2015 年 8 月 3 日
87	中华人民共和国海事局关于印发《中华人民共和国船员违法记分办法》的通知	海船员〔2015〕600 号	2015 年 10 月 20 日
88	关于实施《中华人民共和国船员违法记分办法》工作事项的通知	海船员〔2015〕737 号	2015 年 12 月 24 日
89	关于印发《中华人民共和国海船船员健康证明管理办法》的通知	海船员〔2016〕521 号	2016 年 9 月 21 日
90	关于废止海事规范性文件的通知	海船员〔2018〕15 号	2018 年 1 月 10 日
91	关于公布第一批便利船员服务清单的公告	2014 年第 3 号	2014 年 6 月 19 日
92	关于公布第二批便利船员服务清单的公告	2015 年第 2 号	2015 年 6 月 15 日
93	关于公布第三批便利船员服务清单的公告	2016 年第 1 号	2016 年 6 月 21 日
94	关于公布第四批便利船员服务清单的公告	2017 年第 4 号	2017 年 6 月 13 日
95	关于公布第五批便利船员服务清单的公告	2018 年第 9 号	2018 年 6 月 21 日
96	关于台湾同胞报名参加大陆船员考试有关事项的公告	2018 年第 14 号	2018 年 8 月 31 日
97	关于香港和澳门同胞报名参加内地船员考试有关事项的公告	2018 年第 15 号	2018 年 8 月 31 日
98	关于印发《台湾同胞参加大陆船员培训、考试和申请船员证书实施办法》的通知	海船员〔2018〕401 号	2018 年 8 月 31 日
99	关于发布《台湾地区船员申请换发大陆船员适任证书岗位适任补差培训大纲》的通知	海船员函〔2018〕1172 号	2018 年 8 月 31 日
100	关于英国认可中华人民共和国海船船员健康证明的公告	第 17 号	2019 年 9 月 26 日
101	关于规范船员教育培训和船员管理质量管理体系审核、船员培训机构现场核验有关工作的通知	海船员〔2015〕767 号	2015 年 12 月 31 日
102	关于船员办证信息远程采集有关事项的通知	海船员函〔2020〕455 号	2020 年 5 月 21 日
103	关于印发《中华人民共和国海上设施工作人员海上交通安全技能培训管理办法》的通知	海船员〔2021〕239 号	2021 年 12 月 15 日

附录 B(续 8)

序号	文件名称	文号	发文时间
104	关于海船船员内河水域航线签注的通知	海船员函〔2022〕513 号	2022 年 4 月 19 日
105	关于实施强制性国家标准《船员健康检查要求》的公告	2022 年第 8 号	2022 年 5 月 30 日
106	关于启用新版船上厨师和膳食服务辅助人员培训合格证明的公告	第 11 号	2022 年 6 月 28 日
船舶管理(船舶登记)			
1	关于长江涉外旅游船舶登记管理的通知	港监字〔1995〕131 号	1995 年 5 月 5 日
2	关于海上浮式处理装置有关登记问题的复函	海船舶字〔1999〕467 号	1999 年 9 月 21 日
3	关于法院拍卖船舶登记有关问题的批复	海船舶字〔2001〕549 号	2001 年 9 月 14 日
4	关于对海上浮式储油装置进行登记的函	海事函〔2001〕738 号	2001 年 12 月 19 日
5	关于船舶所有权登记取消船舶价值项目的通知	海船舶〔2002〕670 号	2002 年 12 月 27 日
6	关于船舶登记有关问题的批复	海船舶〔2003〕360 号	2003 年 8 月 20 日
7	关于罚没船舶登记的批复	海船舶〔2004〕449 号	2004 年 9 月 13 日
8	《中华人民共和国船舶登记条例》实施若干问题说明	海船舶〔2004〕522 号	2004 年 10 月 28 日
9	关于中国海监船舶登记问题的复函	海事函〔2005〕14 号	2005 年 1 月 18 日
10	关于船舶登记和检验有关问题的通知	海船舶〔2005〕18 号	2005 年 1 月 18 日
11	关于对水上飞机办理船舶登记问题的批复	海船舶〔2005〕404 号	2005 年 10 月 13 日
12	关于船舶登记有关问题处理意见的通知	海船舶〔2006〕209 号	2006 年 5 月 25 日
13	关于水产品运输船舶登记问题的批复	海船舶〔2006〕310 号	2006 年 7 月 19 日
14	关于船舶登记系统中船舶重音重名问题的处理意见	海船舶〔2006〕590 号	2006 年 12 月 12 日
15	关于中资国际航运船舶特案免税登记有关事项的通知	海船舶〔2007〕367 号	2007 年 7 月 9 日
16	关于持异地船检证书船舶办理船舶登记有关问题的批复	海船舶〔2008〕28 号	2008 年 1 月 31 日
17	关于印发《船舶登记工作规程》的通知	海船舶〔2017〕46 号	2017 年 2 月 10 日
18	交通运输部关于启用新版船舶登记证书的通知	海船舶〔2017〕467 号	2017 年 9 月 14 日
船舶管理(进出港报告、进出口岸审批)			
19	关于实施《国际航行船舶进出中华人民共和国口岸检查办法》有关问题的通知	港监字〔1995〕133 号	1995 年 5 月 4 日
20	关于启用国际航行船舶进出港检查单证新格式的通知	海船舶〔2006〕506 号	2006 年 10 月 31 日

附录 B(续 9)

序号	文件名称	文号	发文时间
21	关于香港登记有关船舶办理出口岸查验手续的通知	海船舶〔2011〕43 号	2011 年 1 月 26 日
22	交通运输部海事局关于印发《船舶进出港报告管理办法》的通知	海船舶〔2021〕143 号	2021 年 8 月 5 日
船舶管理(船舶安全检查)			
23	关于印发《国际航行船舶境外滞留应急处理和跟踪处置暂行办法》的通知	海船舶〔2010〕629 号	2010 年 12 月 17 日
24	关于印发《中华人民共和国海事局境外实施船旗国监督检查管理办法》的通知	海船舶〔2012〕666 号	2012 年 9 月 18 日
25	关于实施东京备忘录港口国监督新检查机制有关事项的通知	海船舶〔2013〕854 号	2013 年 12 月 15 日
26	关于印发《船舶安全监督工作程序》的通知	海船舶〔2017〕372 号	2017 年 7 月 20 日
船舶管理(船舶文书)			
27	关于颁布《国际航行船舶〈货物系固手册〉审批规定》的通知	港监字〔1997〕316 号	1997 年 9 月 11 日
28	关于使用国家标准《航海日志》的通知	海船舶字〔2001〕572 号	2001 年 9 月 25 日
29	关于使用国家标准轮机日志和车钟记录簿的通知	海船舶〔2004〕107 号	2004 年 3 月 25 日
30	国际航行船舶配备《连续概要记录》规定	海船舶〔2004〕245 号	2004 年 4 月 14 日
31	关于发布新版《编制〈货物系固手册〉导则》及有关问题的通知	海船舶〔2006〕2 号	2006 年 1 月 4 日
32	关于发布国际航行船舶配备《连续概要记录》补充规定的通知	海船舶〔2008〕621 号	
33	关于船舶配备《国内航行船舶货物系固手册》的通知	海船舶〔2010〕357 号	2010 年 8 月 24 日
船舶管理(船载设备)			
34	关于开展船舶远距离识别与跟踪(LRIT)船载设备测试的通知	海船舶〔2008〕536 号	2008 年 11 月 4 日
35	关于印发《中国船舶远距离识别和跟踪系统管理规定》的通知	海船舶〔2009〕447 号	2009 年 9 月 2 日
船舶管理(船舶保安)			
36	关于实施国际航行船舶海上保安工作的通知	海法规〔2003〕256 号	2003 年 6 月 24 日
37	关于发布国际航行船舶抵港前应予提供的标准保安信息指导性文件及有关问题的通知	海船舶〔2005〕167 号	2005 年 5 月 11 日

附录 B(续 10)

序号	文件名称	文号	发文时间
38	关于公布中华人民共和国国内航行船舶保安联络点及联络方式的通知	海船舶〔2010〕24 号	2010 年 1 月 14 日
39	关于印发《中国籍国际航行船舶防海盗安全舱室功能设计指导意见》的通知	海船舶〔2011〕27 号	2011 年 1 月 17 日
船舶管理(船舶名称与识别号)			
40	小型船舶船名标志管理暂行办法	海船舶〔2006〕594 号	2006 年 12 月 13 日
41	关于实施《小型船舶船名标志管理暂行办法》的通知	海船舶〔2007〕86 号	2007 年 3 月 2 日
42	中华人民共和国国际航运公司和登记船东识别号管理暂行办法	海船舶〔2008〕566 号	2008 年 12 月 1 日
43	关于实施《中华人民共和国船舶识别号管理规定》有关事项的通知	海船舶〔2010〕622 号	2010 年 12 月 16 日
44	关于印发《船舶标识电子标签管理办法》的通知	海船舶〔2012〕454 号	2012 年 7 月 2 日
船舶管理(其他)			
45	关于澳门回归后内地与澳门航线有关船舶和船员管理问题的通知	海法规字〔2000〕29 号	2000 年 1 月 14 日
46	关于发布《船舶港内安全作业监督管理办法》通知	海船舶〔2004〕362 号	2004 年 7 月 20 日
47	关于发布《中华人民共和国海事局安全诚信船舶、安全诚信船长评选规定》的通知	海船舶〔2005〕53 号	2005 年 2 月 6 日
48	关于印发《台湾海峡两岸直航船舶监督管理暂行办法》的通知	海船舶〔2008〕597 号	2008 年 12 月 12 日
49	关于加强非客船乘载船员以外人员安全管理的通知	海船舶〔2012〕685 号	2012 年 9 月 24 日
50	关于印发《重点跟踪船舶监督管理规定》的通知	海船舶〔2013〕328 号	2013 年 5 月 22 日
51	关于印发内河液化天然气燃料动力船舶安全监督管理规定的通知	海船舶〔2014〕784 号	2014 年 12 月 8 日
52	关于加强特定航线江海直达船舶安全监管的通知	海船舶〔2017〕257 号	2017 年 5 月 27 日
53	关于船舶开航前自查有关事项的通知	海船舶〔2017〕373 号	2017 年 7 月 20 日
54	关于贯彻执行《中华人民共和国高速客船安全管理规则》的通知	海船舶〔2022〕90 号	2022 年 7 月 13 日
危防管理			
1	关于禁止滚装客船载运白酒的批复	海船舶〔2006〕508 号	2006 年 11 月 1 日

附录 B(续 11)

序号	文件名称	文号	发文时间
2	关于印发《船舶载运散装液体物质分类评估管理办法》的通知	海船舶〔2007〕239 号	2007 年 5 月 15 日
3	转发交通运输部等部门关于农药运输的通知	海船舶〔2009〕230 号	2009 年 5 月 11 日
4	关于发布海运污染危害性货物名录的通知	海船舶〔2011〕26 号	2011 年 1 月 17 日
5	关于印发《船舶污染和船舶载运危险货物违法行为举报奖励办法》的通知	海船舶〔2011〕63 号	2011 年 2 月 10 日
6	关于印发《船舶污染海洋环境风险评价技术规范(试行)》的通知	海船舶〔2011〕588 号	2011 年 9 月 16 日
7	关于颁布《船舶压载水管理系统申报暂行规定》的通知	海船舶〔2012〕265 号	2012 年 6 月 15 日
8	关于加强对装运种子饼船舶管理的通知	海船舶〔2012〕705 号	2012 年 10 月 8 日
9	关于加强船载外贸放射性物品运输管理有关事项的通知	海船舶〔2013〕2 号	2013 年 1 月 4 日
10	关于加强船舶载运进口散装直接还原铁安全监督管理的通知	海船舶〔2013〕160 号	2013 年 3 月 8 日
11	关于碳酸二甲酯分类及散装运输要求的函	海船舶〔2013〕348 号	2013 年 5 月 29 日
12	关于做好中国籍船舶油污损害民事责任保险相关工作的通知	海危防〔2013〕845 号	2013 年 12 月 10 日
13	关于启用新版油污损害民事责任保险证书的通知	海危防〔2014〕543 号	2014 年 9 月 2 日
14	关于印发《船载危险货物申报员和集装箱装箱现场检查员管理办法》的通知	海危防〔2017〕548 号	2017 年 11 月 1 日
15	关于执行《国际防止船舶造成污染公约》附则 V 2016 年修正案的通知	海危防〔2018〕56 号	2018 年 1 月 22 日
16	关于印发《船舶能耗数据收集管理办法》的通知	海危防〔2018〕476 号	2018 年 11 月 8 日
17	关于印发《船舶压载水和沉积物管理监督管理办法(试行)》的通知	海危防〔2019〕15 号	2019 年 1 月 11 日
18	关于发布《需布设围油栏或签订船舶污染清除协议的散装液体污染危害性货物名录》的公告	中华人民共和国海事局公告 2019 年第 9 号	2019 年 5 月 30 日
19	关于发布《2020 年全球船用燃油限硫令实施方案》的公告	中华人民共和国海事局公告 2019 年第 20 号	2019 年 10 月 23 日
20	关于印发《船舶大气污染物排放监督管理指南》的通知	海危防〔2019〕449 号	2019 年 12 月 2 日

附录 B(续 12)

序号	文件名称	文号	发文时间
21	关于印发《船舶污染清除协议制度管理办法》的通知	海危防〔2019〕489 号	2019 年 12 月 31 日
22	关于修订印发《水上液化天然气加注作业安全监督管理办法》的通知	海危防〔2021〕148 号	2021 年 8 月 27 日
23	关于做好《国际海运危险货物规则(2020 版)》执行工作的通知	海危防〔2022〕32 号	2022 年 2 月 10 日
船公司管理			
1	关于第二批国际航行船舶及其公司强制实施《国际安全管理规则》的通告	海事局 1999 年第 1 号	1999 年 5 月 20 日
2	关于进一步做好第二批国际航行船舶及其公司强制实施《国际安全管理规则》及有关工作的通知	海安全字〔2000〕135 号	2000 年 3 月 14 日
3	关于发布《客滚船安全和防污染操作程序手册编制指南》的通知	海安全字〔2000〕146 号	2000 年 3 月 14 日
4	关于发布《移动式近海钻井平台公司安全管理体系审核若干准则》的通知	海安全字〔2001〕266 号	2001 年 5 月 17 日
5	关于第一批国内航行船舶强制实施《中华人民共和国船安全营运和防止污染管理规则》的通告	中华人民共和国海事局通告	2001 年 9 月 29 日
6	关于发布《航运公司安全管理体系审核发证机构资质管理办法》的通知	海安全〔2002〕10 号	2002 年 1 月 14 日
7	关于拖轮和驳船实施《国际安全管理规则》或《国内安全管理规则》有关问题的通知	海安全〔2002〕368 号	2002 年 8 月 8 日
8	关于加强对船舶管理公司审核管理的通知	海安全〔2003〕370 号	2003 年 9 月 1 日
9	关于非独立法人申请安全管理体系审核事宜的通知	海安全〔2006〕458 号	2006 年 10 月 12 日
10	关于发布《航运公司安全管理体系审核发证机构监督管理办法(试行)》的通知	海安全〔2009〕288 号	2009 年 6 月 17 日
11	关于做好《国际船舶安全营运和防止污染管理规则》修正案实施相关工作的通知	海安全〔2009〕426 号	2009 年 8 月 4 日
12	关于加强北京辖区航运公司安全管理的通知	海安全〔2010〕258 号	2010 年 6 月 23 日
13	关于非营运公司获取符合证明有关问题的批复	海安全〔2012〕175 号	2012 年 3 月 5 日
14	关于进一步加强航运公司安全监管工作的通知	海安全〔2013〕490 号	2013 年 7 月 15 日
15	关于加强客滚船公司安全管理体系审核工作的通知	海安全〔2014〕382 号	2014 年 6 月 13 日

附录 B(续 13)

序号	文件名称	文号	发文时间
16	关于做好《国际船舶安全营运和防止污染管理规则》2013 年修正案实施相关工作的通知	海安全〔2014〕479 号	2014 年 7 月 28 日
17	关于巴拿马籍船舶管理公司申请审核发证有关事宜的批复	海安全〔2015〕76 号	2015 年 2 月 7 日
18	关于印发《航运公司安全管理体系审核发证规则》的通知	海安全〔2015〕120 号	2015 年 3 月 17 日
19	关于调整安全管理体系审核发证权限有关事宜的通知	海安全〔2015〕697 号	2015 年 12 月 8 日
20	关于规范符合证明安全管理证书发放等有关工作的通知	海安全〔2015〕731 号	2015 年 12 月 21 日
21	中华人民共和国海事局关于印发《航运公司安全管理体系审核发证程序》的通知	海安全〔2016〕62 号	2016 年 2 月 5 日
22	关于启用安全管理体系审核发证业务相关印章的通知	海安全〔2016〕67 号	2016 年 2 月 17 日
23	关于印发航运公司安全管理体系证书编号规则及审核工作文书表格的通知	海安全〔2016〕102 号	2016 年 2 月 29 日
24	关于黑龙江海事局安全管理体系审核发证权限暂不作调整的批复	海安全〔2016〕159 号	2016 年 3 月 28 日
25	交通运输部海事局关于进一步做好航运公司安全监管工作的通知	海安全〔2017〕402 号	2017 年 8 月 8 日
26	关于全面加强航运公司全员安全生产责任制工作的通知	海安全〔2017〕645 号	2017 年 12 月 4 日
27	关于印发《涉外航运公司安全管理体系委托审核发证管理规定》的通知	海安全〔2018〕7 号	2018 年 1 月 8 日
28	关于印发《水上交通安全约谈管理规定》的	海安全〔2018〕45 号	2018 年 1 月 20 日
29	关于印发《航运公司预防船员工伤事故工作指南》的通知	海安全〔2020〕248 号	2020 年 9 月 21 日
30	关于印发《安全诚信航运公司管理办法》的通知	海安全〔2020〕258 号	2020 年 9 月 29 日
31	关于印发《重点跟踪航运公司安全监督管理规定》的通知	海安全〔2022〕19 号	2022 年 1 月 27 日
海事调查			
32	关于启用“水上交通事故调查处理文书格式”的通知	海安全字〔2001〕146 号	2001 年 3 月 16 日

附录 B(续 14)

序号	文件名称	文号	发文时间
33	关于发布《水上油污染事故油样品取样程序规定》的通知	海船舶〔2002〕2 号	2001 年 12 月 30 日
34	关于启用“水上交通事故调查处理文书英文格式”的通知	海安全〔2002〕187 号	2002 年 4 月 15 日
35	关于进一步明确海事调查处理管辖权限的通知	海安全〔2003〕453 号	2003 年 12 月 31 日
36	最高人民法院民事审判第四庭、中华人民共和国海事局《关于规范海上交通事故调查与海事案件审理工作的指导意见》	法民四〔2006〕第 1 号	2006 年 1 月 19 日
37	关于统一海事调查处理信息发布的通知	海安全〔2006〕122 号	2006 年 3 月 29 日
38	关于启用内河交通事故调查处理文书标准格式的通知	海安全〔2007〕142 号	2007 年 4 月 3 日
39	关于发布《船舶碰撞事故油漆样品取样程序规定》的通知	海安全〔2007〕652 号	2007 年 11 月 2 日
40	关于印发《船舶碰撞事故油漆样品取样指南》的通知	海安全〔2007〕653 号	2007 年 11 月 2 日
41	关于颁布实施《海事调查官管理规定》的通知	海安全〔2008〕666 号	2008 年 12 月 29 日
42	关于开展对船上安全操作过程中发生的人员伤亡事故调查的通知	海安全〔2009〕529 号	2009 年 9 月 24 日
43	关于执行 IMO 事故调查规则的通知	海安全〔2010〕51 号	2010 年 2 月 2 日
44	关于做好实施 IMO《海上事故或海上事件安全调查国际标准和建议做法规则》的通知	海安全〔2010〕58 号	2010 年 2 月 8 日
45	关于印发《涉外海上事故或事件安全调查管理规定》的通知	海安全〔2011〕91 号	2011 年 2 月 21 日
46	关于印发《水上交通肇事逃逸案件调查处理规定》的通知	海安全〔2011〕716 号	2011 年 11 月 17 日
47	关于印发《水上交通事故调查处理简易程序规定》的通知	海安全〔2012〕885 号	2012 年 2 月 1 日
48	关于实施《中华人民共和国海上船舶污染事故调查处理规定》有关事项的通知	海船舶〔2012〕614 号	2012 年 8 月 22 日
49	关于印发《海事调解管理办法》的通知	海安全〔2014〕513 号	2014 年 8 月 18 日
50	关于印发《水上交通事故调查立案和结案管理规定》的通知	海安全〔2016〕80 号	2016 年 2 月 5 日
51	关于印发《船舶海事声明签注服务管理规定》的通知	海安全〔2016〕81 号	2016 年 2 月 5 日

附录 B(续 15)

序号	文件名称	文号	发文时间
航海保障管理			
1	关于加强船舶海图配备情况监督检查的通知	海航测〔2005〕375 号	2005 年 9 月 28 日
2	关于印发《中国海区应急沉船示位标设置管理规则(试行)》的通知	海航测〔2007〕363 号	2007 年 7 月 9 日
3	关于进一步规范和加强海事系统测绘成果发布和使用工作的通知	海航测〔2009〕166 号	2009 年 3 月 25 日
船检管理(机构管理)			
1	关于《船检机构执业道德准则》等四个规定的更正通知	海便函〔2006〕236 号	2006 年 11 月 24 日
2	关于印发《船舶检验技术档案管理暂行办法》的通知	海船检〔2003〕234 号	2003 年 6 月 16 日
3	关于在船舶检验工作管理中建立基础台账的通知	海船检〔2007〕688 号	2007 年 12 月 19 日
4	外国船舶检验机构在中国设立验船公司管理办法	海船检〔2007〕631 号	2007 年 12 月 29 日
5	《外国船舶检验机构在中国设立验船公司管理办法》若干问题说明	海船检〔2008〕156 号	2008 年 4 月 16 日
6	关于印发《中华人民共和国船舶检验机构资质认可与管理实施指南(2008 修订)》的通知	海船检〔2008〕461 号	2008 年 10 月 15 日
7	关于印发《船舶识别号检验管理规定》的通知	海船检〔2011〕55 号	2011 年 1 月 31 日
8	关于印发《国内航行船舶变更船舶检验机构管理规定(2013 年修订稿)》的通知	海船检〔2013〕859 号	2013 年 12 月 18 日
9	关于发布《中华人民共和国渔业船舶检验机构认可与管理规定》的通知	中渔检(船)〔2000〕9 号	2000 年 1 月 20 日
10	关于在沿海省、自治区、直辖市渔业船舶检验机构试行《验船师工作日志》的通知	国渔检(船)〔2002〕04 号	2002 年 1 月 30 日
11	关于进一步明确省级及以下渔业船舶检验机构产品检验事权的通知	国渔检(产)〔2013〕3 号	2013 年 9 月 16 日
12	关于不再受理渔业船舶设计修造单位资格认定的通知	农渔检(资)〔2013〕87 号	2013 年 7 月 8 日
13	关于中国船级社承担广东、黑龙江地区船舶检验工作的公告	中华人民共和国海事局公告 2018 年第 12 号	2018 年 7 月 27 日
14	关于印发《船舶检修检测服务管理办法》的通知	海船检〔2019〕172 号	2019 年 5 月 17 日
船检管理(人员管理)			
15	焊工基本知识考试大纲	船规字〔1986〕201 号	1986 年
16	焊工考试规则	船规字〔1993〕340 号	1993 年 10 月 1 日

附录 B(续 16)

序号	文件名称	文号	发文时间
17	关于印发《〈中华人民共和国验船人员适任考试、发证规则〉实施办法》的通知	海船检字〔2001〕611 号	2001 年 10 月 15 日
18	关于实施中华人民共和国船舶检验人员持证上岗的通知	海船检〔2003〕458 号	2003 年 11 月 6 日
19	关于印发《〈中华人民共和国验船人员适任证书〉制作细则》的通知	海船检〔2003〕387 号	2004 年 9 月 8 日
20	交通运输部海事局关于加强近海供应船载运 12 名以上海上油田工作人员管理工作的通知	海船检〔2018〕253 号	2018 年 6 月 11 日
21	关于颁发渔业船舶检验业务印章和验船师资格证书有关事项的通知	国渔检(船)〔2000〕104 号	2000 年 9 月 29 日
22	关于渔业船舶检验机构人员配备标准的意见	国渔检(船)〔2001〕87 号	2001 年 8 月 1 日
23	关于印发《中华人民共和国渔业船舶验船师资格考评管理规定实施办法(暂行)的通知》	中渔检(船)〔2000〕4 号	2000 年 1 月 26 日
24	关于印发《渔业船舶验船师管理规定》的通知	国渔检(船)〔2002〕7 号	2002 年 1 月 30 日
25	关于印发《渔业船舶验船师资格考评管理办法》的通知	农渔检(体)〔2014〕161 号	2014 年 12 月 8 日
26	关于印发《渔业船舶验船员入职上岗考试大纲》的通知	农渔检(体)〔2017〕20 号	2017 年 7 月 4 日
27	关于印发《渔业船舶检验档案管理规定》的通知	国渔检(体)〔2009〕21 号	2009 年 3 月 2 日
28	关于发布《注册验船师资格考试大纲(2022 版)》的公告	第 4 号	2022 年 3 月 24 日
	船检管理(其他)		
29	关于颁布执行海事局《船检登记号授予办法》的通知	海船检字〔1999〕488 号	1999 年 9 月 23 日
30	关于加强现有非国际航行散装液化气体船检验工作的通知	海船检字〔2000〕802 号	2000 年 11 月 1 日
31	关于对船体基线以下有特殊装置的内河船舶的检验证书签注的通知	海船检〔2003〕194 号	2003 年 5 月 26 日
32	关于对拍卖的外籍船舶进行检验有关问题的通知	海船检〔2003〕179 号	2003 年 5 月 21 日
33	关于禁止使用废旧材料和设备拼装船舶的通知	海船检〔2003〕238 号	2003 年 6 月 11 日
34	关于公布 2003 版国内航行船舶检验报告、记录和检验项目表格式的通知	海船检〔2003〕248 号	2003 年 6 月 20 日
35	关于长江干线汽车渡船同时签发乘客定额证书和危险品适装证书的批复	海船检〔2003〕284 号	2003 年 7 月 11 日

附录 B(续 17)

序号	文件名称	文号	发文时间
36	关于对内河汽车渡船载客问题的批复	海船检〔2003〕287 号	2003 年 7 月 11 日
37	关于贵州省内河小船检验证书使用范围的批复	海船检〔2004〕263 号	2004 年 4 月 28 日
38	关于发布《船舶检验质量监督管理工作程序》的通知	海船检〔2008〕150 号	2008 年 4 月 14 日
39	关于发布《特定航线船舶安全管理暂行规定》的通知	海船检〔2008〕274 号	2008 年 6 月 20 日
40	关于启用 2008 版船舶检验证书专用纸的通知	海船检〔2008〕295 号	2008 年 7 月 7 日
41	关于内地航行港澳船舶持有防止空气污染证书有关事项的通知	海船检〔2008〕550 号	2008 年 11 月 17 日
42	关于印发游艇安全管理工作实施意见的通知	海事〔2010〕352 号	2010 年 8 月 18 日
43	关于印发《船舶建造重要日期记录管理规定》的通知	海船检〔2010〕475 号	2010 年 9 月 21 日
44	关于实施《船舶建造重要日期记录管理规定》有关事项的通知	海船检〔2011〕226 号	2011 年 5 月 3 日
45	关于印发船体颜色标识和水尺勘划暂行规定的通知	海船检〔2011〕255 号	2011 年 5 月 23 日
46	关于印发载重线标志和水尺勘划及船体颜色检验指南的通知	海船检〔2011〕254 号	2011 年 5 月 23 日
47	关于印发船舶吨位丈量统一管理实施方案的通知	海船检〔2011〕267 号	2011 年 5 月 24 日
48	关于启用新版国内航行船舶吨位证书格式的通知	海船检〔2011〕477 号	2011 年 8 月 15 日
49	关于印发船舶吨位丈量统一管理实施细则(试行)的通知	海船检〔2011〕490 号	2011 年 8 月 16 日
50	关于下发船舶吨位丈量统一管理实施细则(试行)统一解释(第一号)的通知	海便函〔2011〕570 号	2011 年 8 月 23 日
51	关于下发船舶吨位丈量统一实施管理细则(试行)统一解释(第二号)的通知	海便函〔2011〕627 号	2011 年 9 月 9 日
52	关于推进船舶应用液化天然气燃料工作有关事项的通知	海船检〔2014〕671 号	2014 年 12 月 30 日
53	关于加强船舶排放控制区监督管理工作的通知	海船检〔2016〕48 号	2016 年 1 月 29 日
54	关于调整船舶吨位丈量统一管理模式的通知	海船检〔2016〕155 号	2016 年 3 月 25 日
55	关于中国籍国际航行船舶签发船舶法定检验电子证书的公告	2018 年第 5 号	2018 年 3 月 27 日
56	关于中国籍远洋渔业船舶法定检验有关事项的公告	2018 年第 6 号	2018 年 4 月 20 日

附录 B(续 18)

序号	文件名称	文号	发文时间
57	交通运输部海事局关于加强渔船检验和监督管理工作的通知	海船检〔2018〕184 号	2018 年 4 月 28 日
58	关于紫菜养殖渔船检验管理有关事项的批复	国渔检(法)〔2014〕158 号	2014 年 11 月 18 日
59	关于加强香港流动渔船检验监督管理的函	国渔检办(法)〔2016〕68 号	2016 年 7 月 4 日
60	关于港澳流动渔船检验有关问题的函复	国渔检(法)函〔2017〕73 号	2017 年 5 月 15 日
61	关于加强小型渔业船舶检验管理的意见	国渔检(法)〔2007〕87 号	2007 年 11 月 19 日
62	关于加快制定有关小型渔船检验管理办法、推进完善小型渔船检验管理制度的通知	农渔检(法)〔2017〕80 号	2017 年 6 月 12 日
63	关于竹排和塑料浮筏不纳入渔船检验的通知	国渔检(船)〔2001〕68 号	2001 年 6 月 11 日
64	关于转发《中华人民共和国对外贸易经济合作部公告》的通知	国渔检(船)〔2002〕20 号	2002 年 3 月 4 日
65	关于发布《渔业船舶检验与发证程序和证书填写规定》的通知	国渔检(船)〔2002〕75 号	2002 年 8 月 16 日
66	关于印发《关于理顺从事国际鲜销水产品冷藏运输船管理关系的意见》的通知	国渔检(船)〔2004〕77 号	2004 年 12 月 27 日
67	关于赴朝鲜以东海域作业渔船检验有关问题的紧急通知	国渔检(船)〔2007〕32 号	2007 年 5 月 31 日
68	关于加强老旧渔业船舶检验管理的通知	国渔检(船)〔2007〕65 号	2007 年 9 月 29 日
69	关于对加强老旧渔业船舶检验管理有关请示的批复	国渔检(船)函〔2008〕2 号	2008 年 10 月 4 日
70	关于休闲渔船检验管理有关问题的紧急通知	国渔检(船)〔2008〕137 号	2008 年 12 月 3 日
71	关于对浙江渔业船舶检验局《关于确定老旧北太鱿钓渔船限制使用船龄的请示》的批复	国渔检(船)〔2010〕64 号	2010 年 5 月 10 日
72	关于进一步明确渔业船舶异地建造检验有关问题的通知	农渔检(船)〔2013〕158 号	2013 年 12 月 12 日
73	关于部分长期在西非沿海作业远洋渔船无线电通信设备配备事宜的批复	农渔检(船)〔2015〕29 号	2015 年 3 月 9 日
74	关于内河渔业行政执法船检验与发证有关事宜的复函	国渔检(船)函〔2016〕121 号	2016 年 5 月 23 日
75	关于渔业船舶用进口产品检验的暂行规定	国渔检(产)〔2001〕63 号	2001 年 6 月 4 日

附录 B(续 19)

序号	文件名称	文号	发文时间
76	关于海洋渔船停止使用聚苯乙烯泡沫塑料救生圈的通知	国渔检(产)〔2002〕94 号	2002 年 12 月 25 日
77	关于印发《渔业船舶船用产品检验管理规定》的通知	农渔检(产)〔2014〕1 号	2014 年 1 月 2 日
78	关于对汽油机实施船用产品检验监督管理的通知	国渔检(产)函〔2015〕271 号	2015 年 12 月 9 日
79	关于转发《国家计委财政部关于调整渔业船舶及船用产品检验费标准的通知》的通知	国渔检(质)函〔2000〕54 号	2000 年 6 月 2 日
80	中华人民共和国渔业船舶检验局关于《渔业船舶及船用产品检验计费标准》有关条款说明的函	国渔检(质)函〔2000〕62 号	2000 年 12 月 8 日
81	关于转发《关于降低部分涉及农民负担收费标准的通知》的通知	国渔检(办)〔2004〕15 号	2004 年 3 月 12 日
82	关于渔业船舶及船用产品检验费收入收缴制度改革有关事宜的通知	国渔检办(财)函〔2009〕112 号	2009 年 12 月 31 日
83	关于废止《关于进一步规范和明确渔业船舶公证检验计费标准的通知》的通告	农渔检(船)〔2014〕36 号	2014 年 4 月 15 日
84	关于停征渔业船舶及船用产品检验收费有关事项的通知	农渔检(财)〔2017〕45 号	2017 年 3 月 28 日
85	关于做好渔业船舶及船用产品检验收费停征后有关后续工作的通知	农渔检(财)〔2017〕119 号	2017 年 9 月 11 日
86	关于不再受理新增单壳渔业供油船图纸审查和检验业务的紧急通知	国渔检(资)〔2009〕57 号	2009 年 5 月 21 日
87	关于旧船舶进口技术勘验有关事项的公告	2018 年第 31 号公告	2018 年 12 月 29 日
88	关于放开自由贸易试验区国际登记船舶入级检验有关事项的公告	2019 年第 10 号	2019 年 6 月 15 日
89	关于修改《外国船舶检验机构在中国设立验船公司管理办法》的通知	海船检〔2019〕481 号	2019 年 12 月 31 日
	船舶技术管理		
1	关于做好配备"通用船载自动识别系统(AIS)设备"工作的公告	部海事局 2001 第 2 号公告	2001 年 12 月 18 日
2	关于印发《中国籍船舶等效、免除管理暂行规定》的通知	海船检〔2007〕356 号	2007 年 7 月 4 日
3	关于免除配备有关防污染设备的通知	海船检〔2008〕210 号	2008 年 5 月 28 日
4	关于印发《技术法规编写基本要求》的通知	国渔检(法)〔2009〕86 号	2009 年 7 月 7 日

附录 B(续 20)

序号	文件名称	文号	发文时间
5	关于印发《两岸直航船舶技术条件复核实施办法》的通知	海船检〔2009〕167 号	2009 年 3 月 25 日
6	关于颁布施行《黄渤海小型渔业船舶检验办法》的通知	国渔检(法)〔2009〕110 号	2009 年 9 月 10 日
7	关于明确办理中国籍船舶等效、免除若干问题的通知	海船检〔2011〕715 号	2011 年 11 月 14 日
8	关于印发《渔业船舶试用新技术新装备检验管理办法(暂行)》的通知	国渔检(法)〔2013〕68 号	2013 年 9 月 9 日
9	关于规范相当遮蔽航区营运限制有关事项的通知	海船检〔2014〕811 号	2014 年 12 月 24 日
10	关于印发《渔业船舶等效免除管理办法(暂行)》的通知	国渔检(法)〔2016〕174 号	2016 年 12 月 27 日
11	关于远洋渔船检验规则有关无线电设备配备问题的通知	国渔检(法)〔2017〕79 号	2017 年 6 月 5 日
12	关于公布《特定航线江海直达船舶载重线证书附页》格式的通知	海船检〔2017〕646 号	2017 年 12 月 4 日
规费管理			
1	关于印发《船舶油污损害赔偿基金征收管理工作规程(试行)的通知》	海征稽〔2012〕419 号	2012 年 6 月 13 日
2	关于公布取消、免除部分涉企收费项目的通知	海事〔2013〕593 号	2013 年 9 月 23 日
3	关于免征部分船舶行政事业性收费的通知	海征稽〔2014〕768 号	2014 年 12 月 30 日
4	海事规费稽查管理办法	海征稽〔2015〕408 号	2015 年 7 月 9 日
5	交通运输部海事局转发财政部、交通运输部关于完善港口建设费征收政策有关问题的通知	海征稽〔2016〕114 号	2016 年 3 月 4 日
6	关于印发《港口建设费委托代收管理办法》《港口建设费减免(缓)征管理工作细则》的通知	海征稽〔2018〕304 号	2018 年 7 月 16 日
7	关于优化砂类货物港口建设费征管工作流程的通知	海征稽〔2019〕328 号	2019 年 9 月 18 日
8	关于印发《港口建设费征收管理工作规程》的通知	海征稽〔2019〕331 号	2019 年 9 月 20 日
9	关于阶段性减免港口建设费和船舶油污损害赔偿基金的通知	海征稽〔2020〕46 号	2020 年 3 月 13 日

后　记

《海事行政法》的研究基础是自2010年以来哈尔滨工程大学与黑龙江省海事局合作研究的科研课题。其中，本书的大部分编写人员参与了《黑龙江省水上搜寻救助条例》的起草工作，该条例已于2013年10月18日黑龙江省第十二届人民代表大会常务委员会第六次会议通过，2014年5月1日正式实施。

本书各章节分别由以下编者负责：

绪论、第一章、第八章、第九章由丁玮完成；第二章、第三章由何然完成；第四章、第五章由邓志宏完成；第六章、第七章由陈斌完成；第十章、第十一章、第十二章由王迪完成。

全书由丁玮统稿定稿，王迪审定格式，陈斌整理案例。

哈尔滨工程大学人文社会科学学院法学硕士研究生张明月、陈秋文、李昕芮、张馨匀、窦易宁、张青云、朱珂瑶、孙嘉徽等参与了资料搜集与整理工作。

哈尔滨工程大学出版社刘凯元编辑在选题立项、书稿编写以及出版进度等环节给予了大力支持，田雨虹编辑对书稿校对和完善提供了帮助，在此表示衷心的感谢。

哈尔滨工程大学将“海事行政法”列为本科生特色平台选修课。

本书的出版得到哈尔滨工程大学本科生教材立项资助。

由于编著者水平有限，书中难免存在不足之处，恳请广大读者批评指正。

编著者

2023年4月